2019

国家统一法律职业资格考试系列用书

命题人讲真题

主观题
十年真题精讲

桑　磊◎主编

周光权　吴志伟　祁春轶　等◎编著

中国经济出版社
CHINA ECONOMIC PUBLISHING HOUSE

中国石化出版社
HTTP://WWW.SINOPEC-PRESS.COM

图书在版编目（CIP）数据

命题人讲真题：主观题十年真题精讲/桑磊主编.
—北京：中国经济出版社：中国石化出版社，2019.3
2019 国家统一法律职业资格考试系列用书
ISBN 978-7-5136-5604-7

Ⅰ.①命… Ⅱ.①桑… Ⅲ.①法律—中国—资格考试—自学参考资料 Ⅳ.①D920.9

中国版本图书馆 CIP 数据核字（2019）第 048967 号

策划编辑　崔姜薇
责任编辑　王建昌
责任印制　马小宾
封面设计　任燕飞装帧设计工作室

出版发行　中国经济出版社
印 刷 者　北京柏力行彩印有限公司
经 销 者　各地新华书店
开　　本　787mm×1092mm　1/16
印　　张　21.25
字　　数　478 千字
版　　次　2019 年 4 月第 1 版
印　　次　2019 年 4 月第 1 次
定　　价　68.00 元
广告经营许可证　京西工商广字第 8179 号

中国经济出版社　**网址** www.economyph.com　**社址** 北京市西城区百万庄北街 3 号　**邮编** 100037
本版图书如存在印装质量问题，请与本社发行中心联系调换（联系电话：010-68330607）

PREFACE 前言

2018年，国家统一司法考试（以下简称“司考”）更改为国家统一法律职业资格考试（以下简称“法考”）。与司考相比，法考分为客观题考试和主观题考试两个阶段，将主观题考试进行独立设置，试卷总分值也由原来的150分增至180分。这一考试模式的变化，不仅彰显了主管机关不断推进考试改革的决心，也在很大程度上提高了主观题在法考中的整体地位。

纵观2018年主观题考试，其卷面共设置了六道试题，其中的商法试题和行政法试题考生可任选一道作答，考生实际上需要作答的是五道题，这与司考时代的卷四相比，减少了两道试题的题量。与此同时，融合了民法、商法、民事诉讼法的“夺命十三问”，对考生的法学思维和法律素养提出了更高要求，充分体现了客观题考试考查法学基础知识、主观题考试考查法学实际应用能力的阶梯式考核分工。综上可见，2018年法考主观题呈现出限缩性和融合性两大主要特点，而这也将成为2019年及以后法考的命题趋势，各位考生应高度注意。

从上述法考模式设置和主观题考试命题设计两个方面，我们不难看出：第一，主观题地位在法考时代得到前所未有的重视，考查者将其单列考次，分值占比大幅提升。主观题成为决定考生是否能够最终通过法考的决定性因素。第二，作为一种新考试模式，广大考生对主观题考试存在着很大的陌生感和畏惧感，备考过程中，由于缺少具有权威自测依据的历年真题，考生往往不知从何下手。第三，由于是从司考时代的卷四转化而成，主观题考试在很大程度上又具有很明显的延续性和继承性。

鉴于上述三个方面，为满足广大考生对主观题历年真题汇编用书的急迫需求，使广大考生在主观题考试备考中，得到专一针对主观题考试的历年真题集，从而使主观题备考更加有的放矢，本人组织以周光权为代表的前命题人团队，在严格遵守主观题考试“延续性与继承性”原则的基础之上，整理出近十年来的主观题真题（含2018年真题），汇集成为本册《命题人讲真题：主观题十年真题精讲》，以飨广大考生读者。

概括而言，本书呈现以下特色：

——集结前司考命题人团队，打造法考“梦之队”。各科作者多数为前司考命题人，有着丰富的命题经验和敏锐的考点感知。命题规范熟稔于心，外化于每一道题目的分析讲解和命题趋势的精准把握。效仿尚难，何谈超越！

——命题与解题思路双向分析，考点和答案解析详略适宜。作为前命题人，各科目作者深度还原了命题人思路，或点明命题素材，或挖掘命题特点，让考生了解试题之“基”。在解题思路中，各科作者结合题目层层分析，明确答题要点和答题步骤，揭示考点的同时，培养考生的审题能力和解题思维。而对考点的精准概括，将一道道复杂的题目，浓缩于考生常见的大纲考点，更加直观、易懂。对每一道题目的答案解析，各个作者都尽力做到具体全面、条理清晰，为考生提供极具参考价值的规范答题范本。

——详解包括2018年在内的近十年真题，直击重点热点。本书选取近十年来的主观题真题（含2008年主观题，共11年真题，命名为“十年真题”），由前命题人团队各科目命题人全新解读。同时，针对广大考生对2018年主观题的渴求之情，前命题人团队综合网络上的“考生回忆版”，对2018年主观题进行整理和解析。凭借前命题人对命题思路的熟悉，我们深信，各科作者撰写的主观题解析是其他任何版本都无法超越的。在对真题的分析与解答过程中，各科作者苦心孤诣，以近十年考题为依托，从“答案”“难度”“考点”“命题和解题思路”“答案解析”五个角度出发，融合法考主观题的命题重点和增分热点，力争为2019年法考考生打造独具特色的主观题“得分宝典”。

——双色突出重点，附赠讲解视频及攻略手册。本书双色精良印刷，突出显示重要内容，方便考生识记背诵。另外，为便于考生随时随地备考复习，充分利用碎片化学习时间，本书免费附赠部分试题的同步讲解视频，使用手机扫码即看。同时，我们向众多通过2018年法考的考生征集了备考经验文章，编撰成册，随书附赠，以飨大家。

在成书过程中，本书的各位作者和编辑虽倾尽全力，但因时间有限，内容繁多，错误和不妥之处在所难免，敬请广大读者不吝斧正。

太阳尚远，但必有太阳。最后，预祝大家顺利通过2019年主观题考试！

桑　磊

2019年3月于北京

CONTENTS 目录

2018年国家统一法律职业资格考试主观题

2018年主观题解析撰写分工：前命题人祁春轶负责中国特色社会主义法治理论；前资深命题人周光权与中国社会科学院大学政法学院方军负责刑法；前命题人颜飞负责刑事诉讼法；前命题人、前阅卷专家张作华负责民法；前题库命题人李兆玉负责商法；前命题人吴志伟负责民事诉讼法与仲裁制度；前命题人闫尔宝负责行政法与行政诉讼法；司法部考试中心前命题处长桑磊整体统筹。

中国特色社会主义法治理论

祁春轶　讲解

祁春轶，前命题人。德国法兰克福大学法学博士，中南财经政法大学副教授。

她是有考试命题经验、考点把握准确的专家，是讲解法学院苹果酒屋法则的老师，也是一个充满爱和生命气息的老师。因此她才会带着澄澈的理性思考、明睿的人文解读将抽象、厚重、晦涩的法理讲解得条理清晰，将趣味盎然、百变多端的考题解读得生动精妙。所有真实的生活在于相遇。

刑　法

周光权　方　军　讲解

周光权，前资深命题人。清华大学法学院教授、博士生导师。兼任中国犯罪学学会副会长、最高人民法院特邀咨询员、最高人民检察院案例指导工作委员会委员。关注刑法基本立场、犯罪论体系、刑法方法论、财产犯罪的认定等重大刑法问题，善于运用比较研究方法，结合前沿刑法学说分析重大疑难案例。主业是刑法学教学科研，业余写诗、练字。

方军，清华大学博士，中国社会科学院大学政法学院教师。刑法学界新锐。写作逻辑严谨、条理清晰；讲课深入浅出、富于启迪。

刑事诉讼法

颜 飞 孙 锐 讲解

颜飞，前命题人。西南政法大学法学院副院长、副教授。有较高理论水平，对法考也有深入研究。授课精彩，深受学生欢迎。

孙锐，中国政法大学博士，国家检察官学院副教授。她是在讲台上侃侃而谈的教师，也曾是奋战在司法第一线的检察长助理。游走于象牙塔与司法实务部门之间的她将以扎实的理论功底和丰富的实务经历帮你找到通过法考大门的密钥。

民 法

张作华 讲解

张作华，前命题人，前阅卷专家。中南财经政法大学法学院副教授。熟谙考试命题与应试套路，授课内容逻辑严谨，体系完整。讲解直击疑点，深入浅出，信息充分。

民事诉讼法与仲裁制度

吴志伟 讲解

吴志伟，前命题人。西南政法大学最高人民法院应用法学研究基地副主任。主讲民事诉讼法学、司法制度与法律职业道德等本科、研究生课程。他授课条理清晰、风趣幽默，自称是被民诉耽误了的“段子手”。在他的讲授中，程序不再高冷，规则亦不枯燥。跟着他，以民诉为马，闯法考江湖。

商 法

李兆玉 马更新 讲解

李兆玉，前题库命题人。西南政法大学民商法学院副院长、副教授，兼职律师，熟悉命题规律，擅长理论联系实践，注重学科交叉融合。

马更新，前题库命题人。北京大学法学博士，中国政法大学教授。敬业、认真、专注。讲课逻辑严谨，条分缕析，善于归纳总结，突出重点、难点。直击考点不拖泥带水。

行政法与行政诉讼法

闫尔宝 讲解

闫尔宝，前命题人。中国政法大学博士，南开大学法学院教授、博士生导师。授课逻辑严谨，条理清晰，知识含量大，擅长结合实务阐释深奥的法学原理。对法考命题特点、规律、重点有细致的考察，对考试风格和答题技巧有独到的心得。

2018年国家统一法律职业资格考试

主观题

2018年主观题解析撰写分工：前命题人祁春轶负责中国特色社会主义法治理论；前资深命题人周光权与中国社会科学院大学政法学院方军负责刑法；前命题人颜飞负责刑事诉讼法；前命题人、前阅卷专家张作华负责民法；前题库命题人李兆玉负责商法；前命题人吴志伟负责民事诉讼法与仲裁制度；前命题人闫尔宝负责行政法与行政诉讼法；司法部考试中心前命题处长桑磊整体统筹。

2018 年国家统一法律职业资格考试
主观题*

第一题　论述题（38 分）

祁春轶

材料：（略）

问题：

根据材料，结合自己的实际工作和学习，谈谈坚定不移走中国特色社会主义法治道路的核心要义。

答案精讲

根据材料，结合自己的实际工作和学习，谈谈坚定不移走中国特色社会主义法治道路的核心要义。

参考答案（要点）：

一、全面推进依法治国必须坚定不移走中国特色社会主义法治道路。中国特色社会主义法治道路的核心要义包括三个方面，分别是坚持党的领导，坚持中国特色社会主义制度，贯彻中国特色社会主义法治理论。这三个方面，规定和确保了中国法治建设的内在属性和前进方向。

二、党的领导是中国特色社会主义最本质的特征，是社会主义法治最根本的保证。坚持党的领导也是全面推进依法治国的基本原则之一，这是我国社会主义法治建设的一条基本经验。我国宪法确立了中国共产党的领导地位。坚持党的领导，是社会主义法治的根本要求，是全面推进依法治国的题中应有之义，党对法治的领导体现在党领导立法、保证执法、支持司法、带头守法。

三、中国特色社会主义制度是中国特色社会主义法治体系的根本制度基础，是全面推进依法治国的根本制度保障。这是中国特色社会主义法治道路区别于西方资本主义宪政道路的根本标志之一。以宪法为核心的中国特色社会主义法律体系，就是对中国特色社会主义制度法律化、法制化。应当在此基础上实现科学立法、民主立法，依法立法，实现严格规范公正文明执法，实现公正司法。

四、中国特色社会主义法治理论是中国特色社会主义法治体系的理论指导和学理支

---

* 2018 年主观题系根据网络上的“考生回忆版”试题综合整理而成。

撑，是全面推进依法治国的行动指南。贯彻中国特色社会主义法治理论，要坚持马克思主义法学思想的指导。习近平新时代中国特色社会主义法治思想是马克思主义法律思想中国化的最新成果。应当发展符合中国实际、具有中国特色、体现社会发展规律的社会主义法治理论，既与时俱进、体现时代精神，又决不照搬外国法治理念和模式。

五、总之，三者紧密联系，构成一个有机的整体，从根本上划清了我国社会主义法治与西方所谓“宪政”的本质区别，彰显了我们党的道路自信、理论自信、制度自信，对于全党全国各族人民在走什么样的法治道路问题上统一认识和行动具有重大指导意义。

难度：中

考点：全面依法治国的指导思想和总目标；坚持中国共产党的领导；习近平新时代中国特色社会主义法治思想是马克思主义法律思想中国化的最新成果

命题和解题思路：在形式上，该题采取材料分析题的命题方式；内容上，命题人着重考查中国特色社会主义法治道路的核心要义。这道题和以往的考题比较而言，政治性更强一些。

法治理论论述题的解题思路是“**认真阅读材料，准确解读内容；完整理解问题，把握逻辑关系；列出结构层次，展开逻辑分析**”，即材料限定了答题方向，问题则指引了答题要点，框定了答题结构和层次：

第一步先看材料：略。

第二步结合问题可以看到：这道题的设问很简单，不涉及不同考点之间的联系。考生正确答题的关键就是，是否能准确把握“中国特色社会主义法治道路的核心要义”。**这一考点在“全面依法治国的总目标”中体现出来**：即在对“建设中国特色社会主义法治体系，建设社会主义法治国家”进行具体阐释时，第一句话就是“在中国共产党领导下，坚持中国特色社会主义制度，贯彻中国特色社会主义法治理论”。这阐明了中国特色社会主义法治道路的核心要义，规定和确保了中国特色社会主义法治体系的制度属性和前进方向。

第三步思考需要回答的问题结构和层次：中国特色社会主义法治道路核心要义的三个方面是并列关系，在论述时可以采取总分总的方式进行。中国特色社会主义法治道路的核心要义是什么？坚持党的领导、坚持中国特色社会主义制度、贯彻中国特色社会主义法治理论的含义和要求分别是什么？这三个方面如何规定和确保了中国法治建设的内在属性和前进方向？

具体论述的逻辑展开是：

首先，**阐明中国特色社会主义法治道路核心要义的内容**。

其次，**分述坚持党的领导、坚持中国特色社会主义制度、贯彻中国特色社会主义法治理论的含义和要求**。这时可以适当结合自己的学习和工作谈谈，可以和中国特色社会主义法治理论及其相关制度举措结合。

最后，**总结坚持党的领导，坚持中国特色社会主义制度，贯彻中国特色社会主义法治理论，三者紧密联系，构成一个有机的整体**，从根本上划清了我国社会主义法治与西方所谓“宪政”的本质区别。通过总结强化论证。

答案解析：

（1）在第一部分应当首先阐明全面推进依法治国必须坚定不移走中国特色社会主义法治道路。然后点出中国特色社会主义法治道路的核心要义包括三个方面，分别是坚持党的领导，坚持中国特色社会主义制度，贯彻中国特色社会主义法治理论。这时，可以把这三个方面的关系进行扼要概括，强调这三方面是党领导全国人民全面推进依法治国方略、建设社会主义法治国家的根本遵循，必须牢牢把握，始终坚持。

（2）第二到第四点是分述中国特色社会主义法治道路核心要义的三个方面。大家可以分为三点阐述，也可以在一个大点“二”下以三个分论点“1、2、3”进行阐述。具体来说：

在坚持党的领导部分，要强调党的领导是中国特色社会主义最本质的特征，是社会主义法治最根本的保证。接下来，可以结合“坚持党的领导是全面推进依法治国的基本原则”来阐述党的领导的重要意义和具体要求，例如表明党的领导是我国社会主义法治建设的一条基本经验；我国宪法确立了中国共产党的领导地位；坚持党的领导，是社会主义法治的根本要求，是党和国家的根本所在、命脉所在，是全国各族人民的利益所系、幸福所系，是全面推进依法治国的题中应有之义。结合工作和学习，可以探讨如何在各项工作和学习中贯彻党的领导，要点是党同法治不是对立的关系，而是根本一致、内在统一的关系。

在坚持中国特色社会主义制度部分，要强调中国特色社会主义制度是中国特色社会主义法治体系的根本制度基础，是全面推进依法治国的根本制度保障。接下来，可以说明坚持中国特色社会主义制度是中国特色社会主义法治道路区别于西方资本主义宪政道路的根本标志之一。然后再把这一点拉到全面推进依法治国上，说明以宪法为核心的中国特色社会主义法律体系，就是对以中国共产党的领导为核心的中国特色社会主义制度法律化、法制化。这时，可以结合工作和学习，谈谈如何在中国特色社会主义制度的基础上，进行各项工作，例如进行科学立法、民主立法，体现和反映社会主义建设的规律，反映人民的意志；如何坚持严格规范文明执法，依法全面履行政府职能；如何推进公正司法，保障人民群众参与司法；如何推进多层次多领域依法治理，健全依法维权和化解纠纷机制，完善和发展中国特色社会主义事业。

在贯彻中国特色社会主义法治理论部分，要强调中国特色社会主义法治理论是中国特色社会主义法治体系的理论指导和学理支撑，是全面推进依法治国的行动指南。然后阐明贯彻中国特色社会主义法治理论，应当坚持马克思主义法学思想的指导。这时可以回应2018年的新增考点，即习近平新时代中国特色社会主义法治思想是马克思主义法律思想中国化的最新成果，并适当展开阐述。最后可以回应主题，论述必须从我国基本国情出发，同改革开放不断深化相适应，总结和运用党领导人民实行法治的成功经验，围绕社会主义法治建设重大理论和实践问题，推进法治理论创新。

（3）对前面的论述进行总结，概括坚持党的领导，坚持中国特色社会主义制度，贯彻中国特色社会主义法治理论，三者紧密联系，构成一个有机的整体，从根本上划清了我国社会主义法治与西方所谓“宪政”的本质区别。最后可以用一两句话对论述进行深化和升华。

第二题　案例分析题（30分）

周光权　方　军

王某是一黑社会性质组织的组织者，刘某、林某、丁某系成员。某日，王某和刘某到酒店就餐，消费3000元。刷卡付款时，服务员吴某故意将POS机上的数额调整为30000元，王某未注意，遂刷卡支付30000元。（事实一）

离开前，王某发现多付了钱，便与刘某去找吴某要钱，但吴某拒不退还。王某、刘某恼羞成怒，欲劫持吴某逼其还钱。在捆绑吴某的过程中，不慎将其摔成重伤。因担心酒店人员报警，两人放弃劫持，迅速离开。（事实二）

两人走出酒店时，在门口被武某等四名保安拦截。王某遂让刘某打电话叫人过来帮忙，刘某给林某、丁某打电话，并私下叫二人带枪前来。林某、丁某二人将枪藏在衣内，来到酒店后护送王某上了私家车，武某等人见状遂让四人离开。王某上车后气不过，让刘某“好好教训这个保安”，随即开车离开。刘某便让林某、丁某二人向武某开枪，武某中弹身亡。事后查明，林某、丁某一人朝武某腿部开枪、一人朝腹部开枪，但只有一枪击中武某腹部，致其死亡，但无法查明这一枪是谁射出的。（事实三）

问题：

1. 就事实一，对吴某行为的定性，可能存在哪几种处理意见？各自的理由是什么？

2. 就事实二，对王某、刘某的行为应如何定性？理由是什么？

3. 就事实三，对于武某的死亡，王某、刘某、林某、丁某构成何罪？理由是什么？（其中对王某的行为有哪几种处理意见？各自的理由是什么？）

答案精讲

1. 就事实一，对吴某行为的定性，可能存在哪几种处理意见？各自的理由是什么？

答案：对于事实一，可能存在两种处理意见。其一，认定为盗窃罪。理由是，对于吴某多刷取的27000元部分，王某并没有处分意识，换句话说，吴某多刷取的27000元违反了卡主本人的意志，其采用平和的手段将27000元由他人占有变为自己占有，成立盗窃罪。其二，认定为诈骗罪。诈骗罪是指以非法占有为目的采用欺骗的手段使得他人产生认识错误后处分财产，进而造成被害人财产损失。如果认为诈骗罪中的处分意识仅要求被害人意识到自己是在处分财产，但不要求被害人认识到处分财产的数额，则由于吴某采取欺骗的手段使得被害人王某产生处分意识后处分了财产，成立诈骗罪。

难度：难

考点：盗窃罪；诈骗罪

命题和解题思路：命题人主要想考查考生对于盗窃罪与诈骗罪如何区分这一重点

问题的理解。诈骗罪为自损型财产犯罪，而盗窃罪为他损型财产犯罪，所以被害人是否有处分意识，以及处分意识的具体内容是否包含财物数量，便是二者的关键界限所在，掌握这一点，本题便迎刃而解。

答案解析：

诈骗罪的规范构造为：行为人虚构事实或者隐瞒真相—相对人陷于认识错误—基于认识错误处分财产—行为人获得财产—被害人遭受财产损失。因此，成立诈骗罪要求被害人基于认识错误处分财产，即需要有财产处分意识。如果没有财产处分意识，便排除诈骗罪的成立。

而对于财产处分意识的具体内容，理论界存在一定的争议，主要问题在于是否要求被害人意识到处分财产的具体数量：

如果是被害人不仅要认识到自己在处分财产，同时要清楚意识到自己处分财产的数量才具备诈骗罪中的处分意识的话，则本案中的王某尽管知道自己在刷卡处分自己的财产，但并未正确、清楚意识到处分的具体数额，因此不具备处分意识，所以不成立诈骗罪。此时，针对被盗刷的27000元由于王某没有处分意识，吴某的行为属于违反被害人意志，采用平和手段变他人占有为自己占有的盗窃罪。

如果被害人意识到自己在处分财产而未认识到处分的具体数额，便符合诈骗罪中的处分意识的话，则王某知道自己在刷卡处分自己的财产，已经具备了处分意识，吴某采用欺骗的手段骗取了王某的财产，因而成立诈骗罪。

2. 就事实二，对王某、刘某的行为应如何定性？理由是什么？

答案：王某、刘某在意识到自己被吴某盗刷了27000元后，在离开饭店前便通过捆绑的方式扣押吴某索要属于自己的钱款，成立正当防卫。对于财产犯罪来说，财产犯罪既遂后终了之前，在犯罪的现场被害人为了取回自己的财物，此时仍然视为不法侵害正在进行，可以实施正当防卫。但是，由于吴某是通过平和的手段实施盗窃罪或诈骗罪，对于被害人的人身并未造成危险，而王某、刘某为了索回自己的钱财采用非法拘禁的方式造成吴某重伤，不符合正当防卫的限度条件，即二人的防卫行为明显超过必要限度造成不必要的重大损害，成立防卫过当。由于二人属于为了索取债务而扣押、拘禁他人，并且是拘禁行为本身造成了重伤，成立非法拘禁罪（致人重伤）的结果加重犯，但是由于属于防卫过当，应当减轻或者免除处罚。

难度：中

考点：正当防卫；非法拘禁罪

命题和解题思路：命题人主要想考查考生对于正当防卫与《刑法》第238条第3款规定的理解。考生只要认识到王某、刘某是为了当场索取自己的被盗刷的钱而捆绑吴某，便不难解答本题。

答案解析：

必须要说明的是，本题的答案是建立在事实二所设定事实的基础上得出的分析结论。也就是说，按照考生回忆版，王某与刘某是在离开现场前就为了索回自己被盗刷的钱而捆绑吴某。如果二人是在离开现场后，才发现自己被多刷了27000元，遂返回现场采用捆绑的方式索要，则此时二人的行为就不再具有正当防卫的性质，因为吴某的财产犯罪已经既遂并且终了，二人的行为当然不符合正当防卫的时间要件，即不符合不法侵害正在进行中。此时，二人就属于典型的《刑法》第238条第3款规定的为了索取债务而非法扣押、拘禁他人，并且在拘禁过程中由拘禁行为本身导致被害人重伤，此时仅成立非法拘禁致人重伤的结果加重犯。

由于题干设定的基础事实是二人在现场就发现了被盗刷，因此，吴某的财产犯罪尽管已经既遂，但尚未终了，王某等为了制止不法侵害可以实施正当防卫。但是，基于吴某的财产犯罪并未威胁到二人的人身安全，王某与刘某采取捆绑并造成重伤的方式索要自己的财产，属于防卫行为明显超过必要限度造成重大损害，因为成立防卫过当。由于王某二人成立索债型的非法拘禁罪，并且是拘禁行为本身过失导致重伤结果，属于非法拘禁罪的结果加重犯，需要同时适用总则防卫过当应当减轻或者免除处罚的规定。

3. 就事实三，对于武某的死亡，王某、刘某、林某、丁某构成何罪？理由是什么？（其中对王某的行为有哪几种处理意见？各自的理由是什么？）

答案：（1）关于林某与丁某的刑事责任。尽管无法查清究竟是谁想要朝被害人的腿部或腹部开枪，可以肯定的人，二人一人持伤害故意、一人持杀人故意，基于事实存疑有利于被告的原则，只能认定二人均为伤害故意，因此二人在故意伤害罪的范围内成立共同正犯。又由于共同正犯实行“部分实行全部责任原则”，因此，二人对于在伤害范围内造成的不法结果均需负责，即便无法查清死亡结果具体由谁造成，也不影响故意伤害罪（致人死亡）的成立。此外，由于二人应属于黑社会性质组织成员，成立参加黑社会性质组织罪，应和故意伤害罪（致人死亡）数罪并罚。

（2）关于刘某的刑事责任。由于刘某基于教训意图唆使二人朝被害人开枪，因而属于教唆犯。而正犯林某与丁某均成立故意伤害罪（致人死亡），因此，刘某成立故意伤害罪（致人死亡）的教唆犯，应和参加黑社会性质组织罪数罪并罚。

（3）关于王某的刑事责任。首先，没有问题的是，事实一明确交代，王某是黑社会性质组织的组织者，因而成立组织黑社会性质组织罪。其次，对于王某唆使他人将保安打死的行为，对王某可能存在两种处理意见：第一，成立故意伤害罪（致人死亡）。如果认为王某的“好好教训”只是伤害的故意，则其对于保安的死亡应当认定为故意伤害罪（致人死亡）的教唆犯。第二，成立故意杀人罪。如果认为王某的“好好教训”包含了致死的故意，并且故意杀人属于王某组织的黑社会性质组织犯罪的总体性概括故意内，则即便无法查清究竟是谁击中保安致死，对于王某也应认定为故意杀人罪既遂。因此，王某最后可能以组织黑社会性质组织罪与故意伤害罪（致人死亡）或故意杀人罪数罪并罚。

难度：难

考点：共同正犯；教唆犯；组织、领导、参加黑社会性质组织罪

命题和解题思路：本题较难，命题人结合实体法与程序法的知识考查了考生对于共同正犯、教唆犯和黑社会性质组织犯罪的理解。解答本题的首要关键在于，对于共同正犯来说，在共同故意范围内造成的不法结果，任何共同正犯都要负责，即便无法

查清究竟是谁造成了结果，也没有事实存疑有利于被告的空间。

答案解析：

根据目前事实三所给定的事实，无法确认丁某和林某究竟谁朝被害人腿部开枪、谁朝被害人腹部开枪，也就是说无法确认二人中究竟谁持杀人的故意，由于杀人的故意包容了伤害的故意，因此，二人在故意伤害罪的范围内成立共同正犯。题干说无法查清究竟是谁击中被害人致死，其实是为了迷惑考生，实质是命题人想考查考生对于共同正犯归责原则的理解。由于共同正犯实行“部分实行全部责任”的归责原则，也就是交互归责原则，因此，在共同故意范围内造成的不法结果都要负责，而不需要查清究竟是谁的行为造成了结果的发生。就此，二人成立故意伤害罪（致人死亡）。由于丁某和林某参与了黑社会性质组织，因此对丁某和林某要以参加黑社会性质组织罪与前述的故意伤害罪（致人死亡）数罪并罚；

而一旦正犯的责任确定，则唆使他们的刘某的行为性质也就自然而然清楚了，即故意伤害罪（致人死亡）的教唆犯。由于刘某还参与了黑社会性质组织，对刘某要以参加黑社会性质组织罪与故意伤害罪（致人死亡）的教唆犯数罪并罚。

对于王某，则需要看他“好好教训”的意思究竟指的是伤害还是杀人，由于他是黑社会性质组织的组织者，需要对组织概括性故意范围内造成的所有结果负责，因此，如果他说的“好好教训”指的是伤害保安，则成立故意伤害罪（致人死亡）的教唆犯；如果他指的是打死保安，即便正犯丁某与林某二人成立故意伤害罪（致人死亡），由于王某本人具有杀人的教唆故意，并且丁某与林某二人中也确实有一人持杀人故意开枪，尽管无法确认由谁具体实施杀人行为，但毫无疑问产生了死亡结果，因此王某成立故意杀人罪。另外，题干交代王某是黑社会性质组织的组织者，因此，其最后要以组织黑社会性质组织罪和故意伤害罪（致人死亡）数罪并罚，或是以组织黑社会性质组织罪和故意杀人罪数罪并罚。

第三题　案例分析题（30分）

颜　飞

某日，王大和李四去饭店吃饭，遇见了王大的仇人张三。两人发生口角，李四劝阻不成。王大用饭店的板凳击打张三头部，致其倒地昏迷。李四将张三送往医院，但到达医院停车场后并未立即将张三送医，而是将车停在停车场，次日凌晨再将张三送往医院时，张三已死亡。

检察机关以故意杀人罪对李四提起刑事诉讼，以下为本案证据：

1. 李四口供：王大将张三打昏后，当晚10：20左右，自己和饭店店员赵二将张三抬上车，10：50自己驾车到医院停车场时，发现张三大量出血，呼吸微弱，害怕承担责任，所以不敢把张三送进医院，于是把车停在停车场后，自己回去找王大商量。次日凌晨5：00，自己和王大一起赶回停车场把张三送进医院，医院认定张三已死亡。

2. 王大口供：自己将张三打昏后，李四送张三到医院。半夜李四找自己商量，告诉他并没有送张三就医。后二人次日凌晨将张三送医，张三已死亡。

3. 赵二证言：当晚10：20左右，自己和李四一起将张三抬上车，此时张三仍有心跳和呼吸，赵二认为如果当时及时就医，张三一定不会死亡。

4. 饭店监控录像：当晚10：20李四和赵二一起将张三抬上车。

5. 医院停车场监控录像：当晚10：50左右李四的车出现在停车场，李四独自下车离开，一直将车留在停车场，直到次日凌晨5：00和王大一起又出现在停车场，将张三抬进医院。

6. 法医死亡鉴定：张三头部被重击，重击痕迹与饭店板凳吻合，无其他伤，张三自身有凝血性障碍，因大量出血而死亡，但无法鉴定出具体死亡时间。

7. 医院接诊记录：凌晨5：00李四和王大将张三送至医院，但医院认定张三已完全死亡。

李四因涉嫌故意杀人罪被提起公诉。在庭审中，李四翻供，并提出其供述为侦查机关刑讯逼供做出，实际上，他当晚将张三送至医院停车场时，张三已没有呼吸和心跳，完全死亡。但迫于侦查人员的威胁，他才承认当时张三并未死亡。李四提供了刑讯逼供的手段和时间。李四的辩护律师提出非法证据排除的申请。检察机关提供的录音录像材料并不完整，且录像效果时好时坏，好的部分的录音录像显示并没有刑讯逼供行为的发生。李四的辩护人提出重新鉴定张三具体死亡时间的申请，但新的证据均无法证明张三的具体死亡时间。

问题：

请利用相关证据、法律规定等对李四的判决作出说理。

答案精讲

请利用相关证据、法律规定等对李四的判决作出说理。

答案：

（1）对于检察机关提起的李四涉嫌故意杀人罪的指控，法院不能认定。在没有其他新证据的情况下，法院应当作出证据不足，指控的犯罪不能成立的无罪判决。

（2）依据：根据《刑事诉讼法》第55条的规定：没有被告人供述，证据确实、充分的，可以认定被告人有罪和处以刑罚。证据确实、充分，应当符合以下条件：①定罪量刑的事实都有证据证明；②据以定案的证据均经法定程序查证属实；③综合全案证据，对所认定事实已排除合理怀疑。而根据本案现有的证据来看，证明李四故意杀人的证据尚未达到“确实、充分”的程度。因此，检察机关的指控不能成立。

（3）理由：认定李四是否有罪的关键在于确定张三在被送到医院停车场前是否已经死亡。而7份证据中，与之相关是证据1和证据3，其余证据材料，要么是与死亡时间无关（证据2、证据4、证据5）；要么是无法证明死亡的准确时间（证据6、证据

7）。对于证据1，由于被告人在审判阶段翻供，且提出了非法证据排除的申请，而检察机关对于取证合法性的证明并未达到证据确实、充分的程度。因此，法院对于证据1应当依据非法证据排除的规定予以排除，不得作为定案的依据。对于证据3，证人赵二认为如果当时及时就医，张三一定不会死亡。这是赵二的一种分析、判断或者推理，属于意见证据的范畴，不能采信。

综上，本案检察机关所提供的证据均无法证实张三是在送到医院停车场以后才死亡，不排除在送医院的路上已死亡的可能性。所以检察机关的指控不能成立，法院应当作出证据不足，指控的犯罪不能成立的无罪判决。

考点： 证据的审查；刑事诉讼的证明标准

难度： 难

命题和解题思路： 作为法考元年的主观题，命题人延续了以往司法考试卷四主观题的命题风格和命题思路，选择了某个真实案例加以改编形成了这道案例题。本题几乎可以说翻版了2010年司法考试卷四的案例分析题，从某种程度上可以视为对2010年开创的这种命题模式的一种肯定和延续。**通过列举案件的主要证据，要求考生通过对证据的分析、审查，进而形成对全案基本事实的判断，此种考查思路，非常接近于司法实践，也代表了将来法考命题的方向，考生须高度重视。**

在解题时，首先需要注意的是，“对李四的判决进行说理”并不是要求考生撰写一份判决书。其实质就是要求考生判断指控是否成立，法院能否做出有罪的认定，并给出依据和理由。这和2010年的考题是完全一致的思路，只是问题换了个说法，考生务必要把握考查的思路和重点。其次，解题时是依据证据法的相关规定，因此本题考查的重点是对证据的分析和审查，而不是对其行为性质的分析和判断，因此分析的重点在于事实是什么，而不是看其行为到底是作为还是不作为，或者说故意还是过失。

解题时须注意此类题型的答题结构，一般分为三个层次：**一是判断，根据所给的证据能否认定有罪；二是依据及理由，这是答题的重点，即通过对证据的分析，说明理由；三是根据前述分析，回答法院应当作出何种判决。**此外，在答题时还需注意，分析的基础是现有证据，不能超出给定的证据范围，随意假设某种情况，这已经超出了考试的范畴。

具体到本题而言，看似材料较多，罗列了多项证据，但考生首先应通过仔细阅读材料，建立起对案件事实的一个基本把握，李四有罪无罪的关键就在于张三到底是何时死亡的。如果张三在到达医院以前就已经死亡，很明显李四对其死亡是不承担任何责任的。如果尚未死亡，那李四将其留在车中的行为就与其死亡有着因果关系，须承担相应的责任。明确了此点以后，再来分析所列证据中哪些与死亡时间有关，然后再进一步分析能够指向死亡时间的证据能否作为证据使用以及如何使用。注意，分析、审查证据通常是从两个方面来把握：一是证据的合法性，一旦题目中涉及该证据的收集程序那就要注意是否存在程序违法、严重的可导致非法证据排除的问题；二是证据的关联性，即分析该证据证明了何种事实以及证明的程度。最后再综合全案证据审查是否达到证据确实、充分的证明标准。

答案解析：

要对李四的判决进行说理，首先要明确对李四的指控是否成立，即法院应当对李四如何判决。然后再分析判决的依据，即依据《刑事诉讼法》对证明标准的规定，指控的证据尚未达到确实、充分的程度；接下再分析为什么现有证据未能达到证明标准。根据本案的材料来看，要证明李四犯故意杀人罪，必须查明被害人张三的准确死亡时间，即必须证明李四在将被害人张三送到医院停车场后，张三尚未死亡。如果没有证据或者证据不能达到确实、充分的程度证明张三是在已经被送到医院停车场后才死亡，那李四的后续行为就与张三的死亡后果之间不存在因果关系，李四对张三的死亡不承担责任。

而根据检察机关提供的证据来看，能指向张三死亡时间的证据只有两份，一份是证据 1 被告人李四在侦查阶段所做的有罪供述，承认在将张三送达医院停车场后发现张三并未死亡；另一份是证据 3 证人赵二的证言，认为如果当时及时就医，张三一定不会死亡。其余证据材料，要么是与死亡时间无关（证据2、证据4、证据5）；要么是无法证明死亡的准确时间（证据6、证据7）。

但是，由于被告人李四在审判阶段翻供，提出自己在侦查阶段之所以作出有罪供述，是收到侦查人员的威胁，并提供了刑讯逼供的手段和时间。李四的辩护律师也提出非法证据排除的申请。根据《刑事诉讼法》的规定，本案属于可能判处无期徒刑以上的重大案件，应当对讯问过程全程录音录像。但检察机关提供的录音录像材料并不完整，且录像效果时好时坏。虽然好的部分的录音录像显示并没有刑讯逼供行为的发生，但无法排除不存在刑讯逼供的可能，检察机关对于取证合法性的证明并未达到证据确实、充分的程度。因此，法院对于证据 1 被告人李四在侦查阶段的有罪供述应当依据非法证据排除的规定予以排除，不得作为定案的依据。

而证据 3 证人赵二的证言中提到他认为如果当时及时就医，张三一定不会死亡。这属于赵二的一种分析、判断或者推理，属于意见证据的范畴。根据《最高人民法院关于司法解释工作的规定》第 75 条的规定，证人的猜测性、评论性、推断性的证言，不得作为证据使用，但根据一般生活经验判断符合事实的除外。很明显，关于被害人的准确死亡时间这不是属于基于一般生活经验能判断的事实，所以赵二关于如果当时及时就医，张三一定不会死亡的说法不能采信。

综上，本案检察机关所提供的证据均无法证实张三是在送到医院停车场以后才死亡，不排除在送医院的路上已死亡的可能性。所以检察机关的指控不能成立，法院应当作出证据不足，指控的犯罪不能成立的无罪判决。

第四题 案例分析题（54 分）

张作华 李兆玉 吴志伟

甲公司中标某地块的开发权，遂与乙公司签订建设工程承包合同，由乙公司负责建筑施工。合同履行过程中，甲公司拖欠乙公司合同工程款 8000 万元未付，双方协商将该欠款及500万元利息转为甲公司对乙公司的借款。随后，乙公司协助甲公司以在建工程向某银行进行抵押担保，获得贷款2亿元。双方同意用该笔贷款首先清偿乙公司债权中的5000万元，剩余的1.5亿元归入两公司的共管账户，并作为继续前述房产开发的资本；同时甲公司将其公司公章交给乙公司保管，意在防止甲公司随意对他人举债。两公司还约定，如发生合作争议，由S省q市仲裁委管辖。

后乙公司自拟了一份补充协议，将前述合同中的仲裁机关改为G省c市，并加盖了乙公司和甲公司的印章。同时乙公司为了冲抵甲公司的借款，在向丁公司购买建筑材料时加盖甲公司的印章。

后甲乙公司发生争议，乙公司向G省c市仲裁委提出仲裁申请，仲裁委受理，甲公司提出管辖异议，认为仲裁协议无效，G省c市仲裁委认为仲裁协议有效，继续审理，并作出了裁决。随后甲公司向法院申请撤销仲裁裁决。

前述房产开发过程中，甲公司与丙公司签订销售委托合同，由丙公司负责甲公司楼盘的销售。该委托合同由丙公司的法定代表人韩某签订，合同上只有韩某的签字，无丙公司公章。合同签订后，甲公司才发现韩某在签订合同之时已被丙公司解除法定代表人职位，另由他人担任，但丙公司尚未进行变更登记。

甲公司取得预售许可证后，丙公司履行委托合同，着手开始销售房屋，许多购房者购买之后又与他人签订租赁合同。后因丙公司销售不力，甲公司向法院起诉请求解除委托合同。一审判决丙公司败诉，丙公司不服提起上诉，在上诉中变更了诉讼请求，请求判决合同无效，并赔偿损失。

后甲公司的开发资金出现短缺，无法支付乙公司两个月的工程进度款。甲公司于是进行民间借贷，与包括戊在内的多名贷款人签订借款合同，同时签订房屋买卖合同，约定甲到期不能偿还借款时向贷款人交付相关房屋。

甲公司原计划尽快完成楼盘开发并利用回笼资金偿还借款，但由于其拖欠工程进度款，导致乙公司停工抗辩。甲公司因其资金回笼目的落空，遂提出解除与乙公司的合作开发合同。

后甲公司负债累累，有债权人向A省b市法院提出破产申请，该法院受理了申请。之前与甲公司有供货合同的丁公司听闻甲公司被法院受理破产清算之后，随即通知其运送途中的货车司机停止运货并返回。

乙公司因对甲公司的债权余额出现争议请求法院确认债权，之后乙公司又起诉请求甲公司支付利息，并要求优先受偿。

问题：

1. 乙公司签订补充协议的行为是否属于表见代理？为什么？若甲公司能证明补充仲裁协议是乙公司单方拟定，G省c市仲裁委的仲裁裁决效力如何？为什么？

2. 若甲公司要撤销仲裁裁决，应向哪个法院提出？为什么？

3. 甲公司与丙公司的委托合同是否有效？为什么？韩某的行为如何定性？为什么？

4. 甲公司是否有权解除与丙公司的委托合同？为什么？甲若解除委托，是否需要承担赔偿责任？赔偿范围如何确定？

5. 丙公司在上诉中能否变更诉讼请求？为什么？

6. 若甲公司到期无法偿还借款，戊是否可以要求其交付买卖合同项下的房屋？为什么？

7. 甲公司与戊的房屋买卖合同能否视为物权担保？为什么？

8. 甲公司是否有权解除与乙公司的合同？为什么？

9. 戊公司中止向甲公司运货的做法是否有法律依据？为什么？

10. 若甲公司被受理破产后，A 省 b 市法院能否将债权人诉讼交由其他法院管辖？为什么？

11. 若甲公司申请破产后，乙公司与其产生财产纠纷，应由仲裁委管辖还是法院管辖？

12. 若乙公司将本金和利息分两次提起诉讼，是否属于重复起诉？为什么？

13. 乙公司对甲公司的工程房屋是否有优先权？为什么？优先权的范围是什么？

答案精讲

1. 乙公司签订补充协议的行为是否属于表见代理？为什么？若甲公司能证明补充仲裁协议是乙公司单方拟定，G 省 c 市仲裁委的仲裁裁决效力如何？为什么？

答案：

（1）不属于表见代理。因为乙公司的补充协议不符合代理关系的构成要件，不是代理行为。（或者乙公司并非善意第三人或相对方）

（2）仲裁裁决无效。因为甲公司和乙公司双方并未达成该项仲裁条款（或有效的仲裁约定）。

考点：表见代理；请求仲裁的意思表示

难度：中

命题和解题思路：本题分别考查了民法总则代理关系的基本含义以及仲裁的适用条件。解答本题的关键在于判断乙公司用甲公司的公章与自己签订补充协议的行为是否符合代理的构成要件。判断逻辑是：如果不符合代理的基本构造，也就不成立表见代理或其他无权代理。仲裁的适用前提是存在合法有效的仲裁协议，判断 G 省 c 市仲裁委仲裁裁决效力的关键在于明确补充仲裁协议的效力，事实上该仲裁协议是乙公司的单方意思表示，并无双方的合意，因此无效。

答案解析：

代理制度是指，代理人依据代理权，以被代理人的名义独立与第三人实施民事行为，由此产生的法律效果直接归属于被代理人的一种法律制度。本案中，补充协议是由乙公司以及“甲公司”（由乙公司代为签章，甲公司不知情）双方签订的，并不存在第三人，不符合代理涉及三方当事人（本人、代理人，相对人）的基本构造。而且，乙公司自行拟定补充协议，并加盖乙公司和甲公司的印章的行为也绝非善意，因此也不符合表见代理的构成要件。

《仲裁法》第 4 条规定，当事人采用仲裁方法解决纠纷，应当双方自愿，达成仲裁协议。据此，作为仲裁适用前提的书面仲裁协议必须是双方当事人共同的真实意思表示。材料中乙公司利用其保管甲公司印章的便利，未经甲公司同意，私自在补充协议中变更仲裁机构，这并非是双方当事人真实的意思表示，因此该协议无效。合法有效的仲裁协议是适用仲裁的前提，没有仲裁协议就不存在有效的仲裁。既然约定 G 省 c 市仲裁委的补充协议无效，那么 G 省 c 市仲裁委的仲裁裁决也自然无效。

2. 若甲公司欲撤销仲裁裁决，应向哪个法院提出？为什么？

答案：甲公司应当向 G 省 c 市中级人民法院提出撤销仲裁裁决申请。因为《仲裁法》第 58 条第 1 款规定，当事人可以向仲裁委员会所在地的中级人民法院申请撤销仲裁裁决，G 省 c 市中级人民法院即为本案的管辖法院。

难度：易

考点：申请撤销仲裁裁决的条件

命题和解题思路：2018 年法考主观题凸显融合化命题趋势，命题人以案例形式将诉讼和仲裁制度搭配命题，这在以往的司考中从未出现。循此思路，仲裁和司法存在衔接点的内容顺理成章成为考查重点，如撤销仲裁裁决、不予执行仲裁裁决等对仲裁的司法监督制度。本题以直接设问形式考查撤销仲裁裁决的管辖法院，考查范围窄，解题依据明确单一，难度极低。在提供法条的主观题考试中，这与之前流行“能翻到答案算我输”的预测完全不符，绝对属于典型的送分题。本题再次彰显了民诉法命题人的仁慈，其简单程度出乎意料，此类试题可遇而不可求，分数绝对不容错过。

答案分析：

《仲裁法》第 58 条第 1 款规定，有证据证明仲裁裁决符合法定撤销情形，当事人可以向仲裁委员会所在地的中级人民法院申请撤销。本案仲裁裁决由 G 省 c 市仲裁委员会作出，又根据《仲裁法》第 10 条第 1 款规定，仲裁委员会可以在直辖市和省、自治区人民政府所在地的市设立，也可以根据需要在其他设区的市设立，不按行政区划层层设立。据此，G 省 c 市仲裁委员会所在的 c 市应为设区的市，G 省 c 市法院应为中级人民法院。因此，甲公司应向 G 省 c 市中级人民法院提出撤销仲裁裁决的申请。

3. 甲公司与丙公司的委托合同是否有效？为什么？韩某的行为如何定性？

答案：（1）委托合同有效。因为甲乙的合同并不存在影响其有效性的因素（或无效情形）。或回答：丙公司法定代表人的签字对丙公司有约束力，丙公司变更法定代表人但未经变更登记，不得对抗善意第三人。

（2）韩某的行为属于表见代表。甲公司有理由相信韩某仍是乙公司的法定代表人。

考点：表见代表与表见代理的区别

难度：难

命题和解题思路：法人代表关系和代理关系的区分问题是民法总则的重要理论问题，看似简单，但法理深厚，需要准确把握。这也是近些年来司考（法考）的高频考点。本题的两问具有相当的关联性，实质上第二问的回答构成了第一问的回答依据。解题的关键在于判断韩某的行为的性质。不少考生误认为韩某的行为构成表见代理，虽然两者都可以产生责任由所代理或代表的组织体承担的效果，但：①代表人与被代表人是同一人格体，而代理人和被代理人是两个独立的主体。②代表人的代表行为是组织体的行为，不发生效力归属问题，代理人的行为不是被代理人的行为，但发生效力归属问题。所谓"表见代表"是指行为人超越法人组织章程或权力机构对代表人的权限范围或者法定代表人资格终止以后以仍代表法人实施法律行为，相对人有理由相信行为人有代表权的，行为人的法律效果归被代表人（法人）承受的法律制度。表见代表成立的关键在于在前述三种情形下，法人的相对人基于一定外观，善意且无过失地相信其有代表法人之资格而与之从事民事法律行为，该代表行为的效力并不因具备前述三种瑕疵此受影响。表见代理通常是法人组织的其他职务人员或经授权的第三人，以独立的人格或行为，在代理关系框架下实施了无权代理行为，而相对人基于一定的外观，善意且无过失相信行为人有代理权。

答案解析：

关于委托合同一般效力的考查，考生只要从民事法律行为的一般有效要件或无效合同的一般法定情形及特殊无效规定即可有效回答。所以本题第 1 问正确作答并不难。但若从法人代表行为的效力着眼，分析法人行为的对外效力机制，当然是更值得肯定的分析路径。

《民法总则》第 61 条规定："法定代表人以法人名义从事的民事活动，其法律后果由法人承受。法人章程或者法人权力机构对法定代表人代表权的限制，不得对抗善意相对人。"《民法总则》第 170 条规定："执行法人或者非法人组织工作任务的人员，实施民事法律行为，对组织发生效力。法人组织对职权范围的限制，不得对抗善意相对人。"本案中，尽管韩某被丙公司解除法定代表人职位，代表权已经终止，但丙公司尚未进行变更登记，其对外还是丙公司的法定代表人，相对人甲公司有理由相信韩某有代表权，因此，丙公司解除韩某法定代表人的事实，不得对抗善意的甲公司。韩某就其职权范围内的事项，以法人的名义实施的民事法律行为，无须法人特别授权，对法人或者非法人组织发生效力，加盖印章并不是表见代表成立的必要条件，因此，韩某的行为构成表见代表，甲公司与丙公司的委托合同系双方真实意思表示，没有违反法律强制性规定，依法成立且生效。

4. 甲公司是否有权解除与丙公司的委托合同？为什么？甲若解除委托，是否需要承担赔偿责任？赔偿范围如何确定？

答案：（1）可以解除。委托人和受托人可以随时解除委托合同（任意解除权）。

（2）需要承担赔偿责任。任意解除权人解除合同给对方造成损失的，除不可归责于该当事人的事由外，应当赔偿损失。

（3）赔偿范围：因解约人过错造成的直接损失，以及信赖利益或者期待利益损失。

考点：委托合同的任意解除权

难度：难

命题和解题思路：我国《合同法》第410条规定了委托合同的双方当事人都享有任意解除权，如果因解除委托合同给对方造成经济损失的，行使解除权的一方需要承担民事责任。现行《合同法》并没有明确规定损失赔偿范围，但是我国《民法典各分编（草案）》第716条已经有了明确规定，这就要求考生关注立法动态。当然，解题时也可从合同一般原理出发，全面把握合同法保护的三类利益：履行利益、信赖利益、固有利益。

答案解析：

《合同法》第410条规定："委托人或者受托人可以随时解除委托合同。因解除合同给对方造成损失的，除不可归责于该当事人的事由以外，应当赔偿损失。"由于该法定解除权是基于委托合同当事人相互信任为基础的任意解除权，只要甲公司对丙公司的信任基础有所动摇，无论是否存在解约理由，均允许其随时解除合同。

关于委托合同任意解除后的损失赔偿范围，由于我国《合同法》第410条没有明确规定，故引发了相关争议。争议主要集中在除赔偿直接损失外，应否赔偿可得利益损失问题。在上海盘起贸易有限公司与盘起工业（大连）有限公司委托合同纠纷案中（案号：(2005）民二终字第143号)，最高人民法院认为："根据合同法第410条规定，委托人或者受托人可以随时解除委托合同。因解除合同给对方造成损失的，除不可归责于该当事人的事由以外，应当赔偿损失。但是，当事人基于解除委托合同而应承担的民事赔偿责任，不同于基于故意违约而应承担的民事责任，前者的责任范围仅限于给对方造成的直接损失，不包括对方的预期利益（可得利益)。"但值得注意的是，我国《民法典各分编（草案)》第716条规定："委托人或者受托人可以随时解除委托合同。因解除合同给对方造成损失的，除不可归责于该当事人的事由以外，无偿委托合同的解除方应当赔偿因解除时间不当造成的直接损失，有偿委托合同的解除方应当赔偿对方的直接损失和可以获得的利益"甲公司和丙公司的委托合同属有偿合同，因此，甲公司解除委托合同不仅应当赔偿直接损失还应当赔偿丙公司的期待利益。

5. 丙公司在上诉中能否变更诉讼请求？为什么？

答案：(1）丙公司在上诉中不可以变更诉讼请求。因为丙公司是原审被告，法律并未赋予原审被告在二审中变更诉讼请求的权利。且为了维护当事人的审级利益，上诉请求不应超越原审诉讼请求的范围，而丙公司在上诉中提出赔偿损失请求已经超越了一审案件裁判的范围，因此不应允许其变更诉讼请求。

(2）丙公司可以在上诉中变更诉讼请求。法院可以就变更的诉讼请求进行调解，调解不成，可以告知其另行起诉。因为法院调解结案不受案件审级、诉请范围等因素限制。

难度：中

考点：二审法院对上诉案件审理的范围；上诉案件的调解

命题和解题思路：本题考查被告上诉后变更原审诉讼请求应当如何处理，其一改本学科试题死记法条即可解题的刻板风格，考生可以从"二审的审理范围"以及"上诉案件的调解"两个角度分别作答，切入角度不同会导致本题答案不唯一，持正反观点只要言之成理皆可得分。此种答案开放式的考题在民诉法学科中尚属首次，但这很可能成为日后法考主观题常见的考查形式，备战主观题时应当高度重视。

答案分析：

根据案情表述，本案中上诉人是原审被告丙公司，一般而言，原审被告的上诉请求是请求二审法院撤销或者部分撤销原审判决，而本案中上诉人提出了新的诉讼请求，这直接变更了原审诉讼请求。如果从上诉案件审理的范围看，二审案件应结合上诉请求以原审诉讼请求的范围为限进行审理。如果对二审中增加或者变更诉讼请求直接进行裁判，因全案已进入二审程序，这会变相剥夺对该请求的上诉权，损害当事人的审级利益。且民诉法及其司法解释，对被告在二审中变更原审诉讼请求并无明文规定，基于民诉法的公法属性，当事人无权从事法律未允许事项。但如果从上诉案件的调解适用看，法院调解不受案件审级、诉请范围等因素限制，其制度基础是当事人的处分权，只要不违背当事人的意愿以及法律的禁止性规定皆可适用。因此，对于丙公司在二审中变更诉讼请求法院可以允许，但只能用调解方式结案。调解不成，如果符合另行起诉条件，可以告知丙公司另行起诉。

6. 若甲公司到期无法偿还借款，戊是否可以要求其交付买卖合同项下的房屋？为什么？

答案：不可以。当事人以签订买卖合同作为民间借贷合同的担保，借款到期后借款人不能还款，出借人请求履行买卖合同、交付买卖标的物的，人民法院应当要求其变更诉讼请求，按照民间借贷法律关系审理；或驳回起诉。

考点：民间借贷与买卖型担保

难度：中

命题和解题思路：关于民间借贷中的一种特殊担保约定，近三年中主观题（案例分析题）均作了重点考查，足见命题人对此问题的特别青睐。当事人之间发生民间借贷法律关系之后，为了保障出借人的利益，双方往往会签订一个房屋买卖合同，合同内容一如题干所设计的那样，一旦借款人无法按期偿还借款，就面临究竟是按民间借贷还是按房屋买卖处理的问题。本题直接考查司法解释的特殊规定，考生如果能够准确掌握该司法解释的规定，就能做出正确的回答。

答案解析：

《民间借贷解释》第24条规定："当事人以签订买卖合同作为民间借贷合同的担保，借款到期后借款人不能还款，出借人请求履行买卖合同的，人民法院应当按照民间借贷法律关系审理，并向当事人释明变更诉讼请求。当事人拒绝变更的，人民法院裁定驳回起诉。按照民间借贷法律关系审理作出的判决生效后，借款人不履行生效判决确定的金钱债务，出借人可以申请拍卖买卖合同标的物，以偿还债务。就拍卖所得的价款与应偿还借款本息之间的差额，借款人或者出借人有权主张返还或补偿。"该司法解释认为，由于房屋买卖合同并非双方当事人的真实意思表示，法院不能按照买卖合同来处理借款人与出借人之间的法律关系。《最高人民法院关于审理民间借贷案件适用法律若干问题的规定》第24条适用的前提是"民间借贷合同与买卖合同同在""买卖合同是民间借贷合同的担保"（即借贷合同之外签订买卖合同，并约定若借款未能按期清偿，则履行买卖合同，以此担保债权实现的情况）。本案中，甲和戊既签订了买卖合同也签订了借款合同，甲、戊之间的房屋买卖合同实质上是为他们之间的民间借贷提供担保，符合司法解释规定的情形。借款到期后借款人不能还款的，出借人无权请求履行买卖合同的标的物交付义务。因此，戊不可要求甲交付买卖合同项下的房屋。

7. 甲公司与戊的房屋买卖合同能否视为物权担保？为什么？

答案：不能。因为不动产物权担保需要进行登记，未经登记，担保物权不成立。

考点：不动产物权担保的设立

难度：中

命题和解题思路：本问与上一问有一定关联性，但考查意图不同。本题主要考查甲、戊之间签订房屋买卖合同为他们之间的民间借贷提供担保这种担保方式的性质，涉及"买卖型担保""让与担保"等非典型担保的含义把握，具有一定的难度。

答案解析：

甲、戊签订商品房买卖合同的目的是担保债务的履行。双方的约定不符合《担保法》规定的物权担保方式，而属于一种新型的"买卖型担保"。本案房屋买卖担保实际是以债权作为担保标的"物"，是否具有物权效力存在理论争议。依据严格的"物权法定"原则，担保物权效力应当基于一定的前提即"符合物权法有关担保物权的规定"，不动产物权担保主要指的是不动产抵押权。**不动产物权担保，应当办理抵押登记，抵押权自登记时设立，**（《物权法》第187条）**但甲公司与戊未就该抵押物办理抵押登记，故抵押权未设立。**在签订民间借贷合同时，既要签订抵押担保合同，还要办理抵押登记或完成交付。不仅可以避免债务人"逃债"，在所有债权人中还享有优先受偿权。

8. 甲公司是否有权解除与乙公司的合同？为什么？

答案：不能解除合同。因为甲不具备法定的解除权，也不具备约定的解除条件。或回答：违约一方无权解除合同。

考点：合同解除

难度：易

命题和解题思路：本题是对合同解除制度的一般性考查，考查难度一般。合同解除分为约定解除和法定解除，若违约方满足合同约定的解除合同的条件，则违约方享有合同解除权。至于违约方是否享有法定解除权是本题的难点所在，尽管现行法律并未明确禁止违约方解除合同的权利，但考生需要运用民法基础理论，得出合理的结论。

答案解析：

《合同法》第8条规定，"依法成立的合同，对当事人具有法律约束力。当事人应当按照约定履行自己的义务，不得擅自变更或者解除合同"。该条规定确立了合同严守原则，即合同依法成立生效以后，对当事人就具有了法律约束力，当事人应当按照合同的约定履行自己的义务，非依法律规定或者取得对方同意，不得擅自变更或者解除合同。

《合同法》第94条规定了法定解除的五种情形。从立法趣旨分析，合同法定解除制度一方面体现了"合同须严守"的基本原则，严格控制合同的解除条件，只有严重影响合同目的实现的情形下允许解除合同。另一方面，合同法定解除制度还承担着违约救济功能，为守约方提供一种从合同关系中摆脱出来的一种救济可能，因此违约方一般不能援用这种法定解除权。本题中，甲乙订立房产开发合同，甲通过卖房回笼资金的目的与房产开发合同的履行并无直接的必然联系，即开发房屋不能按计划售出并不直接影响其开发目的的实现，不属于法定解除权的成立事由。而且，在案涉开发合同的履行中，甲拖欠乙两个月工程款，违约在先，因此也不应当赋予其合同解除权给予救济。原则上，合同的解除是法律允许非违约方在对方违约的情况下可采取的补救方式，是否愿意继续受到合同约束的选择权在于非违约方，违约方无权行使法定解除权。因此，甲作为违约方不享有合同解除权。

9. 戊公司中止向甲公司运货的做法是否有法律依据？为什么？

答案：有法律依据。破产法规定了出卖人的特殊取回权，本案符合出卖人取回的条件。

难度：易

考点：债务人财产（出卖人取回权）

命题及解题思路：出卖人取回权属于破产取回权的特殊情形，命题人主要考查“债务人尚未收到且未付清全部价款”这一构成要件，即使考生不记得破产法的具体规定，但基于朴素的公平正义观也能得出正确结论，本题绝对属于送分题。

答案解析：

破产法第39条规定：“人民法院受理破产申请时，出卖人已将买卖标的物向作为买受人的债务人发运，债务人尚未收到且未付清全部价款的，出卖人可以取回在运途中的标的物。但是，管理人可以支付全部价款，请求出卖人交付标的物”。对号入座即可正确作答。

10. 若甲公司被受理破产后，A省b市法院能否将债权人诉讼交由其他法院管辖？为什么？

答案：A省b市法院可以将债权人诉讼交由其他法院管辖。因为《最高人民法院关于适用〈中华人民共和国民事诉讼法〉的解释》第42条规定，破产程序中有关债务人的诉讼案件，受理破产申请的人民法院报请上级人民法院批准后，可以将案件在开庭前交下级人民法院审理。《最高人民法院关于适用〈中华人民共和国企业破产法〉若干问题的规定（二）》第47条第3款规定，受理破产申请的人民法院，如对有关债务人的海事纠纷、专利纠纷、证券市场因虚假陈述引发的民事赔偿纠纷等案件不能行使管辖权，可以由上级人民法院指定管辖。

难度：易

考点：管辖权转移（管辖权转移的情形）、指定管辖

命题和解题思路：本题以破产程序为切入点，考查管辖权向下转移或者指定管辖的适用情形。题目设问方式直白，《最高人民法院关于适用〈中华人民共和国民事诉讼法〉的解释》和《最高人民法院关于适用〈中华人民共和国企业破产法〉若干问题的规定（二）》均有明确的条文规定，在提供法条的主观题考试中绝对属于送分题。

答案分析：

《破产法》第21条规定，人民法院受理破产申请后，有关债务人的民事诉讼，只能向受理破产申请的人民法院提起。这是有关债务人诉讼的原则规定，但有例外情形。《最高人民法院关于适用〈中华人民共和国民事诉讼法〉的解释》第42条规定，下列第一审民事案件，人民法院依照民事诉讼法第38条第1款规定，可以在开庭前交下级人民法院审理：破产程序中有关债务人的诉讼案件……人民法院交下级人民法院审理前，应当报请其上级人民法院批准。上级人民法院批准后，人民法院应当裁定将案件交下级人民法院审理。据此，A省b市法院受理了对甲公司的破产申请后，债权人提起的有关债务人诉讼案件可以交给下级法院审理。

《最高人民法院关于适用〈中华人民共和国企业破产法〉若干问题的规定（二）》第47条第3款规定，受理破产申请的人民法院，如对有关债务人的海事纠纷、专利纠纷、证券市场因虚假陈述引发的民事赔偿纠纷等案件不能行使管辖权，可以由上级人民法院指定管辖。据此，上述针对债务人的专业性较强的案件，受理破产的A省b市法院可以通过A省高院指定管辖的方式交给其他法院审理。

11. 若甲公司申请破产后，乙公司与其产生财产纠纷，应由仲裁委管辖还是法院管辖？为什么？

答案：应由S省q市仲裁委管辖该财产纠纷。因为《破产法》第21条仅针对民事诉讼的管辖规定，并不排斥仲裁管辖。且甲公司与乙公司约定了仲裁机构，有效的仲裁协议排斥法院管辖，因此甲公司与乙公司的财产纠纷应由S省q市仲裁委管辖。

难度：难

考点：仲裁与民事诉讼的关系

命题和解题思路：表面上看，本题考查的是破产程序启动后有关债务人的其他财产纠纷的处理方式，实则附带对仲裁与民事诉讼的适用关系予以考查。本题并无直接的解题依据，可参照《破产法》的规定以及财产纠纷中仲裁和民事诉讼的适用关系理论辅助做出判断。解题的关键环节在于准确理解《破产法》第21条规定的适用对象，如果误认为破产程序启动后一切民事纠纷应由受理破产法院管辖，那必然会因误判而失分。本题提醒考生，法考复习一定要细致，须知“细节决定成败”。

答案分析：

《破产法》第21条规定，人民法院受理破产申请后，有关债务人的民事诉讼，只能向受理破产申请的人民法院提起。本条中“民事诉讼”是关键信息，这是关于破产程序开始后民事诉讼管辖的规定，该规定只适用于民事诉讼案件，并不适用于仲裁案件。而对于财产纠纷，诉讼和仲裁的适用是或裁或审的关系，有效的仲裁协议即可排除法院对案件的司法管辖权，本案中甲乙公司明确约定了S省q市仲裁委作为仲裁机构，因此甲公司与乙公司的财产纠纷应由S省q市仲裁委管辖。

12. 若乙公司将本金和利息分两次提起诉讼，是否属于重复起诉？为什么？

答案：不构成重复起诉。因为本金和利息的诉讼请求和诉讼标的均不相同，不符合《最高人民法院关于适用〈中华人民共和国民事诉讼法〉的解释》第247条规定的重复起诉认定条件。

难度： 中

考点： 受理（重复起诉的识别标准）

命题和解题思路： 本题以利息和本金分别起诉为切入点，考查重复起诉的认定。重复起诉是《最高人民法院关于适用〈中华人民共和国民事诉讼法〉的解释》的新增制度，它直接关系到能否对后诉予以司法救济，其认定在理论和司法实践中均存在争议。判断是否构成重复起诉虽有明确的法律依据，但仍具相当的理论性，本题完全符合法考主观题理论化的命题趋势。考生应结合《最高人民法院关于适用〈中华人民共和国民事诉讼法〉的解释》第247条的规定，从前诉和后诉的当事人、诉讼标的以及诉讼请求等方面予以判断。解题的难点在于对诉讼标的是否同一的判断，根据不同的学说观点结论有所差异，因此本题在阅卷时极可能不同答案言之成理皆可得分。

答案分析：

《最高人民法院关于适用〈中华人民共和国民事诉讼法〉的解释》第247条第1款规定，当事人就已经提起诉讼的事项在诉讼过程中或者裁判生效后再次起诉，同时符合下列条件的，构成重复起诉：①后诉与前诉的当事人相同；②后诉与前诉的诉讼标的相同；③后诉与前诉的诉讼请求相同，或者后诉的诉讼请求实质上否定前诉裁判结果。据此，是否构成重复起诉要结合当事人、诉讼标的以及诉讼请求等三个要素予以判断。首先，乙公司请求返还本金与给付利息的诉讼请求不同，也不存在给付利息请求否定本金判决结果的情况；其次，根据传统诉讼标的理论，一般而言，一个实体法请求权构成一个诉讼标的。返还本金和给付利息的请求权不同，因此两个诉讼的诉讼标的也不相同。综上，乙公司将本金和利息分两次提起诉讼不属于重复起诉。

需要说明的是，诉讼标的的识别是诉讼标的理论的核心问题，存在传统诉讼标的理论和新诉讼标的理论之争。传统诉讼标的理论认为，诉讼标的的识别根据是实体法上的请求权，有多少个实体法上的请求权，就存在多少个诉讼标的。该理论在解释“请求权竞合”时会产生“一个违法事实却要求加害人两次给付”的尴尬。新诉讼标的理论则认为，诉讼标的的识别不以实体请求权为根据，而应以诉的声明（诉讼请求）和案件事实作为根据。在请求权竞合时，不管在实体法上存在多少个请求权，只要诉的事实理由和诉的声明（诉讼请求）只有一个，其诉讼标的就只有一个。

13. 乙公司对甲公司的工程房屋是否有优先权？为什么？优先权的范围是什么？

答案：（1）有优先受偿权。因为发包人未按照约定支付价款的，承包人可以就该工程折价或者拍卖的价款优先受偿。

（2）优先权范围：仅限于建筑工程款，包括承包人为建设工程应当支付的工作人员报酬、材料款等实际支出的费用，不包括承包人因发包人违约所造成的损失。

考点： 建设工程款优先受偿权

难度： 中

命题和解题思路： 本题是对《合同法》中建设工程施工合同的考查，较为基础，考生需要熟记相关法条和司法解释的内容，注意建设工程款优先受偿的特殊规定。

答案解析：

建设工程价款优先受偿权是承包人就建设工程折价或者拍卖的价款优先受偿的权利，属于法定优先权的范畴。依据《合同法》第286条：发包人未按照约定支付价款的，承包人可以催告发包人在合理期限内支付价款。发包人逾期不支付的，除按照建设工程的性质不宜折价、拍卖的以外，承包人可以与发包人协议将该工程折价，也可以申请人民法院将该工程依法拍卖。建设工程的价款就该工程折价或者拍卖的价款优先受偿。

根据最高人民法院2002年6月在《关于建设工程价款优先受偿权问题的批复》第3条的规定："**建筑工程价款包括承包人为建设工程应当支付的工作人员报酬、材料款等实际支出的费用**，不包括承包人因发包人违约所造成的损失。"据此，承包人乙公司对甲公司的工程房屋有优先权，其优先受偿的范围仅为建设工程所必须支付的费用。

第五题　选做题（28分）

（一）

闫尔宝

王某违法建房，市国土资源局向其发出《立即停止违法建房行为的通知》，责令停止违法行为。王某不从，继续修建。市建设规划局经过调查，向王某发出《责令限期拆除违法建筑通知书》，告知王某其建筑违法，限期一日内拆除，王某依然不从。

市建设规划局向城管大队发出委托书，委托城管大队强制拆除。城管大队通知镇政府、镇管委会到场，组织人员用铲车直接推倒房屋，未对王某房内的物品进行登记和妥善处理，导致王某财产损毁。王某以镇政府、镇管委会、城管大队、市国土资源局、市建设规划局为被告，提起行政诉讼，请求行政赔偿。

问题：

1. 市建设规划局责令王某限期拆除的行为是什么性质？

2. 王某起诉的被告是否正确？为什么？

3. 市建设规划局的行为是否违法？为什么？

4. 王某提出行政诉讼的期限是多长时间？为什么？

5. 若在一审开庭时，行政机关的负责人没有出庭应诉，而是委托城管大队的相关工作人员和律师出庭，法庭是否应予准许？为什么？

6. 王某请求损失赔偿的举证责任如何分配？

答案精讲

1. 市建设规划局责令王某限期拆除的行为是什么性质?

答案：市建设规划局责令王某限期拆除的行为属于行政命令行为。

难度：中

考点：责令行为的法律性质

命题和解题思路：本题考查责令行为的法律性质。在实践中，对行政机关的责令行为究竟属于何种性质，历来存在较大争议。同为责令行为，基于具体案件情况的不同，其法律性质却可能存在差异。本题的设置即在于考查考生结合具体案件区分责令行为法律属性的能力，要求考生具备较为深厚的理论功底。

答案解析：

本题中，市建设规划局基于王某违章建房，依法作出责令限期拆除违法建筑的行为，该责令行为属于行政命令行为。其理由是：第一，责令限期拆除为违法行为人王某设定了一种作为义务，符合行政命令的根本特征——为相对人设定作为或不作为义务。第二，责令限期拆除非基于特殊紧急情况，作出于执法程序的终点，不属于行政强制措施。市建设规划局作出的责令限期拆除决定是在充分调查取证之后，对王某违法行为作出的最终处理。不针对特殊紧急情况，不具有暂时性和直接强制性，不属于行政强制措施。第三，责令限期拆除不属于行政处罚行为。市建设规划局责令限制拆除的目的在于将王某的违法行为造成的后果回复到违法前的状态，具有限令违法行为人纠正违法行为的性质，未给王某造成新的财产损失，不同于课以新的不利影响的行政处罚。

2. 王某起诉的被告是否正确？为什么？

答案：王某起诉的被告不正确。因为真正享有强制执行权的主体是市建设规划局，对其强制执行行为不服提起行政诉讼的，应当由该局作为被告。

难度：中

考点：行政诉讼被告的确定

命题和解题思路：本题考查行政诉讼被告的确定。依照《行政诉讼法》的规定，行政诉讼被告确定遵循的是行政主体标准，即在行政执法程序中依法享有行政管理权力，能以自己的名义行使行政管理权力，且能为此承担行政法律责任的组织，才能作为行政诉讼的被告。不符合上述条件的社会组织，即使参与行政执法程序，实施相应的行政行为，也不具有被告的主体资格。本题的设计即在于考查考生对上述标准的理解程度。

答案解析：

依照《城乡规划法》第68条的规定，城乡规划主管部门作出责令停止建设或者限期拆除的决定后，当事人不停止建设或者逾期不拆除的，建设工程所在地县级以上地方人民政府可以责成有关部门采取查封施工现场、强制拆除等措施。本题中，市建设规划局作为城乡规划主管部门，依法有权对王某的违法建房行为作出责令限期拆除的处理决定。当王某拒绝执行该决定时，市建设规划局有权依法采取强制执行措施，其也应为违法实施强拆行为承担最终法律责任。因此，当王某认为强拆行为违法时，应当将市建设规划局列为被告。

城管大队虽然具体实施强拆行为，但因其强拆行为的实施来自市建设规划局的委托，在强拆行为没有超出责令限期拆除范围的情况下，城管大队不能对强拆行为的后果负责，因此不能列为本案的被告。当然，如果涉及赔偿责任的承担时，可以将其列为行政诉讼的第三人。

从本题叙述可以认为，镇政府、镇管委会虽然在接到城管大队通知后到达执行现场，但其并未参与实际执行活动，而是属于到场见证，其同样不是强拆行为的责任主体，不能列为本案被告。

3. 市建设规划局的行为是否违法？为什么？

答案：市建设规划局的行为违法，该局并未按照《行政强制法》规定的程序实施对违法建筑物的强制拆除行为。

难度：易

考点：行政诉讼的起诉期限

命题和解题思路：本题考查考生对行政机关自行强制执行程序规定的掌握情况，尤其是《行政强制法》规定的违法建筑物强制拆除遵循的特殊程序规定。《行政强制法》对行政机关自力执行的程序作出了非常详细的规定，同时，还对违法建筑物的拆除作出了专门规定。考生如果对上述立法规定掌握不牢固，即可能作出错误回答。

答案解析：

依照《行政强制法》第34条至第38条以及第44条的规定，市建设规划局组织实施强拆行为须遵守以下程序：①发布公告，限期王某自行拆除。②王某在法定期限内不申请行政复议或者提起行政诉讼，又不拆除的，方可实施强制拆除。③作出强制执行决定前，应事先书面催告王某履行义务。催告书应载明下列事项：履行义务的期限；履行义务的方式；当事人依法享有的陈述权和申辩权。④听取王某的陈述和申辩，并进行记录、复核。⑤经催告，王某逾期仍不履行执行拆除决定，且无正当理由的，作出强制执行决定。⑥送达行政强制执行决定书，并实施强制拆除。同时，参照《民事诉讼法》第250条的规定，具体实施强制拆除时，还要履行以下义务：通知王某到场，通知房屋所在地的基层组织——本案中的镇政府、镇管委会派人参加。执行人员应制作强制执行笔录，由在场人签名或者盖章。强拆房屋时，应对屋内财物进行登记，并派人运至指定处所，交给王某。

对照上述规定可知，市建设规划局在组织实施强拆时，并未严格按照上述规定操作，其强制执行行为违法。

4. 王某提出行政诉讼的期限是多长时间？为什么？

答案：依照《国家赔偿法》的规定，王某的起诉期限为三个月。

难度：易

考点：行政赔偿程序

命题和解题思路：本题考查考生对行政赔偿程序相关规定的掌握程度。《行政诉讼法》规定的起诉期限与《国家赔偿法》对行政侵权行为提起行政赔偿诉讼的起诉期限有所不同。考生如果对此没有明确的认识，即可能按照《行政诉讼法》规定的起诉期限作答，由此导致答题错误。

答案解析：

《国家赔偿法》第9条规定："赔偿义务机关有本法第三条、第四条规定情形之一的，应当给予赔偿。赔偿请求人要求赔偿应当先向赔偿义务机关提出，也可以在申请行政复议或者提起行政诉讼时一并提出"。第14条规定："赔偿义务机关在规定期限内未作出是否赔偿的决定，赔偿请求人可以自期限届满之日起三个月内，向人民法院提起诉讼。赔偿请求人对赔偿的方式、项目、数额有异议的，或者赔偿义务机关作出不予赔偿决定的，赔偿请求人可以自赔偿义务机关作出赔偿或者不予赔偿决定之日起三个月内，向人民法院提起诉讼"。依照上述规定，本题中，王某就市建设规划局的违法强拆行为提起赔偿诉讼，应当在向该局提出赔偿请求无果的情况下，在三个月内向人民法院提起诉讼。

5. 若在一审开庭时，行政机关的负责人没有出庭应诉，而是委托城管大队的相关工作人员和律师出庭，法庭是否应予准许？为什么？

答案：法庭不应准许，因为依照最高人民法院《关于适用〈中华人民共和国行政诉讼法〉的解释》的相关规定，行政机关负责人不能出庭的，应当委托行政机关相应的工作人员出庭。

难度：易

考点：行政机关负责人出庭应诉制度

命题和解题思路：本题考查考生对行政机关负责人出庭应诉规定的掌握程度。《行政诉讼法》及其司法解释对行政机关负责人出庭应诉作出了详细规定，明确规定了负责人出庭应诉义务，以及不能出庭情况下应当遵循的法定程序，并就负责人拒绝出庭应诉以及不符合法定程序委托相关人员出庭应诉规定了惩戒措施。本题的设计即围绕上述规定内容展开。

答案解析：

依照《行政诉讼法》第3条第3款规定，被诉行政机关负责人应当出庭应诉。不能出庭的，应当委托行政机关相应的工作人员出庭。为落实该规定，最高人民法院《关于适用〈中华人民共和国行政诉讼法〉的解释》又作出进一步规定。第128条规定："……行政机关负责人不能出庭的，应当委托行政机关相应的工作人员出庭，不得仅委托律师出庭。"而依照该解释第130条的规定，"行政机关相应的工作人员"包括该行政机关具有国家行政编制身份的工作人员以及其他依法履行公职的人员。第132条规定："行政机关负责人和行政机关相应的工作人员均不出庭，仅委托律师出庭的或者人民法院书面建议行政机关负责人出庭应诉，行政机关负责人不出庭应诉的，人民法院应当记录在案和在裁判文书中载明，并可以建议有关机关依法作出处理。"本题中，市建设规划局为适格被告，其负责人应当出庭应诉。不能出庭时，应当委托该局具有国家行政编制身份的工作人员出庭，而不能委托城管大队的工作人员出庭，同时也不能仅委托律师出庭。出现此种情况的，法庭不应准许，且可依法采取责任追究措施。

6. 王某请求损失赔偿的举证责任如何分配？

答案：王某请求市规划局赔偿其损失，应当举证证明该局的违法行为给其造成损失的情况。因执行人员在强拆过程中未对王某屋内的物品进行登记和妥善处理，造成王某无法证明相关损失的，应由市规划局就王某的损害承担举证责任。必要时还需要进行鉴定。因客观原因无法鉴定的，由法官结合本案的情况，酌情确定赔偿数额。

难度：中

考点：行政赔偿诉讼举证责任分配

命题和解题思路：本题考查行政赔偿诉讼案件中举证责任的特殊分配规则。《行政诉讼法》及其司法解释对行政赔偿案件的举证责任分配作出了专门规定。尤其是在因被告原因导致原告无法完成举证义务的，明确规定被告承担举证责任。本题的设计即在于考查考生对上述规定的把握程度。

答案解析：

对于行政赔偿案件的举证责任分配问题，依照《行政诉讼法》第38条第2款以及最高人民法院《关于审理行政赔偿案件若干问题的规定》的规定，遵循以下规则：①在行政赔偿案件中，原告应当对行政行为造成的损害提供证据。被告有权提供不予赔偿或者减少赔偿数额方面的证据。②因被告的原因导致原告无法举证的，由被告承担举证责任。据此，王某请求被告赔偿其损失，需要就被告的违法强拆行为造成的损害情况承担举证责任，被告如果对其举证有异议，需要提供不予赔偿或减少赔偿数额的证据。

本案的特殊情况在于，由于被告在实施强拆的过程中，并未依法对王某房内的物品进行登记和妥善处理，由此可能造成王某无法完成举证责任。对此，需要按照《行政诉讼法》第38条第2款以及最高人民法院《关于适用〈中华人民共和国行政诉讼法〉的解释》第47条的规定，确定本案的举证责任。即因市建设规划局的原因导致王某无法就损害情况举证的，应当由该局就该损害情况承担举证责任。对于双方当事人主张损失的价值无法认定的，应当由负有举证责任的一方当事人申请鉴定。在王某的损失因客观原因无法鉴定时，法院应结合王某的主张和在案证据，遵循法官职业道德，运用逻辑推理和生活经验、生活常识等，酌情确定赔偿数额。

（二）

李兆玉

林强、刘珂和孙淼是木豆公司的股东。林强担任公司法定代表人，与刘珂是恋人关系。

2015年4月，木豆公司与林强、刘珂、郝宏、季翔设立遥远公司，签订了《投资人协议》，签署了《遥远公司章程》，规定遥远公司的注册资本是5000万元。其中，木豆公司认缴2000万元，林强认缴1000万元，刘珂认缴500万元，郝宏认缴1000万元，季翔认缴500万元。《章程》还规定，木豆公司和郝宏的出资应在公司设立时一次性缴足，林强、刘珂、季翔认缴的出资在公司成立后三年内缴足。同一天，郝宏与孙淼签订了《委托持股协议》，约定：郝宏在遥远公司认缴的出资由孙淼实际缴纳，股权实际为孙淼所有，孙淼与郝宏之间系委托代持股关系。孙淼与郝宏将《委托持股协议》进行了公证。

遥远公司成立并领取了企业法人营业执照，营业执照上注明：公司注册资本5000万元，实缴3000万元。刘珂是遥远公司的法定代表人。木豆公司和孙淼均按章程的规定以向公司账户汇款的方式足额缴纳了出资，汇款单用途栏内写明“缴纳股权投资款”。

2016年12月，林强分两次从其银行卡向刘珂银行卡分别汇款100万元、80万元。到款当日，刘珂将这两笔款项均汇入遥远公司账户，汇款单用途栏内写明“投资款”。刘珂认缴的出资，尚有320万元未缴足。

2016年12月，季翔向遥远公司账户汇款100万元，尚有400万元未实际缴足。

2017年1月，季翔拟转让股权，其他股东不主张购买，季翔最终将股权转让给皓轩公司，并办理了股权变更登记。

2017年3月，林强与刘珂关系破裂。在刘珂的操作下，遥远公司会计麦子与木豆公司签订了《股权转让协议》，将木豆公司对遥远公司的股权转让给麦子，该《股权转让协议》上加盖有木豆公司公章，法定代表人签字一栏林强的签字系刘珂伪造。遥远公司持该《股权转让协议》到公司登记机关办理了股权变更登记，麦子未实际向木豆公司支付股权转让款。

2017年4月，麦子与七彩钢铁公司签订《股权转让协议》，麦子将其名下的遥远公司股权转让给七彩钢铁公司，七彩钢铁公司向麦子支付全部股权转让款3000万元，遥远公司为七彩钢铁公司办理了股权过户变更登记。

2017年8月，郝宏因拖欠小额贷款公司借款，被法院判决应偿还借款本金300万元及相应的利息及罚息。小额贷款公司申请法院强制执行，法院查封了郝宏在遥远公司的股权。对此，孙淼提出案外人异议。

2017年9月，遥远公司因不能偿还银行到期借款3000万元本金及利息，被银行起诉到法院。在该案一审审理期间，银行以林强认缴的出资未足额缴纳为由，追加林强为被告，请求林强对银行债务承担连带清偿责任。

问题：

1. 如林强以刘珂用于出资的180万元是他所汇为由，主张确认刘珂名下的股权实际为林强所有，该主张是否成立？为什么？

2. 季翔向皓轩公司转让股权时，其认缴的出资尚有400万元未缴纳，如认缴期限届满，遥远公司是否可以向皓轩公司催缴？为什么？

3. 木豆公司与麦子签订了《股权转让协议》，并将股权过户到麦子名下，据此是否可以认定麦子已取得遥远公司的股权？为什么？

4. 根据题中所述事实，是否可以认定七彩钢铁公司已取得遥远公司股权？为什么？

5. 孙淼的案外人执行异议是否成立？为什么？

6. 在银行诉遥远公司和林强的清偿贷款纠纷案件中，林强是否应当对公司债务承担连带责任？为什么？

答案精讲

1. 如林强以刘珂用于出资的180万元是他所汇为由，主张确认刘珂名下的股权实际为林强所有，该主张是否成立？为什么？

答案：不成立。刘珂以自己名义认缴并实缴出资，尽管刘珂用于出资的180万元是林强汇给刘珂的，但只能视为内部的借贷或者赠与等关系而不能直接对公司主张股权。

难度：中

考点：股东的概念（股东资格的取得与确认）

命题和解题思路：在公司法实务中，关于当事人与涉事公司之间究竟是属于投资关系，还是借贷关系的真实案例可谓是不胜枚举。本题恰恰是命题人以此为契机并借助案例的方式对该问题进行的深入考查，从而体现了“命题与实务前沿密切联系”的命题规律。如能熟记股东资格认定的形式要件和实质要件，本题不难作答。

答案解析：

《最高人民法院关于适用〈中华人民共和国公司法〉若干问题的规定（三）》第22条规定：“当事人之间对股权归属发生争议，一方请求人民法院确认其享有股权的，应当证明以下事实之一：（一）已经依法向公司出资或者认缴出资，且不违反法律法规强制性规定；（二）已经受让或者以其他形式继受公司股权，且不违反法律法规强制性规定。”其中，前者属于原始取得股权的条件。本案中，刘珂认缴500万元，且将180万元的两笔款项均以自己名义汇入遥远公司账户，汇款单用途栏内写明“投资款”，故刘珂对此享有股权，林强充其量可以对刘珂主张债权。

2. 季翔向皓轩公司转让股权时，其认缴的出资尚有400万元未缴纳，如认缴期限届满，遥远公司是否可以向皓轩公司催缴？为什么？

答案：不能。尽管季翔没有全面履行自己的出资义务，但其股权也是可以转让的。受让人是外部第三人皓轩公司，推定受让人对未缴出资不知情，故不能向皓轩公司催缴。

难度：中

考点：有限责任公司的股权转让（转让瑕疵股权的法律后果）

命题和解题思路：未全面履行出资义务的股权转让在实践中屡有发生，究竟由原股东还是新股东补缴出资有不同观点。有法院认为根据权利义务概况转移原则，应当由新股东补缴出资，但《最高人民法院关于适用〈中华人民共和国公司法〉若干问题的规定（三）》规定非善意的受让人才承担连带责任，因此不能简单依据法律的一般原则进行推理。命题人通过这一考点来考查考生掌握特殊规则的能力。

答案解析：

《最高人民法院关于适用〈中华人民共和国公司法〉若干问题的规定（三）》第18条规定："有限责任公司的股东未履行或者未全面履行出资义务即转让股权，受让人对此知道或者应当知道，公司请求该股东履行出资义务、受让人对此承担连带责任的，人民法院应予支持；公司债权人依照本规定第十三条第二款向该股东提起诉讼，同时请求前述受让人对此承担连带责任的，人民法院应予支持。受让人根据前款规定承担责任后，向该未履行或者未全面履行出资义务的股东追偿的，人民法院应予支持。但是，当事人另有约定的除外。"本题所给的事实是其他股东不主张购买，季翔向外部第三人皓轩公司转让股权，皓轩公司视为善意受让人，故遥远公司不能向皓轩公司催缴。

3. 木豆公司与麦子签订了《股权转让协议》，并将股权过户到麦子名下，据此是否可以认定麦子已取得遥远公司的股权？为什么？

答案：不能。尽管麦子可以视为被无权处分人刘珂蒙蔽的善意买受人，且完成股东变更登记，但并未支付股权转让款，不符合善意取得的构成要件，故不能取得股权。

难度：中

考点：股权的善意取得

命题和解题思路：本题旨在考查善意取得制度在股权转让中的适用，所以考生直接判断本案情形是否满足善意取得制度的构成要件即可得出正确结论。因此，本题的解题关键在于麦子能否依据善意取得制度取得该股权。**根据股权善意取得的构成要件（无权处分＋以合理价格受让＋受让人在受让股权时为善意＋完成股权变更登记手续），**得出麦子不能够取得木豆公司股权的结论。

答案解析：

《最高人民法院关于适用〈中华人民共和国公司法〉若干问题的规定（三）》第25条规定："名义股东将登记于其名下的股权转让、质押或者以其他方式处分，实际出资人以其对于股权享有实际权利为由，请求认定处分股权行为无效的，人民法院可以参照物权法第一百零六条的规定处理"。

《物权法》第106条规定："无处分权人将不动产或者动产转让给受让人的，所有权人有权追回；除法律另有规定外，符合下列情形的，受让人取得该不动产或者动产的所有权：（一）受让人受让该不动产或者动产时是善意的；（二）以合理的价格转让；（三）转让的不动产或者动产依照法律规定应当登记的已经登记，不需要登记的已经交付给受让人。"

4. 根据题中所述事实，是否可以认定七彩钢铁公司已取得遥远公司股权？为什么？

答案：可以。虽然麦子不能取得木豆公司对遥远公司持有的股权，但由于该股权已登记于麦子名下，七彩公司属于信赖该登记的善意买受人，已向麦子支付全部股权转让款，并到公司登记机关办理了股权变更登记，从而取得该股权。

难度：中

考点：股权的善意取得

命题和解题思路：本题旨在考查股权的善意取得制度。本题的解题思路分两步走：

第一步，明确麦子是遥远公司的名义股东。第二步，根据相关的司法解释，判断股权无权转让行为的效力。

答案解析：

《最高人民法院关于适用〈中华人民共和国公司法〉若干问题的规定（三）》第25条规定："名义股东将登记于其名下的股权转让、质押或者以其他方式处分，实际出资人以其对于股权享有实际权利为由，请求认定处分股权行为无效的，人民法院可以参照物权法第一百零六条的规定处理。"针对行为人无权处分他人股权，第三人在符合善意取得制度的构成要件时可以依法取得该股权。该制度的立法目的是保护善意第三人的信赖利益，维护交易安全。

5. 孙森的案外人执行异议是否成立？为什么？

答案：不成立。一方面，虽然郝宏并未实际出资，但其是登记在公司登记机关的名义股东，债权人小额贷款公司作为善意债权人在向郝宏放贷时的信赖利益应得到保护；另一方面，《委托持股协议》即使经过公证，仅具有内部效力，孙森并非真正意义上的股东，只能依据《委托持股协议》向郝宏主张约定的有关权利，该法律关系具有相对性，在转为正式股东之前无权以内部股权代持协议有效为由对抗外部债权人对显名股东的正当权利。基于此，相关司法解释规定，股权按照工商行政管理机关的登记和企业信用信息公示系统公示的信息来判断案外人是否是有权提出执行异议的权利人，即隐名投资人无权提出股权执行异议。

难度：难

考点：名义股东与实际股东；执行异议

命题和解题思路：名义股东与实际投资人之间的法律关系是考试的热点，以往多考查名义股东将登记于其名下的股权转让、质押或者以其他方式擅自处分，此时参照《物权法》第106条的规定善意取得制度处理。但本题结合民事诉讼法跨学科考查案外人执行异议，此时名义股东是被动处分股权，解题难度大大增加。但万变不离其宗，解答名义股东与实际股东法律纠纷的核心是明确两者属于契约关系，后者只能依据合同相对性向前者主张权利而不能直接向公司主张权利，其并不是真正的股权人，故不能阻止股权被强制执行。

答案解析：

《最高人民法院关于人民法院办理执行异议和复议案件若干问题的规定》第24条规定，对案外人提出的排除执行异议，人民法院应当审查下列内容：①案外人是否系权利人；②该权利的合法性与真实性；③该权利能否排除执行。而对于案外人是否"权利人"这一要素，该司法解释第25条规定，对案外人的股权执行异议，人民法院应当按照工商行政管理机关的登记和企业信用信息公示系统公示的信息这一外观标准来判断其是否系权利人。故隐名投资人无权提出股权执行异议。

6. 在银行诉遥远公司和林强的清偿贷款纠纷案件中，林强是否应当对公司债务承担连带责任？为什么？

答案：不应当承担连带责任，但应当承担补充赔偿责任。为保护公司债权人的合法利益，在公司财产不能清偿公司债务时，股东所认缴的出资义务即使尚未到期，也应按照提前到期的方法来处理，对公司债权人承担补充赔偿责任，且补充赔偿责任以认缴的出资额为限。

难度： 中

考点： 股东的义务

命题和解题思路： 本题旨在考查考生在法律未明文规定时寻找相关依据解决实务问题的能力。2013 年《公司法》修订将注册资本实缴制改为注册资本认缴制，所以股东只要认缴了相关出资就不构成“未履行或未全面履行出资义务”的行为。但出于保护公司债权人的合法目的，股东所认缴的尚未到期的出资财产本来就是公司财产的一部分，公司对该部分出资财产享有债权。故，在公司财产不能清偿公司债务时，各股东所认缴的尚未到期的出资义务，应按照提前到期的方法来处理，进而对公司债权人承担补充赔偿责任。

答案解析：

就责任承担方式而言，公司法采取“股东有限责任、公司无限责任”的基本原则，即股东仅以自己的出资对公司债务承担有限责任，而公司对外以自己的财产承担全部责任。但是，在公司财产不足以清偿公司债务，而股东在新的出资认缴制下未实际缴纳出资时，该股东是否应该承担补充赔偿责任，《公司法》对此并没有明文规定。但是，《最高人民法院关于适用〈中华人民共和国公司法〉若干问题的规定（三）》第 13 条第 2 款却是可供参考的法律依据：“**公司债权人请求未履行或者未全面履行出资义务的股东在未出资本息范围内对公司债务不能清偿的部分承担补充赔偿责任的，人民法院应予支持；未履行或者未全面履行出资义务的股东已经承担上述责任，其他债权人提出相同请求的，人民法院不予支持。**”在公司财产不能清偿公司债务时，各股东所认缴的尚未到期的出资义务，应按照提前到期的方法来处理，进而对公司债权人承担补充赔偿责任。

中国特色社会主义法治理论

祁春轶　讲解

祁春轶

前命题人。德国法兰克福大学法学博士，中南财经政法大学副教授。

她是有考试命题经验、考点把握准确的专家，是讲解法学院苹果酒屋法则的老师，也是一个充满爱和生命气息的老师。因此她才会带着澄澈的理性思考、明睿的人文解读将抽象、厚重、晦涩的法理讲解得条理清晰，将趣味盎然、百变多端的考题解读得生动精妙。所有真实的生活在于相遇。

2017年

一、试题（本题22分）

材料一：法律本来应该具有定分止争的功能，司法审判本来应该具有终局性的作用，如果司法不公、人心不服，这些功能就难以实现……我们提出要努力让人民群众在每一个司法案件中都感受到公平正义，所有司法机关都要紧紧围绕这个目标来改进工作，重点解决影响司法公正和制约司法能力的深层次问题。（**摘自习近平《第十八届中央政治局第四次集体学习时的讲话》**）

扫一扫 看微课视频

材料二：新华社北京2017年5月3日电：中共中央总书记、国家主席、中央军委主席习近平3日上午来到中国政法大学考察。习近平指出，我们有我们的历史文化，有我们的体制机制，有我们的国情，我们的国家治理有其他国家不可比拟的特殊性和复杂性，也有我们自己长期积累的经验和优势。

问题：

请根据材料一和材料二，结合自己对中华法文化中“天理、国法、人情”的理解，谈谈在现实社会的司法、执法实践中，一些影响性裁判、处罚决定公布后，有的深获广大公众认同，取得良好社会效果，有的则与社会公众较普遍的认识有相当距离，甚至截然相反判断的原因和看法。

答题要求：

1. 无观点或论述、照搬材料原文的不得分；
2. 观点正确，表述完整、准确；
3. 总字数不少于500字。

二、答案精讲

请根据材料一和材料二，结合自己对中华法文化中“天理、国法、人情”的理解，谈谈在现实社会的司法、执法实践中，一些影响性裁判、处罚决定公布后，有的深获广大公众认同，取得良好社会效果，有的则与社会公众较普遍的认识有相当距离，甚至截然相反判断的原因和看法。

答案要点[①]**：**

（1）中国有数千年的文化传统，天理、国法、人情都体现了扎根于人们心中的正义观念。其中，天理反映的是社会普遍正义；国法是国家机关制定或认可的行为规范体系；人情则是人民群众的朴素情感和基本的道德诉求。在中华法文化中，情是基础，理为本，法为末。不仅立法中要“上稽天理、下揆人情”，在法的实施中也要“准情酌理”，处断平允。可以说，在天理、国法、人情中强调的是法治和德治相得益彰。

（2）中国法律现代化的过程是立法主导型的，法律体系在很大程度上是通过移植西方国家的法律规则和制度，自上而下建立的。借鉴外来法律资源生成的法律在本土化的过程中会遇到问题。在实践中之所以存在法律效果和社会效果之间的差距，原因在于：

①有的法律在制定中没有充分考虑中国的现实国情，而司法、执法人员在适用法律中，又僵硬地依据规则裁判；

②在适用法律时，释法说理不够透彻清晰，没有阐明个案依据的法律规则所蕴含的法理和制度价值，导致裁判结果不被人民群众认同；

③没有法律至上的法治传统。在法治意识不强的情况下，出现片面追求社会效果的问题，或领导干部干预司法等问题，结果导致执法不公、司法不公。

（3）为了改变这种情况，可从以下几方面完善，形成舆论和司法的良性互动，凝聚社会共识：

①深入推进科学立法、民主立法。如健全法律法规规章草案公开征求意见和公众意见采纳情况反馈机制，广泛凝聚社会共识。

②在适用法律的过程中，探讨和实现法、理、情的有机结合。如将个案的审判置于天理、国法、人情之中综合考量，以论证说理彰显执法/司法的理性，以情理展示执法/司法的良知。

③贯彻法治原则，坚持规范公正执法、推进严格司法。既要以事实为根据，以法律为准绳，也要注意分析案件发生的深层原因，兼顾法律正义和社会正义。

难度：难

考点：坚持从中国实际出发；坚持依法治国和以德治国相结合；深入推进科学立法和民主立法；建设法治政府的意义和基本要求；公正司法的意义和基本要求

命题和解题思路：平遥县城的县衙是中国目前保存最完整的古代县衙之一。县衙大堂的匾上书有“明镜高悬”，二堂的匾上书有“天理国法人情”。大堂的匾位于县太爷座位顶上，是给天下人看的；二堂的匾位于座位对面，是给断狱县丞看的。从2009年“邓玉娇案”到2018年“昆山龙哥案”，人们都在国法之外讨论天理和人情。2017年4月5日，最高人民法院副院长沈德咏在山东省济南市主持召开刑事审判工作调研座谈会上的讲话，主题也是“坚持依法独立审判，个案判决要综合考量天理国法人

① 答案部分内容参考了最高人民法院副院长沈德咏在山东省济南市主持召开刑事审判工作调研座谈会上的讲话内容。

情”。命题人取材于此，以“天理国法人情”为主线，串起多个考点，既有宏观的依法治国的基本原则，又有这些基本原则在法律制定和实施具体环节上的要求。平时考生既要打好基本功，也应当多关注热点案件和新闻报道，融会贯通理解中国特色社会主义法治理论的内容。

在形式上，该题采取了材料分析题的命题方式；在内容上，命题人着重考查如何理解法律效果和社会效果之间的差距。考生既要分析其“原因”，也要在“看法”部分进一步分析如何拉近二者之间的差距。

法治理论论述题解题的思路是“**认真阅读材料，准确解读内容；完整理解问题，把握逻辑关系；列出结构层次，展开逻辑分析**”，即材料限定了答题方向，问题则指引了答题要点，框定了答题结构和层次：

第一步先看材料：材料一从司法的角度指出司法不公使法律定分止争的功能难以实现，也导致人心不服，进而框定需要解决“影响司法公正和制约司法能力的深层次问题”。材料二出自习近平在中国政法大学考察时的讲话，强调在国家治理中要从中国的历史和现实国情出发，从中国实际出发。

第二步结合问题可以看到：材料二是“线”，考生需要思考在法治建设中哪些方面没有从历史和现实国情出发（对应问题中的国法与天理人情之间的张力），进而串联起由材料一引申出来的问题。命题人要求考生抓住的逻辑关系是“**中华法文化中的‘天理国法人情’有其合理之处——国法与天理人情之间的张力导致执法/司法实践中法律效果和社会效果之间的差距——如何看待并拉近这种差距**”，其关键点是法的观念是被塑造出来的，它不能超越于置身其中的文化。因此需要准确认识到中国外源型法的现代化，把握国法和人们的共同理性和共同情感之间的隔阂，分析法律在本土化的过程中，在适用时存在的问题及解决路径。

第三步思考需要回答的问题结构和层次：中华法文化中的“天理国法人情”指的是什么？其合理之处在哪里？我国法的现代化的特点是什么（外源型法的现代化）？在这种背景下，立法、执法、司法中法律和天理人情之间的张力如何引发问题？如何解决这些问题？

具体论述的逻辑展开是：

首先**阐述中华法文化中的“天理国法人情”，并说明其合理之处**。主旨是：法律作为刚硬的规则体系，在适用过程中需要兼顾天理和人情，才能纠正可能存在的偏差。这是一种法治和德治相结合的思想。

其次，**结合中国外源型法的现代化的问题，分析我国司法和执法实践中，一些裁判、处罚决定获得认同，社会效果良好，一些遭到质疑，引发舆论争议的原因**。可以从立法、执法和司法、公权力行使等角度展开分析。

最后，**论述如何看待这种差距，从哪些方面可以拉近这种差距**，如通过科学立法和民主立法，通过在适用法律的过程中加强裁判文书的说理，运用多种法律方法，通过坚持依法行政、确保独立公正行使司法权等。

答案解析：

（1）法的观念是被塑造出来的，它不能超越于置身其中的文化。举凡文明社会，都保有自己的独特价值观念和处理问题的方式。在中华法文化中，有"王法本乎人情"之说，法律在制定和适用的过程中要做到"尽情适理"。国法是国家机关制定或认可并依靠国家强制力保证实施的，以确认、保护和发展对统治阶级有利的社会关系和社会秩序为目的的行为规范体系。法律作为刚硬的规则体系，在适用过程中需要兼顾天理和人情，才能纠正可能存在的偏差。天理代表天道，是自然律令、公理和正义；人情代表百姓的道德情感、良知和朴素的正义观。这是一种法治和德治相结合的思想。

（2）这里要先点明中国法的现代化是外源型的，这种法律不是自然而然生长于社会缓慢的、渐进的发展中，不是人们在社会生活中自然而然生发的规则，因此和人们的共同理性和共同情感之间存在隔阂。然后再逐一分析法律在本土化的过程中，在适用时存在的问题。第一，在立法不能反映中国的现实和国情时，如果僵硬地依据规则裁判，就会引发质疑；第二，执法者或者司法者如果释法说理不够透彻清晰，没有体现出综合考量天理、国法、人情，也会引发误解。第三，在公权力持有者自身法治意识不强、对规则缺乏认知的情况下，会出现假借天理人情遮掩私人感情，干预司法的问题，违背社会主义法治原则，导致执法不公、司法不公。

（3）可以从以下这些方面拉近这种差距：

第一，通过科学立法和民主立法，通过法律的修改和完善，建立更为合理的社会秩序意义脉络，使人们在规范领域内可以找到对法律所确立的价值体系和秩序安排的认同。这是使法首先是良法，体现"上稽天理、下揆人情"。

第二，推进依法治国不仅是一种制度的改造和治理技术的改进，更是一种价值构建。执法和司法机关在适用法律的过程中，应当加强裁判文书的说理，运用法律解释、法律推理、法律论证等法律方法，既阐明法理，又兼顾情理，形成舆论与司法的良性互动，让人民群众从内心认可并支持司法机关依法作出的裁判。

第三，法治与德治相结合，在执法/司法活动中依据国法，又兼顾天理和人情，并不等于片面追求社会效果而牺牲法律效果，更不等于这可以成为干预司法的理由。要坚持依法行政、确保独立公正行使司法权，坚持以事实为根据，以法律为准绳，通过每一个案件宣传法治观念、普及法律知识、推进法治进程。只有公正高效，而不是一味顺从舆论或仅体现私人情感的执法和司法，才能赢得人民群众的信任，才能使人民群众对权利保障有更多获得感，对法治建设有更多参与感。

2016 年

一、试题（本题 20 分）

扫一扫 看微课视频

材料一： 平等是社会主义法律的基本属性。任何组织和个人都必须尊重宪法法律权威，都必须在宪法法律范围内活动，都必须依照宪法法律行使权力或权利、履行职责或义务，都不得有超越宪法法律的特权。必须维护国家法制统一、尊严、权威，切实保证宪法法律有效实施，绝不允许任何人以任何借口任何形式以言代法、以权压法、徇私枉法。必须以规范和约束公权力为重点，加大监督力度，做到有权必有责、用权受监督、违法必追究，坚决纠正有法不依、执法不严、违法不究行为。（摘自《中共中央关于全面推进依法治国若干重大问题的决定》①）

材料二： 全面推进依法治国，必须坚持公正司法。公正司法是维护社会公平正义的最后一道防线。所谓公正司法，就是受到侵害的权利一定会得到保护和救济，违法犯罪活动一定要受到制裁和惩罚。如果人民群众通过司法程序不能保证自己的合法权利，那司法就没有公信力，人民群众也不会相信司法。法律本来应该具有定分止争的功能，司法审判本来应该具有终局性的作用，如果司法不公、人心不服，这些功能就难以实现。（摘自习近平：《在十八届中央政治局第四次集体学习时的讲话》）

问题：

根据以上材料，结合依宪治国、依宪执政的总体要求，谈谈法律面前人人平等的原则对于推进严格司法的意义。

答题要求：

1. 无观点或论述、照搬材料原文的不得分；
2. 观点正确，表述完整、准确；
3. 总字数不得少于400字。

二、答案精讲

根据以上材料，结合依宪治国、依宪执政的总体要求，谈谈法律面前人人平等的原则对于推进严格司法的意义。

答案要点：

（1）坚持依法治国首先要坚持依宪治国，坚持依法执政首先要坚持依宪执政。宪法是国家的根本大法，是党和人民意志的集中体现，全国各族人民、一切国家机关和武装力量、各政党和各社会团体、各企业事业组织，都必须以宪法为根本活动准则。依宪治国、依宪执政必须贯彻法律面前人人平等的原则：一方面，宪法法律对所有公民和组织的合法权利予以平等保护，对受侵害的权利予以平等救济；另一方面，任何个人都不得有超越宪法法律的特权，一切违反宪法法律的行为都必须予以纠正和追究。

（2）平等是社会主义法律的基本属性，是社会主义法治的根本要求，严格司法是法律面前人人平等原则在司法环节的具体表现。公正是法治的生命线，司法公正对社

① 《中共中央关于全面推进依法治国若干重大问题的决定》在本题“答案精讲”部分统一简称为《决定》。

会公平正义具有重要引领作用。正如习近平总书记所说，司法不公、司法不严对社会公平正义和司法公信力具有致命破坏作用。坚持法律面前人人平等，意味着人民群众的诉讼权利在司法程序中应得到平等对待，人民群众的实体权利在司法裁判中得到平等保护。只有让人民群众在每一个司法案件中感受到公平正义，人民群众才会相信司法，司法才具有公信力。

（3）坚持法律面前人人平等的原则，对于严格司法提出了更高的要求：首先，司法机关及其工作人员在司法过程中必须坚持以事实为根据、以法律为准绳，坚持事实认定符合客观真相、办案结果符合实体公正、办案过程符合程序公正，统一法律适用的标准，避免同案不同判，实现对权利的平等保护和对责任的平等追究。其次，推进以审判为中心的诉讼制度改革，全面贯彻证据裁判规则，确保案件事实证据经得起法律检验，确保诉讼当事人受到平等对待，绝不允许法外开恩和法外施刑。最后，司法人员工作职责、工作流程、工作标准必须明确，办案要严格遵循法律面前人人平等的原则，杜绝对司法活动的违法干预，办案结果要经得住法律和历史的检验。

难度：难

考点：健全宪法实施和监督制度；坚持法律面前人人平等；推进严格司法

命题和解题思路：2016 年是第二年以《决定》全文对“中国特色社会主义法治理论”进行考查。在论述题中，命题人仍然选取从宏观视角“提纲挈领”进行考查，重点落在“推进全面依法治国基本原则”中的“坚持法律面前人人平等”的原则。在具体考查上，为了提高考查的深度和广度，避免过于抽象的理论阐述，命题人将这一原则具体到司法领域，并和健全宪法实施这一考点进行结合，提高了该题的难度（依宪治国、依宪执政的总体要求隐藏在“健全宪法实施”这一考点中，考生备考时未必注意到）。由于《决定》首次提出“严格司法”的要求，它体现了对司法性质和规律认识的科学化和理性化，是树立司法公信和权威的重要举措，所以命题人在司法领域选择“推进严格司法”这一考点。

从形式上，该题依然采取的是材料分析题的命题方式。从内容上，命题人通过两段材料之后的问题，设计了考查重点。

法治理论论述题解题的思路是“**认真阅读材料，准确解读内容；完整理解问题，把握逻辑关系；列出结构层次，展开逻辑分析**”。材料限定了答题方向，问题则指引了答题要点，框定了答题结构和层次：

第一步先看材料：材料一出自《决定》“总论”部分，在“总论”中《决定》指出，为了实现全面推进依法治国的总目标，必须坚持五项基本原则，其中一项原则是“坚持法律面前人人平等”的原则。材料一的内容是对这一原则的具体阐述。材料二出自 2013 年 2 月习近平《在十八届中央政治局第四次集体学习时的讲话》，所引的内容是关于“坚持公正司法”。和材料一相比，材料二更为具体和有针对性，公正司法的内涵之一就是在法律适用中坚持人人平等。

第二步结合问题，这道题一是考查考生能否将依宪治国、依宪执政的总体要求和“法律面前人人平等”结合起来；二是考查考生能否将法律面前人人平等的原则具体运用到司法领域，论述如何通过在司法中坚持人人平等而推进严格司法，实现司法公正。命题人要求考生抓住的逻辑链条是**“依宪治国、依宪执政——具体到司法领域——具体到严格司法必须贯彻法律面前人人平等的原则”**，其关键点是依宪治国、依宪执政必须贯彻法律面前人人平等的原则，——进而严格司法是法律面前人人平等原则在司法环节的具体表现，——进而坚持法律面前人人平等的原则，对严格司法提出更高的要求。

第三步根据题目要求，需要回答的问题结构和层次是：依宪治国、依宪执政的总体要求是什么？宪法中“法律面前人人平等”原则的内涵是什么？（二者结合：坚持依宪治国、依宪执政，必须贯彻法律面前人人平等的原则）司法是治国执政的一个领域，在司法领域体现“法律面前人人平等”的原则意味着什么？“法律面前人人平等”对严格司法的意义和要求是什么？

具体论述的逻辑展开是：

首先阐述依宪治国、依宪执政的总体要求，在宪法背景下，论述“法律面前人人平等”原则的内涵。一是论证宪法是公民权利的守护神，“法律面前人人平等”是宪法中的规定，也是宪法上的要求，依宪治国、依宪执政意味着在治国和执政中，必须贯彻“法律面前人人平等”的原则，平等地保护免遭侵害的权利，平等地追究违反宪法法律的责任。二是论证宪法规定国家机构的组织形态及其权限，依宪治国、依宪执政意味着公权力在行使过程中，不能侵犯宪法对公民的平等保障。

其次，将“法律面前人人平等”的原则适用到司法领域进行论证。司法公正的基本要求是“同等情况同等对待，不同等情况不同等对待”，这实际上意味着法律的平等适用。而**严格司法就是在法律适用中严格遵循司法公正的要求**。从反面立论，以言代法、以权压法、徇私枉法等司法不公、司法不严的行为，在具体表现形式上都会导致人民群众的权利没有得到平等对待，违反了法律面前人人平等的原则，导致人心不服，破坏了司法的公信力。

最后，论述根据依宪治国、依宪执政的要求，法律面前人人平等的原则落实到“严格司法”方面提出的具体措施。在这部分考生可以以《决定》中的相应内容展开论述。严格司法的措施是全面的，《决定》是从统一司法裁判的规范标准、完善公正司法的程序标准、健全严格司法的保障机制三个方面展开的，提出了很多具体的改革措施。考生在答题时，**不必完整无误地将其全部陈述出来，但是也不能完全脱离《决定》内容**。总之，只要大框架不离《决定》的基本内容，言之有据，论证充分，达到了观点明确、论证充分、逻辑严谨、文字通顺等方面的要求，都能得到较高的分数。

答案解析：

（1）坚持依法治国首先要坚持依宪治国，坚持依法执政首先要坚持依宪执政。这是因为宪法是国家的根本大法，是党和人民意志的集中体现，是通过科学民主程序形成的根本法。全国各族人民、一切国家机关和武装力量、各政党和各社会团体、各企业事业组织，都必须以宪法为根本的活动准则。一切违反宪法的行为都必须予以追究和纠正。坚持依宪治国、依宪执政，要求贯彻法律面前人人平等的原则。**一方面，宪法是公民权利的守护神**。宪法中肯定了“法律面前人人平等”，依宪治国、依宪执政意味着在治国和执政中，必须贯彻“法律面前人人平等”的原则，任何人的权利都受到宪法法律的平等保护，在权利被侵害时，应当得到宪法法律的平等救济。同样，任何人在违反宪法法律的规定时，都应当平等地被追究责任，不得有超越宪法法律的特权。另一方面，宪法规定了国家机构的组织形态及其权限。依宪治国、依宪执政意味着公权力必须在宪法法律规定的范围内行使，公权力在行使过程中不能侵犯宪法对公民的平等保障。

（2）坚持依宪治国、依宪执政，具体到司法领域，要求在法律适用中贯彻法律面前人人平等的原则。公正司法是维护社会公平正义的最后一道防线，它的基本要求是“同等情况同等对待，不同等情况不同等对待”。这实际上意味着法律的平等适用，即受到侵害的权利都要依法得到保护和救济，违法犯罪行为都要依法受到制裁和惩罚。平等是社会主义法律的基本属性，在法律适用中贯彻法律面前人人平等的原则，在我国当前司法形势下，要做到严格司法，即严格遵循司法公正的要求。以言代法、以权压法、徇私枉法等司法不公、司法不严的行为，其直接结果就是导致人民群众的权利没有得到平等对待，被侵害的权利没有得到平等救济，违法行为没有得到平等追责。这些都违反了法律面前人人平等的原则，导致人心不服，破坏了司法的公信力。

（3）在依宪治国、依宪执政的总体要求下，推进严格司法，即严格遵循司法公正的要求，落实各项具体措施，做到法律面前人人平等，有利于规范司法行为，加强对司法活动的监督，努力让人民群众在每一个司法案件中感受到公平正义。具体来说：

①在统一司法裁判的规范标准方面，司法机关及其工作人员应当坚持以事实为根据、以法律为准绳，健全事实认定符合客观真相、法律适用标准统一、办案结果符合实体公正的法律制度。避免同案不同判，做到对权利进行平等救济，对责任进行平等追究。

②在完善公正司法的程序标准方面，健全办案过程符合程序公正的制度，推进以审判为中心的诉讼制度改革，保证庭审在查明事实、认定证据、保护诉权、公正裁判中发挥决定性作用。全面贯彻证据裁判规则，确保案件事实证据经得起法律的检验，使诉讼当事人得到平等对待。

③在健全严格司法的保障机制方面，明确各类司法人员工作职责、工作流程、工作标准，实行办案质量终身负责制和错案责任倒查问责制，严格遵循法律面前人人平等的原则，坚决纠正有法不依、违法不究的行为。

2015年

一、试题（本题20分）

扫一扫　看微课视频

材料一：法律是治国之重器，法治是国家治理体系和治理能力的重要依托。全面推进依法治国，是解决党和国家事业发展面临的一系列重大问题，解放和增强社会活力、促进社会公平正义、维护社会和谐稳定、确保党和国家长治久安的根本要求。要推动我国经济社会持续健康发展，不断开拓中国特色社会主义事业更加广阔的发展前景，就必须全面推进社会主义法治国家建设，从法治上为解决这些问题提供制度化方案。（摘自习近平《关于〈中共中央关于全面推进依法治国若干重大问题的决定〉的说明》）

材料二：同党和国家事业发展要求相比，同人民群众期待相比，同推进国家治理体系和治理能力现代化目标相比，法治建设还存在许多不适应、不符合的问题，主要表现为：有的法律法规未能全面反映客观规律和人民意愿，针对性、可操作性不强，立法工作中部门化倾向、争权诿责现象较为突出；有法不依、执法不严、违法不究现象比较严重，执法体制权责脱节、多头执法、选择性执法现象仍然存在，执法司法不规范、不严格、不透明、不文明现象较为突出，群众对执法司法不公和腐败问题反映强烈。（摘自《中共中央关于全面推进依法治国若干重大问题的决定》①）

问题：

根据以上材料，结合全面推进依法治国的总目标，从立法、执法、司法三个环节谈谈建设社会主义法治国家的意义和基本要求。

答题要求：

1. 无观点或论述、照搬材料原文的不得分；
2. 观点正确，表述完整、准确；
3. 总字数不得少于400字。

二、答案精讲

根据以上材料，结合全面推进依法治国的总目标，从立法、执法、司法三个环节谈谈建设社会主义法治国家的意义和基本要求。

答案要点：

（1）全面推进依法治国的总目标是建设中国特色社会主义法治体系，建设社会主义法治国家。即在党的领导下，坚持中国特色社会主义制度，贯彻中国特色社会主义法治理论，形成完备的法律规范体系、高效的法治实施体系、严密的法治监督体系、有力的法治保障体系，形成完备的党内法规体系，坚持依法治国、依法执政、依法行政共同推进，坚持法治国家、法治政府、法治社会一体建设，实现科学立法、严格司法、公正司法、全民守法，促进国家治理体系和治理能力现代化。

（2）从立法环节来看，要完善以宪法为核心的法律体系，加强宪法实施。建设中国特色社会主义法治体系，必须坚持立法先行，发挥立法的引领和推动作用，抓住提高立法质量这个关键。形成完备的法律规范体系，要贯彻社会主义核心价值观，使每

① 《中共中央关于全面推进依法治国若干重大问题的决定》在本题“答案精讲”部分统一简称为《决定》。

一项立法都符合宪法精神。要完善立法体制机制，坚持立改废释并举，增强法律法规的及时性、系统性、针对性、有效性。

（3）从执法环节来看，要深入推进依法行政，加快建设法治政府。法律的生命力和法律的权威均在于实施。建设法治政府要求在党的领导下，创新执法体制，完善执法程序，推进综合执法，严格执法责任，建立权责统一、权威高效的依法行政体制，加快建设职能科学、权责法定、执法严明、公开公正、廉洁高效、守法诚信的法治政府。

（4）从司法环节来看，要保证公正司法，提高司法公信力。要完善司法管理体制和司法权力运行机制，规范司法行为，加强监督，让人民群众在每一个司法案件中感受到公平正义。

难度：中

考点：全面推进依法治国的总目标；法治工作的基本格局

命题和解题思路：十八届四中全会是在我国进入全面建成小康社会决定性阶段和全面深化改革进入攻坚期、深水区召开的一次重要会议。这次会议是党的历史上第一次专题研究法治的中央全会，第一次确立了全面推进依法治国的总目标。**2015 年是司法考试第一次以《决定》全文为文本，对“中国特色社会主义法治理论”进行考查，所以在论述题中，命题人从宏观视角“提纲挈领”考查了“推进全面依法治国的总目标及法治工作的基本格局”**。

该题从形式上，依惯例采取材料分析题的命题方式。《决定》体现了十八大后以习近平为总书记的党中央和新一届中央领导集体对法治的认识达到了新的战略高度。党在《决定》中以文件的形式谋划法治、部署法治、推进法治，在开篇论述“全面推进依法治国的重大意义”时直面现实，指出“法治建设还存在许多不适应、不符合的问题”。正由于存在这些问题，才需要对推进依法治国做出全面部署，因为法治工作基本格局中具体的改革举措为这些问题的解决提供了制度化的方案。因此，从内容上命题人是由此思路进行命题的。作为首考第一题，该题难度适中，具有一定广度。考生不仅需要熟读《决定》全文，对重要部分进行记忆，而且需要从宏观上把握《决定》各部分之间的逻辑关系，理解改革举措在宏观布局中的针对性。

考生应当遵循“**认真阅读材料，准确解读内容；完整理解问题，把握逻辑关系；列出结构层次，展开逻辑分析**”的方式，正确解题，即材料限定了答题方向，问题则指引了答题要点，框定了答题结构和层次：

第一步先看材料：材料一出自习近平对《决定》所做的说明，其中点出“必须全面推进社会主义法治国家建设，从法治上为解决这些问题提供制度化方案”。材料二出自《决定》原文，是对法治建设“存在问题”的依次总结。

第二步结合问题，命题人偏重考查考生对“**存在的问题—总目标—基本格局及其要求**”的整体把握和理解，考查考生是否能抓住“**全面推进社会主义法治国家建设，从法治上为解决这些问题提供制度化方案**”这一关键点，从而找到答题的方向和要点。

第三步，根据题目的要求，需要回答的问题结构和层次是：如何解决法治建设中存在的诸多不适应、不符合的问题？既然全面推进社会主义法治国家建设，从法治上为解决这些问题提供了制度化方案，那么要达到的总目标是什么？在具体落实中，如何从立法、执法、司法三个环节建设社会主义法治国家？形成完备的法律规范体系、高效的法治实施体系如何体现了从法治上为解决这些问题提供制度化方案？

具体论述的逻辑展开是：

首先应当阐释全面推进依法治国的总目标的内容。然后根据材料反映的法治建设中存在的问题，分别从立法、执法、司法三个环节论述建设社会主义法治国家的意义和基本要求，论述全面推进社会主义法治国家建设是为了从法治上为解决这些问题提供制度化方案。在立法环节方面，答题要点是《决定》中“完善以宪法为核心的中国特色社会主义法律体系，加强宪法实施”下形成完备的法律规范体系的意义和基本要求；在执法环节方面，答题要点是“深入推进依法行政，加快建设法治政府”下建设法治政府的意义和基本要求；在司法环节方面，答题要点是“保证公正司法，提高司法公信力”下公正司法的意义和基本要求。

考生应当将基本知识点回答出来，论述中也要注意**回应“全面推进依法治国的总目标”中对立法、执法、司法提出的具体目标，即“形成完备的法律规范体系、高效的法治实施体系、严密的法治监督体系”。能够结合材料本身谈谈个人的理解和看法更好**。本题虽然属无标准答案型试题，但仍然需要考生掌握和回答《决定》中的基本知识点；然后考生可以根据自己的判断和理解，从有利于论证的角度出发，提出自己的看法。关于全面推进依法治国的总目标，不需要一字不差，但是也不能完全臆造。对于立法、执法、司法三个环节的基本要求，也不需要在每个环节上都把具体措施面面俱到，表述无误，能针对问题提出若干项措施即可。总之，只要论证充分，达到了观点明确、论证充分、逻辑严谨、文字通顺等方面的要求，都能得到较高的分数。

答案解析：

（1）《中共中央关于全面推进依法治国若干重大问题的决定》对全面推进依法治国、建设社会主义法治国家做出了整体部署，提出了全面推进依法治国的总目标是建设中国特色社会主义法治体系，建设社会主义法治国家。在中国共产党领导下，坚持中国特色社会主义制度，贯彻中国特色社会主义法治理论，形成完备的法律规范体系、高效的法治实施体系、严密的法治监督体系、有力的法治保障体系，形成完善的党内法规体系，坚持依法治国、依法执政、依法行政共同推进，坚持法治国家、法治政府、法治社会一体建设，实现科学立法、严格执法、公正司法、全民守法，促进国家治理体系和治理能力现代化。

（2）之所以提出全面推进依法治国的总目标，尤其是提到“形成完备的法律规范体系、高效的法治实施体系、严密的法治监督体系”，“实现科学立法、严格执法、公正司法”是因为在法治建设中还存在很多问题，这些问题只有通过完善法治、建设社会主义法治国家才能有效解决。只有法治才能为这些问题提供制度化的解决方案。法治的实现需要立法、执法、司法各个环节共同发挥作用，下面从这三个环节依次阐述建设社会主义法治国家的意义和基本要求：

①从立法环节来看，要完善以宪法为核心的法律体系，加强宪法实施。法律是治国之重器，良法是善治之前提。建设中国特色社会主义法治体系，必须坚持立法先行，发挥立法的引领和推动作用，提高立法质量。“形成完备的法律规范体系”，具体言之，要健全宪法的实施和监督制度，使每一项立法都符合宪法精神；要完善立法体制，通过具体改革措施去除立法工作中的部门化倾向；要推进科学立法、民主立法，坚持立改废释并举，增强法律法规的及时性、系统性、针对性、有效性。

②从执法环节来看，要深入推进依法行政，加快建设职能科学、权责法定、执法严明、公开公正、廉洁高效、守法诚信的法治政府。法律的生命力和法律的权威均在于实施。“形成高效的法治实施体系”，具体言之，要实现法定职责必须为，法无授权不可为，促进政府全面履行政府职能；要健全依法决策机制，规范政府决策行为；要创新执法体制，完善执法程序，推进综合执法，严格执法责任，建立权责统一、权威高效的依法行政体制，消除多头执法、选择性执法等现象；要坚持严格规范公正文明执法，推进政务公开。

③从司法环节来看，要保证公正司法，提高司法公信力，让人民群众在每一个司法案件中感受到公平正义。公正是法治的生命线。司法公正对社会公正具有重要引领作用，司法不公对社会公正具有致命破坏作用。“形成严密的法治监督体系”，具体言之，要完善确保依法独立公正行使审判权和检察权的制度；要优化司法职权配置，完善司法权力运行机制；要推进严格司法，完善司法管理体制，规范司法行为；要加强对司法活动的监督，严惩司法不公和腐败问题，实现公正司法。

刑法

周光权 方军 讲解

周光权

前资深命题人。清华大学法学院教授、博士生导师。兼任中国犯罪学学会副会长、最高人民法院特邀咨询员、最高人民检察院案例指导工作委员会委员。关注刑法基本立场、犯罪论体系、刑法方法论、财产犯罪的认定等重大刑法问题，善于运用比较研究方法，结合前沿刑法学说分析重大疑难案例。主业是刑法学教学科研，业余写诗、练字。

方　军

清华大学博士，中国社会科学院大学政法学院教师。刑法学界新锐。写作逻辑严谨、条理清晰；讲课深入浅出、富于启迪。

2017年

一、试题（本题22分）

案情：

甲生意上亏钱，乙欠下赌债，二人合谋干一件"靠谱"的事情以摆脱困境。甲按分工找到丙，骗丙使其相信钱某欠债不还，丙答应控制钱某的小孩以逼钱某还债，否则不放人。

丙按照甲所给线索将钱某的小孩骗到自己的住处看管起来，电告甲控制了钱某的小孩，甲通知乙行动。乙给钱某打电话："你的儿子在我们手上，赶快交50万元赎人，否则撕票！"钱某看了一眼身旁的儿子，回了句："骗子！"便挂断电话，不再理睬。乙感觉异常，将情况告诉甲。甲来到丙处发现这个孩子不是钱某的小孩而是赵某的小孩，但没有告诉丙，只是嘱咐丙看好小孩，并从小孩口中套出其父赵某的电话号码。

甲与乙商定转而勒索赵某的钱财。第二天，小孩哭闹不止要离开，丙恐被人发觉，用手捂住小孩口、鼻，然后用胶带捆绑其双手并将嘴缠住，致其机械性窒息死亡。甲得知后与乙商定放弃勒索赵某财物，由乙和丙处理尸体。乙、丙二人将尸体连夜运至城外掩埋。第三天，乙打电话给赵某，威胁赵某赶快向指定账号打款30万元，不许报警，否则撕票。赵某当即报案，甲、乙、丙三人很快归案。

问题：

请分析甲、乙、丙的刑事责任（包括犯罪性质即罪名、犯罪形态、共同犯罪、数罪并罚等），须简述相应理由。

二、答案精讲

请分析甲、乙、丙的刑事责任（包括犯罪性质即罪名、犯罪形态、共同犯罪、数罪并罚等），须简述相应理由。

答案：

（1）甲、乙构成共同绑架罪。①甲与乙预谋绑架，并利用丙的不知情行为，尽管丙误将赵某的小孩作为钱某的小孩非法拘禁，但是甲、乙借此实施索要钱某财物的行为，是绑架他人为人质，进而勒索第三人的财物，符合绑架罪犯罪构成，构成共同绑架罪。②甲、乙所犯绑架罪属于未遂，可以从轻或者减轻处罚。理由是：虽然侵犯了赵某小孩的人身权利，但是没有造成钱某的担忧，没有侵犯也不可能侵犯到钱某的人身自由与权利，当然也不可能勒索到钱某的财物，所以是绑架罪未遂。

（2）在甲与乙商定放弃犯罪时，乙假意答应甲放弃犯罪，实际上借助于原来的犯罪，对赵某谎称绑架了其小孩，继续实施勒索赵某财物的行为，构成敲诈勒索罪与诈骗罪想象竞合犯，应当从一重罪论处。理由是：因为人质已经不复存在，其行为不仅构成敲诈勒索罪，同时构成诈骗罪。因为乙向赵某发出的是虚假的能够引起赵某恐慌、担忧的信息，同时具有虚假性质和要挟性质，因而构成敲诈勒索与诈骗罪的想象竞合犯，应当从一重罪论处，并与之前所犯绑架罪（未遂），数罪并罚。

（3）丙构成非法拘禁罪和故意杀人罪，应当分别定罪量刑，然后数罪并罚。

①a. 丙哄骗小孩离开父母，并实力控制，是出于非法剥夺他人人身自由目的而实行的行为，所以构成非法拘禁罪。b. 因为丙没有参加甲、乙绑架预谋，对于甲、乙实施绑架犯罪不知情，所以不能与甲、乙构成共同绑架罪，而是单独构成非法拘禁罪。

丙犯非法拘禁罪，是甲、乙共同实施绑架罪的一部分——绑架他人作为人质，甲、乙对于丙的非法拘禁行为负责。甲、乙、丙在非法拘禁罪范围内构成共同犯罪；甲、乙既构成绑架罪又构成非法拘禁罪，是想象竞合犯，从一重罪论处；丙则因为没有绑架犯罪故意，仅有非法拘禁罪故意，所以只成立非法拘禁罪。

②答案一：丙为控制小孩采取捆绑行为致其死亡，构成故意杀人罪。a. 这是一种具有高度危险的侵犯人身权利的行为，可能造成死亡的结果，可以评价为杀人行为，丙主观上对此有明知并持放任的态度，是间接故意杀人，因而构成故意杀人罪。b. 甲、乙对于人质的死亡没有故意、过失，没有罪责。具体来说，丙的杀人故意行为超出了非法拘禁之共同犯罪故意范围，应当由丙单独负责，甲乙没有罪过、罪责。

答案二：丙构成过失致人死亡罪。丙应当预见到自己的行为可能造成小孩死亡，但是丙不希望也不容忍小孩死亡，主观上是疏忽大意过失，构成过失致人死亡罪。按照事前分工，看护小孩属于丙的责任，小孩的安全由丙负责，甲、乙二人均不在现场，没有可能保证防止、避免小孩死亡，所以，甲、乙不构成过失致人死亡罪。

难度： 难

考点： 绑架罪；非法拘禁罪；诈骗罪；敲诈勒索罪；共同犯罪与犯罪构成的关系

命题和解题思路： 在历年刑法案例分析大题中，无论分则的罪名考查点如何变化，有一个必然的规律是肯定会考查总则的共同犯罪部分。而在考查共同犯罪部分时，一般又会牵涉到共同犯罪与犯罪构成的关系问题，对此，考生需要清楚如果二人以上持不同的故意共同实施某一行为，则只就他们所实施的行为中重合的部分成立共同犯罪。

本题考查的分则罪名知识点则涉及绑架罪、非法拘禁罪、诈骗罪以及敲诈勒索罪，其中具体涉及绑架罪的犯罪构成、绑架罪与非法拘禁罪的竞合关系，以及诈骗罪和敲诈勒索罪的犯罪构成与竞合关系。命题人通过错绑人质的事实设定着重想考查考生对于绑架罪既遂认定标准的理解。对此，只要紧扣住绑架的本质是利用他人对于被绑架者安危的担忧而勒索财物或要求其他不法目的。因此，如果没有人对被绑架者产生担忧的状态，便不能认定为绑架罪既遂。

此外，命题人还想着重考查的知识点是故意与过失的认定问题。故意与过失的界限在一些边界案例通常并不容易认定，尤其是在间接故意与过于自信过失之间，经常存在争议。不过，命题人对于本题中丙致使被绑架者死亡的主观责任形态的考查，采取了开放的态度，无论考生答故意或过失，只要言之成理，即可得分。

从解题技巧看，由于甲与乙的共同犯罪故意在绑架部分基本重合与相同，因此，在答题时可以一并分析甲、乙此一节行为事实的可罚性问题，另外乙单独打电话给钱某勒索财物的行为则需要单独分析，而丙的行为需要单独展开分析，司法部公布的答案也正是如此。

答案解析：

甲、乙的行为定性基本可以区隔成两个阶段：第一，利用不知情的丙想将钱某的小孩予以绑架；第二，在小孩死亡后，乙打电话给死者父亲赵某，威胁赵某赶快向指定账号打款30万元的行为。

就第一个行为来说，甲、乙二人成立绑架罪的共同犯罪。甲、乙二人利用不知情的丙，想将钱某的儿子绑架后向钱某勒索财物，而丙也确实已经实施绑架行为，只不过丙产生了等价的客体错误，但并不影响甲、乙成立绑架罪的认定。但是，丙的行为虽然侵犯了赵某小孩的人身权利，但是没有造成钱某的担忧，当然也未勒索到钱某的财物，所以属于绑架罪未遂。

在被绑架者死亡后，甲已经产生放弃犯罪的意思，乙也做了“虚假同意”的表示。但乙在明知赵某小孩死亡的情况下，继续打电话给赵某索要钱财的行为，构成敲诈勒索罪与诈骗罪的想象竞合犯，应当从一重罪论处。敲诈勒索罪，是指以非法占有为目的，对财物所有人、占有人使用恐吓或者要挟的方法，索取数额较大的公私财物或者多次敲诈勒索的行为。由于被绑架者已经死亡，因此乙属于想以虚构事实的方式要挟、骗取他人财产，同时符合诈骗罪与敲诈勒索罪的犯罪构成，成立一行为触犯数罪名的想象竞合犯，需要择一重罪论处，同时与前阶段绑架罪数罪并罚。

对于丙的行为来说，需要分别考查其扣押人质与采用暴力致人质死亡的行为定性。根据《刑法》第238条第3款的规定，行为人为索取债务非法扣押、拘禁他人的，成立非法拘禁罪，不构成绑架罪。丙未参与甲同乙的事先谋议，其主观上正是错误地以为自己绑架小孩的行为是为甲索取债务，因而成立非法拘禁罪。此外，由于甲、乙是利用丙非法拘禁他人的行为实施绑架，因此三人在非法拘禁与绑架重合的范围内，即就非法拘禁罪成立共同犯罪。

丙在小孩哭闹不止后用手捂住小孩口、鼻，然后用胶带捆绑其双手并将嘴缠住，致其机械性窒息死亡的行为，究竟是构成间接故意的故意杀人还是过失致人死亡，恐有争议。考生对此可根据自己对故意以及过失的理解展开分析。如果认为用手捂住小孩的口鼻，并且用胶带将嘴缠住，行为人对于可能造成的死亡结果持一种容认的态度，此时便应当认定丙构成故意杀人罪。如果认为丙并不希望也不容认小孩的死亡，仅仅是因为用力过猛以及用胶带封住嘴巴时未注意，疏忽大意导致小孩的死亡，则成立过失致人死亡罪。当然，无论丙成立故意杀人罪还是过失致人死亡罪，甲、乙对于丙将采用暴力致小孩死亡的事实均无认识，也并不在甲、乙、丙三人的共同犯罪的故意范围内，甲、乙也因此不需要对此负责。

2016年

一、试题（本题22分）

赵某与钱某原本是好友，赵某受钱某之托，为钱某保管一幅名画（价值800万元）达三年之久。某日，钱某来赵某家取画时，赵某要求钱某支付10万元保管费，钱某不同意。赵某突然起了杀意，为使名画不被钱某取回进而据为己有，用花瓶猛砸钱某的头部，钱某头部受重伤后昏迷，不省人事，赵某以为钱某已经死亡。刚好此时，赵某的朋友孙某来访。赵某向孙某说“我摊上大事了”，要求孙某和自己一起将钱某的尸体埋在野外，孙某同意。

二人一起将钱某抬至汽车的后座，由赵某开车，孙某坐在钱某身边。开车期间，赵某不断地说“真不该一时冲动”，“悔之晚矣”。其间，孙某感觉钱某身体动了一下，仔细察看，发现钱某并没有死。但是，孙某未将此事告诉赵某。到野外后，赵某一人挖坑并将钱某埋入地下（导致钱某窒息身亡），孙某一直站在旁边没做什么，只是反复催促赵某动作快一点。

一个月后，孙某对赵某说：“你做了一件对不起朋友的事，我也做一件对不起朋友的事。你将那幅名画给我，否则向公安机关揭发你的杀人罪行。”三日后，赵某将一幅赝品（价值8000元）交给孙某。孙某误以为是真品，以600万元的价格卖给李某。李某发现自己购买了赝品，向公安机关告发孙某，导致案发。

问题：

1. 关于赵某杀害钱某以便将名画据为己有这一事实，可能存在哪几种处理意见？各自的理由是什么？

2. 关于赵某以为钱某已经死亡，为毁灭罪证而将钱某活埋导致其窒息死亡这一事实，可能存在哪几种主要处理意见？各自的理由是什么？

3. 孙某对钱某的死亡构成何罪（说明理由）？是成立间接正犯还是成立帮助犯（从犯）？

4. 孙某向赵某索要名画的行为构成何罪（说明理由）？关于法定刑的适用与犯罪形态的认定，可能存在哪几种观点？

5. 孙某将赝品出卖给李某的行为是否构成犯罪？为什么？

二、答案精讲

1. 关于赵某杀害钱某以便将名画据为己有这一事实，可能存在哪几种处理意见？各自的理由是什么？

答案：关于赵某杀害钱某以便将名画据为己有这一事实，可能存在两种处理意见。其一，认定为侵占罪与故意杀人罪，实行数罪并罚。理由是，赵某已经占有了名画，不可能对名画实施抢劫行为，杀人行为同时使得赵某将名画据为己有，所以，赵某对名画成立（委托物）侵占罪，对钱某的死亡成立故意杀人罪。其二，认定成立抢劫罪一罪。理由是，赵某杀害钱某是为了使名画不被返还，钱某对名画的返还请求权是一种财产性利益，财产性利益可以成为抢劫罪的对象，所以，赵某属于抢劫财产性利益。

难度：中

考点：抢劫罪；侵占罪

命题和解题思路：尽管题目的设问也基本属于开放式问题，但是，命题人并未像往常一样让考生自己选择某一种理论立场答题，只要答案和推论过程正确便可得分，而是要求考生答出所有不同理论立场的可能结论，这对考生的刑法基本功和逻辑推理能力提出了比较高的要求。考查越是存在争议的知识点，往往越能说明刑法基础知识掌握得是否牢固，是否具有一定的解释说理能力，这一点应该会成为今后的命题趋势。对于存在立场争议的知识点，考生在复习时不可再像过去那样以为不会考查从而一带而过。就本题的解题来说，一般考生应该都能答出赵某成立侵占的同时还构成故意杀人，二者数罪并罚的结论。至于另外一种结论，即赵某还可能成立抢劫罪这一答案，很多考生会犯迷糊，因为画作本来就已在赵某手里保管，怎么还能成立抢劫？其实，如果认为赵某成立抢劫，那么他抢的是钱某对他拥有的返还请求权这一财产性利益。

答案解析：

处理意见一：以侵占罪和故意杀人罪数罪并罚。侵占罪，是指将代为保管的他人财物据为己有拒不退还，或者将他人的遗忘物或埋藏物非法占为己有的行为。钱某委托赵某保管价值昂贵的名画，当钱某索要而赵某拒不交出，至赵某起了杀意动手杀害钱某时，其意欲将钱某的财物非法占为己有的意图已经非常明显，实际上已经实施了侵占的行为。因此，赵某成立侵占罪。与此同时，由于赵某意欲造成钱某的死亡，应成立故意杀人罪。由于是两个行为，应以侵占罪与故意杀人罪数罪并罚。

处理意见二：以抢劫罪定罪处罚。我国刑法分则中财产犯罪并未将财产限定于财物，而是也包括了财产性利益，而债权（返还请求权）是一种典型的财产性利益。钱某委托赵某保管钱某的名画，钱某对于赵某有返还请求权，赵某意图通过杀害钱某的方式取得（消灭）返还请求权，理应成立抢劫罪。对此，最高人民法院 2001 年 5 月 23 日《关于抢劫过程中故意杀人案件如何定性问题的批复》指出：“**行为人为劫取财物而预谋故意杀人，或者在劫取财物过程中，为制服被害人反抗而故意杀人的，以抢劫罪定罪处罚。**”就本案来说，赵某即属于行为人为劫取财产性利益而预谋故意杀人，成立抢劫罪。

2. 关于赵某以为钱某已经死亡，为毁灭罪证而将钱某活埋导致其窒息死亡这一事实，可能存在哪几种主要处理意见？各自的理由是什么？

答案：赵某以为钱某已经死亡，为毁灭罪证而将钱某活埋导致其窒息死亡，属于事前的故意或概括的故意。对此现象的处理，主要有两种观点：其一，将赵某的前行为认定为故意杀人未遂（或普通抢劫），将后行为认定为过失致人死亡，对二者实行数罪并罚或者按想象竞合处理。理由是，毕竟是因为后行为导致死亡，但行为人对后行为只有过失；其二认为，应认定为故意杀人既遂一罪（或故意的抢劫致人死亡即对死亡持故意一罪）。理由是，前行为与死亡结果之间的因果关系并未中断，前行为与后行为具有一体性，故意不需要存在于实行行为的全过程。答出其他有一定道理的观点的，适当给分。

难度： 难

考点： 故意的认定

命题和解题思路： 如同第一问，命题人在本题同样采用了开放式的设问形式，就事前的故意问题考查考生对各种不同的理论处理方案的掌握程度。事前的故意概念属于刑法的基础知识，理论界对其如何处理存在高度的争议，如果考生对于这一概念不熟悉，基本不可能拿到本题的分数。对于事前故意大体上有两种大的意见分歧：第一种思考方向是严守行为与责任同时存在原则，即第一行为并未造成死亡结果的，就应当认定是未遂，而对于造成死亡结果的第二行为，由于行为人在第二行为的具体当时已经不存在故意，理应成立相应过失犯罪。第二种思考方向则基本从结果反推行为人的主观故意：行为人主观上想致人死亡，客观上也确实致人死亡，由此将前后两个行为视为一体，视为对因果关系的认识错误，如果因果发展历程仍然具备相当因果关系，则成立一个故意犯罪既遂。

答案解析：

事前的故意，是指行为人误认为第一个行为已经造成结果，出于其他的目的（如掩盖罪行等）而实施第二个行为，行为人预期的犯罪结果却是由第二个行为所导致，其典型适例例如：甲以杀人故意对乙实施暴力，乙陷入昏迷后，甲以为乙已经死亡，甲基于掩盖罪行的目的将乙扔入深井中，其实乙是摔死。对于事前的故意如何处理大体上有两种重要的处理意见：

第一种，严格恪守行为与责任同时存在原则，行为人第一个行为客观上未造成死亡结果，因此应论以故意杀人未遂；而行为人在第二个行为的当时，已经不存在杀人故意，只能视情形看能否成立过失致人死亡罪。由于存在清楚可分的两个行为，因此应论以故意杀人未遂和过失致人死亡的数罪并罚。当然，也有部分学者认为此时仅有一个行为，成立二罪的想象竞合犯。如果认为赵某成立侵占罪后，出于杀人故意用花瓶猛砸钱某致其重伤昏迷，成立故意杀人（未遂）和过失致人死亡的数罪并罚（想象竞合犯）；而如果认为赵某意欲砸死钱某抢劫财产性利益，则应当认定为抢劫罪和过失致人死亡的数罪并罚。

第二种，将前后两个行为视为一体进行整体评价，视为因果关系错误，如果第一行为和最终结果之间的因果历程具备相当因果关系，由于实际发生的结果和行为人意欲的结果一致，成立故意犯罪既遂。对于赵某杀钱某来说，从赵某着手实行到最后死亡结果的发生，并未介入一个异常的因素导致相当因果关系中断，因而应当认定是故意杀人罪既遂（以赵某成立侵占罪和故意杀人罪数罪并罚为前提）或抢劫罪（致人死亡）既遂（以赵某成立抢劫罪为前提）。

易混淆点解析：与事前的故意概念相关且极其容易混淆的是构成要件的提前实现。构成要件的提前实现又称为结果的提前发生，其因果关系错误的一种情形，是指提前实现了行为人所预想的犯罪结果。即犯罪人本想在第二行为阶段实现结果，却在第一行为阶段便使得结果发生。

对于构成要件的提前实现如何处理，大体也存在两种处理意见：第一种观点认为，如果行为人实施的两个行为都有使得构成要件结果发生的高度风险时（如棍击被害人后误以为其昏迷，实际已经死亡，想将其推入海中淹死），第一行为能够被认定为着手实行犯罪，便可以认定其构成犯罪既遂。第二种观点认为，行为人在实施第一行为阶段时毕竟没有意识到会致死，因而不能认定相应犯罪的故意，只能认定为过失致人死亡，以故意杀人未遂与过失致人死亡的想象竞合论处。

3. 孙某对钱某的死亡构成何罪（说明理由）？是成立间接正犯还是成立帮助犯（从犯）？

答案：孙某对钱某的死亡构成故意杀人罪。孙某明知钱某没有死亡，却催促赵某动作快一点，显然具有杀人故意，客观上对钱某的死亡也起到了作用。即使认为赵某对钱某成立抢劫致人死亡，但由于钱某不对抢劫负责，也只能认定为故意杀人罪。倘若在前一问题上认为赵某成立故意杀人未遂（或普通抢劫）与过失致人死亡罪，那么，孙某就是利用过失行为实施杀人的间接正犯；倘若在前一问题上认为赵某成立故意杀人既遂（或故意的抢劫致人死亡即对死亡持故意），则孙某成立故意杀人罪的帮助犯（从犯）。

难度：难

考点：间接正犯、从犯及其刑事责任

命题和解题思路：命题人采用了连环设问的方式设计了本题，对于本题的解答以对上一题的正确回答为逻辑前提。由于孙某是承继参与赵某杀害钱某的行为，如果考生无法回答出赵某事前的故意的行为定性，便无法接续答出孙某的行为定性。如果认为赵某的行为应当切分定性，成立故意杀人罪未遂与过失致人死亡，则孙某只参与了后段的赵某过失致人死亡行为，但是孙某认识到了被害人未死，因而属于利用他人的过失犯罪这一工具来实施自己的故意犯罪，成立故意杀人罪的间接正犯。如果认为赵某将钱某致死的行为整体评价为抢劫罪（故意致人死亡）既遂，由于孙某对于赵某使用暴力取得的财产性利益部分（抢劫罪取财部分）不负责，但对于致人死亡部分有所参与，理应认定为故意杀人罪的帮助犯。

答案解析：

间接正犯，是指利用自己的认知或者意志操控上的优势将他人作为犯罪工具来予以利用实施犯罪的情形。如果认为赵某杀人的行为应当认定为故意杀人罪（未遂）与过失致人死亡罪数罪并罚，由于孙某认识到了钱某并未死亡，却对此保持缄默，在赵

某已有所悔意时以不作为的方式掩盖事实真相，属于利用赵某的过失行为故意造成钱某的死亡结果，成立故意杀人罪的间接正犯。

而如果将赵某杀死钱某的两阶段行为视为一体，将其整体评价为抢劫罪（故意致人死亡）既遂，则由于孙某对于赵某使用暴力取得财产性利益部分（抢劫罪取财部分）不负责，其仅仅参与了赵某故意杀人的行为事实，基于孙某并未亲手实施杀人行为，而是在赵某挖坑掩埋钱某时仅仅站在一边观看，起的是心理性帮助作用，因而成立故意杀人罪的帮助犯（从犯）。

4. 孙某向赵某索要名画的行为构成何罪（说明理由）？关于法定刑的适用与犯罪形态的认定，可能存在哪几种观点？

答案：孙某索要名画的行为构成敲诈勒索罪。理由：孙某的行为完全符合本罪的构成要件，因为利用合法行为使他人产生恐惧心理的也属于敲诈勒索。一种观点是，对孙某应当按 800 万元适用数额特别巨大的法定刑，同时适用未遂犯的规定，并将取得价值 8000 元的赝品的事实作为量刑情节，这种观点将数额巨大与特别巨大作为加重构成要件；另一种观点是，对孙某应当按 8000 元适用数额较大的法定刑，认定为犯罪既遂，不适用未遂犯的规定，这种观点将数额较大视为单纯的量刑因素或量刑规则。

难度：中

考点：敲诈勒索罪

命题和解题思路：本题主要考查敲诈勒索罪的犯罪构成与法定刑的适用。对于孙某行为的定性应该不存在什么问题，关键在于命题人的后一问考倒了很多考生，原因在于考生基本都只是掌握分则罪名的犯罪构成，至于具体的法定刑幅度基本不会关注！对于数额巨大与数额较大的定位，理论界存在其属于量刑规则和加重构成要件的争论，争论的实益在于如果是加重构成要件，则必须要求行为人具备相应的故意。

答案解析：

敲诈勒索罪，是指以非法占有为目的对他人实施威胁恐吓，索取公私财物数额较大或者有多次敲诈勒索的行为。其基本结构是：行为人对他人以恶害相通告实施威胁恐吓行为—对方产生恐惧心理—基于恐惧心理处分财产—行为人或第三人获得财产—被害人遭受财产损失。**需要注意的是，成立敲诈勒索罪并不要求恶害的实现自身具有违法性。**换句话说，行为人以向司法机关等告发被害人的违法犯罪行为相要挟，尽管告发行为本身合法，但相对于敲诈勒索的被害人而言就是恶害。孙某以向公安机关告发赵某杀人为要挟索要赵某非法获得的名画，符合敲诈勒索罪的构成要件，成立敲诈勒索罪。

敲诈勒索罪有数额较大或多次敲诈勒索、数额巨大或有其他严重情节、数额特别巨大或有其他特别严重情节三档法定刑。如果将数额特别巨大等视作是加重构成要件，则行为人必须对于这种客观的构成要件要素具备认识和意欲，客观上也必须相应实现才能构成既遂。孙某以敲诈勒索 800 万元（数额特别巨大）为目标，但客观上并未实现，因而成立敲诈勒索数额特别巨大的未遂犯，在适用数额特别巨大的法定刑的同时，适用总则关于未遂犯的规定。如果将数额特别巨大等视作是量刑规则，则不需要行为人对其有故意，只需要客观上实现即可。孙某客观上敲诈勒索的是价值8000元的赝品，因而成立敲诈勒索罪既遂，适用数额较大的法定刑，同时不再适用总则未遂犯的规定。

5. 孙某将赝品出卖给李某的行为是否构成犯罪？为什么？

答案：孙某出卖赝品的行为不构成诈骗罪，因为孙某以为出卖的是名画，不具有诈骗故意。

难度：易

考点：诈骗罪

命题和解题思路：最后一问，命题人终于仁慈了一把，给考生送分。尽管孙某将赝品卖给他人，外观上像是构成了诈骗罪，但是孙某并不知道自己卖的是赝品，因而不成立诈骗罪。

答案解析：

诈骗罪是故意犯罪，行为人必须清楚认知自己实施了虚构事实或者隐瞒真相的欺骗行为，但是，孙某并未认识到自己出卖的是赝品，不具有诈骗罪的故意，因而不成立诈骗罪。

2015年

一、试题（本题23分）

案情：

高某（男）与钱某（女）在网上相识，后发展为网恋关系，其间，钱某知晓了高某一些隐情，并以开店缺钱为由，骗取了高某20万元现金。

见面后，高某对钱某相貌大失所望，相处不久更感到她性格古怪，便决定断绝关系。但钱某百般纠缠，最后竟以公开隐情相要挟，要求高某给予500万元补偿费。高某假意筹钱，实际打算除掉钱某。

随后，高某找到密友夏某和认识钱某的宗某，共谋将钱某诱骗至湖边小屋，先将其掐昏，然后扔入湖中溺死。事后，高某给夏某、宗某各20万元作为酬劳。

按照事前分工，宗某发微信将钱某诱骗到湖边小屋。但宗某得知钱某到达后害怕出事后被抓，给高某打电话说："我不想继续参与了。一日网恋十日恩，你也别杀她了。"高某大怒说："你太不义气啦，算了，别管我了！"宗某又随即打钱某电话，打算让其离开小屋，但钱某手机关机未通。

高某、夏某到达小屋后，高某寻机抱住钱某，夏某掐钱某脖子。待钱某不能挣扎后，二人均误以为钱某已昏迷（实际上已经死亡），便准备给钱某身上绑上石块将其扔入湖中溺死。此时，夏某也突然反悔，对高某说："算了吧，教训她一下就行了。"高某说："好吧，没你事了，你走吧！"夏某离开后，高某在钱某身上绑石块时，发现钱某已死亡。为了湮灭证据，高某将钱某尸体扔入湖中。

高某回到小屋时，发现了钱某的LV手提包（价值5万元），包内有5000元现金、身份证和一张储蓄卡，高某将现金据为己有。

三天后，高某将LV提包送给前女友尹某，尹某发现提包不是新的，也没有包装，问："是偷来的还是骗来的?"高某说："不要问包从哪里来。我这里还有一张储蓄卡和身份证，身份证上的人很像你，你拿着卡和身份证到银行柜台取钱后，钱全部归你。"尹某虽然不知道全部真相，但能猜到包与卡都可能是高某犯罪所得，但由于爱财还是收下了手提包，并冒充钱某从银行柜台取出了该储蓄卡中的2万元。

问题：

请根据《刑法》相关规定与刑法原理分析高某、夏某、宗某和尹某的刑事责任（要求注重说明理由，并可以同时答出不同观点和理由）。

二、答案精讲

请根据《刑法》相关规定与刑法原理分析高某、夏某、宗某和尹某的刑事责任（要求注重说明理由，并可以同时答出不同观点和理由）。

答案：

（1）高某的刑事责任

①高某对钱某成立故意杀人罪。是成立故意杀人既遂还是故意杀人未遂与过失致人死亡罪的想象竞合，关键在于如何处理构成要件的提前实现。

答案一：虽然构成要件结果提前发生，但掐脖子本身有致人死亡的紧迫危险，能够认定掐脖子时就已经实施杀人行为，故意存在于着手实行时即可，故高某应对钱某的死亡承担故意杀人既遂的刑事责任。

答案二：高某、夏某掐钱某的脖子时只是想致钱某昏迷，没有认识到掐脖子的行为会导致钱某死亡，即缺乏既遂的故意，因而不能对故意杀人既遂负责，只能认定高某的行为是故意杀人未遂与过失致人死亡的想象竞合。

②关于拿走钱某的手提包和5000元现金的行为性质，关键在于如何认定死者的占有。

答案一：高某对钱某的手提包和5000元现金成立侵占罪，理由是死者并不占有自己生前的财物，故手提包和5000元现金属于遗忘物。

答案二：高某对钱某的手提包和5000元现金成立盗窃罪，理由是死者继续占有生前的财物，高某的行为属于将他人占有财产转移给自己占有的盗窃行为，成立盗窃罪。

③将钱某的储蓄卡与身份证交给尹某取款2万元的行为性质。

答案一：构成信用卡诈骗罪的教唆犯。因为高某不是盗窃信用卡，而是侵占信用卡，利用拾得的他人信用卡取款的，属于冒用他人信用卡，高某唆使尹某冒用，故属于信用卡诈骗罪的教唆犯。

答案二：构成盗窃罪。因为高某是盗窃信用卡，盗窃信用卡并使用的，不管是自己直接使用还是让第三者使用，均应认定为盗窃罪。

（2）夏某的刑事责任

①夏某参与杀人共谋，掐钱某的脖子，构成故意杀人罪既遂（回答为“夏某成立故意杀人未遂与过失致人死亡的想象竞合，理由与高某相同”亦可）。

②由于发生了钱某死亡结果，夏某的行为是钱某死亡的原因，夏某不可能成立犯罪中止。

（3）宗某的刑事责任

宗某参与共谋，并将钱某诱骗到湖边小屋，成立故意杀人既遂。宗某虽然后来没有实行行为，但其前行为与钱某死亡之间具有因果性，没有脱离共犯关系；宗某虽然给钱某打过电话，但该中止行为未能有效防止结果发生，不能成立犯罪中止。

（4）尹某的刑事责任

①尹某构成掩饰、隐瞒犯罪所得罪。因为从客观上说，该包属于高某犯罪所得，而且尹某的行为属于掩饰、隐瞒犯罪所得的行为；尹某认识到可能是高某犯罪所得，因而具备明知的条件。

②尹某冒充钱某取出2万元的行为性质。

答案一：构成信用卡诈骗罪。因为尹某属于冒用他人信用卡，完全符合信用卡诈骗罪的构成要件。

答案二：构成盗窃罪。尹某虽然没有盗窃储蓄卡，但认识到储蓄卡可能是高某盗窃所得，并且实施使用行为，属于承继的共犯，故应以盗窃罪论处。

难度：难

考点：共同犯罪与犯罪形态、事实认识错误；盗窃罪；侵占罪；信用卡诈骗罪；掩饰、隐瞒犯罪所得罪

命题和解题思路：本题主要考查的基础理论问题包括共犯的脱离、构成要件的提前实现、死者对财物的占有是否成立、信用卡诈骗罪等。对于构成要件的提前实现、是否肯定死者占有等存在争议的问题，从司法部公布的标准答案来看，命题人采取了开放式的命题方式，对于争议问题考生只要选择其中的一种理论并且言之成理即可得分，并未要求考生选择特定的理论立场，显示了命题的科学性。事实上，有争议的问题往往是理论上的难点问题，过去大家一直习惯于认为并不会涉及争议问题，目前来看，无论是主观题还是客观题，命题人会越来越趋向采用开放式的命题方式考查考生的理论功底。所以，复习时千万不要再绕过疑难和争议问题，抱着不会考查的侥幸心理。

就具体争议问题的解答来说，对于构成要件的提前实现，要认定行为人是否成立故意犯罪既遂，关键在于看行为人在实施第一个行为时是否有足以导致结果发生的风险，或者说第一个行为能否认定为着手实行，如果得出肯定结论，则认定为故意犯罪既遂没有问题。对于死者对财物的占有，肯定说与否定说将分别导出不同的逻辑结论：如果肯定死者仍然占有财物，则拿走死者财物的行为属于变他人占有为自己占有的盗

窃行为；如果否定死者占有财物，则拿走死者财物的行为属于变自己占有为自己所有的侵占行为。而对于盗窃或是侵占的不同结论会进一步推导出其后的利用他人信用卡取款是构成信用卡诈骗罪还是盗窃罪的差异。对于共同正犯在预备阶段的脱离，脱离者必须切断自己和其他犯罪参与者之间的心理以及物理的因果联系。把握上述理论重点，本题便可以得到很高的分数。

就案例解析题的解题方法来看，**在涉及众多参与者和行为事实的场合，考生最好画个简单的人物和对应的犯罪事实的图谱，这样不会遗漏应该检验的行为事实，最后在处理竞合的问题时也不会出差错**。另外，题目已明确交代按照人别来检验犯罪事实，在作答时即应该按照要求分别检验每个人的每一起犯罪行为事实，而不是就每一起行为事实分别检验每个人的刑事责任。

答案解析：

关于高某的刑责。第一，就高某杀人涉及的构成要件提前实现（又称“结果的提前发生”）来说，其属于因果关系错误的一种情形，是指提前实现了行为人所预想的犯罪结果。即犯罪人本想在第二行为阶段实现结果，却在第一行为阶段便使得结果发生。如甲准备让乙喝下掺有安眠药的饮料后将其杀害，结果安眠药的剂量过多，导致乙因服用过量安眠药死亡。如果行为人实施的两个行为都有使得构成要件结果发生的高度风险时（如棍击被害人后误以为其昏迷，实际已经死亡，想将其推入海中淹死），第一行为能够被认定为着手实行犯罪，便可以认定其构成犯罪既遂。当然，少数观点会认为，行为人在实施第一行为阶段时毕竟没有意识到会致死，因而不能认定相应犯罪的故意，只能认定为过失致人死亡，以故意杀人未遂与过失致人死亡的想象竞合论处。高某掐被害人脖子本来就具有高度致死的风险，因此足以认定其已经着手实行，成立故意杀人既遂。少数观点会认为掐脖子时并没有杀人故意，按行为与责任同时存在原则，高某应成立故意杀人未遂与过失致人死亡的想象竞合。第二，就高某将死者的财物取走来说，如果肯定死者对财物的继续占有状态，则高某属于变他人占有为自己占有的盗窃罪；而如果否定死者对财物的继续占有状态，则高某构成属于拾得遗失物型的侵占罪。第三，就高某将被害人的储蓄卡和身份证交给尹某取款的行为来看，如果认为高某的前阶段取财行为成立盗窃罪，则按照《刑法》第169条第3款的规定：盗窃信用卡并使用的，依照盗窃罪定罪处罚，因此，取款行为同样构成盗窃罪；而如果认为高某的前阶段取财行为成立侵占罪，则高某属于冒用他人信用卡的信用卡诈骗罪。由于亲手去取款的并非高某，而是高某唆使的尹某，因此，高某构成信用卡诈骗罪的教唆犯。

关于夏某的刑责。夏某与高某等人商议杀害钱某，夏某也与高某共同参与实行了杀人的行为，成立故意杀人既遂。当然，如果对于构成要件的提前实现持少数说的看法，其成立故意杀人未遂与过失致人死亡的想象竞合。另外，夏某并不成立犯罪中止。要成立共同正犯的犯罪中止，行为人必须积极阻止其他犯罪参与者实现构成要件，如果阻止失败或者是行为人根本就没有阻止，而是单独撤出犯罪参与，就必须承担其他共同正犯者实现犯罪结果的风险。

关于宗某的刑责。宗某与高某等人合谋由宗某将被害人骗出，被害人也确实被骗出，此时属于犯罪预备阶段。要成立预备阶段的共犯脱离，必须切断自己先前行为与构成要件实现的物理性以及心理性因果关系，宗某将被害人骗到犯罪地点为结果的实现提供了物理性因果关系，但是由于钱某手机关机未通，其并没有成功切断自己的预备行为贡献与最终结果发生之间的因果关联，因而必须认定其成立故意杀人既遂。

关于尹某的刑责。首先，其构成掩饰、隐瞒犯罪所得罪。掩饰、隐瞒犯罪所得罪是指明知是犯罪所得而予以窝藏、转移、收购、代为销售或者以其他方法掩饰、隐瞒的行为。尹某既然猜到包是由高某犯罪所得，其仍然收下了包，属于明知是犯罪所得而予以掩饰、隐瞒的行为。其次，就尹某冒充钱某取出2万元的行为定性问题。第一种可能的结论是信用卡诈骗罪，因为尹某属于冒用钱某的信用卡，完全符合信用卡诈骗罪的构成要件。第二种可能的结论则是构成盗窃罪。题干明确交代，尹某明知包与卡都是高某犯罪所得，换句话说，尹某可能认识到储蓄卡可能是高某盗窃所得，仍然帮助高某取款，构成盗窃罪的承继的共犯。

2014年

一、试题（本题22分）

案情：

扫一扫 看微课视频

国有化工厂车间主任甲与副厂长乙（均为国家工作人员）共谋，在车间的某贵重零件仍能使用时，利用职务之便，制造该零件报废、需向五金厂（非国有企业）购买的假象（该零件价格26万元），以便非法占有货款。甲将实情告知五金厂负责人丙，嘱丙接到订单后，只向化工厂寄出供货单、发票而不需要实际供货，等五金厂收到化工厂的货款后，丙再将26万元货款汇至乙的个人账户。

丙为使五金厂能长期向化工厂供货，便提前将五金厂的26万元现金汇至乙的个人账户。乙随即让事后知情的妻子丁去银行取出26万元现金，并让丁将其中的13万元送给甲。3天后，化工厂会计准备按照乙的指示将26万元汇给五金厂时，因有人举报而未汇出。甲、乙见事情败露，主动向检察院投案，如实交代了上述罪行，并将26万元上交检察院。

此外，甲还向检察院揭发乙的其他犯罪事实：乙利用职务之便，长期以明显高于市场的价格向其远房亲戚戊经营的原料公司采购商品，使化工厂损失近300万元；戊为了使乙长期关照原料公司，让乙的妻子丁未出资却享有原料公司10%的股份（乙、丁均知情），虽未进行股权转让登记，但已分给红利58万元，每次分红都是丁去原料公司领取现金。

问题：

请分析甲、乙、丙、丁、戊的刑事责任（包括犯罪性质、犯罪形态、共同犯罪、数罪并罚与法定量刑情节），须答出相应理由。

二、答案精讲

请分析甲、乙、丙、丁、戊的刑事责任（包括犯罪性质、犯罪形态、共同犯罪、数罪并罚与法定量刑情节），须答出相应理由。

答案：甲、乙利用职务上的便利实施了贪污行为，虽然客观上获得了26万元，构成贪污罪，但该26万元不是化工厂的财产，没有给化工厂造成实际损失；甲、乙也不可能贪污五金厂的财物，所以，对甲、乙的贪污行为只能认定为贪污未遂。甲、乙犯贪污罪后自首，可以从轻或者减轻处罚。甲揭发了乙为亲友非法牟利罪与受贿罪的犯罪事实，构成立功，可以从轻或者减轻处罚。

乙长期以明显高于市场的价格向其远房亲戚戊经营的原料公司采购商品，使化工厂损失近300万元的行为构成为亲友非法牟利罪。乙以妻子丁的名义在原料公司享有10%的股份分得红利58万元的行为，符合受贿罪的构成要件，成立受贿罪。对于为亲友非法牟利罪与受贿罪以及上述贪污罪，应当实行数罪并罚。

丙将五金厂的26万元挪用出来汇给乙的个人账户，不是为了个人使用，也不是为了牟取个人利益，不能认定为挪用资金罪。但是，丙明知甲、乙二人实施贪污行为，客观上也帮助甲、乙实施了贪污行为，所以，丙构成贪污罪的共犯（从犯）。

丁将26万元取出的行为，不构成掩饰、隐瞒犯罪所得罪，因为该26万元不是贪污犯罪所得，也不是其他犯罪所得。丁也不成立贪污罪的共犯，因为丁取出26万元时该26万元不是贪污犯罪所得。丁将其中的13万元送给甲，既不是帮助分赃，也不是行贿，因而不成立犯罪。丁对自己名义的干股知情，并领取贿赂款，构成受贿罪的共犯（从犯）。

戊作为回报让乙的妻子丁未出资却享有原料公司10%的股份，虽未进行股权转让登记，但让丁分得红利58万元的行为，是为了牟取不正当利益，构成行贿罪。

难度：中

考点：贪污罪；受贿罪；为亲友非法牟利罪；行贿罪；犯罪未得逞、从犯及其刑事责任；自首、立功

命题和解题思路：随着国家打击贪污腐败犯罪的力度不断加大，一些公职人员与反贪工作开始“斗智斗勇”，各种闻所未闻的新奇贪腐手段层出不穷。本案的贪污行为手段也颇有点新意，如果考生无法“透过现象看本质”——意图将单位的公共财物占为己有，便无法对甲、乙的行为正确定性。

另外，如果考生对于相关的罪名不甚熟悉的话，解答此题也非常容易失分。例如本题所涉及的为亲友非法牟利罪。所以，在复习时一定要牢记相关重点犯罪的构成要件以及罪名，千万不要抱着侥幸的心理认为不会考。

答案解析：

从解题方法来看，由于案件事实涉及的人物及行为事实较多，为了避免思维混乱

和遗忘应该检验的行为事实，建议考生在遇到类似的案例事实时，画个简单的人物关系和人物各自所做的行为事实图谱，这样，对于每个人的每个行为该如何定性、人物之间是否存在共同犯罪关系便一目了然，思维上也不至于一团糨糊。

（1）关于甲的刑事责任

甲的行为属于典型的贪污行为，命题人主要想考查的点其实在于贪污罪既遂与未遂的认定问题。甲的行为到底是既遂抑或是未遂，这一点可能是很多考生犯错之处。很多人误以为甲、乙想贪污单位的26万元公款，最后也确实得到了26万元，因此是贪污既遂。可是，很清楚的是，甲、乙的单位并没有现实地丧失26万元公款，贪污罪如同盗窃罪，是一种利用特殊身份实施的财产犯罪，所以仅仅在实行行为和财物损失之间存在直接因果关系时，才可论以既遂。

首先，甲、乙利用职务之便私自以单位设备损坏需要购买新设备为由套取单位公款，意图据为己有，构成贪污罪。但是，由于丙汇给甲、乙的26万元并非甲、乙所在单位国有化工厂的资金，国有资产并没有受到实际的损失，因而甲、乙二人成立贪污罪未遂。甲、乙主动向检察院投案，如实交代了贪污罪行，成立自首。而甲另外还交代了乙长期利用职务之便为自己亲友非法牟利的事实，成立立功，可以从轻或减轻处罚。

（2）关于乙的刑事责任

针对乙的行为，命题人主要想考查考生对于为亲友非法牟利罪犯罪构成的理解，考生只要对本罪的犯罪构成有基本的掌握，便可以轻松作答。

为亲友非法牟利罪，是指国有公司、企业、事业单位的工作人员，利用职务便利，存在有将本单位的盈利业务交由自己的亲友进行经营的、以明显高于市场的价格向自己的亲友经营管理的单位采购商品或者以明显低于市场的价格向自己的亲友经营管理的单位销售商品、向自己的亲友经营管理的单位采购不合格商品的，使国家利益遭受重大损失的行为。乙利用职务之便，长期以明显高于市场的价格向其远房亲戚戊经营的原料公司采购商品，使化工厂损失近300万元，构成为亲友非法牟利罪。此外，乙由于与甲意图共同贪污单位资金，成立贪污罪，数罪并罚。对于贪污罪，由于存在自首情节，可以从轻或者减轻处罚。

（3）关于丙的刑事责任

丙的行为主要涉及的是贪污罪共犯的认定问题，考生只需要清楚非身份者不能成立相应身份犯构成要件的正犯，而只能视情形成立教唆犯或帮助犯即可作答。

就丙的行为来说，其明知甲、乙二人意图虚构单位设备损坏需更换设备为由套取单位公款，仍然为甲、乙二人提供帮助，成立贪污罪的帮助犯（从犯）。

（4）关于丁的刑事责任

对丁的行为，命题人主要想考查考生对于贪污罪和掩饰、隐瞒犯罪所得罪犯罪构成的理解。考生若要正确作答丁的行为定性，就必须清楚丁协助甲、乙领取的26万元的性质并不属于国有财产，也不是甲、乙的犯罪所得，否则非常容易出错。至于丁在乙知情的情形下未出资却占有戊公司股份的行为，性质上很容易认定。

对于丁来说，丁帮助甲、乙领取的26万元并非国有化工厂的资金，因而不成立贪污罪的共犯。而这26万元也不能算作是甲、乙的贪污犯罪所得的，丁当然也不成立掩饰、隐瞒犯罪所得、犯罪所得收益罪。但是，戊为了使乙长期关照自己的公司，让乙妻丁未出资却享有原料公司10%的股份（乙、丁均知情），尽管没有进行股权转让登记，但丁已取得现金红利58万元，由于丁不具有国家工作人员身份，因而成立受贿罪的帮助犯（从犯）。

（5）关于戊的刑事责任

对于戊的行为，命题人主要考查考生对于行贿罪犯罪构成的理解。戊的行为性质一眼便可看出，基本可以说是命题人在送分。

就戊的行为来看，其为了给自己公司牟取不正当利益，以干股分红的形式贿赂乙，构成行贿罪。

2013年

一、试题（本题22分）

案情：

扫一扫　看微课视频

甲与余某有一面之交，知其孤身一人。某日凌晨，甲携匕首到余家盗窃，物色一段时间后，未发现可盗财物。此时，熟睡中的余某偶然大动作翻身，且口中念念有词。甲怕被余某认出，用匕首刺死余某，仓皇逃离。（事实一）

逃跑中，因身上有血迹，甲被便衣警察程某盘查。程某上前拽住甲的衣领，试图将其带走。甲怀疑遇上劫匪，与程某扭打。甲的朋友乙开黑车经过此地，见状停车，和甲一起殴打程某。程某边退边说："你们不要乱来，我是警察。"甲对乙说："别听他的，假警察该打。"程某被打倒摔成轻伤。（事实二）

司机谢某见甲、乙打人后驾车逃离，对乙车紧追。甲让乙提高车速并走"蛇形"，以防谢某超车。汽车开出2公里后，乙慌乱中操作不当，车辆失控撞向路中间的水泥隔离墩。谢某刹车不及撞上乙车受重伤。赶来的警察将甲、乙抓获。（事实三）

在甲、乙被起诉后，甲父丙为使甲获得轻判，四处托人，得知丁的表兄刘某是法院刑庭庭长，遂托丁将15万元转交刘某。丁给刘某送15万元时，遭到刘某坚决拒绝。（事实四）

丁告知丙事情办不成，但仅退还丙5万元，其余10万元用于自己炒股。在甲被定罪判刑后，无论丙如何要求，丁均拒绝退还余款10万元。丙向法院自诉丁犯有侵占罪。（事实五）

问题：

1. 就事实一，对甲的行为应当如何定性？理由是什么？
2. 就事实二，对甲、乙的行为应当如何定性？理由是什么？
3. 就事实三，甲、乙是否应当对谢某重伤的结果负责？理由是什么？

4. 就事实四，丁是否构成介绍贿赂罪？是否构成行贿罪（共犯）？是否构成利用影响力受贿罪？理由分别是什么？

5. 就事实五，有人认为丁构成侵占罪，有人认为丁不构成侵占罪。你赞成哪一观点？具体理由是什么？

二、答案精讲

1. 就事实一，对甲的行为应当如何定性？理由是什么？

答案： 甲携带凶器盗窃、入户盗窃，应当成立盗窃罪。如暴力行为不是作为压制财物占有人反抗的手段而使用的，只能视情况单独定罪。在盗窃过程中，为窝藏赃物、抗拒抓捕、毁灭罪证而使用暴力的，才能定抢劫罪。甲并非出于上述目的，因而不应认定为抢劫罪。在本案中，被害人并未发现罪犯的盗窃行为，并未反抗；甲也未在杀害被害人后再取得财物，故对甲的行为应以盗窃罪（未遂）和故意杀人罪并罚，不能对甲定抢劫罪。

难度： 中

考点： 抢劫罪；盗窃罪

命题和解题思路： 在做案例分析时，考生应当先对案例事实按照行为数进行切割，分析每一个行为的定性如何，最后根据罪数理论分析行为人到底是一罪还是数罪。就事实一来说，行为人甲的行为事实明显可以切分为两个行为：一个是甲携匕首到余家盗窃，物色后未发现可盗财物；一个是甲用匕首刺死余某。对于前一行为的定性不会有什么问题，关键在于后一行为定性是否属于所谓的准（事后）抢劫，这是考生容易犯错的地方。对于是否成立事后抢劫，要围绕"以窝藏赃物、抗拒抓捕或者毁灭罪证为目的"进行分析。

答案解析：

首先，就甲携带匕首到余家盗窃、未物色到财物的行为来说，成立盗窃罪（未遂）。盗窃罪的客观构成要件表现为以平和手段变他人占有的财物为自己占有，数额较大的，或者是多次盗窃、入户盗窃以及携带凶器盗窃和扒窃。甲携带凶器入户盗窃，成立盗窃罪（未遂）。

其次，就甲怕被余某认出，用匕首刺死余某后逃离的行为来看，成立故意杀人罪。

再次，甲不成立准（事后）抢劫罪。根据《刑法》第269条的规定，犯盗窃、诈骗、抢夺罪，为窝藏赃物、抗拒抓捕或者毁灭罪证而当场使用暴力或者以暴力相威胁的，以抢劫罪定罪处罚。据此，**成立准抢劫罪必须具备三个条件：第一，犯盗窃、诈骗、抢夺罪；第二，当场使用暴力或者以暴力相威胁；第三，以窝藏赃物、抗拒抓捕或者毁灭罪证为目的。**很清楚的是，为了抗拒抓捕的逻辑前提当然是行为人的盗窃等行为已经被他人发现，如果盗窃行为未被发现，当然不存在抗拒抓捕的问题。甲盗窃后确实对被害人使用了暴力，但是，被害人余某当时正处于熟睡状态中，甲也并非是为了抗拒抓捕的目的实施杀人，因而不成立准抢劫罪。此外，最高人民法院2001年5月23日《关于抢劫过程中故意杀人案件如何定性问题的批复》指出：**“行为人为劫取财物而预谋故意杀人，或者在劫取财物过程中，为制服被害人反抗而故意杀人的，以抢劫罪定罪处罚。”**甲显然也不是为了制服被害人反抗而故意杀人，不应适用本规定。

2. 就事实二，对甲、乙的行为应当如何定性？理由是什么？

答案：甲、乙的行为系假想防卫。假想防卫视情况成立过失犯罪或意外事件。在本案中，甲、乙在程某明确告知是警察的情况下，仍然对被害人使用暴力，主观上有过失。但是，过失行为只有在造成重伤结果的场合，才构成犯罪。甲、乙仅造成轻伤结果，因此，对于事实二，甲、乙均无罪。

难度：易

考点：正当防卫

命题和解题思路：本题主要考查考生对于假想防卫概念的理解。**所谓的假想防卫，是指行为人误认为客观上存在正在进行的不法侵害，而对自认为的“侵害者”实施防卫行为。假想防卫由于不满足正当防卫的客观前提要件——现实的不法侵害，因此不是正当防卫，要视具体的情境审查是否成立过失犯罪，或是意外事件。**考生要想正确解答本题，首先要正确答出最重要的争点——假想防卫，接着要具体分析是成立过失犯罪抑或是意外事件，此外还要避免落入误认为成立妨害公务罪的陷阱。

答案解析：

甲怀疑上前盘查的警察程某为劫匪而与程某扭打，而路过的乙误以为程某是假装警察而共同殴打甲，甲、乙的行为成立假想防卫。在程某亮明自己的警察身份后，此时的甲与乙应当停下殴打行为以便审慎核实程某的身份，但甲乙未履行适当的注意义务，而是继续殴打程某，所以应当认为二人对于程某的伤害后果存在主观过失，但是，我国刑法仅仅处罚过失致人重伤，对于过失致人轻伤的不予处罚。因此，甲、乙不构成犯罪。

妨害公务罪是指以暴力、胁迫方法阻碍国家机关工作人员依法执行职务。妨害公务罪的故意犯罪，行为人必须认识到国家机关工作人员依法执行职务这一客观构成要件要素。本案中的甲与乙恰恰误认为程某并非国家机关工作人员，因此，也不成立妨害公务罪。

3. 就事实三，甲、乙是否应当对谢某重伤的结果负责？理由是什么？

答案：在被告人高速驾车走“蛇形”和被害人重伤之间，介入被害人的过失行为（如对车速的控制不当等）。谢某的重伤与甲乙的行为之间仅有条件关系，从规范判断的角度来看，是谢某自己驾驶的汽车对乙车追尾所造成，该结果不应当由甲、乙负责。

难度：中

考点：刑法上因果关系的认定

命题和解题思路：问甲、乙是否应当对谢某重伤的结果负责，其实就是要确认甲、乙的行为与谢某的重伤后果是否具备因果关系。刑法上的因果关系判断是一种规范的价值判断，而非单纯的事实判断或条件关系判断，因此，除了确认事实性的因果关联（条件理论）是否存在外，还应当从规范分析的角度确认应当将结果算在谁的行为头上，最终确定是否存在规范性的因果关系（相当因果关系）。考生常犯的错误便是仅仅确认了事实性因果后，便直接推导出应当对结果负责的结论，这样，本题便不可能得分。而在确认规范性的因果关系是否存在的时候，由于存在被害人自身的介入因素，需要从介入三因素着手分析是否应当将结果算在前行为人头上，这也正是本题的难点所在。

答案解析：

如果不是甲、乙二人违规走“蛇形”发生车辆事故，谢某便不会刹车不及撞上乙车致使自己受重伤。因此，从条件理论来看，甲、乙的行为与谢某的重伤后果存在事实性因果关系。但是，仅此还不足以确认规范上的因果关系。由于存在被害人谢某自身的过失因素介入，因此在判断甲、乙二人的行为与谢某的重伤结果之间的相当因果关系时，便要综合考虑前行为人的行为导致结果发生的可能性大小、介入因素的异常性大小、介入因素对结果发生所起的作用力大小这三个因素综合考量。

首先，应当说，甲、乙的过失行为导致谢某重伤的后果可能性很低。一般情况下，如果不是后车超速导致制动距离过长，即便前车发生事故，也不会发生后车撞上事故车辆导致伤亡后果的出现。

其次，就被害人介入因素的异常性大小判断来说，应当坚持一般人的客观立场来判断，换句话说，要看是不是有前行为通常或者必然导致介入因素的出现，如果是，则应当否定介入因素异常。就本案情况来看，谢某以高速追击甲、乙的行为很难说在一般人看来是正常的情况，毕竟，以一般人的认知来看，以极高的车速追逐车辆极易发生事故，谢某的追尾也证实了这一判断。并且，谢某在当时的情况下，完全可以不必冒如此大的风险追击，而是可以选择诸如停车报警等手段。所以综合来看，应当认为谢某的介入因素极其异常。

最后，毋庸置疑，正是因为谢某自身以极高车速追击甲、乙才导致追尾，因此，应当认为谢某自身的过失对结果发生所起的作用力极大。

综上，应当将谢某重伤的后果归咎于其自身的重大过失行为，而不应算在甲、乙的头上。甲、乙不应当对谢某的重伤后果负责。

难点解析：刑法上因果关系的认定确实是相当困难的规范判断问题，但由于是理论和实务上不可回避的非常重要的问题，因此是几乎每年必考的内容，甚至是同一年的卷子中反复出现多道涉及因果关系的考题。所以，考生必须认真细致地完全掌握因果关系的判断。在介入因素的场合，通常比较难的问题是到底介入因素的出现是否为异常的判断。对此，需要站在一般人的立场看是否有前行为通常会引出后行为的介入。

一般来说，介入因素的异常性大小大体有四种情形：有前行为必然会导致第三人或者被害人介入（被害人被砍伤后由医生正常救治但身亡）；有前行为通常一般会导致第三人或者被害人介入（被害人在十字路口被追砍后闯红灯身亡）；有前行为很少会导致第三人或者被害人介入（被害人被砍伤后死于医院大火）；有前行为不会导致第三人或被害人介入（被害人被砍伤后自杀身亡）。前两种介入情形不属于异常因素（前行为和结果具有因果关系），而后两种情形则属于异常介入因素（前行为和结果不具有因果关系）。

4. 就事实四，丁是否构成介绍贿赂罪？是否构成行贿罪（共犯）？是否构成利用影响力受贿罪？理由分别是什么？

答案：①丁没有在丙和法官刘某之间牵线搭桥，没有促成行贿受贿事实的介绍行为，不构成介绍贿赂罪。②丁接受丙的委托，帮助丙实施行贿行为，构成行贿罪（未遂）共犯。③丁客观上并未索取或者收受他人财物，主观上并无收受财物的意思，不构成利用影响力受贿罪。

难度：易

考点：介绍贿赂罪；行贿罪；利用影响力受贿罪

命题和解题思路：介绍贿赂罪、行贿罪以及利用影响力受贿罪都是有关行贿、受贿的犯罪，三者之间的界限初看很模糊，实际上由于主体身份以及行为表现均不相同，只要认真掌握三者的犯罪构成，本题失分的可能性不高。

答案解析：

介绍贿赂罪是指在行贿人和国家工作人员之间进行引见、撮合、居中联络，促使行、受贿得以实现的行为。由于事实上的居中联络行为人主观上基本都会认识到自己是在帮助人行贿或者受贿，因此，可以说，如果介绍贿赂罪的成立范围过宽，必定会严重限制共犯理论在行贿罪和受贿罪中的应用，冲击总则的共犯理论架构。所以，解释上就必须限制介绍贿赂罪的成立范围，如果行为人超过了引见、撮合、居中联络以提供行贿、受贿信息的限度，存在诸如将贿赂物交付给受贿者等直接参与行贿、受贿的行为，则已经超出了介绍贿赂罪的规制范围，成立行贿、受贿罪的共犯。据此，丁受丙所托直接将15万元人民币交给刘某的行为不成立介绍贿赂罪。

丙是为了给其儿子甲牟取轻判的不法利益而要给予刘某财物，但由于刘某拒收，成立行贿罪（未遂）。而丁明知丙是为了牟取不正当利益给予国家工作人员刘某财物，并且协助将财物交付给刘某，因而成立行贿罪（未遂）的帮助犯。

成立利用影响力受贿罪，要求国家工作人员的近亲属或者其他与国家工作人员关系密切者、离职的国家工作人员或者近亲属以及其他与其关系密切者，索取请托人财物或者收受请托人财物。本案中的丁并没有索取或收受请托人丙的财物，主观上也没有索取或收受财物的意思，当然不成立利用影响力受贿罪。

5. 就事实五，有人认为丁构成侵占罪，有人认为丁不构成侵占罪。你赞成哪一观点？具体理由是什么？

答案：

（1）构成。理由：①丁将代为保管的他人财物非法占为己有，数额较大，拒不退还，完全符合侵占罪的犯罪构成。②无论丙对10万元是否具有返还请求权，10万元都不属于丁的财物，因此该财物属于“他人财物”。③虽然民法不保护非法的委托关系，但刑法的目的不是确认财产的所有权，而是打击侵犯财产的犯罪行为，如果不处罚侵占代为保管的非法财物的行为，将可能使大批侵占赃款、赃物的行为无罪化，这并不合适。

（2）不构成。理由：①10万元为贿赂款，丙没有返还请求权，该财物已经不属于丙，因此，丁没有侵占“他人的财物”。②该财产在丁的实际控制下，不能认为其已经属于国家财产，故该财产不属于代为保管的“他人财物”。据此，不能认为丁虽未侵占丙的财物但侵占了国家财产。③如认定为侵占罪，会得出民法上丙没有返还请求权，但刑法上认为其有返还请求权的结论，刑法和民法对相同问题会得出不同结论，法秩序的统一性会受到破坏。

难度：难

考点：侵占罪

命题和解题思路：不法原因给付与侵占罪的关系问题始终是我国刑法学界的非常重要的争议点和难点，也是司法实务中非常困惑和做法极度不统一之处。对于将不法原因给付物据为己有是否成立侵占罪的问题，涉及对于侵占罪中的“他人财物”“非法”等规范性构成要件要素的理解问题，也关涉刑法与民法之间的协调这一法秩序统一性问题。尽管存在重大争议，命题人还是以此命题，但是答案是开放式的，不管考生是持肯定或者否定的立场，只要逻辑一致地言之成理即可。

此题也显示了未来的命题趋向——通过开放式的题目考查说理和逻辑思维能力。考生在作答此类题目时，必须抓住关键的考点，围绕关键词展开细致分析，同时要注意逻辑和说理的一贯性。具体到本案来说，作答时必须对于“他人财物”“非法”进行深入说理，同时要兼顾民法与刑法各自的规范目的和法秩序统一性问题。

答案解析：

侵占罪，是指将代为保管的他人财物非法占为己有，数额较大，拒不退还的，或者将他人的遗忘物或者埋藏物非法占为己有，数额较大，拒不交出的行为。前者被称为委托物侵占，后者被称为脱离占有物侵占。在将不法原因委托物据为己有的场合显然只涉及委托物侵占，因此，必须围绕“将代为保管的他人财物非法占为己有”进行解释。

如果认为丁的行为成立侵占罪，对于“他人财物”这一构成要件要素来说，相对于丁，无论丙是否享有民法上的返还请求权，10 万元无论如何都不可能是丁自己所有的财物，而是“他人财物”，可能的理由有二：第一，如果承认丙有返还请求权，财物当然是丙的财物；第二，如果不承认丙的返还请求权，有观点认为此时由于是非法的委托物，应当由国家予以没收，因此，对于丁来说，是将国家的财物据为己有。所以，丁是将他人财物据为己有。就“非法”要素的解释来说，由于刑法与民法的规范目的不同，即使丙与丁之间的委托关系在民法上不受保护，并不意味着丙的委托财物不受刑法的保护，所以，丁将丙委托行贿的 10 万元占为己有是非法的。据此，丁将丙委托其行贿的 10 万元财物据为己有，成立侵占罪。

如果认为丁的行为不成立侵占罪，对于“他人财物”则可以解释为：丙对财物没有返还请求权，可以认为该财物的所有权已经不属于丙；而由于 10 万元毕竟事实上还是由丁占有，也不能认为该财产已经属于国家财产。所以，丙并没有将他人财物据为己有。就“非法”要素的解释来看，如果认为丁将丙不法委托的财物据为己有成立侵占罪，则意味着民法不予保护的 10 万元财物反而受到刑法的保护，因为民法上丙没有返还请求权，但刑法上丙却有返还请求权，严重破坏了法秩序统一性原理。据此，丁将丙委托其行贿的10万元财物据为己有不成立侵占罪。

2012年

一、试题（本题22分）

案情：

镇长黄某负责某重点工程项目占地前期的拆迁和评估工作。黄某和村民李某勾结，由李某出面向某村租赁可能被占用的荒山20亩植树，以骗取补偿款。但村主任不同意出租荒山。黄某打电话给村主任施压，并安排李某给村主任送去1万元现金后，村主任才同意签订租赁合同。李某出资1万元购买小树苗5000棵，雇人种在荒山上。

副县长赵某带队前来开展拆迁、评估工作的验收。李某给赵某的父亲（原县民政局局长，已退休）送去1万元现金，请其帮忙说话。赵某得知父亲收钱后答应关照李某，令人将邻近山坡的树苗都算到李某名下。

后李某获得补偿款50万元，分给黄某30万元。黄某认为自己应分得40万元，二人发生争执，李某无奈又给黄某10万元。

李某非常恼火，回家与妻子陈某诉说。陈某说："这种人太贪心，咱可把钱偷回来。"李某深夜到黄家伺机作案，但未能发现机会，便将黄某的汽车玻璃（价值1万元）砸坏。

黄某认定是李某作案，决意报复李某，深夜对其租赁的山坡放火（李某住在山坡上）。

树苗刚起火时，被路过的村民邢某发现。邢某明知法律规定发现火情时，任何人都有报警的义务，但因与李某素有矛盾，便悄然离去。

大火烧毁山坡上的全部树苗，烧伤了李某，并延烧至村民范某家。范某被火势惊醒逃至屋外，想起卧室有5000元现金，即返身取钱，被烧断的房梁砸死。

问题：

1. 对村主任收受黄某、李某现金1万元一节，应如何定罪？为什么？

2. 对赵某父亲收受1万元一节，对赵某父亲及赵某应如何定罪？为什么？

3. 对黄某、李某取得补偿款的行为，应如何定性？二人的犯罪数额应如何认定？

4. 对陈某让李某盗窃及汽车玻璃被砸坏一节，对二人应如何定罪？为什么？

5. 村民邢某是否构成不作为的放火罪？为什么？

6. 如认定黄某放火与范某被砸死之间存在因果关系，可能有哪些理由？如否定黄某放火与范某被砸死之间存在因果关系，可能有哪些理由？（两问均须作答）

二、答案精讲

1. 对村主任收受黄某、李某现金 1 万元一节，应如何定罪？为什么？

答案：村主任构成非国家工作人员受贿罪，黄某、李某构成对非国家工作人员行贿罪。出租荒山是村民自治组织事务，不是接受乡镇政府从事公共管理活动，村主任此时不具有国家工作人员身份，不构成受贿罪。

难度：易

考点：非国家工作人员受贿罪；对非国家工作人员行贿罪

命题和解题思路：村基层组织的工作人员身份问题会直接影响其构成职务侵占罪或贪污罪、受贿罪或非国家工作人员受贿罪。对此，全国人大常委会曾经专门做出过相关解释。命题人正是借此考查考生对于此一司法解释掌握的细致程度。考生一旦弄清楚村主任的主体身份，相应地，便能很快对黄某与李某的行为定性得出结论。

答案解析：

根据 2000 年全国人民代表大会常务委员会《关于〈中华人民共和国刑法〉第九十三条第二款的解释》第 3 款和第 4 款规定：**村民委员会等村基层组织人员协助人民政府从事国有土地的经营和管理、土地征收、征用补偿费用的管理时，属于《刑法》第 93 条第 2 款规定的“其他依照法律从事公务的人员”**。考生在此处非常容易仅凭第一印象答题，进而犯错，尽管题干提到了土地拆迁征收的问题，但是村主任收受黄某与李某的钱财，是因为将村里的荒山出租，显然并非属于协助政府从事行政管理工作。因此，村主任此时不具有国家工作人员身份，其只能构成非国家工作人员受贿罪。相对地，李某与黄某当然只构成对非国家工作人员行贿罪。

2. 对赵某父亲收受 1 万元一节，对赵某父亲及赵某应如何定罪？为什么？

答案：赵某父亲与赵某构成受贿罪共犯。赵某父亲不成立利用影响力受贿罪。因为只有在离退休人员利用过去的职务便利收受财物，且与国家工作人员没有共犯关系的场合，才有构成利用影响力受贿罪的余地。

难度：难

考点：受贿罪；共同犯罪；利用影响力受贿罪

命题和解题思路：命题人主要想考查的是受贿罪共犯与利用影响力受贿罪的关系问题。**在国家工作人员明知其近亲属或关系密切的人收受请托人财物，仍然通过职务行为或者职权与地位形成的便利条件通过其他国家工作人员职务行为为请托人牟取不正当利益的场合，其近亲属或者关系密切的人仅成立受贿罪共犯，抑或受贿罪共犯与利用影响力受贿罪的想象竞合，存在一定的争议，但法考的观点为仅仅成立受贿罪共犯，考生需要记住这一点**。

答案解析：

利用影响力受贿罪的客观行为表现为，国家工作人员的近亲属或者其他与该国家工作人员关系密切的人，通过该国家工作人员职务上的行为，或者利用该国家工作人员职权或者地位形成的便利条件，通过其他国家工作人员职务上的行为，或者离职的国家工作人员或者其近亲属以及其他与其关系密切的人，利用该离职的国家工作人员原职权或者地位形成的便利条件通过其他国家工作人员职务上的行为，为请托人牟取不正当利益，索取请托人财物或者收受请托人财物，数额较大或者其他较重情节的行为。

在本题中，实质上是赵某父亲收受贿赂后利用赵某的职权为请托人牟取利益，如果成立利用影响力受贿罪，则属于国家工作人员的近亲属通过该国家工作人员职务上的行为为请托人牟取不正当利益，尽管理论界有观点认为，此时近亲属成立受贿罪共犯与利用影响力受贿罪的想象竞合，但是法考的观点是成立利用影响力的前提为不成立受贿罪共犯，换句话说，近亲属与国家工作人员之间无共谋，国家工作人员对于近亲属收钱并不知情，否则，仅成立受贿罪共犯。因此，赵某与其父亲仅成立受贿罪共同犯罪，赵某父亲不成立利用影响力受贿罪。

3. 对黄某、李某取得补偿款的行为，应如何定性？二人的犯罪数额应如何认定？

答案：伙同他人贪污的，以共犯论。黄某、李某取得补偿款的行为构成贪污罪，二人是贪污罪共犯。因为二人共同利用了黄某的职务便利骗取公共财物。二人要对共同贪污的犯罪数额负责，犯罪数额都是50万元，而不能按照各自最终分得的赃物确定犯罪数额。

难度：中

考点：贪污罪；共同犯罪

命题和解题思路：本题难度适中，命题人主要想考查贪污罪以及共犯与身份的问题。只要考生掌握了基础原理，就不难拿分。

答案解析：

黄某作为负责某重点工程项目占地前期的拆迁和评估工作的镇长，属于国家工作人员，但其却与村民李某相勾结骗取拆迁补偿款，当然成立贪污罪。李某尽管不具有国家工作人员身份，但其明知黄某作为国家工作人员骗取拆迁补偿款，仍然予以协助，成立贪污罪共犯。由于共同犯罪人需要对共同犯意内的所有不法结果负责，因此，二人贪污的数额各为50万元，而非各自最后分赃所得数额。

4. 对陈某让李某盗窃及汽车玻璃被砸坏一节，对二人应如何定罪？为什么？

答案：陈某构成盗窃罪的教唆犯，属于教唆未遂。李某构成故意毁坏财物罪。李某虽然接受盗窃教唆，但并未按照陈某的教唆造成危害后果，对汽车玻璃被砸坏这一结果，属于超过共同故意之外的行为，由李某自己负责。

难度：中

考点：教唆犯；共同犯罪

命题和解题思路：命题人主要想考查考生对于教唆未遂以及共犯过剩问题的掌握程度。在被教唆人着手实行犯罪但未既遂的场合，正犯即成立教唆未遂。教唆犯对于正犯在教唆故意以外所造成的不法结果，即成立共犯过剩，教唆犯无须负责。

答案解析：

陈某唆使李某盗窃，题干交代李某深夜到黄家伺机作案，说明其已入室盗窃，因此应当认为正犯李某已经着手实行，但由于其未能成功窃取财物，因而李某盗窃未遂，相应地，正犯陈某便成立盗窃罪的教唆未遂。由于李某将车玻璃砸坏这一故意毁坏财物的行为已经超出了教唆故意的范围，因此成立共犯过剩，教唆者陈某对于此部分事实无须负责。

5. 村民邢某是否构成不作为的放火罪？为什么？

答案：邢某不构成不作为的放火罪。虽然法律明文规定发现火情时，任何人都有报警的义务，但是，报警义务不等于救助义务，同时，仅在行为人创设了危险或者具有保护、救助法益的义务时，其他法律、法规规定的义务才能构成刑法上的不作为的义务来源。本案中火情是黄某造成的，邢某仅是偶然路过，其并未创设火灾的危险，因此，邢某并无刑法上的作为义务，不构成不作为的放火罪。

难度：中

考点：不作为

命题和解题思路：本题主要考查不作为犯的作为义务来源问题。题干中“邢某明知法律规定发现火情时，任何人都有报警的义务”是命题人故意设置的干扰论述，意在误导考生认为既然行政法规定了有报警义务，那么邢某便有报警的作为义务。

答案解析：

对于作为义务的考查，只能从刑法本身的法益保护视角来切入。早期的形式作为义务论会认为法律规定的作为义务是刑法上的作为义务来源，但问题是，为何其他部门法规定的作为义务可以成为刑法上的作为义务？各个部门法的规范目的不同，因此，这种形式义务论显然存在问题。由于邢某并未制造火灾，对法益并没有积极制造风险，而且由于其只是路人，并没有降低法益风险的义务，所以不成立不作为的放火罪。

6. 如认定黄某放火与范某被砸死之间存在因果关系，可能有哪些理由？如否定黄某放火与范某被砸死之间存在因果关系，可能有哪些理由？（两问均须作答）

答案：黄某放火与范某死亡之间，介入了被害人范某的行为。

肯定因果关系的大致理由：①根据条件说，可以认为放火行为和死亡之间具有“无 A 就无 B”的条件关系；②被害人在当时情况下，来不及精确判断返回住宅取财的危险性；③被害人在当时情况下，返回住宅取财符合常理。

否定因果关系的大致理由：①根据相当因果关系说，放火和被害人死亡之间不具有相当性；②被告人实施的放火行为并未烧死范某，范某为抢救数额有限的财物返回高度危险的场所，违反常理；③被害人是精神正常的成年人，对自己行为的后果非常清楚，因此要对自己的选择负责；④被害人试图保护的法益价值有限。只有甲对乙的住宅放火，如乙为了抢救婴儿而进入住宅内被烧死的，才能肯定放火行为和死亡后果之间的因果关系。

难度：难

考点：刑法上的因果关系

命题和解题思路：本题具有相当的难度，命题人主要想考查考生对于相当因果关系的理解程度。在判断相当因果关系时，需要着重考查介入三因素：前行为对结果所起的作用大小、介入因素是否异常、介入行为对于结果所起作用大小。问题是，相当因果关系是一种价值判断，对于异常不异常以及作用大小的判断，可能大家都是根据相当因果关系的判断标准最后得出的却是不太相当的结论。本题就是这种情形，幸亏命题人采用开放式的命题方式，让考生自己论述正反结论的各自理由。

答案解析：

本题中，行为人的放火行为介入了被害人的因素，因此，在判断被害人的死亡结果和行为人的放火行为是否存在因果关系时，便需要着重考查介入因素是否异常。如果认为被害人范某在着火后进房屋内抢救财物是一般人的正常反应，便不能认为被害人介入因素是异常的，因此，应当将死亡结果算在行为人放火的行为头上，进而肯定相当因果关系的存在；如果认为一般人会倾向于要命不要钱，那么被害人冲进火海抢救钱财便是异常的介入因素，因此，放火行为和死亡结果之间便没有相当因果关系。

2011 年

一、试题（本题 22 分）

案情：

陈某因没有收入来源，以虚假身份证明骗领了一张信用卡，使用该卡从商场购物10余次，金额达3万余元，从未还款。（事实一）

陈某为求职，要求制作假证的李某为其定制一份本科文凭。双方因价格发生争执，陈某恼羞成怒，长时间勒住李某脖子，致其窒息身亡。（事实二）

陈某将李某尸体拖入树林，准备逃跑时忽然想到李某身有财物，遂拿走李某手机、现金等物，价值1万余元。（事实三）

陈某在手机中查到李某丈夫赵某手机号，以李某被绑架为名，发短信要求赵某交20万元“安全费”。由于赵某及时报案，陈某未得逞。（事实四）

陈某逃至外地。几日后，走投无路向公安机关投案，如实交代了上述事实二与事实四。（事实五）

陈某在检察机关审查起诉阶段，将自己担任警察期间查办犯罪活动时掌握的刘某抢劫财物的犯罪线索告诉检察人员，经查证属实。（事实六）

问题：

1. 对事实一应如何定罪？为什么？
2. 对事实二应如何定罪？为什么？
3. 对事实三，可能存在哪几种处理意见（包括结论与基本理由）？
4. 对事实四应如何定罪？为什么？
5. 事实五是否成立自首？为什么？
6. 事实六是否构成立功？为什么？

二、答案精讲

1. 对事实一应如何定罪？为什么？

答案：对事实一应认定为信用卡诈骗罪。因为以虚假身份证明骗领信用卡触犯了妨害信用卡管理罪，使用以虚假的身份证明骗领的信用卡，数额较大，构成信用卡诈骗罪，二者具有手段行为与目的行为的牵连关系，从一重罪论处，应认定为信用卡诈骗罪。

难度：中

考点：妨害信用卡管理罪；信用卡诈骗罪；牵连犯

命题和解题思路：本题除了考查考生对于妨害信用卡管理罪和信用卡诈骗罪犯罪构成的掌握程度外，还考查了牵连犯的概念。

答案解析：

信用卡诈骗罪的其中一种行为表现形式即使用虚假的身份证明骗领信用卡。陈某以虚假身份证明骗领了一张信用卡，首先便成立妨害信用卡管理罪。此外，陈某还使用该卡消费，并且从未还款，符合信用卡诈骗罪的构成要件，因为使用以虚假的身份证明骗领的信用卡与恶意透支都是信用卡诈骗罪的客观行为表现形式。由于骗领信用卡和使用骗领的信用卡存在明显的手段——目的之间的牵连关系，因此成立牵连犯，从一重罪处断的结果便是成立信用卡诈骗罪。

2. 对事实二应如何定罪？为什么？

答案：对事实二应认定为故意杀人罪。因为长时间勒住被害人的脖子，不仅表明其行为是杀人行为，而且表明行为人具有杀人故意。

难度：易

考点：故意杀人罪

命题和解题思路：本题较简单，主要考故意杀人罪的概念，可以说是命题人在慷慨送分。

答案解析：

陈某长时间勒住李某脖子，显然具有致人死亡的故意，成立故意杀人罪。

3. 对事实三，可能存在哪几种处理意见（包括结论与基本理由）？

答案：对事实三主要存在两种处理意见：其一，如认为死者仍然占有其财物的，而属于遗失物，事实三成立盗窃罪；其二，如认为死者不可占有其财物的，事实三成立侵占罪。

难度：难

考点：盗窃罪；侵占罪

命题和解题思路：本题较难，命题人采用了开放式的命题方式让考生回答死者对财物的占有这一理论上极具争议的问题。考生需要根据各自的不同立场写出详细的理由加以论证。

答案解析：

简单点说，盗窃罪是将他人占有的财物变为自己占有，而侵占罪则是将自己占有的财物变为自己所有，因此，判断财物由谁占有便会直接决定行为是构成盗窃罪抑或是侵占罪。如果肯定死者对于财物的占有，则陈某属于变死者占有为自己所有，成立盗窃罪。如果否定死者对于财物的占有，则陈某属于侵占死者的遗忘物（遗失物），成立侵占罪。肯定死者占有的主要理由为应肯定死者占有的观念，是否具有占有意思对占有的成立与否无关紧要。否定死者占有的主要理由则认为主体一旦死亡，便不可能有占有意思，事实上也无法对财物进行支配控制利用，因此死者对财物不再有占有权。

4. 对事实四应如何定罪？为什么？

答案：事实四成立敲诈勒索罪（未遂）与诈骗罪（未遂）的竞合。因为陈某的行为同时符合二罪的犯罪构成，属于想象竞合。陈某对赵某实行威胁，意图索取财物未果，构成敲诈勒索罪（未遂）；陈某隐瞒李某死亡的事实，意图骗取财物未果，构成诈骗罪（未遂）。由于只有一个行为，故从一重罪论处。

难度：中

考点：敲诈勒索罪；诈骗罪；想象竞合

命题和解题思路：本题看似考查诈骗罪与敲诈勒索罪的构成要件，实则命题人意在考查考生对于分则罪名关系的理解。不少考生的思维定式是在遇到分则罪名时习惯做非此即彼的理解，即检验了某一行为构成A罪名后，便直接放弃检验该行为是否还构成其他罪名，换句话说，没有竞合论的思维。

答案解析：

在李某死亡的情况下，陈某仍然对赵某谎称绑架了李某，因此属于虚构事实骗取他人钱财，成立诈骗罪；而以绑架为由威胁他人交付钱款，当然符合敲诈勒索罪的构成要件，成立本罪。由于陈某事实上未获得钱财，并且只有一个行为，因此成立诈骗罪（未遂）与敲诈勒索罪（未遂）的想象竞合，从一重罪论处。

5. 事实五是否成立自首？为什么？

答案：事实五对故意杀人罪与敲诈勒索罪或诈骗罪成立自首。因为走投无路而投案的，属于自动投案，不影响自首的成立。

难度：易

考点：自首

命题和解题思路：本题较简单，只要掌握自首的概念，即便不清楚司法解释的规定，也能从自首的规范目的中推导出结论。

答案解析：

自首，是指犯罪以后自动投案，如实供述自己罪行的行为，或者被采取强制措施的犯罪嫌疑人、被告人和正在服刑的罪犯，如实供述司法机关还未掌握的本人其他罪行的行为。其本质在于犯罪分子悔罪，自动供述其犯罪事实并承担相应法律后果，在一定程度上表明了自首犯人身危险性的减小。自首一方面可以鼓励和引导犯罪人主动归案，改过自新，争取宽大处理；另一方面可以尽可能降低司法成本，提高破案效率，有效地实现刑罚目的。因此，在走投无路的情况下自动投案并如实供述犯罪事实的，当然符合前述讲的自首的规范目的，成立自首。

6. 事实六是否构成立功？为什么？

答案：事实六不构成立功。因为根据《刑法》中关于立功的司法解释规定，陈某提供的犯罪线索虽属实，但是其以前查办犯罪活动中掌握的，故不构成立功。

难度：中

考点：立功

命题和解题思路：本题难度也不大，但是考生需要熟悉司法解释的相关规定，才能正确作答。

答案解析：

最高人民法院《关于处理自首和立功若干具体问题的意见》明确规定：犯罪分子将本人以往查办犯罪职务活动中掌握的，或者从负有查办犯罪、监管职责的国家工作人员处获取的他人犯罪线索予以检举、揭发的，不能认定为有立功表现。因此陈某虽在检察机关审查起诉阶段，将自己担任警察期间查办犯罪活动时掌握的刘某抢劫财物的犯罪线索告诉检察人员经查证属实，但不成立立功。

2010 年

一、试题（本题 22 分）

案情：

被告人赵某与被害人钱某曾合伙做生意（双方没有债权债务关系）。2009 年 5 月 23 日，赵某通过技术手段，将钱某银行存折上的 9 万元存款划转到自己的账户上（没有取出现金）。钱某向银行查询知道真相后，让赵某还给自己 9 万元。

扫一扫 看微课视频

同年 6 月 26 日，赵某将钱某约至某大桥西侧泵房后，二人发生争执。赵某顿生杀意，突然勒钱某的颈部、捂钱某的口鼻，致钱某昏迷。赵某以为钱某已死亡，便将钱某“尸体”缚重扔入河中。

6 月 28 日凌晨，赵某将恐吓信置于钱某家门口，谎称钱某被绑架，让钱某之妻孙某（某国有企业出纳）拿 20 万元到某大桥赎人，如报警将杀死钱某。孙某不敢报警，但手中只有 3 万元，于是在上班之前从本单位保险柜拿出 17 万元，急忙将 20 万元送至某大桥处。赵某蒙面接收 20 万元后，声称 2 小时后孙某即可见到丈夫。

28 日下午，钱某的尸体被人发现（经鉴定，钱某系溺水死亡）。赵某觉得罪行迟早会败露，于 29 日向公安机关投案，如实交代了上述全部犯罪事实，并将勒索的 20 万元交给公安人员（公安人员将 20 万元退还孙某，孙某于 8 月 3 日将 17 万元还给公司）。公安人员李某听了赵某的交代后随口说了一句“你罪行不轻啊”，赵某担心被判死刑，逃跑至外地。在被通缉的过程中，赵某身患重病无钱治疗，向当地公安机关投案，再次如实交代了自己的全部罪行。

问题：

1. 赵某将钱某的9万元存款划转到自己账户的行为，是什么性质？为什么？

2. 赵某致钱某死亡的事实，在刑法理论上称为什么？刑法理论对这种情况有哪几种处理意见？你认为应当如何处理？为什么？

3. 赵某向孙某索要20万元的行为是什么性质？为什么？

4. 赵某的行为是否成立自首？为什么？

5. 孙某从公司拿出17万元的行为是否成立犯罪？为什么？

二、答案精讲

1. 赵某将钱某的9万元存款划转到自己账户的行为，是什么性质？为什么？

答案： 赵某将钱某的9万元存款划转到自己账户的行为，成立盗窃罪。在我国，存款属于盗窃罪的对象，即通过平和的手段变他人所有（财产性利益）为自己所有。赵某的行为完全符合盗窃罪的构成要件，而且是盗窃既遂。

难度： 易

考点： 盗窃罪

命题和解题思路： 本题较简单，命题人主要考查的是考生对盗窃罪对象的理解。只要掌握财产性利益可以成为盗窃罪的对象，本题便可迎刃而解。

答案解析：

盗窃罪，是指以非法占有为目的，采用平和的手段破坏他人对财物的占有，进而建立自己对财物的占有。盗窃罪的对象除了狭义的财物外，还包括财产性利益。而存款债权属于典型的财产性利益。因此，赵某通过技术手段将钱某的9万元划转到自己账户，破坏了钱某对存款的占有，建立了自己的占有，成立盗窃罪。

2. 赵某致钱某死亡的事实，在刑法理论上称为什么？刑法理论对这种情况有哪几种处理意见？你认为应当如何处理？为什么？

答案： 赵某致钱某死亡的行为，在刑法理论上称为事前的故意。刑法理论对这种情况有以下处理意见：①第一行为即勒颈部、捂口鼻的行为成立故意杀人未遂。第二行为即将钱某“尸体”缚重扔入河中的行为成立过失致人死亡罪；②如果在实施第二行为时对死亡有间接故意（或未必的故意），则成立一个故意杀人既遂；否则成立故意杀人未遂与过失致人死亡罪；③将两个行为视为一个行为，将支配行为的故意视为概括的故意，认定为一个故意杀人既遂；④将两个行为视为一体，作为对因果关系的认识错误来处理，只要存在相当的因果关系，就认定为一个故意杀人既遂。应当认为，第一行为与结果之间的因果关系并未中断，而且客观发生的结果与行为人意欲发生的结果完全一致，故应肯定赵某的行为成立故意杀人既遂。

难度：难

考点：事前的故意

命题和解题思路：本题较难，难在命题人首先便没有明确问及事前的故意，而是需要考生从案件事实的隐含交代中总结出这是事前的故意考点。其次，本题也采用了开放式的命题方式，考生需要答出关于事前的故意的重要观点。

答案解析：

事前的故意，是指误以为第一个行为已经造成了设想的结果，出于其他目的实施第二个行为，实际上是第二个行为导致了结果的发生。如何处理，存在争议。

第一种意见：概括故意理论。将前后两个行为视为是一个行为，作为整体成立故意杀人既遂。

第二种意见：由于存在两个清楚可分的行为，不能因为行为人想杀人，最后人也死了，就成立故意杀人既遂。毕竟行为人在实施第二个行为时候没有杀人故意，所以成立故意杀人未遂和过失致人死亡的数罪并罚。也有极少数人认为，尽管是故意杀人未遂和过失致人死亡，但成立想象竞合。

第三种意见：看实施第二个行为时是否有间接故意，如果有间接故意，则将前后两个行为视为一个行为，成立故意杀人既遂；如果没有间接故意，则分开论处，以过失致人死亡和故意杀人未遂并罚。

第四种意见：看第一个行为和结果之间是不是具有相当因果关系，如果第一行为和结果之间还在相当因果关系范围内，不影响因果关系的认定，结果也是行为人想要的，成立故意杀人既遂。

一般用第四种意见处理事前的故意：由于第一个行为具有致死的高度危险，再加上介入出于毁尸灭迹等目的实施的第二个行为也并非异常因素，所以行为与结果之间存在相当因果关系，而且这个结果也是行为人想要的结果，所以成立故意杀人既遂。

3. 赵某向孙某索要20万元的行为是什么性质？为什么？

答案：赵某向孙某勒索20万元的行为是敲诈勒索罪与诈骗罪的想象竞合犯。一方面，赵某实施了胁迫行为，孙某产生了恐惧心理，并交付了财物。所以，赵某的行为触犯了敲诈勒索罪；另一方面，钱某已经死亡，赵某的行为具有欺骗性质，孙某产生了认识错误；如果孙某知道真相就不会受骗、不会将20万元交付给赵某。因此，赵某的行为也触犯了诈骗罪。但是，由于只有一个行为，故成立想象竞合犯，从一重罪论处。

难度：中

考点：敲诈勒索罪；诈骗罪；想象竞合

命题和解题思路：本题看似在考查敲诈勒索罪和诈骗罪的犯罪构成，其实命题人主要想考查的是考生是否有竞合论的观念。不少考生在学习刑法时习惯于做非此即彼式的思考，即将罪名之间理解为互斥关系的思维定式。只要将行为可能构成的罪名逐个审查，最后按照竞合论得出处理结论即可。

答案解析：

被害人已死亡，施害人却谎称绑架被害人借此勒索钱财，当然属于虚构事实欺骗他人交付财物，因此，赵某首先成立诈骗罪；此外，以绑架为由索财，显然是想利用对方的恐惧心理交付财物，所以赵某又成立敲诈勒索罪。而行为人只有一行为，属于一行为触犯数罪，因此论以想象竞合，从一重处罚。

4. 赵某的行为是否成立自首？为什么？

答案：赵某的行为成立自首。虽然相关司法解释规定，“犯罪嫌疑人自动投案后又逃跑的，不能认定为自首”，但这是针对后来不再投案自首而言。在本案中，虽然可以根据司法解释否认赵某的前一次投案成立自首，但不能否认后一次自动投案与如实交代成立自首。

难度：易

考点：自首

命题和解题思路：本题较简单，主要考查自首的相关知识，只要考生熟悉自首的制度宗旨，即便不记得相关司法解释，也能得出成立自首的结论。

答案解析：

赵某的行为成立自首。司法解释规定，“犯罪嫌疑人自动投案后又逃跑的，不能认定为自首”，但是行为人逃跑后走投无路又自动投案如实供述的，完全符合自首制度鼓励行为人悔过自新的规范目的，当然还是成立自首。

5. 孙某从公司拿出17万元的行为是否成立犯罪？为什么？

答案：孙某的行为虽然属于挪用公款，但不成立挪用公款罪。因为孙某虽然将公款挪用给个人使用，但并没有超过三个月未还。

难度：易

考点：挪用公款罪

命题和解题思路：本题较简单，主要考查挪用公款罪的犯罪构成。挪用公款归个人使用，如果不属于用于非法活动与营利活动，未超过三个月未还，则不成立犯罪。

答案解析：

挪用公款罪，指国家工作人员利用职务上的便利，挪用公款归个人使用，进行非法活动的，或者挪用公款数额较大、进行营利活动的，或者挪用公款数额较大、超过三个月未还的行为。孙某的行为确实属于挪用公款归个人使用，但其并没有将公款用于非法活动与营利活动，因此要超过三个月未还才成立本罪。但孙某挪用公款的时间并未超过三个月，因此，不成立犯罪。

2009年

一、试题（本题22分）

案情：

甲和乙均缺钱。乙得知甲的情妇丙家是信用社代办点，配有保险柜，认为肯定有钱，便提议去丙家借钱，并说："如果她不借，也许我们可以偷或者抢她的钱。"甲说："别瞎整！"乙未再吭声。某晚，甲、乙一起开车前往丙家。乙在车上等，甲进屋向丙借钱，丙说："家里没钱。"甲在丙家吃饭过夜。乙见甲长时间不出来，只好开车回家。甲一觉醒来，见丙已睡着，便起身试图打开保险柜。丙惊醒大声斥责甲，说道："快住手，不然我报警了！"甲恼怒之下将丙打死，藏尸地窖。

甲不知密码打不开保险柜，翻箱倒柜只找到了丙的一张储蓄卡及身份证。甲回家后想到乙会开保险柜，即套问乙开柜方法，但未提及杀丙一事。甲将丙的储蓄卡和身份证交乙保管，声称系从丙处所借。两天后甲又到丙家，按照乙的方法打开保险柜，发现柜内并无钱款。乙未与甲商量，通过丙的身份证号码试出储蓄卡密码，到商场刷卡购买了一件价值两万元的皮衣。

案发后，公安机关认为甲有犯罪嫌疑，即对其实施拘传。甲在派出所乘民警应对突发事件无人看管之机逃跑。半年后，得知甲行踪的乙告知甲，公安机关正在对甲进行网上通缉，甲于是到派出所交代了自己的罪行。

问题：

请根据《刑法》有关规定，对上述案件中甲、乙的各种行为和相关事实、情节进行分析，分别提出处理意见，并简要说明理由。

二、答案精讲

请根据《刑法》有关规定，对上述案件中甲、乙的各种行为和相关事实、情节进行分析，分别提出处理意见，并简要说明理由。

答案：

（1）关于甲的行为定性

甲在着手盗窃丙的保险柜过程中，因罪行败露而实施杀害丙的行为，甲的犯罪目的是取得财物，根据《刑法》第269条的规定，其杀人行为属于盗窃过程中为"抗拒抓捕"而对被害人使用暴力，应当成立抢劫罪。根据《刑法》第263条的规定，甲的行为属于抢劫致人死亡，成立抢劫罪的结果加重犯，应适用升格的法定刑。

甲的杀人、抢劫行为，都与乙无关，甲、乙之间没有共同故意和共同行为，根据《刑法》第25条的规定，不成立共犯；甲将丙的储蓄卡和身份证给乙，不构成盗窃罪的教唆犯。甲两天后回到丙家，打开保险柜试图窃取丙的钱财的行为，属于抢劫罪中取财行为的一部分，不单独构成盗窃罪。

根据最高人民法院《关于处理自首和立功具体应用法律若干问题的解释》第1条的规定，只有在案发后没有受到讯问、未被采取强制措施，自动投案如实供述自己的罪行的，才能成立自首。本案中，甲被公安机关采取强制措施后逃跑再归案的，即便如实供述也不能成立自首。

（2）关于乙的行为定性

乙事先的提议甲并未接受，当时没有达成合意，二人没有共同犯罪故意。甲的抢劫行为属于临时起意，系单独犯罪，不能认为乙的行为构成教唆犯。乙不成立教唆犯，当然就不能对乙的行为适用《刑法》第29条第2款。在甲实施抢劫行为之时，乙已经离开现场，与甲之间没有共犯关系，乙没有帮助故意，也缺乏帮助行为，不成立帮助犯。

甲套问乙打开保险柜的方法，将丙的储蓄卡、身份证交乙保管时，均未告知乙实情，乙缺乏传授犯罪方法罪，掩饰、隐瞒犯罪所得、犯罪所得收益罪的故意。乙去商场购物的行为，根据《刑法》第196条的规定，属于冒用他人信用卡，构成信用卡诈骗罪。

难度：中

考点：盗窃罪；抢劫罪；信用卡诈骗罪；教唆犯；共犯过剩；自首

命题和解题思路：命题人想考查的首要知识点还是共犯的认定问题，在缺乏共同故意的情形下，无法成立共犯。本题的另外一个关键点是，行为人是在盗窃过程中被人发现，进而使用暴力，所以应当认定为抢劫罪，杀人行为是压制他人反抗的抢劫罪的手段行为，而非抢劫后出于灭口等动机的杀人行为，如果是后者，就得数罪并罚，这是不少考生丢分的地方。

答案解析：

对于甲的可罚性来说，由于乙提议两人共同去借钱，如果丙不借便偷或抢，甲并没有接受乙的教唆。甲进入丙家后临时起意盗窃保险柜，盗窃过程中被人发现后使用暴力“抗拒抓捕”，因而成立转化型抢劫，而杀人行为是抢劫罪的暴力手段行为，成立抢劫罪的结果加重犯，因此，不以抢劫罪和故意杀人罪数罪并罚。最高人民法院《关于抢劫过程中故意杀人案件如何定罪问题的批复》规定的行为人实施抢劫后为灭口而故意杀人的以抢劫罪和故意杀人罪数罪并罚，在本案中并不适用。另外，甲在数天后重新回到丙家取财，属于抢劫罪取财的一部分，不再另行定罪。而根据最高人民法院《关于处理自首和立功具体应用法律若干问题的解释》第1条的规定，犯罪嫌疑人自动投案后又逃跑的，不能认定为自首。甲是被公安机关采取强制措施后逃跑再归案，因此即便如实供述，也不能成立自首。

对于乙来说，首先甲的抢劫行为与其不成立共犯关系；而甲将丙的储蓄卡、身份证交乙保管时，并没有告知乙是抢劫所得，因此乙显然不成立掩饰、隐瞒犯罪所得、犯罪所得收益罪；但乙明知是丙的储蓄卡，仍然到商场刷卡消费，属于冒用他人信用卡，成立信用卡诈骗罪。

2008年

一、试题（本题20分）

案情：

徐某系某市国有黄河商贸公司的经理，顾某系该公司的副经理。2005年，黄河商贸公司进行产权制度改革，将国有公司改制为管理层控股的股份有限公司。其中，徐某、顾某及其他15名干部职工分别占40%、30%、30%股份。在改制过程中，国有资产管理部门委托某资产评估所对黄河商贸公司的资产进行评估，资产评估所指派周某具体参与评估。在评估时，徐某与顾某明知在公司的应付款账户中有100万元系上一年度为少交利润而虚设的，经徐某与顾某以及公司其他领导班子成员商量，决定予以隐瞒，转入改制后的公司，按照股份分配给个人。当周某发现了该100万元应付款的问题时，公司领导班子决定以辛苦费的名义，从公司的其他公款中取出1万元送给周某。周某收下该款后，出具了隐瞒该100万元虚假的应付款的评估报告。随后，国有资产管理部门经研究批准了公司的改制方案。在尚未办理产权过户手续时，徐某等人因被举报而案发。

问题：

1. 徐某与顾某构成贪污罪还是私分国有资产罪？为什么？

2. 徐某与顾某的犯罪数额如何计算？为什么？

3. 徐某与顾某的犯罪属于既遂还是未遂？为什么？

4. 给周某送的1万元是单位行贿还是个人行贿？为什么？

5. 周某的行为是否以非国家工作人员受贿罪与提供虚假证明文件罪实行数罪并罚？为什么？

6. 周某是否构成徐某与顾某的共犯？为什么？

二、答案精讲

1. 徐某与顾某构成贪污罪还是私分国有资产罪？为什么？

答案：徐某与顾某构成贪污罪，而不构成私分国有资产罪。本案不符合以单位名义集体私分的特征，而是采取隐瞒的方式将公款予以非法占有，符合贪污罪的特征。

难度：中

考点：贪污罪；私分国有资产罪

命题和解题思路：命题人主要想考查的是私分国有资产罪和贪污罪的界分问题。解题的关键在于把握成立私分国有资产罪的核心为以单位名义集体私分。

答案解析：

私分国有资产罪，是指国家机关、国有公司、企业、事业单位、人民团体，违反国家规定，以单位名义将国有资产集体私分给个人，数额较大的行为。因此，**私分国有资产罪应当是由单位领导共同研究决定集体私分，换句话说，私分国有资产罪是单位犯罪，因此，私分国有资产行为应当体现的是单位的整体意志，必须由单位的决策机构按照单位的决策程序进行。**根据题干的交代，徐某与顾某等人将改制前公司的100万元私自转入改制后的公司，并非以单位名义按照单位的决策程序进行，因此不应认定为私分国有资产罪。由于顾某等人是利用职务便利将国有资产不法所有，因此，成立贪污罪的共同犯罪。

2. 徐某与顾某的犯罪数额如何计算？为什么？

答案：徐某与顾某应对100万元的贪污总数额负责，而不是只对个人所得部分负责；此外，用于行贿的1万元也应计入贪污数额。

难度：易

考点：共同犯罪

命题和解题思路：本题可以说是送分题，只要考生理解了共同正犯的归责原则便可轻松答题。

答案解析：

徐某与顾某属于贪污罪的共同正犯，共同正犯实行交互归责原则（部分实行全部责任），因此，每个共同正犯都应对所有的共同正犯在共同犯意范围内的不法结果负责，因此犯罪数额的计算就是所有人的贪污犯罪总额，而非每个人实际所得的犯罪赃款。对此，最高人民法院2003年11月13日《全国法院审理经济犯罪案件工作座谈会纪要》明确规定，在共同贪污犯罪案件中，各共同犯罪人均应对参与的共同贪污的数额承担刑事责任。因此，徐某与顾某的犯罪数额为100万元。

3. 徐某与顾某的犯罪属于既遂还是未遂？为什么？

答案：徐某与顾某贪污100万元属于未遂，因为公司产权尚未过户，但贪污1万元属于既遂。

难度：易

考点：贪污罪

命题和解题思路：本题不难，主要考查贪污罪既遂与未遂的认定标准问题。

答案解析：

贪污罪，指的是国家工作人员利用职务上的便利采取侵吞、窃取、骗取等方式不法取得公共财物。可以将贪污罪简单一点理解为利用国家工作人员身份的财产犯罪行为，因此，其既遂标准也应当是以是否实际取得公共财物为标准。本案中，公司产权还没有实际过户，因此针对这100万元属于贪污未遂，但是，徐某与顾某为掩盖贪污实施，私自决定将单位公款1万元给周某，则是贪污既遂。

4. 给周某送的1万元是单位行贿还是个人行贿？为什么？

答案：给周某送的1万元属于个人行贿，因为不是为单位牟取不正当利益。

难度：易

考点：单位行贿罪

命题和解题思路：本题实质上也较容易，陷阱在于回答本题要以正确回答第 1 问为前提。

答案解析：

单位行贿罪，是指单位为牟取不正当利益而行贿，或者违反国家规定给予国家工作人员以回扣、手续费的行为。所以，单位行贿罪也必须是为单位牟取不正当利益。如前所述，顾某等人决定将 100 万元据为己有，并非为了单位利益且经由单位决策程序决策，不属于私分国有资产犯罪，而是成立贪污罪的共同犯罪，其为掩盖不法事实向周某行贿 1 万元，因此不能认定是为了单位牟取不正当利益，不成立单位行贿罪，属于个人行贿行为。

5. 周某的行为是否以非国家工作人员受贿罪与提供虚假证明文件罪实行数罪并罚？为什么？

答案：周某构成提供虚假证明文件罪，不应与非国家工作人员受贿罪实行并罚。

难度：中

考点：提供虚假证明文件罪；非国家工作人员受贿罪

命题和解题思路：命题人主要考查考生对于提供虚假证明文件罪刑法规定的熟悉程度。本题说难也难，说简单也简单：难在如果对《刑法》第 229 条不熟悉，根据竞合论的基础理论会认为周某存在数行为，应当数罪并罚；易在如果熟悉第 229 条的特别规定，本题就是送分题。由此看来，考生应当尽量熟悉刑法典的规定。

答案解析：

从理论上看，承担资产评估等工作的人员提供虚假证明文件，并且收受他人贿赂的，存在数个行为，侵害了数个法益，按照竞合论的基本原理，应当数罪并罚。但是，《刑法》第 229 条第 2 款规定，**承担资产评估、验资、验证、会计、审计、法律服务等职责的中介组织的人员索取他人财物或者非法收受他人财物，犯提供虚假证明文件罪的，属于加重情节**。因此，提供虚假证明文件并且收受他人财物的，不再数罪并罚。

6. 周某是否构成徐某与顾某的共犯？为什么？

答案：周某构成徐某与顾某犯罪的共犯，属于提供虚假证明文件罪与贪污共犯的想象竞合。

难度：易

考点：共同犯罪；想象竞合犯

命题和解题思路：本题不难，考查的主要是共犯与身份问题，以及想象竞合。考生只要理解相关知识点的基础原理，便不难正确回答。

答案解析：

周某在资产评估时明知 100 万元存在问题，在意识到徐某等人是想将 100 万元公款不法据为己有时仍然以提供虚假证明文件的形式提供帮助，当然成立贪污罪的帮助犯。由于帮助行为另成立提供虚假证明文件罪，一行为触犯数罪名的想象竞合，即提供虚假证明文件罪和贪污罪共犯的想象竞合，择一重罪处罚。

刑事诉讼法

颜飞 孙锐 讲解

颜　飞

前命题人。西南政法大学法学院副院长、副教授。有较高理论水平，对法考也有深入研究。授课精彩，深受学生欢迎。

孙　锐

中国政法大学博士，国家检察官学院副教授。她是在讲台上侃侃而谈的教师，也曾是奋战在司法第一线的检察长助理。游走于象牙塔与司法实务部门之间的她将以扎实的理论功底和丰富的实务经历帮你找到通过法考大门的密钥。

2017年

一、试题（本题21分）

案情：

被告人李某于2014年7月的一天晚上，和几个朋友聚会，饭后又一起卡拉OK，其间餐厅经理派服务员胡某陪侍。次日凌晨两点结束后，李某送胡某回家的路上，在一废弃的工棚内强行与胡某发生了性关系。案发后李某坚称是通奸而不是强奸。此案由S市Y区检察院起诉。Y区法院经不公开审理，以事实不清证据不足为由作出无罪判决。检察机关提起抗诉，S市中级人民法院改判被告人构成强奸罪并处有期徒刑三年。二审法院定期宣判，并向抗诉的检察机关送达了判决书，没有向被告人李某送达判决书，但在中国裁判文书网上发布了判决书。

问题：

1. 本案二审判决是否生效？为什么？我国刑事裁判一审生效与二审生效有无区别？为什么？

2. 此案生效后当事人向检察院申诉，程序要求是什么？

3. 省检察院按审判监督程序向省高级人民法院提起抗诉，对于原判决、裁定事实不清或者证据不足的再审案件，省高级人民法院应当如何处理？

4. 如果省高级人民法院认为S市中级人民法院生效判决确有错误，应当如何纠正？

5. 此案在由省检察院向省高级人民法院抗诉中，请求改判被告人无罪，被告人及其辩护人也辩称无罪，省高级人民法院根据控辩双方一致意见，是否应当做出无罪判决？为什么？

二、答案精讲

1. 本案二审判决是否生效？为什么？我国刑事裁判一审生效与二审生效有无区别？为什么？

答案：

（1）未生效。二审判决应当在宣告以后才生效，本案二审判决始终未向被告人李某宣告，也未向李某送达判决书，在中国裁判文书网上发布判决书也不能等同于向李某宣告判决，李某始终不知道判决的内容，因此本案二审程序未完成宣告，判决未生效。

（2）一审裁判的生效时间为裁判送达后次日开始计算上诉、抗诉期限，经过上诉、抗诉期限未上诉、抗诉的一审裁判才生效。由于我国实行二审终审制，普通案件二审裁判为终审裁判，但需要送达后始生效，即二审当庭宣判或定期宣判送达裁判文书后发生法律效力。

难度： 难

考点： 判决（生效时间）

命题和解题思路： 命题人通过此题考查了考生对一审裁判和二审裁判生效时间的理解，其实际上设了两问，可分两部分解答。第一部分要针对本案，解答本案的二审判决是否生效并阐明原因。第二部分要概括地阐明一审裁判和二审裁判在生效方式和时间上的区别。本题的难度主要在于，关于二审裁判的生效时间实际上是存在争议的。

答案解析：

关于一审裁判的生效日期，法律规定得相当明确。《最高人民法院关于适用〈中华人民共和国刑事诉讼法〉的解释》第301条规定："上诉、抗诉必须在法定期限内提出。不服判决的上诉、抗诉的期限为十日；不服裁定的上诉、抗诉的期限为五日。上诉、抗诉的期限，从接到判决书、裁定书的第二日起计算。"因此，**一审裁判应自经过法定的上诉、抗诉期限而没有上诉或抗诉之日起生效，而法定的上诉、抗诉期限自一审裁判送达后的第二日起算**。由此也可看出，一审裁判的生效时间与宣判日期没有直接关系，仅与送达日期有关。

关于二审裁判的生效时间，法律没有明确的规定。《最高人民法院关于适用〈中华人民共和国刑事诉讼法〉的解释》第247条第1款对一审的宣判程序作出规定："当庭宣告判决的，应当在五日内送达判决书。定期宣告判决的，应当在宣判前，先期公告宣判的时间和地点，传唤当事人并通知公诉人、法定代理人、辩护人和诉讼代理人；判决宣告后，应当立即送达判决书。"刑事诉讼法及司法解释均未对二审的宣判程序作出规定。但是，《刑事诉讼法》第242条规定："第二审人民法院审判上诉或者抗诉案件的程序，除本章已有规定的以外，参照第一审程序的规定进行。"因此，二审的宣判程序也应参照第一审程序的规定进行。由此可见，无论一审还是二审，**裁判文书的宣告日期和送达日期都有可能不同**。那么，对于宣判之日与送达之日不一致的，**二审裁判应当自宣判之日起生效，还是自送达之日起生效呢？**关于这一问题，实际上是存在争议的。鉴于一审裁判的上诉、抗诉期限及生效期限的计算实际上都是以送达为准而非以宣判为准的，而二审程序无特别规定的又应参照一审程序的规定进行，**因此我们认为，二审裁判宣告之日与送达之日不一致的，应自送达之日起生效。**

2. 此案生效后当事人向检察院申诉，程序要求是什么？

答案： ①当事人及其法定代理人、近亲属首先应当向S市检察院提出，案情重大、复杂、疑难的，省检察院也可以直接受理。②当事人一方对S市检察院决定不予抗诉而继续向省检察院申诉的，省检察院应当受理，经省市两级检察院办理后，没有新的事实和证据不再立案复查。③S市检察院认为判决裁定确有错误需要抗诉的，应当提请省检察院抗诉。④省检察院认为判决裁定确有错误可以直接向省高级人民法院抗诉。

难度： 难

考点： 提起审判监督程序的材料来源（申诉的提出、受理及审查处理）；提起审判监督程序的方式

命题和解题思路：命题人通过本题考查了当事人就生效判决向人民检察院申诉的程序要求。对生效裁判的申诉可以向法院提出，也可以向检察院提出，具体的程序分别规定在《最高人民法院关于适用〈中华人民共和国刑事诉讼法〉的解释》和《人民检察院刑事诉讼规则》中，考生一般对前者比较重视，对后者可能会重视不够。但两者的规定有一些相通之处，如果实在不了解《人民检察院刑事诉讼规则》的规定，也可根据《最高人民法院关于适用〈中华人民共和国刑事诉讼法〉的解释》中的相关规定尽量"蒙"。具体而言，对本题的解答可分三步：**第一步，当事人应当向哪级检察院申诉？第二步，接受申诉的检察院应如何处理？第三步，应由哪一级检察院向哪一级法院提出抗诉？**

答案解析：

第一步，当事人应向哪级检察院申诉？对此，**《人民检察院刑事诉讼规则》第539条第1款、第2款**规定："当事人及其法定代理人、近亲属认为人民法院已经发生法律效力的刑事判决、裁定确有错误，向人民检察院申诉的，由作出生效判决、裁定的人民法院的同级人民检察院刑事申诉检察部门依法办理。当事人及其法定代理人、近亲属直接向上级人民检察院申诉的，上级人民检察院可以交由作出生效判决、裁定的人民法院的同级人民检察院受理；案情重大、疑难、复杂的，上级人民检察院可以直接受理。"本案的生效判决是由S市中级人民法院作出，因此当事人及其法定代理人、近亲属应首先向S市检察院申诉；当事人直接向省检察院申诉的，如果案情重大、复杂、疑难，省检察院也可以直接受理。

第二步，接受申诉的人民检察院应如何处理？对此，《人民检察院刑事诉讼规则》第539条第3款规定："当事人及其法定代理人、近亲属对人民法院已经发生法律效力的判决、裁定提出申诉，经人民检察院复查决定不予抗诉后继续提出申诉的，上一级人民检察院应当受理。"**第540条**规定："对不服人民法院已经发生法律效力的刑事判决、裁定的申诉，经两级人民检察院办理且省级人民检察院已经复查的，如果没有新的事实和理由，人民检察院不再立案复查，但原审被告人可能被宣告无罪或者判决、裁定有其他重大错误可能的除外。"因此，本案中，申诉人在S市检察院经复查决定不予抗诉后继续提出申诉的，省检察院应当受理。经省市两级检察院复查决定不予抗诉的，没有新的事实和理由的，不再立案复查。

第三步，应当由哪一级检察院向哪一级法院提出抗诉？对此，《人民检察院刑事诉讼规则》第595条第2款规定："地方各级人民检察院刑事申诉检察部门对不服同级人民法院已经发生法律效力的刑事判决、裁定的申诉复查后，认为需要提出抗诉的，报请检察长或者检察委员会讨论决定。认为需要提出抗诉的，应当提请上一级人民检察院抗诉。"因此，S市检察院认为需要提出抗诉的，应当报请省检察院抗诉。**《刑事诉讼法》第254条第3款**规定："最高人民检察院对各级人民法院已经发生法律效力的判决和裁定，上级人民检察院对下级人民法院已经发生法律效力的判决和裁定，如果发现确有错误，有权按照审判监督程序向同级人民法院提出抗诉。"因此，对于S市中级人民法院作出的生效裁判，应当由其上级检察院，也即省检察院向其同级法院，也即省高级人民法院抗诉。

3. 省检察院按审判监督程序向省高级人民法院提起抗诉，对于原判决、裁定事实不清或者证据不足的再审案件，省高级人民法院应当如何处理?

答案:

①经审理能够查清事实的，应当在查清事实后依法裁判。②经审理仍无法查清事实，证据不足的，不能认定原审被告人无罪的，应当判决宣告原审被告人无罪。③经审理发现有新证据且超过刑事诉讼法规定的指令再审期限的，可以裁定撤销原判，发回原审法院重新审判。

难度: 难

考点: 提起审判监督的方式；重新审判后的处理

命题和解题思路: 命题人通过此题想要考查的是《最高人民法院关于审理人民检察院按照审判监督程序提出的刑事抗诉案件若干问题的规定》(2012) 的第4条。但是2013年刑事诉讼法和《最高人民法院关于适用〈中华人民共和国刑事诉讼法〉的解释》实际上已经对相关规定作出重大修改。根据该《最高人民法院关于审理人民检察院按照审判监督程序提出的刑事抗诉案件若干问题的规定》(2012) 第2条，只有涉及新证据的才需要指令下级人民法院再审，而根据《刑事诉讼法》和《最高人民法院关于适用〈中华人民共和国刑事诉讼法〉的解释》，对原判事实不清、证据不足，包括有新的证据证明原判可能有错误的，均可指令再审。因此该规定的相关内容实际上已经失效，本题仍据此给出答案是值得商榷的。

答案解析:

根据“本案为人民检察院按照审判监督程序抗诉的案件”这一信息，本题的解答依据应包括**《刑事诉讼法》第254条第4款**:“人民检察院抗诉的案件，接受抗诉的人民法院应当组成合议庭重新审理，对于原判决事实不清楚或者证据不足的，可以指令下级人民法院再审。”**《刑事诉讼法》第258条**:“……对需要指令下级人民法院再审的，应当自接受抗诉之日起一个月以内作出决定……”**《最高人民法院关于适用〈中华人民共和国刑事诉讼法〉的解释》第381条**:“对人民检察院依照审判监督程序提出抗诉的案件，接受抗诉的人民法院应当组成合议庭审理。对原判事实不清、证据不足，包括有新的证据证明原判可能有错误，需要指令下级人民法院再审的，应当在立案之日起一个月内作出决定，并将指令再审决定书送达抗诉的人民检察院。”

而根据“原判决、裁定事实不清或者证据不足”的信息，本题的解答依据还应当包括**《最高人民法院关于适用〈中华人民共和国刑事诉讼法〉的解释》第389条第1款**:“再审案件经过重新审理后，应当按照下列情形分别处理:(一) 原判决、裁定认定事实和适用法律正确、量刑适当的，应当裁定驳回申诉或者抗诉，维持原判决、裁定;(二) 原判决、裁定定罪准确、量刑适当，但在认定事实、适用法律等方面有瑕疵的，应当裁定纠正并维持原判决、裁定;(三) 原判决、裁定认定事实没有错误，但适用法律错误，或者量刑不当的，应当撤销原判决、裁定，依法改判;(四) **依照第二审程序审理的案件，原判决、裁定事实不清或者证据不足的，可以在查清事实后改判，**

也可以裁定撤销原判，发回原审人民法院重新审判。”以及第2款：“原判决、裁定事实不清或者证据不足，经审理事实已经查清的，应当根据查清的事实依法裁判；事实仍无法查清，证据不足，不能认定被告人有罪的，应当撤销原判决、裁定，判决宣告被告人无罪。”对比这两款规定，可以推知，第2款规定应当是包括依照第一审程序再审的案件，和依照第二审程序审理因原判、裁定事实不清或者证据不足，发回原审人民法院重新审判的案件。此外，根据《刑事诉讼法》第256条的规定，如果原来是第二审案件，或者是上级人民法院提审的案件，都应当依照第二审程序进行审判。

综上所述，本题答案应当为：省检察院按审判监督程序向省高级人民法院提起抗诉，省高级人民法院应当组成合议庭审理。对于原判决、裁定事实不清、证据不足的可作如下处理：第一，可以在一个月以内指令下级人民法院再审。第二，省高级人民法院提审或下级人民法院再审，均应依照第二审程序进行，原判决、裁定事实不清或者证据不足的，可以在查清事实后改判，也可以裁定撤销原判，发回原审人民法院重新审判。第三，原审人民法院经审理事实已经查清的，应当根据查清的事实依法裁判；事实仍无法查清，证据不足，不能认定被告人有罪的，应当撤销原判决、裁定，判决宣告被告人无罪。

4. 如果省高级人民法院认为S市中级人民法院生效判决确有错误，应当如何纠正？

答案：省高级人民法院既可以提审也可以指令下级法院再审。①提审由省高级人民法院组成合议庭，所作出判决裁定为终审判决裁定；提审的案件应当是原判决裁定认定事实正确但适用法律错误，或者案件疑难、复杂、重大，或者不宜由原审法院审理的情形。②省法院指令再审一般应当指令S市中级人民法院以外的中级人民法院再审，依照第二审程序进行；如果更有利于查明案件事实、纠正裁判错误，也可以指令S市中级人民法院再审，S市中级人民法院应当另行组成合议庭，依照二审程序进行。

难度：中

考点：提起审判监督的方式；重新审判的程序

命题和解题思路：命题人通过此题考查了提起审判监督的另一种方式，即上级人民法院发现下级人民法院的生效裁判确有错误而提起审判监督的，以及重新审判的程序。本题的解答可分两步：第一步，**概括说明这种情况高级人民法院可以提审也可以指令再审**；第二步，**分别阐述提审和指令再审的基本程序和适用条件。**

答案解析：

第一步，根据**《刑事诉讼法》第254条第2款**的规定：“……上级人民法院对下级人民法院已经发生法律效力的判决和裁定，如果发现确有错误，有权提审或者指令下级人民法院再审”，概括说明本案中高级人民法院可以提审也可以指令再审。

第二步，**关于提审和指令再审各自的适用条件和基本程序，有以下法律依据：《刑事诉讼法》第255条**规定：“上级人民法院指令下级人民法院再审的，应当指令原审人民法院以外的下级人民法院审理；由原审人民法院审理更为适宜的，也可以指令原审人民法院审理。”**第256条**规定：“人民法院按照审判监督程序重新审判的案件，由原审人民法院审理的，应当另行组成合议庭进行。如果原来是第一审案件，应当依照第一审程序进行审判，所作的判决、裁定，可以上诉、抗诉；如果原来是第二审案件，或者是上级人民法院提审的案件，应当依照第二审程序进行审判，所作的判决、裁定，是终审的判决、裁定。”**《最高人民法院关于适用〈中华人民共和国刑事诉讼法〉的解释》第379条**规定：“上级人民法院发现下级人民法院已经发生法律效力的判决、裁定确有错误的，可以指令下级人民法院再审；原判决、裁定认定事实正确但适用法律错误，或者案件疑难、复杂、重大，或者有不宜由原审人民法院审理情形的，也可以提审。上级人民法院指令下级人民法院再审的，一般应当指令原审人民法院以外的下级人民法院审理；由原审人民法院审理更有利于查明案件事实、纠正裁判错误的，可以指令原审人民法院审理。”综合上述规定，即可得出本题答案。

5. 此案在由省检察院向省高级人民法院抗诉中，请求改判被告人无罪，被告人及其辩护人也辩称无罪，省高级人民法院根据控辩双方一致意见，是否应当做出无罪判决？为什么？

答案：法院可以根据具体情况，既可以作有罪判决也可以作无罪判决。①本案系审判监督程序的案件，法庭审理的对象是生效的法院判决裁定是否有错误，判决有罪无罪的依据是案件事实、证据及适用的法律是否确有错误。②检察机关的抗诉是引起再审程序的缘由，其请求改判无罪已经不是控诉的含义，也不是控方，不存在控辩双方意见一致的情形。

难度：难

考点：重新审判后的处理

命题和解题思路：命题人通过此题考查了检察院抗诉请求改判被告人无罪的情况应如何处理，这是审判监督程序中看上去比较特殊但实际上却经常出现的状况。对此，刑事诉讼法及司法解释并无明确规定，但是根据相关法理及常识可以解答。对于此类缺乏明确法律依据的考题，考生很难判断命题人具体的考查意图，所以比较保险的方法是，尽可能多地选择不同的角度去寻找依据。

答案解析：

第一，**从审判监督程序的性质与功能来看**，审判监督程序是一种纠错程序，最终应否作出无罪判决，应取决于原来的有罪裁判有无错误，而不取决于检察院与被告人、辩护人的意见是否一致。

第二，**从再审程序的审理对象来看**，其针对的是生效裁判，而非检察院或被告人的诉讼主张。检察院或被告人的诉讼主张只是导致再审程序启动的原因，一旦启动了再审程序，其应否作出无罪判决，就仅取决于原生效裁判有无错误，而不取决于检察院与被告人的诉讼主张。

第三，**从检察院抗诉的内容与性质来看**，其内容是请求改判被告人无罪，因此在性质上已不属于控诉，也即在因此种抗诉所引起的再审程序中已不存在一般的审判程序中的控辩双方，也就无所谓控辩双方意见一致。

2016年

一、试题（本题22分）

案情：

顾某（中国籍）常年居住M国，以丰厚报酬诱使徐某（另案处理）两次回国携带毒品甲基苯丙胺进行贩卖。2014年3月15日15时，徐某在B市某郊区交易时被公安人员当场抓获。侦查中徐某供出了顾某。我方公安机关组成工作组按照与该国司法协助协定赴该国侦查取证，由M国警方抓获了顾某，对其进行了讯问取证和住处搜查，并将顾某及相关证据移交中方。

检察院以走私、贩卖毒品罪对顾某提起公诉。鉴于被告人顾某不认罪并声称受到刑讯逼供，要求排除非法证据，一审法院召开了庭前会议，通过听取控辩双方的意见及调查证据材料，审判人员认定非法取证不成立。开庭审理后，一审法院认定被告人两次分别贩卖一包甲基苯丙胺和另一包重量为7.6克甲基苯丙胺判处其有期徒刑6年6个月。顾某不服提出上诉，二审法院以事实不清发回重审。原审法院重审期间，检察院对一包甲基苯丙胺重量明确为2.3克并作出补充起诉，据此原审法院以被告人两次分别贩卖2.3克、7.6克毒品改判顾某有期徒刑7年6个月。被告人不服判决再次上诉到二审法院。

问题：

1. M国警方移交的证据能否作为认定被告人有罪的证据？对控辩双方提供的境外证据，法院应当如何处理？

2. 本案一审法院庭前会议对非法证据的处理是否正确？为什么？

3. 发回原审法院重审后，检察院对一包甲基苯丙胺重量为2.3克的补充起诉是否正确？为什么？

4. 发回重审后，原审法院的改判加刑行为是否违背上诉不加刑原则？为什么？

5. 此案再次上诉后，二审法院在审理程序上应如何处理？

二、答案精讲

1. M国警方移交的证据能否作为认定被告人有罪的证据？对控辩双方提供的境外证据，法院应当如何处理？

答案：M国警方移交的证据可以作为认定被告人有罪的证据。

我国刑事诉讼法规定我国司法机关可以进行刑事司法协助，警方赴M国请求该国警方抓捕、取证属于司法协助的范围，我国法院对境外证据认可其证据效力，本案司法协助程序符合规范，符合办理刑事案件程序规定。

人民法院对来自境外的证据材料，应当对材料来源、提供人、提供时间以及提取人、提取时间等进行审查。经审查，能够证明案件事实符合《刑事诉讼法》规定的，可以作为证据使用。但提供人或者我国与有关国家签订的双边条约对材料的使用范围有明确限制的除外；材料来源不明或者真实性无法确认的，不得作为定案的证据。

难度：难

考点：刑事司法协助

命题和解题思路：命题人通过此题考查了刑事司法协助中关于境外调查取证所获证据的证据资格及审查重点等问题。其中第二问实际上是对《最高人民法院关于适用〈中华人民共和国刑事诉讼法〉的解释》第405条的考查。刑事司法协助虽然是考纲明确列出的考点，但考生对该部分内容的复习一般也就是走马观花，更不会关注《最高人民法院关于适用〈中华人民共和国刑事诉讼法〉的解释》第405条的规定。但不管怎样，考生至少要对刑事司法协助的范围有所了解，明确调查取证和移送证据属于刑事司法协助的范围，所获证据具有证据资格。至于如何审查，对于不知道《最高人民法院关于适用〈中华人民共和国刑事诉讼法〉的解释》第405条规定的考生来说，可从核实证据来源与可靠性的角度来写，即便不准确，也不至于失分过多。

答案解析：

《刑事诉讼法》第18条规定："根据中华人民共和国缔结或者参加的国际条约，或者按照互惠原则，我国司法机关和外国司法机关可以相互请求刑事司法协助。"刑事司法协助是指一国的法院或者其他司法机关，根据另一国的法院或者其他司法机关的请求，代为或者协助实行与刑事诉讼有关的司法行为。

关于刑事司法协助的范围，刑事诉讼法和《最高人民法院关于适用〈中华人民共和国刑事诉讼法〉的解释》均未作明确规定，但《人民检察院刑事诉讼规则》第679条规定了："人民检察院司法协助的范围主要包括刑事方面的调查取证，送达刑事诉讼文书，通报刑事诉讼结果，移交物证、书证和视听资料，扣押、移交赃款、赃物以及法律和国际条约规定的其他司法协助事宜。"《公安机关办理刑事案件程序规定》第365条规定："公安机关进行刑事司法协助和警务合作的范围，主要包括犯罪情报信息的交流与合作，调查取证，送达刑事诉讼文书，移交物证、书证、视听资料或者电子数据等证据材料，引渡、缉捕和递解犯罪嫌疑人、被告人或者罪犯以及国际条约、协议规定的其他刑事司法协助和警务合作事宜。"根据这些规定，**调查取证、移交证据材料等显然均属刑事司法协助的范围**，所获证据当然也都具有证据资格。

对于在境外取得的证据材料的审查，**《最高人民法院关于适用〈中华人民共和国刑事诉讼法〉的解释》第405条**规定："对来自境外的证据材料，人民法院应当对材料来源、提供人、提供时间以及提取人、提取时间等进行审查。经审查，能够证明案件事实且符合刑事诉讼法规定的，可以作为证据使用，但提供人或者我国与有关国家签订的双边条约对材料的使用范围有明确限制的除外；材料来源不明或者其真实性无法确认的，不得作为定案的根据。当事人及其辩护人、诉讼代理人提供来自境外的证据材料的，该证据材料应当经所在国公证机关证明，所在国中央外交主管机关或者其授权机关认证，并经我国驻该国使、领馆认证。”

2. 本案一审法院庭前会议对非法证据的处理是否正确？为什么？

答案：不正确。按照刑事诉讼法的规定，庭前会议就非法证据等问题只是**了解情况，听取意见**，不能做出决定。

难度：中

考点：庭前会议

命题和解题思路：命题人通过此题考查了2012年《刑事诉讼法》修改的新增内容庭前会议制度。虽然题目问的是对非法证据的处理是否正确，但实际上并不是要考对非法证据的排除是否符合法定的排除范围之类，如果考生顺着这个路子回答就跑偏了。命题人实际要考查的是考生对庭前会议制度的理解和把握，也即庭前会议中能不能就非法证据排除等问题作出处理性决定？

答案解析：

《刑事诉讼法》第187条第2款规定：“在开庭以前，审判人员可以召集公诉人、当事人和辩护人、诉讼代理人，对回避、出庭证人名单、非法证据排除等与审判相关的问题，了解情况，听取意见。”**《最高人民法院关于适用〈中华人民共和国刑事诉讼法〉的解释》第99条**规定：“开庭审理前，当事人及其辩护人、诉讼代理人申请排除非法证据，人民法院经审查，对证据收集的合法性有疑问的，应当依照《刑事诉讼法》第一百八十二条（现第187条）第二款的规定召开庭前会议，就非法证据排除等问题了解情况，听取意见。人民检察院可以通过出示有关证据材料等方式，对证据收集的合法性加以说明。”**第184条第2款**规定：“（庭前会议中）审判人员可以询问控辩双方对证据材料有无异议，对有异议的证据，应当在庭审时重点调查；无异议的，庭审时举证、质证可以简化。”可见，在庭前会议中，人民法院只能就非法证据排除等问题了解情况，听取意见，有异议的应在庭审时重点调查，无异议的庭审时举证、质证可以简化，但无论如何，都还是要经过庭审调查的，庭前会议不能直接作出结论。

3. 发回原审法院重审后，检察院对一包甲基苯丙胺重量为2.3克的补充起诉是否正确？为什么？

答案：不正确。本案第二审法院基于原审法院认定的一包甲基苯丙胺数量不明，以事实不清发回重审，重审中检察机关明确为2.3克，只是补充说明不是补充起诉。补充起诉是在法院宣告判决前检察机关发现有遗漏的同案犯罪嫌疑人或者罪行可以一并起诉和审理的。

难度：中

考点：补充起诉

命题和解题思路：考试大纲中并没有明确列出“补充起诉”的考点，但是变更、补充、追加起诉却是高频考点，很受命题人的青睐。本题主要考查的是补充起诉的适用情形，命题人设计的情节为补充之前起诉过的贩毒罪中的毒品的重量，考生需要认真审题，弄清补充的内容是什么，该内容能否构成一个“诉”。

答案解析：

所谓“补充之诉”，补充的内容要能独立构成一个“诉”才能成为“补充起诉”，仅仅是对已经起诉的案件中的一些具体内容的补充，不能成立“补充之诉”。只有发现遗漏的同案犯罪嫌疑人或罪行可以一并起诉和审理的，才适用追加、补充起诉。本案中，检察院并没有发现顾某在两次贩毒罪行外还有其他罪行，而只是补充了其中一次贩毒的毒品数量，这种情况不能补充起诉。

《人民检察院刑事诉讼规则》第458条规定，在人民法院宣告判决前，人民检察院发现被告人的真实身份或者犯罪事实与起诉书中叙述的身份或者指控犯罪事实不符的，或者事实、证据没有变化，但罪名、适用法律与起诉书不一致的，可以变更起诉；发现遗漏的同案犯罪嫌疑人或者罪行可以一并起诉和审理的，可以追加、补充起诉（遗留同案犯罪嫌疑人的适用追加起诉，遗漏罪行的适用补充起诉）。《最高人民法院关于适用〈中华人民共和国刑事诉讼法〉的解释》第243条规定：“审判期间，人民法院发现新的事实，可能影响定罪的，可以建议人民检察院补充或者变更起诉……”由此可见，补充起诉应当涉及新的犯罪事实，只是对原有犯罪事实细节的补充不能成立补充之诉。

4. 发回重审后，原审法院的改判加刑行为是否违背上诉不加刑原则？为什么？

答案：违反上诉不加刑。第二审人民法院发回原审人民法院重新审理的案件，除有新的犯罪事实，人民检察院补充起诉的以外，原审人民法院不得加重被告人的刑罚。本案补充说明一包甲基苯丙胺重量2.3克是原有的指控内容，不是新增加的犯罪事实。

难度：中

考点：上诉不加刑原则

命题和解题思路：命题人通过此题考查了上诉不加刑原则在发回重审的情况下是否存在例外的问题。根据《最高人民法院关于适用〈中华人民共和国刑事诉讼法〉的解释》第327条的规定，此种情形下唯一的例外就是“人民检察院补充起诉”，因此，此题的设计与上一题可谓环环相扣，如果上一题中，考生认为检察机关的补充起诉成立，那么在这一题中也就会认为原审法院的改判加刑并不违背上诉不加刑原则。因此解答本题的关键仍然在于判断检察院的补充说明是否构成补充起诉。

答案解析：

《刑事诉讼法》第237条规定：“第二审人民法院审理被告人或者他的法定代理人、辩护人、近亲属上诉的案件，不得加重被告人的刑罚。第二审人民法院发回原审人民法院重新审判的案件，除有新的犯罪事实，人民检察院补充起诉的以外，原审人民法院也不得加重被告人的刑罚。人民检察院提出抗诉或者自诉人提出上诉的，不受前款规定的限制。”《最高人民法院关于适用〈中华人民共和国刑事诉讼法〉的解释》第327条规定：“被告人或者其法定代理人、辩护人、近亲属提出上诉的案件，第二审人民法院发回重新审判后，除有新的犯罪事实，人民检察院补充起诉的以外，原审人民法院不得加重被告人的刑罚。”

可见上诉不加刑原则的适用首先有一个普适性的条件，即人民检察院没有提出抗诉或自诉人没有提出上诉，本案符合这一条件。在这一前提下，如果案件被发回重审，原审人民法院仍然不能加重被告人的刑罚，唯一的例外就是人民检察院就新的犯罪事实补充起诉。因此判断本案中第一审人民法院加重被告人刑罚的做法是否违背了上诉不加刑原则，其关键又在于判断人民检察院是否就新的事实提出了补充起诉。本案中，如上题所述，人民检察院虽然提出了补充起诉，但并不存在新的事实，人民检察院补充起诉的做法是错误的，因此补充起诉不成立，也即例外条件不成立，因此第一审人民法院仍然不能加重被告人的刑罚，否则就是对上诉不加刑原则的违背。

5. 此案再次上诉后，二审法院在审理程序上应如何处理？

答案：①组成合议庭不开庭审理，但应当讯问被告人、听取辩护人、诉讼代理人意见。②鉴于本案系发回重审后的上诉审，第二审法院不得以事实不清再发回原审法院重新审理。③如果认为原判认定事实和适用法律正确、量刑适当，应当裁定驳回上诉，维持原判；如果认为原判适用法律有错误或量刑不当，应当改判，但受上诉不加刑限制。④第二审人民法院应当在二个月以内审结。

难度：中

考点：第二审程序的审理（不开庭审理的方式和程序）；对上诉、抗诉案件审理后的处理

命题和解题思路：命题人通过此题比较全面地考查了第二审程序的审理方式及关于发回重审后再次上诉的二审案件的特殊规定。本题的难点主要在于判断应当回答哪些内容。考生应按照审理方式、审理后的处理、审理期限依次回答。

答案解析：

命题人问的是二审法院在审理程序上应如何处理，那么首先应回答**审理方式**的问题。对此，**《刑事诉讼法》第234条**规定："第二审人民法院对于下列案件，应当组成合议庭，开庭审理：（一）被告人、自诉人及其法定代理人对第一审认定的事实、证据提出异议，可能影响定罪量刑的上诉案件；（二）被告人被判处死刑的上诉案件；（三）人民检察院抗诉的案件；（四）其他应当开庭审理的案件。第二审人民法院决定不开庭审理的，应当讯问被告人，听取其他当事人、辩护人、诉讼代理人的意见。第二审人民法院开庭审理上诉、抗诉案件，可以到案件发生地或者原审人民法院所在地进行。"本题中没有给出被告人上诉的理由，因此似乎分两种情况说明才更为妥当：如果其上诉的原因是对事实、证据提出异议，可能影响定罪量刑的，应由合议庭开庭审理；否则，可以不开庭审理，但应当由合议庭讯问被告人，听取其他当事人、辩护人、诉讼代理人的意见。

回答完审判方式后即可回答**审理后的处理**。**《刑事诉讼法》第225条**规定："第二审人民法院对不服第一审判决的上诉、抗诉案件，经过审理后，应当按照下列情形分别处理：（一）原判决认定事实和适用法律正确、量刑适当的，应当裁定驳回上诉或者抗诉，维持原判；（二）原判决认定事实没有错误，但适用法律有错误，或者量刑不当的，应当改判；（三）原判决事实不清楚或者证据不足的，可以在查清事实后改判；也

可以裁定撤销原判，发回原审人民法院重新审判。原审人民法院对于依照前款第三项规定发回重新审判的案件作出判决后，被告人提出上诉或者人民检察院提出抗诉的，第二审人民法院应当依法作出判决或者裁定，不得再发回原审人民法院重新审判。”本案属于只有辩方上诉和发回重审后再次上诉的案件，因此这部分的回答要突出两个内容：不得加重被告人刑罚；不得自此发回重审。

最后回答审理期限即可。《刑事诉讼法》第**243**条规定：“第二审人民法院受理上诉、抗诉案件，应当在二个月以内审结。对于可能判处死刑的案件或者附带民事诉讼的案件，以及有本法第一百五十六条规定情形之一的，经省、自治区、直辖市高级人民法院批准或者决定，可以延长二个月；因特殊情况还需要延长的，报请最高人民法院批准。”本案不存在本条所规定的特殊情况，因此应当在二个月以内审结。

2015年

一、试题（本题26分）

案情：

扫一扫　看微课视频

某日凌晨，A市某小区地下停车场发现一具男尸，经辨认，死者为刘瑞，达永房地产公司法定代表人。停车场录像显示一男子持刀杀死了被害人，但画面极为模糊，小区某保安向侦查人员证实其巡逻时看见形似刘四的人拿刀捅了被害人后逃走（开庭时该保安已辞职无法联系）。

侦查人员在现场提取了一只白手套，一把三棱刮刀（由于疏忽，提取时未附笔录）。侦查人员对现场提取的血迹进行了ABO血型鉴定，认定其中的血迹与犯罪嫌疑人刘四的血型一致。

刘四到案后几次讯问均不认罪，后来交代了杀人的事实并承认系被他人雇佣所为，公安机关据此抓获了另外两名犯罪嫌疑人康雍房地产公司开发商张文、张武兄弟。

侦查终结后，检察机关提起公诉，认定此案系因开发某地块利益之争，张文、张武雇佣社会人员刘四杀害了被害人。

法庭上张氏兄弟、刘四同时翻供，称侦查中受到严重刑讯，不得不按办案人员意思供认，但均未向法庭提供非法取证的证据或线索，未申请排除非法证据。

公诉人指控定罪的证据有：①小区录像；②小区保安的证言；③现场提取的手套、刮刀；④ABO血型鉴定；⑤侦查预审中三被告人的有罪供述及其相互证明。三被告对以上证据均提出异议，主张自己无罪。

问题：

1. 请根据《刑事诉讼法》及相关司法解释的规定，对以上证据分别进行简要分析，并作出是否有罪的结论。

2. 请结合本案，谈谈对《中共中央关于全面推进依法治国若干重大问题的决定》

中关于“推进以审判为中心的诉讼制度改革，确保侦查、审查起诉的案件事实证据经得起法律的检验”这一部署的认识。

答题要求：

1. 无本人分析、照抄材料原文不得分；
2. 结论、观点正确，逻辑清晰，说理充分，文字通畅；
3. 请按问题顺序作答，总字数不得少于800字。

二、答案精讲

1. 请根据《刑事诉讼法》及相关司法解释的规定，对以上证据分别进行简要分析，并作出是否有罪的结论。

答案：对本案公诉人指控定罪的证据分析如下：

（1）小区录像：该证据为视听资料，画面极为模糊，只能证明一男子在停车场持刀杀死了被害人，无法证明该男子是谁。

（2）小区保安的证言：该证言的内容仅为一个形似李四的人拿刀捅了被害人后逃走，无法肯定行凶者就是李四，且开庭时已无法联系到该证人，法庭对其证言的真实性无法确认，该证人证言不得作为定案的根据。

（3）现场提取的手套、刮刀：该证据属于物证，根据相关司法解释的规定，在勘验过程中提取、扣押的物证，未附笔录，不能证明物证来源的，不得作为定案的根据。

（4）ABO血型鉴定：该证据属于鉴定意见，但ABO血型鉴定并非同一性鉴定，只能证明现场提取的血迹与刘四的血型一致，无法证明现场提取的血迹就是刘四留下的。

（5）侦查预审中三被告人的有罪供述及其相互证明：首先，我国刑事诉讼法规定，对一切案件的判处都要重证据，重调查研究，不轻信口供，因此即便各被告均作出了有罪供述，也还是要从其本身的情况及其与其他证据之间的印证情况等来综合判断其真伪。其次，本案中，被告人供述不稳定，刘某到案后几次均不认罪，后来虽然供述，但在法庭上又翻供了，其他被告也均同时翻供。根据我国司法解释的规定，被告人庭前供述和辩解存在反复，庭审中不供认，且无其他证据与庭前供述印证的，不得采信其庭前供述。再次，法庭上各被告人同时翻供，称侦查中受到严重刑讯，不得不按办案人员意思供认，虽然被告人没有向法庭提供非法取证的证据或线索，没有申请排除非法证据，但是，如果法庭对证据的合法性有疑问，可以依职权予以调查。如果确认或者无法排除这些口供为刑讯逼供所获，则这些口供不能被作为定案的根据。最后，共同犯罪中犯罪嫌疑人或被告人的相互证明仍然为犯罪嫌疑人、被告人供述和辩解，而不能互为证人证言，根据刑事诉讼法的规定，只有被告人供述，没有其他证据的，不能认定被告人有罪。

综上所述，上述证据**达不到证据确实、充分的证明标准**。证据确实、充分要求定罪量刑的事实都有证据证明，综合全案证据，对所认定事实已排除合理怀疑。本案中的上述证据**只能证明被害人在停车场被人用刀捅死，而不能排除合理怀疑地证明被告人系被张氏兄弟雇佣的李四捅死，故本案不能认定被告人有罪**，而只能作出证据不足，指控的犯罪不能成立的无罪判决。

难度：中

考点：证据的收集；审查判断和运用；证明标准

命题和解题思路：命题人通过此题考查了考生对各种类证据的收集程序及审查判断方法、对证据的综合审查判断方法以及对证明标准的把握。

本题应先就控方指控被告人有罪的各项证据予以逐个分析，再对所有指控证据予以综合分析，最后判断其是否达到了证明标准，从而作出是否有罪的结论。

分析的时候要注意，命题人围绕各项证据所提供的信息是不一样的，因此，考生**要围绕命题人给出的信息对相关证据从不同的角度予以分析**。从证据资格角度，考生要熟知各种关于证据资格的法律规定及司法解释，虽然不需要原文复述，但是相关的点必须答到。从证据内容角度来看，考生要明确指出每项证据究竟能证明什么，能否证明被告人有罪。

答案解析：

具体而言，本案中，公诉人指控定罪的证据一共有五项，对各项证据可予以如下分析：

（1）小区录像：小区录像属于视听资料，命题人没有就该视听资料的提取过程给出信息，只对该录像所反映的内容给出了信息。因此对小区录像的分析应当从它的证明内容着手。

（2）小区保安的证言：命题人为该证人证言提供了两方面的信息，一是证明内容；二是开庭时无法联系到该证人。对这两方面的信息都要予以分析。关于后一方面的信息，《刑事诉讼法》第 192 条第 1 款规定："公诉人、当事人或者辩护人、诉讼代理人对证人证言有异议，且该证人证言对案件定罪量刑有重大影响，人民法院认为证人有必要出庭作证的，证人应当出庭作证。"《最高人民法院关于适用〈中华人民共和国刑事诉讼法〉的解释》第 78 条规定："证人当庭作出的证言，经控辩双方质证、法庭查证属实的，应当作为定案的根据……经人民法院通知，证人没有正当理由拒绝出庭或者出庭后拒绝作证，法庭对其证言的真实性无法确认的，该证人证言不得作为定案的根据。"答案中应当对相关规定的主要内容和基本精神有所反映。

（3）现场提取的手套、刮刀：命题人专门给出了提取手套、刮刀未作笔录的信息，考生要抓住这一信息对其证据资格予以分析。《最高人民法院关于适用〈中华人民共和国刑事诉讼法〉的解释》第 73 条规定："在勘验、检查、搜查过程中提取、扣押的物证、书证，未附笔录或者清单，不能证明物证、书证来源的，不得作为定案的根据。"这一条的内容必须要答出来。

（4）ABO 血型鉴定：命题人未就该血型鉴定的样本、检材提取情况给出信息，仅指出了鉴定意见的内容。因此对此项证据的分析应从其内容入手。

（5）侦查预审中三被告人的有罪供述及其相互证明：命题人就此项证据给出了三方面的信息。一是被告人供述不稳定，有反复。对此，应答出《最高人民法院关于适用〈中华人民共和国刑事诉讼法〉的解释》第 83 条中的相关内容，即“被告人庭前供述和辩解存在反复，但庭审中供认，且与其他证据相互印证的，可以采信其庭审供述；被告人庭前供述和辩解存在反复，庭审中不供认，且无其他证据与庭前供述印证的，不得采信其庭前供述”。二是被告人在法庭上同时翻供，声称侦查中受到严重刑讯，不得不按办案人员意思供认。这里命题人设计了一个陷阱，专门指出被告人未向法庭提供非法取证的证据或线索，未申请排除非法证据。对此，考生应指出非法证据排除得依职权进行，并对本项证据的证据资格予以分析。三是本案为共同犯罪，存在多名被告人供述。对此，要指出共同犯罪中的多名被告人供述不能互为证人证言。此外，本部分还应答出《刑事诉讼法》对待供述的总的原则，即对一切案件的判处都要重证据、重调查研究、不轻信口供。

对以上各项证据予以分别分析之后，要对全案证据予以综合分析，指出其是否达到了证明标准。《刑事诉讼法》第 55 条第 2 款规定：“证据确实、充分，应当符合以下条件：（一）定罪量刑的事实都有证据证明；（二）据以定案的证据均经法定程序查证属实；（三）综合全案证据，对所认定事实已排除合理怀疑。”要分析本案证据是否达到了这一标准。如未达到，则依据《刑事诉讼法》第 200 条第（三）项的规定：“证据不足，不能认定被告人有罪的，应当作出证据不足、指控的犯罪不能成立的无罪判决。”从而得出本题结论，本案不能认定被告人有罪，只能作出证据不足、指控的犯罪不能成立的无罪判决。

2. 请结合本案，谈谈对《中共中央关于全面推进依法治国若干重大问题的决定》中关于“推进以审判为中心的诉讼制度改革，确保侦查、审查起诉的案件事实证据经得起法律的检验”这一部署的认识。

答案：“推进以审判为中心的诉讼制度改革，确保侦查、审查起诉的案件事实证据经得起法律的检验”可以从以下几个方面理解：

第一，要全面贯彻**证据裁判原则**。对犯罪事实的认定要以证据为根据；作为定案根据的证据应当是具有证据资格和经过法定程序查证属实的证据；认定犯罪事实的证据应当达到确实、充分的证明标准，能够排除合理怀疑。在本案中，以审判为中心，贯彻证据裁判原则，首先要求对犯罪事实的认定要以证据为根据，不能仅凭“形似”等猜测、推断定罪；其次要求作为定案根据的证据应当是具有证据资格和经过法定程序查证属实，对于确认或者不能排除为刑讯逼供等非法手段所取得的供述、没有附提取笔录不能证明来源的物证、因联系不到证人而无法确定其真伪的证人证言等，均不得作为定案的根据；最后要求认定犯罪事实的证据应当达到确实、充分的证明标准，能够排除合理怀疑，本案证据仅能证明被害人被杀，而证明被害人系被张氏兄弟雇佣的李四杀害的证据则要么证明内容模糊，要么取证手段违法，难以相互印证并得出排他性的结论。

第二，要贯彻**直接言辞原则**。完善证人、鉴定人出庭制度，强化庭审质证，确保侦查、审查起诉阶段收集的证据在法庭上经过控辩双方的质证并查证属实后才能作为定案的根据。本案中，小区保安是唯一的目击证人，他的证言对定罪量刑有重大影响，但他在庭审时已经失联，不可能出庭，他的证言也无法核实，控辩双方无从质证，因此他的证言不能作为定案的根据。

第三，要充分**发挥庭审的决定性作用**。以审判为中心的诉讼制度改革最终要落脚于发挥庭审的决定性作用，使侦查、审查起诉的案件事实在庭审中接受检验。本案中，通过庭审对证据裁判原则和直接言辞原则的贯彻，排除了在侦查和审查起诉阶段收集到的不具有证据资格的证据，没有采信证明内容模糊、证明力薄弱的证据，最终得出了与侦查和审查起诉阶段不一致的无罪结论，说明侦查、审查起诉的案件事实证据没能经住法律的检验，也反映了庭审的决定性作用，发挥出了以审判为中心的制度功能。

难度： 难

考点： 以审判为中心的诉讼制度改革

命题和解题思路： 命题人通过此题考查了考生对《中共中央关于全面推进依法治国若干重大问题的决定》中关于“推进以审判为中心的诉讼制度改革，确保侦查、审查起诉的案件事实证据经得起法律的检验”的理解，并要求结合本案来谈。本题的难度主要在于，应当选择哪几个方面来谈。对此，有两种判断方法：

第一，这句话在《中共中央关于全面推进依法治国若干重大问题的决定》中的完整表述是：“推进以审判为中心的诉讼制度改革，确保侦查、审查起诉的案件事实证据经得起法律的检验。全面贯彻证据裁判规则，严格依法收集、固定、保存、审查、运用证据，完善证人、鉴定人出庭制度，保证庭审在查明事实、认定证据、保护诉权、公正裁判中发挥决定性作用。”因此，本题可以从贯彻证据裁判原则、落实直接言辞原则和发挥庭审的决定性作用这几个角度来解答，并且要结合本案的具体情况予以说明。

第二，对于不了解《中共中央关于全面推进依法治国若干重大问题的决定》表述的人，可以**根据“以审判为中心”所必然包含的内容和本案所给出的信息，按照如下逻辑将可能想到的内容都答出来**：首先，以审判为中心当然是要发挥庭审的决定性作用。本案中，经过庭审得出了不同于侦查和审查起诉阶段的结论恰恰说明了这一点。其次，结合本案中给出的证人失联等信息，可以想到完善证人鉴定人出庭作证制度，并想到以审判为中心当然要求所有的证据都要在法庭上经过控辩双方的质证并查证属实的才能作为定案根据，这既是直接言辞原则的要求，也是证据裁判原则的要求。最后，结合本案中给出的取证手段违法等信息，可以想到，以审判为中心还要求作为定案根据的证据必须是具有证据资格的证据，其应当将那些不具有证据资格但在侦查和审查起诉阶段没有被排除的证据排除掉，这也反映了审判阶段的决定性作用和对侦查、审查起诉的案件事实证据的检验。

答案解析：

根据上述解题思路，确定了本题可从贯彻证据裁判原则、落实直接言辞原则和发挥庭审的决定性作用这几个角度来谈后，本题的解答就比较简单了。

关于证据裁判原则，可先说明证据裁判原则的基本内容和要求，然后根据每一条要求逐个分析本案的情况是否符合证据裁判原则的要求。

关于直接言辞原则，也是先说明直接言辞原则的基本含义，然后针对本案中给出的与此原则有关的信息，也即作为关键证人的保安无法出庭的信息，予以说明。

关于发挥庭审的决定性作用，本案的庭审最终作出了与侦查、起诉不同的结论，相关的信息还是比较容易说明庭审的决定性作用的，考生要注意充分利用相关信息。

2014年

一、试题（本题22分）

案情：

犯罪嫌疑人段某，1980年出生，甲市丁区人，自幼患有间歇性精神分裂症而辍学在社会上流浪，由于生活无着落便经常偷拿东西。2014年3月，段某窜至丁区一小区内行窃时被事主发现，遂用随身携带的刀子将事主刺成重伤夺路逃走。此案丁区检察院以抢劫罪起诉到丁区法院，被害人的家属提起附带民事诉讼。丁区法院以抢劫罪判处段某有期徒刑10年，赔偿被害人家属3万元人民币。段某以定性不准、量刑过重为由提起上诉。甲市中级人民法院二审中发现段某符合强制医疗条件，决定发回丁区法院重新审理。

丁区法院对段某依法进行了精神病鉴定，结果清晰表明段某患有精神分裂症，便由审判员张某一人不公开审理，检察员马某和被告人段某出庭分别发表意见。庭审后，法庭作出对段某予以强制医疗的决定。

问题：

1. 结合本案，简答强制医疗程序的适用条件。

2. 如中级人民法院直接对段某作出强制医疗决定，如何保障当事人的救济权？

3. 发回重审后，丁区法院的做法是否合法？为什么？

4. 发回重审后，丁区法院在作出强制医疗决定时应当如何处理被害人家属提出的附带民事诉讼？

二、答案精讲

1. 结合本案，简答强制医疗程序的适用条件。

答案：强制医疗程序要求行为人同时满足以下三个条件：①实施了危害公共安全或者严重危害公民人身安全的暴力行为；②为经法定程序鉴定依法不负刑事责任的精神病人；③有继续危害社会的可能。本案中，段某实施了严重危害公民人身安全的暴力行为，又经法定程序鉴定为患有精神分裂症的精神病人，因此，只要根据其行为和病情推断其仍有继续危害社会的可能，就符合适用强制医疗程序的条件。

难度：易

考点：强制医疗程序的适用条件

命题和解题思路：命题人通过此题考查了强制医疗程序的适用条件，该条件在《刑事诉讼法》第**302**条中有明确的规定。本题可分两步解答：第一步，根据《刑事诉讼法》第302条的规定解析强制医疗程序的适用条件；第二步，结合案例予以说明。

答案解析：

第一步，根据《刑事诉讼法》第302条的规定解析强制医疗程序的适用条件。该条规定："实施暴力行为，危害公共安全或者严重危害公民人身安全，经法定程序鉴定依法不负刑事责任的精神病人，有继续危害社会可能的，可以予以强制医疗。"可见强制医疗的适用要求行为人符合三个条件：第一，实施暴力行为，危害公共安全或者严重危害公民人身安全；第二，经法定程序鉴定为依法不负刑事责任的精神病人；第三，有继续危害社会的可能。

第二步，结合本案予以说明。分别对应上述三个条件就本案的情况予以说明即可。

2. 如中级人民法院直接对段某作出强制医疗决定，如何保障当事人的救济权？

答案：刑事诉讼法规定了一审程序被强制医疗的人、被害人及其法定代理人、近亲属对强制医疗决定不服的，可以向上一级法院申请复议，没有明确二审程序是否可以申请复议。从理论上讲，二审是终审程序，当事人不能再上诉，只能通过审判监督程序予以纠正。但按照我国刑事诉讼法关于审判监督程序的规定，只有法院的判决、裁定才可以申诉，不包括决定。因此，如果中级人民法院的强制医疗决定不允许复议，必将剥夺当事人的救济权。故《刑事诉讼法》第305条规定的被决定强制医疗的人、被害人及其法定代理人、近亲属对强制医疗不服的，可以向上一级法院申请复议，应作广义理解，既包括一审也包括二审，使得当事人的救济权利得以保障。

难度：中

考点：强制医疗程序的救济程序

命题和解题思路：命题人通过此题考查了强制医疗的救济程序，但其设定的情况有些特殊，即该强制医疗决定是二审法院作出的。部分考生可能会纠结于二审法院作出的裁判是终审裁判，不能上诉，因此认为二审法院作出的强制医疗决定也不能申请复议，但事实上，一审法院、二审法院的划分仅适用于强制医疗程序开始前的普通程序，一旦转为强制医疗程序，无论是哪一级人民法院依据该程序作出的强制医疗决定在性质和效力上都是一样的，救济途径也并无不同。本题的解答可分为两部分内容：第一，指出二审法院作出的强制医疗决定的救济途径也是向上一级法院申请复议；第二，对为何就二审法院作出的强制医疗决定也可申请复议略加说明。此说明可从法律的规定、法院审级与强制医疗程序的关系、对当事人救济权的保障等多个角度展开。本题的参考答案仅给出了最后一个角度，但是对无法预知参考答案的考生而言，解答时应尽可能从不同的角度予以说明才更为保险。

答案解析：

就二审法院作出的强制医疗决定也可以向上一级法院申请复议，其理由可以从三个方面加以说明：

第一，从法律规定的角度来看，《最高人民法院关于适用〈中华人民共和国刑事诉讼法〉的解释》第534条规定："人民法院在审理第二审刑事案件过程中，发现被告人可能符合强制医疗条件的，可以依照强制医疗程序对案件作出处理，也可以裁定发回原审人民法院重新审判。"说明二审法院可以依照强制医疗程序作出强制医疗决定。而**《刑事诉讼法》第305条第2款**规定："被决定强制医疗的人、被害人及其法定代理人、近亲属对强制医疗决定不服的，可以向上一级人民法院申请复议。"**《最高人民法院关于适用〈中华人民共和国刑事诉讼法〉的解释》第536条**规定："被决定强制医疗的人、被害人及其法定代理人、近亲属对强制医疗决定不服的，可以自收到决定书之日起五日内向上一级人民法院申请复议。复议期间不停止执行强制医疗的决定。"这些规定并没有对作出强制医疗决定的法院加以限制，无论是哪一级人民法院（除非是最高人民法院，因为其没有"上一级人民法院"）作出的强制医疗决定，均可向上一级人民法院申请复议。

第二，从法院的审级与强制医疗程序的关系来看，一审法院、二审法院的划分其实仅适用于强制医疗程序开始前的普通程序，一旦转为强制医疗程序，其实就无所谓一审、二审了，因为强制医疗程序作出的决定是立即生效的，即便申请复议也不影响该决定的执行，换句话说，强制医疗程序本身实际上是"一审终审"的，因此无论是哪一级人民法院依据该程序作出的强制医疗决定在性质和效力上都应当是一样的，可以向上一级人民法院申请复议，但是复议期间不停止决定的执行。

第三，从对当事人救济权的保障来说，出于充分保障当事人救济权的角度考虑，也应当允许当事人就二审法院作出的强制医疗决定申请复议。本题给出的参考答案就是从这个角度来予以说明的。

3. 发回重审后，丁区法院的做法是否合法？为什么？

答案：不合法。按照刑事诉讼法和有关司法解释的规定，丁区法院有下列违法行为：①审理强制医疗应当组成合议庭进行；②本案被告人系成年人，所犯抢劫罪不属于不公开审理的案件；③审理强制医疗案件，应当通知段某的法定代理人到庭；④段某没有委托诉讼代理人，法院应当通知法律援助机构指派律师担任其法定代理人，为其提供法律援助。

难度：中

考点：强制医疗程序的决定程序

命题和解题思路：命题人通过此题考查了强制医疗程序的具体规定，实际上也就是**《刑事诉讼法》第304条**的规定。考生只要比照这条规定即可发现本案中丁区法院做法中的违法之处。本题的难点主要在于判断不公开审理是否合法，从案件性质来看，本案不涉及个人隐私，但强制医疗案件均涉及被告人的精神状态，对被告人的精神状态是否属于个人隐私的范畴及强制医疗案件是否应当不公开审理，学界对此的看法实际上是存在争议的。

答案解析：

《刑事诉讼法》第304条规定："人民法院受理强制医疗的申请后，应当组成合议庭进行审理。人民法院审理强制医疗案件，应当通知被申请人或者被告人的法定代理人到场。被申请人或者被告人没有委托诉讼代理人的，人民法院应当通知法律援助机构指派律师为其提供法律帮助。"将这条规定拆开，即为上述参考答案中的①、③、④项。

本题参考答案中的②项在理论界存在争议。抢劫罪肯定不属于不公开审理的范围，但被告人的精神状态是否属于个人隐私，强制医疗案件是否应不公开审理，学界存在争议。

4. 发回重审后，丁区法院在作出强制医疗决定时应当如何处理被害人家属提出的附带民事诉讼？

答案：按照《最高人民法院关于适用〈中华人民共和国刑事诉讼法〉的解释》第160条关于法院认定公诉案件被告人的行为不构成犯罪，对已经提起的附带民事诉讼，经调解不能达成协议的，应当一并作出附带民事诉讼判决的精神，丁区法院应当就民事赔偿进行调解。调解不成，判决宣告被告人段某不负刑事责任，并在判决中就附带的民事赔偿一并处理，同时作出对被告人段某强制医疗的决定。

难度：难

考点：（强制医疗程序中）附带民事诉讼的调解与审判

命题和解题思路：命题人通过此题考查了在强制医疗程序中应如何处理附带民事诉讼的问题，本题难在刑事诉讼法及司法解释中均无明确规定。只有《最高人民法院关于适用〈中华人民共和国刑事诉讼法〉的解释》第539条规定："审理强制医疗案件，本章没有规定的，参照适用公诉案件第一审普通程序和第二审程序的有关规定。"因此解答本题的关键在于找到可以参照的相关规定。

答案解析：

《最高人民法院关于适用〈中华人民共和国刑事诉讼法〉的解释》关于第一审普通程序和第二审程序的规定中，最具有参照意义的就是第160条的规定"人民法院认定公诉案件被告人的行为不构成犯罪，对已经提起的附带民事诉讼，经调解不能达成协议的，应当一并作出刑事附带民事判决"，还有第241条的规定"对第一审公诉案件，人民法院审理后，应当按照下列情形分别作出判决、裁定：……（七）被告人是精神病人，在不能辨认或者不能控制自己行为时造成危害结果，不予刑事处罚的，应当判决宣告被告人不负刑事责任……"将这两条规定综合起来予以参考，即可得出正确答案。

2013 年

一、试题（本题22分）

案情：

李某于2012年7月毕业后到某国有企业从事财务工作。因无钱买房，单位又不分房，在同学、朋友及亲戚家里四处借住，如何弄钱买一套住房成为他的心结。

2013年4月，单位有一笔80万元现金未来得及送银行，存放于单位保险柜，李某借职务之便侵吞了全部现金并伪造外人盗窃现场。李某用该款购买了一套公寓。

李某的反常行为被单位举报到检察机关，检察机关反贪技术侦查部门当即实施技术侦查措施，查明系李某作案并予以立案。在刑事拘留期间，李某供认了全部犯罪事实。鉴于本人最终认罪并将赃物全部追回，根据本案特殊情况和办案需要，检察机关决定对其采取指定居所监视居住。

2013年7月该案提起公诉。李某及其辩护律师向法院提出李某在拘留期间遭受了严重的刑讯逼供，要求排除非法证据。

问题：

1. 检察机关对李某贪污行为采取技术侦查措施，是否正确？为什么？

2. 根据修改后的《刑事诉讼法》，技术侦查措施在使用主体、案件范围和适用程序上有哪些特殊要求？

3. 检察机关对李某采取指定居所监视居住措施是否正确？为什么？

4. 法院处理李某及其辩护人申请排除非法证据的程序步骤是什么？

二、答案精讲

1. 检察机关对李某贪污行为采取技术侦查措施，是否正确？为什么？

答案：不正确。①技术侦查措施只能在立案后采取。②采取技术侦查措施必须履行严格的批准手续。③检察机关不能实施技术侦查措施，必须交有关机关执行。

难度：中

考点：技术侦查（技术侦查的程序和要求）

命题和解题思路：本题主要是在考查技术侦查的适用范围和条件，命题人将案件设计为由检察机关管辖的贪污案件，同时也附带考查了技术侦查措施的执行主体。本题的关键在于应从哪几个方面展开分析，**考生要善于从法律规定中归纳出答案要点**。

注意，由于2018年《刑事诉讼法》修改后，检察机关不再行使对贪污贿赂案件的侦查权，相应地其适用技术侦查手段以及指定居所监视居住的案件范围等规定也发生了改变，因此本案例题的1—3问的答案在2018年以后已经不具有参考性。考生重在结合2012年《刑事诉讼法》的规定来把握命题和答题思路。

答案解析：

2012年《刑事诉讼法》第148条第2款明确规定："人民检察院在立案后，对于重大的贪污、贿赂犯罪案件以及利用职权实施的严重侵犯公民人身权利的重大犯罪案件，根据侦查犯罪的需要，经过严格的批准手续，可以采取技术侦查措施，按照规定交有关机关执行。"**《人民检察院刑事诉讼规则》第263条第1款**规定："人民检察院在立案后，对于涉案数额在十万元以上、采取其他方法难以收集证据的重大贪污、贿赂犯罪案件以及利用职权实施的严重侵犯公民人身权利的重大犯罪案件，经过严格的批准手续，可以采取技术侦查措施，交有关机关执行。"

上述规定实际上从以下几个方面规定了技术侦查措施的适用范围和条件：

第一，**案件范围**。本案涉案金额80万元，属于重大贪污犯罪案件，符合适用技术侦查措施的案件范围。

第二，**适用时间**，即立案后。本案中检察机关在接到举报后当即采取技术侦查措施显然是错误的。

第三，**适用条件和程序**，即要根据侦查犯罪的需要，经过严格的批准手续。本案显然没有经过严格的批准手续。

第四，**适用机关**。检察机关决定采取技术侦查的，只能按规定交有关机关执行。本案中由检察机关反贪部门直接实施技术侦查显然是错误的。

凡是有关技术侦查适用范围和条件的题目，都可从上述案件范围、适用时间、适用条件和程序以及适用机关这几个角度予以分析和解答。

2. 根据修改后的《刑事诉讼法》，技术侦查措施在使用主体、案件范围和适用程序上有哪些特殊要求？

答案：①技术侦查措施的使用主体只能是公安机关和国家安全机关。②适用范围方面，公安机关在立案后，对于危害国家安全犯罪、恐怖活动犯罪、黑社会性质的组织犯罪、重大毒品犯罪或者其他严重危害社会的犯罪案件可以采取技术侦查措施；检察机关在立案后，对于重大的贪污、贿赂犯罪案件以及利用职权实施的严重侵犯公民人身权利的重大犯罪案件，可以采取技术侦查措施；追捕被通缉或者批准、决定逮捕的在逃的犯罪嫌疑人、被告人，可以采取必要的技术侦查措施。③适用程序上，技术侦查措施由公安机关、国家安全机关、人民检察院决定，由公安机关、国家安全机关执行；采取技术侦查措施，必须经过严格的批准手续；有关机关必须严格按照批准的措施种类、适用对象和期限执行。

难度：难

考点：技术侦查（技术侦查的程序和要求）

命题和解题思路：命题人通过此题继续考查技术侦查的程序和要求，但是与上一题比较起来，考查得更为细致和全面，难度也更大。有些是对法条内容的详细考查，要求考生熟记法条；有些则要求考生根据法律规定予以概括。但好在与上一题及其他同类考题相比，本题指出了解答的基本方向，即包括使用主体、适用范围、适用程序，考生只需依据这几个方面逐项解答即可，不需要再为究竟应答哪些内容为难。

答案解析：

与本题有关的法律规定主要有：

2012年《刑事诉讼法》第148条规定："公安机关在立案后，对于危害国家安全犯罪、恐怖活动犯罪、黑社会性质的组织犯罪、重大毒品犯罪或者其他严重危害社会的犯罪案件，根据侦查犯罪的需要，经过严格的批准手续，可以采取技术侦查措施。人民检察院在立案后，对于重大的贪污、贿赂犯罪案件以及利用职权实施的严重侵犯公民人身权利的重大犯罪案件，根据侦查犯罪的需要，经过严格的批准手续，可以采取技术侦查措施，按照规定交有关机关执行。追捕被通缉或者批准、决定逮捕的在逃的犯罪嫌疑人、被告人，经过批准，可以采取追捕所必需的技术侦查措施。"

2012年《刑事诉讼法》第149条规定："批准决定应当根据侦查犯罪的需要，确定采取技术侦查措施的种类和适用对象。批准决定自签发之日起三个月以内有效。对于不需要继续采取技术侦查措施的，应当及时解除；对于复杂、疑难案件，期限届满仍有必要继续采取技术侦查措施的，经过批准，有效期可以延长，每次不得超过三个月。"

2012年《刑事诉讼法》第150条规定："采取技术侦查措施，必须严格按照批准的措施种类、适用对象和期限执行。侦查人员对采取技术侦查措施过程中知悉的国家秘密、商业秘密和个人隐私，应当保密；对采取技术侦查措施获取的与案件无关的材料，必须及时销毁。采取技术侦查措施获取的材料，只能用于对犯罪的侦查、起诉和审判，不得用于其他用途。公安机关依法采取技术侦查措施，有关单位和个人应当配合，并对有关情况予以保密。"

关于技术侦查的使用主体，上述2012年《刑事诉讼法》第148条规定了公安机关和检察机关都有权采取技术侦查，但是检察机关采取技术侦查却需要交由有关机关执行，这说明检察机关是不能自己执行技术侦查的，同时也说明公安机关是可以执行技术侦查的。又因为2012年《刑事诉讼法》第4条规定："国家安全机关依照法律规定，办理危害国家安全的刑事案件，行使与公安机关相同的职权。"可知国家安全机关也可采取和执行技术侦查措施。由此**从决定主体和执行主体两个方面来分析技术侦查的使用主体**，比较全面，不会失分。

关于适用技术侦查的案件范围，只能牢记《刑事诉讼法》第148条的规定，可根据该条的三款规定分类记忆和解答。

关于技术侦查的适用程序，可从2012年《刑事诉讼法》第148条、第149条、第150条的规定中加以概括，总的内容就是技术侦查必须根据侦查犯罪的需要，经过严格的批准手续方可适用；必须严格按照批准的措施种类、适用对象和期限执行。

3. 检察机关对李某采取指定居所监视居住措施是否正确？为什么？

答案：正确。符合逮捕条件，因为案件的特殊情况或者办理案件的需要，办案机关可以采取监视居住措施。指定居所监视居住适用于无固定住处的，以及涉嫌危害国家安全罪等三类案件，本案李某虽然不符合三类案件，但他没有固定住处，符合指定居所监视居住规定。

难度： 难

考点： 指定居所监视居住

命题和解题思路： 本题考查的是指定居所监视居住的适用条件，命题人没有明确指出李某没有固定住所，因此可能导致考生将分析的重点放在贪污犯罪不属于可适用指定居所监视居住的三大类案件中，从而作出错误的解答，这也是本题的难点所在。本题可分两步来分析，**先分析李某是否符合适用监视居住的条件，再分析李某是否符合适用指定居所监视居住的条件。**

答案解析：

关于监视居住的条件，2012 年《刑事诉讼法》第 72 条第 1 款规定："人民法院、人民检察院和公安机关对符合逮捕条件，有下列情形之一的犯罪嫌疑人、被告人，可以监视居住：（一）患有严重疾病、生活不能自理的；（二）怀孕或者正在哺乳自己婴儿的妇女；（三）系生活不能自理的人的唯一扶养人；（四）因为案件的特殊情况或者办理案件的需要，采取监视居住措施更为适宜的；（五）羁押期限届满，案件尚未办结，需要采取监视居住措施的。对符合取保候审条件，但犯罪嫌疑人、被告人不能提出保证人，也不交纳保证金的，可以监视居住。"而第 79 条第 1 款规定："对有证据证明有犯罪事实，可能判处徒刑以上刑罚的犯罪嫌疑人、被告人，采取取保候审尚不足以防止发生下列社会危险性的，应当予以逮捕……"本案中，李某贪污 80 万元公款，符合逮捕条件，同时符合 2012 年《刑事诉讼法》第 72 条第 1 款中第（四）项规定的情况，可以采取监视居住。答题时不需要复述法条，但是要说明李某符合逮捕条件，同时属于符合因为案件的特殊情况或者办理案件的需要，采取监视居住措施更为适宜的情形。

关于指定居所监视居住的条件，2012 年《刑事诉讼法》第 73 条第 1 款规定："监视居住应当在犯罪嫌疑人、被告人的住处执行；无固定住处的，可以在指定的居所执行。对于涉嫌危害国家安全犯罪、恐怖活动犯罪、特别重大贿赂犯罪，在住处执行可能有碍侦查的，经上一级人民检察院或者公安机关批准，也可以在指定的居所执行。但是，不得在羁押场所、专门的办案场所执行。"**该款规定实际上为指定居所监视居住设置了两个条件：第一，无固定住处；第二，涉嫌危害国家安全、恐怖活动犯罪、特别重大贿赂犯罪，在住处执行可能有碍侦查的。**符合其中任何一条都可适用指定居所监视居住。本案为贪污犯罪，不符合本款规定中的第二个条件，有考生可能会据此回答本案中对李某不能适用指定居所监视居住。但是本案中还有另外一个情况，就是李某没有住房，贪污公款所购买的公寓作为赃物要被追缴，因此实际上无固定住处，所以是符合第一个条件的，因此检察机关对李某适用指定居所监视居住是正确的。

4. 法院处理李某及其辩护人申请排除非法证据的程序步骤是什么？

答案： ①人民法院应当在开庭前及时将申请书及相关线索、材料的复制件送交人民检察院。②人民法院经审查，对证据收集的合法性有疑问的，应当召开庭前会议就非法证据排除等问题了解情况，听取意见。人民检察院可以通过出示有关证据材料等方式，对证据收集的合法性加以说明。③庭审对非法证据的调查，可以在当事人及辩护人提出排除非法证据的申请后进行，也可以在法庭调查结束前一并进行。④调查程序主要是由公诉人出示、宣读、播放有关证据材料，提请法庭通知有关侦查人员或者其他有关人员出庭说明情况，证明证据收集的合法性。⑤人民法院对证据收集的合法性进行调查后，应当将调查结论告知公诉人、当事人和辩护人、诉讼代理人。

难度：难

考点：非法证据排除规则

命题和解题思路：本题考查的是审判阶段非法证据排除规则的适用程序。《刑事诉讼法》对此规定得比较简单，《最高人民法院关于适用〈中华人民共和国刑事诉讼法〉的解释》对此有比较详细的规定。命题人就是要考查考生对《最高人民法院关于适用〈中华人民共和国刑事诉讼法〉的解释》相关规定的掌握。考生虽然不需要将相关法条全部默写出来，但是要将主要的规定都答出来，难度也还是比较大的。

答案解析：

本题属于被告人及辩护人在开庭审理前申请人民法院排除非法证据的情况，对此，**《最高人民法院关于适用〈中华人民共和国刑事诉讼法〉的解释》第98条**规定："开庭审理前，当事人及其辩护人、诉讼代理人申请人民法院排除非法证据的，人民法院应当在开庭前及时将申请书或者申请笔录及相关线索、材料的复制件送交人民检察院。"**第99条**规定："开庭审理前，当事人及其辩护人、诉讼代理人申请排除非法证据，人民法院经审查，对证据收集的合法性有疑问的，应当依照刑事诉讼法第一百八十二条第二款的规定召开庭前会议，就非法证据排除等问题了解情况，听取意见。人民检察院可以通过出示有关证据材料等方式，对证据收集的合法性加以说明。"

由于庭前会议并不具有强制性的效力，因此庭前会议中很有可能并无法彻底解决非法证据排除的问题，李某和辩护人在法庭审理过程中仍有可能申请排除非法证据。对于在法庭审理过程中申请排除非法证据的，**《最高人民法院关于适用〈中华人民共和国刑事诉讼法〉的解释》第100条**规定："法庭审理过程中，当事人及其辩护人、诉讼代理人申请排除非法证据的，法庭应当进行审查。经审查，对证据收集的合法性有疑问的，应当进行调查；没有疑问的，应当当庭说明情况和理由，继续法庭审理。当事人及其辩护人、诉讼代理人以相同理由再次申请排除非法证据的，法庭不再进行审查。对证据收集合法性的调查，根据具体情况，可以在当事人及其辩护人、诉讼代理人提出排除非法证据的申请后进行，也可以在法庭调查结束前一并进行。法庭审理过程中，当事人及其辩护人、诉讼代理人申请排除非法证据，人民法院经审查，不符合本解释第九十七条规定的，应当在法庭调查结束前一并进行审查，并决定是否进行证据收集合法性的调查。"**第101条**规定："法庭决定对证据收集的合法性进行调查的，可以由公诉人通过出示、宣读讯问笔录或者其他证据，有针对性地播放讯问过程的录音录像，提请法庭通知有关侦查人员或者其他人员出庭说明情况等方式，证明证据收集的合法性。公诉人提交的取证过程合法的说明材料，应当经有关侦查人员签名，并加盖公章。

未经有关侦查人员签名的，不得作为证据使用。上述说明材料不能单独作为证明取证过程合法的根据。”第**102**条规定：“经审理，确认或者不能排除存在刑事诉讼法第五十四条（说明：现第五十六条）规定的以非法方法收集证据情形的，对有关证据应当排除。人民法院对证据收集的合法性进行调查后，应当将调查结论告知公诉人、当事人和辩护人、诉讼代理人。”

考生不可能把上述法律规定都复述出来，因此可按照如下五个方面的线索尽量记忆和解答：第一，将相关材料送交人民检察院；第二，召开庭前会议；第三，法庭审查和调查；第四，由公诉人证明证据合法性；第五，作出结论并告知相关人等。

2012年

一、试题（本题28分）

专家观点：

刑事诉讼法既有保障刑法实施的工具价值，又具有独立价值。

在刑事诉讼中，以刑讯逼供等非法方法收集证据，不仅违反法定程序，侵犯人权，而且往往导致证据虚假，发生冤错案件。为此，《刑事诉讼法》及有关部门的解释或规定，完善了非法证据排除规则，发挥了刑事诉讼法的应有功效。

扫一扫　看微课视频

案情：

花园小区发生一起入室抢劫杀人案，犯罪现场破坏严重，未发现有价值的痕迹物证。经查，李某有重大犯罪嫌疑，其曾因抢劫被判有期徒刑12年，刚刚刑满释放，案发时小区保安见李某出入小区。李某被东湖市公安局立案侦查并被逮捕羁押。审讯期间，在保安的指认下，李某不得不承认其在小区他处入室盗窃3000元，后经查证属实。但李某拒不承认抢劫杀人行为。审讯人员将李某提到公安局办案基地对其实施了捆绑、吊打、电击等行为，三天三夜不许吃饭，不许睡觉，只给少许水喝，并威胁不坦白交代抢劫杀人罪行、认罪态度不好，法院会判死刑。最终，李某按审讯人员的意思交代了抢劫杀人的事实。在此期间，侦查人员还对李某的住处进行了搜查，提取扣押了李某鞋子等物品，当场未出示搜查证。

案件经东湖市检察院审查起诉后，向东湖市中级人民法院提起公诉。庭审中，应李某辩护人的申请，法庭启动了排除非法证据程序。

问题：

1. 本案哪些行为收集的证据属于非法证据？哪些非法证据应当予以排除？
2. 本案负有排除非法证据义务的机关有哪些？
3. 针对检察院的指控，东湖市中级人民法院应当如何判决本案？
4. 结合本案，简要说明刑事诉讼法对保障刑法实施的价值。

5. 结合本案，简述非法证据排除规则的完善过程，阐明非法证据排除规则的诉讼价值。

答题要求：

1. 根据法律、司法解释规定及刑事诉讼法理知识作答；
2. 无本人观点或论述，照抄材料原文不得分；
3. 观点明确，逻辑清晰，说理充分，文字通畅；
4. 请按提问顺序逐一作答，总字数不得少于800字。

二、答案精讲

1. 本案哪些行为收集的证据属于非法证据？哪些非法证据应当予以排除？

答案：①李某按审讯人员的意思交代的抢劫杀人的供述属于非法证据，应当排除。②侦查人员在未出示搜查证的情况下，扣押了李某的鞋子等物品，如果公安机关不能对未出示搜查证的原因做出合理的解释，则属于非法证据，应当排除。

难度：中

考点：非法证据的分类及排除标准

命题和解题思路：本大题延续了过往几年案例题的命题思路，即通过案例的形式既考查非法证据排除规则，也考查对于证据的审查和判断。稍有不同的是，在最后两个小题中，还考查了刑事诉讼法的价值以及非法证据排除规则的价值两个理论性考点，这也是近年来案例题的一种新变化，需要考生引起重视。

解题思路和既往一致，首先应对案例进行详细的分析，列出主要的证据，分析各证据对于案件事实的证明作用；其次在回答最后两个理论性题目时要注意，一定要结合本案来具体阐述，不要空泛地回答。

在本小题中，命题人考查了非法证据的分类以及不同的排除标准。考生解题时首先应把本案的证据逐一列出，然后分为言词证据和实物证据两类，最后根据不同的标准判断哪些属于应当排除的非法证据。需要特别注意的是，本案中被告人的供述分为两个部分：一是对于盗窃事实的供述；二是对于抢劫杀人事实的供述。两部分要区分对待，不可混为一谈。

答案解析：

（1）“审讯人员将李某提到公安局办案基地对其实施了捆绑、吊打、电击等行为，三天三夜不许吃饭，不许睡觉，只给少许水喝，并威胁不坦白交代抢劫杀人罪行、认罪态度不好，法院会判死刑。最终，李某按审讯人员的意思交代了抢劫杀人的事实。”这是侦查人员通过刑讯逼供等非法方法获取的李某的供述，依据《刑事诉讼法》第56条第1款的规定，采用刑讯逼供等非法方法收集的犯罪嫌疑人、被告人供述，应当予以排除。

（2）“侦查人员还对李某的住处进行了搜查，提取扣押了李某鞋子等物品，当场未出示搜查证。”侦查人员搜查扣押的李某的鞋子等物品，属于物证。依据《刑事诉讼法》第56条第1款的规定，收集物证、书证不符合法定程序，可能严重影响司法公正的，应当予以补正或者作出合理解释；不能补正或者作出合理解释的，属于非法证据，才应对该证据予以排除。

2. 本案负有排除非法证据义务的机关有哪些？

答案：东湖市公安局、东湖市检察院和东湖市中级人民法院。

难度：易

考点：非法证据排除的主体

命题和解题思路：本题考查非法证据排除的主体，难度较低。解题时须注意除了法院外，公安机关、人民检察院都负有排除非法证据的义务。

答案解析：

依据《刑事诉讼法》第56条第2款的规定，在侦查、审查起诉、审判时发现有应当排除的证据的，应当依法予以排除，不得作为起诉意见、起诉决定和判决的依据。由此可见，本案负有排除非法证据义务的机关包括东湖市公安局、东湖市检察院和东湖市中级人民法院。

3. 针对检察院的指控，东湖市中级人民法院应当如何判决本案？

答案：对于李某的盗窃罪，因有保安的指认，且有李某的供述，并经查证属实。因此，对李某的盗窃罪应作有罪判决。

对于李某的抢劫罪，虽然有供述，但属于非法证据应当排除。对于鞋子等物品，最多只能证明李某可能到过现场。因此现有证据尚未达到《刑事诉讼法》第55条第2款规定的给被告人定罪的“证据确实、充分”的三个要求：①定罪量刑的事实都有证据证明；②据以定案的证据均经法定程序查证属实；③综合全案证据，对所认定的案件事实已排除合理怀疑。因此，按照《刑事诉讼法》第200条的规定，对于抢劫杀人的指控，应当作出证据不足、指控的犯罪不能成立的无罪判决。

难度：难

考点：有罪的证明标准

命题和解题思路：本题的难点在于要注意仔细阅读案例，李某涉嫌的是两个罪名，一是盗窃，二是抢劫杀人。解题时首先要对此作出区分，然后再分别根据不同罪名的证据来判断是否达到证据确实、充分的证明标准。

答案解析：

参见前述答案。

4. 结合本案，简要说明刑事诉讼法对保障刑法实施的价值。

答案：刑事诉讼法在保障刑法实施方面的价值有：①通过明确对刑事案件行使侦查权、起诉权、审判权的专门机关，为调查和明确案件事实、适用刑事实体法提供了组织上的保障。②通过明确行使侦查权、起诉权、审判权主体的权力与职责及诉讼参与人的权利与义务，为调查和明确案件事实及适用刑事实体法的活动提供了基本架构；同时，由于有明确的活动方式和程序，也为刑事实体法适用的有序性提供了保障。③规定了收集证据的方法与运用证据的规则，既为获取证据、明确案件事实提供了手段，又为收集证据、运用证据提供了程序规范。④关于程序系统的设计，可以在相当程度上减少案件实体上的误差。⑤针对不同案件或不同情况设计不同的具有针对性的程序，使得案件处理简繁有别，保证处理案件的效率。

在本案中，刑事诉讼法通过规范证据的收集程序和运用规则，让行使侦查权、起诉权、审判权的专门机关排除刑讯逼供等非法方法收集的证据，准确、及时地查明犯罪事实，正确应用法律，惩罚犯罪分子，保障无罪的人不受刑事追究，避免冤假错案的发生。

同时，在本案中，通过行使侦查权、起诉权、审判权的专门机关相互之间的制约和监督机制，保证了刑法的正确实施，保证了惩罚犯罪和保障人权目标的实现，以有效的程序机制保障了刑法的实现。

难度：中

考点：刑事诉讼法对保障刑法实施的价值

命题和解题思路：此题目是理论性考点，刑事诉讼法对于保障刑法实施的价值属于常见考点，但考生通常在备考中不会较为详细地记忆，以往考查往往是通过选择题的方式来进行，因此提醒考生在备考时要注意对于理论性知识点有必要的分析和阐述能力。解题时注意结合本案的案情，不能仅是空泛地谈价值。

答案解析：

参见前述答案。

5. 结合本案，简述非法证据排除规则的完善过程，阐明非法证据排除规则的诉讼价值。

答案：

（1）非法证据排除规则，是指违反法定程序，以非法方法获取的证据，原则上不具有证明能力，不能为法庭所采纳。既包括非法言词证据的排除，也包括非法实物证据的排除。

在我国，为保证证据收集的合法性，《刑事诉讼法》及相关司法解释对于证据的收集、固定、保全、审查判断、查证核实等，都规定了严格的程序。

1996 年《刑事诉讼法》第 43 条规定，严禁刑讯逼供和以威胁、引诱、欺骗以及其他非法方法收集证据。1998 年最高人民法院《关于执行〈中华人民共和国刑事诉讼法〉若干问题的解释》第 61 条规定，严禁以非法的方法收集证据。凡经查证确实属于采用刑讯逼供或者威胁、引诱、欺骗等非法的方法取得的证人证言、被害人陈述、被告人供述，不能作为定案的根据。1999 年最高人民检察院《人民检察院刑事诉讼规则》第 265 条规定，以刑讯等非法手段收集的证人证言、被害人陈述、犯罪嫌疑人供述，不能作为指控犯罪的证据。

2010 年 6 月发布的《关于办理刑事案件排除非法证据若干问题的规定》和《关于办理死刑案件审查判断证据若干问题的规定》对我国的非法证据排除规则作了明确具体的规定。一方面，明确非法证据排除的范围。《关于办理刑事案件排除非法证据若干问题的规定》第 1 条规定：采用刑讯逼供等非法手段取得的犯罪嫌疑人、被告人供述和采用暴力、威胁等非法手段取得的证人证言、被害人陈述，属于非法言词证据。第 2

条规定，经依法确认的非法言词证据，应当予以排除，不能作为定案的根据。第 14 条规定，物证、书证的取得明显违反法律规定，可能影响公正审判的，应当予以补正或者做出合理解释，否则，该物证、书证不能作为定案的根据。另一方面，明确了非法取得的被告人审判前供述的排除程序。

2012 年修正后的《刑事诉讼法》吸收了《关于办理刑事案件排除非法证据若干问题的规定》的相关内容，在三个方面增加了非法证据排除规则的规定：第一，排除范围，即《刑事诉讼法》第 54 条的规定。第二，法庭调查，包括启动、证明、处理，即《刑事诉讼法》第 56—58 条的规定。第三，法律监督，即《刑事诉讼法》第 55 条的规定。2012 年修改后的最高人民法院《关于适用〈中华人民共和国刑事诉讼法〉的解释》和最高人民检察院《人民检察院刑事诉讼规则（试行)》设专节对非法证据排除制度的具体适用作出了进一步规定，明确了“非法证据”的认定标准、申请排除非法证据的程序、对取证合法性的审查、调查程序等。

在本案中，排除刑讯逼供等非法方法收集的证据，是对 2010 年《关于办理刑事案件排除非法证据若干问题的规定》以及 2012 年《刑事诉讼修正案》关于非法证据排除规则的有效贯彻和落实。

（2）非法证据排除规则的诉讼价值主要体现在以下三个方面：

第一，非法证据排除规则有利于保障犯罪嫌疑人、被告人的人权乃至每个公民的合法权益不受侵犯。非法证据排除规则对刑讯逼供等非法取证行为进行否定性评价，能够使非法取证一方承受不利的程序结果和实体结果，消除非法取证的心理动力，从而达到保障诉讼参与人各项权利、保障无辜的人不受追究的目的。在本案中，排除李某的供述等非法证据，有利于保障李某的人权，同时，警示司法人员在以后的执法中应充分保障诉讼参与人的合法权益。

第二，非法证据排除规则有利于保障程序公正，保障诉讼程序独立价值的实现。非法证据排除规则有助于督促公检法机关严格遵守刑事诉讼法的规定，通过程序性制裁来实现对程序公正的追求。在本案中，通过排除李某的供述等非法证据，彰显了程序的独立价值，维护了程序的公正性，是程序公正价值的重要体现。

第三，非法证据排除规则有利于规范司法行为，维护司法权威，彰显法治精神。司法行为是否合法、是否规范，是衡量司法文明程度和法治建设水平的重要标志，关系到司法权威的实现和确立。司法机关若非法取证、带头违法，就会严重损害司法机关形象，损害法律权威，对整个社会的法律信仰和法治精神也有着巨大的破坏。在本案中，排除李某的供述等非法证据，有利于抑制刑讯逼供等非法取证行为，督促司法机关及其工作人员树立惩罚与保护并重的司法理念，坚持规范理性文明执法，这对树立我国司法的权威具有重要意义。

难度：难

考点：非法证据排除规则的立法过程及价值

命题和解题思路：此题目与上一题相似，都属于对理论知识点的考查，需要考生对非法证据排除规则全面地掌握。解题时注意先要论述非法证据排除规则在立法上是如何逐步完善的，然后再结合本案的情况论述其价值。

答案解析：

参见前述答案。

2011 年

一、试题（本题 22 分）

案情：

2010 年 10 月 2 日午夜，A 市某区公安人员在辖区内巡逻时，发现路边停靠的一辆轿车内坐着三个年轻人（朱某、尤某、何某）形迹可疑，即上前盘查。经查，在该车后备厢中发现盗窃机动车工具，遂将三人带回区公安分局进一步审查。案件侦查终结后，区检察院向区法院提起公诉。

（证据）朱某——在侦查中供称，其作案方式是 3 人乘坐尤某的汽车在街上寻找作案目标，确定目标后由朱某、何某下车盗窃，得手后共同分赃。作案过程由尤某策划、指挥。在法庭调查中承认起诉书指控的犯罪事实，但声称在侦查中被刑讯受伤。

尤某——在侦查中与朱某供述基本相同，但不承认作案由自己策划、指挥。在法庭调查中翻供，不承认参与盗窃机动车的犯罪，声称对朱某盗窃机动车毫不知情，并声称在侦查中被刑讯受伤。

何某——始终否认参与犯罪。声称被抓获当天从 C 市老家来 A 市玩，与原先偶然认识的朱某、尤某一起吃完晚饭后坐在车里闲聊，才被公安机关抓获。声称以前从没有与 A 市的朱某、尤某共同盗窃，并声称在侦查中被刑讯受伤。

公安机关——在朱某、尤某供述的十几起案件中核实认定了 A 市发生的 3 起案件，并依循线索找到被害人，取得当初报案材料和被害人陈述。调取到某一案发地录像，显示朱某、尤某盗窃汽车经过。根据朱某、尤某在侦查阶段的供述，认定何某在 2010 年 3 月 19 日参与一起盗窃机动车案件。

何某辩护人——称在案卷材料中看到朱某、尤某、何某受伤后包有纱布的照片，并提供 4 份书面材料：①何某父亲的书面证言：2010 年 3 月 19 日前后，何某因打架被当地公安机关告知在家等候处理，不得外出。何某未离开 C 市；②2010 年 4 月 5 日，公安机关发出的行政处罚通知书；③C 市某机关工作人员赵某的书面证言：2010 年 3 月 19 日案发前后，经常与何某在一起打牌，何某随叫随到，其间未离开 C 市；④何某女友范某的书面证言：2010 年 3 月期间，何某一直在家，偶尔与朋友打牌，未离开 C 市。

（法庭审判）庭审中，3 名被告人均称受到侦查人员刑讯。辩护人提出，在案卷材料中看到朱某、尤某、何某受伤后包有纱布的照片，被告人供述系通过刑讯逼供取得，属于非法证据，应当予以排除，要求法庭调查。公诉人反驳，被告人受伤系因抓捕时 3

人有逃跑和反抗行为造成，与讯问无关，但未提供相关证据证明。法庭认为，辩护人意见没有足够根据，即开始对案件进行实体审理。

法庭调查中，根据朱某供述，认定尤某为策划、指挥者，系主犯。

审理中，何某辩护人向法庭提供了证明何某没有作案时间的4份书面材料。法庭认为，公诉方提供的有罪证据确实充分，辩护人提供的材料不足以充分证明何某在案发时没有来过A市，且材料不具有关联性，不予采纳。

最后，法院采纳在侦查中朱某、尤某的供述笔录、被害人陈述、报案材料、监控录像作为定案根据，认定尤某、朱某、何某构成盗窃罪（尤某为主犯），分别判处有期徒刑9年、5年和3年。

问题：

1. 法院对于辩护人提出排除非法证据的请求的处理是否正确？为什么？

2. 如法院对证据合法性有疑问，应当如何进行调查？

3. 法院对尤某的犯罪事实的认定是否已经达到事实清楚、证据确实充分？为什么？

4. 现有证据能否证明何某构成犯罪？为什么？

5. 如何判断证据是否具有关联性？法院认定何某辩护人提供的4份书面材料不具有关联性是否适当？为什么？

二、答案精讲

1. 法院对于辩护人提出排除非法证据的请求的处理是否正确？为什么？

答案：不正确。因为根据《关于办理刑事案件排除非法证据若干问题的规定》（2010年），法庭应当启动对证据是否为非法取得的调查程序。本案被告人均称供述系刑讯逼供所得，辩护人提出了排除非法证据的请求，并提供了相关线索和材料，法院在公诉人没有证据支持的情况下，不做调查即采纳公诉人的解释，是不正确的。

难度：易

考点：非法言词证据排除

命题和解题思路：本题是2010年“两高三部”《关于办理刑事案件排除非法证据若干问题的规定》出台后首次考查非法证据的排除，**可预计的是在未来几年的考试中，非法证据排除问题将成为考查的重点。**本题以案例的形式既考查了非法证据排除，又延续了前一年案例题的考点：根据题干所列证据判断是否可以认定犯罪及其理由。可以说是在前一年的基础上加入了非法证据排除这一考点。此种命题思路非常典型，需要考生特别关注。

解题时，除了需要关注前一年的分析中提到的注意事项外，还须高度重视对《关于办理刑事案件排除非法证据若干问题的规定》（2010）这一司法解释的理解和把握，特别是《刑事诉讼法》中未详细规定的部分，易成为考查的重点。

本小题考查的是对排除非法证据申请的审查问题，在《关于办理刑事案件排除非法证据若干问题的规定》(2010)中对此有专门规定，只要熟悉规定，此题相对比较容易解答。

答案解析：

根据《刑事诉讼法》第58条规定：法庭审理过程中，审判人员认为可能存在本法第56条规定的以非法方法收集证据情形的，应当对证据收集的合法性进行法庭调查。当事人及其辩护人、诉讼代理人有权申请人民法院对以非法方法收集的证据依法予以排除。申请排除以非法方法收集的证据的，应当提供相关线索或者材料。本案被告人均称供述系刑讯逼供所得，辩护人提出了排除非法证据的请求，并有一定证据支持，法院在公诉人没有证据支持的情况下，不做调查即采纳公诉人的解释，是不正确的。

2. 如法院对证据合法性有疑问，应当如何进行调查？

答案：根据《关于办理刑事案件排除非法证据若干问题的规定》，法院应进行如下调查：

(1) 应要求公诉人向法庭提供讯问笔录、原始的讯问过程录音录像或者其他证据，提请法庭通知讯问时其他在场人员或者其他证人出庭作证。

(2) 仍不能排除刑讯逼供嫌疑的，公诉人应提请法庭通知本案讯问人员出庭作证。

(3) 公诉人当庭不能举证的，可以建议延期审理。

(4) 控辩双方可以就被告人供述的合法性进行质证、辩论。

(5) 对被告人供述的合法性，如果公诉人不提供证据加以证明，或者已提供的证据不够确实、充分的，该供述不能作为定案根据。

难度：中

考点：法庭对证据的合法性审查

命题和解题思路：本题继续考查《关于办理刑事案件排除非法证据若干问题的规定》中关于证据合法性的调查方式及程序。**解题时既要回答公诉人对于证据合法性的证明方式，也要回答法庭的调查程序。**

答案解析：

《最高人民法院关于适用〈中华人民共和国刑事诉讼法〉的解释》第99条规定：开庭审理前，当事人及其辩护人、诉讼代理人申请排除非法证据，人民法院经审查，对证据收集的合法性有疑问的，应当依照《刑事诉讼法》第182条（现第187条）第2款的规定召开庭前会议，就非法证据排除等问题了解情况，听取意见。人民检察院可以通过出示有关证据材料等方式，对证据收集的合法性加以说明。《最高人民法院关于适用〈中华人民共和国刑事诉讼法〉的解释》第100条规定：法庭审理过程中，当事人及其辩护人、诉讼代理人申请排除非法证据的，法庭应当进行审查。经审查，对证据收集的合法性有疑问的，应当进行调查；没有疑问的，应当当庭说明情况和理由，继续法庭审理。当事人及其辩护人、诉讼代理人以相同理由再次申请排除非法证据的，法庭不再进行审查。对证据收集合法性的调查，根据具体情况，可以在当事人及其辩护人、诉讼代理人提出排除非法证据的申请后进行，也可以在法庭调查结束前一并进行。法庭审理过程中，当事人及其辩护人、诉讼代理人申请排除非法证据，人民法院经审查，不符合本解释第97条规定的，应当在法庭调查结束前一并进行审查，并决定是否进行证据收集合法性的调查。《最高人民法院关于适用〈中华人民共和国刑事诉讼法〉的解释》第101条规定：法庭决定对证据收集的合法性进行调查的，可以由公诉人通过出示、宣读讯问笔录或者其他证据，有针对性地播放讯问过程的录音录像，提请法庭通知有关侦查人员或者其他人员出庭说明情况等方式，证明证据收集的合法性。公诉人提交的取证过程合法的说明材料，应当经有关侦查人员签名，并加盖公章。未经有关侦查人员签名的，不得作为证据使用。上述说明材料不能单独作为证明取证过程合法的根据。《最高人民法院关于适用〈中华人民共和国刑事诉讼法〉的解释》第102条规定：经审理，确认或者不能排除存在刑事诉讼法第54条（现第56条）规定的以非法方法收集证据情形的，对有关证据应当排除。人民法院对证据收集的合法性进行调查后，应当将调查结论告知公诉人、当事人和辩护人、诉讼代理人。综上所述，法院对证据合法性有疑问，应当按照上述规定进行调查。

3. 法院对尤某的犯罪事实的认定是否已经达到事实清楚、证据确实充分？为什么？

答案：没有。因为根据《关于办理死刑案件审查判断证据若干问题的规定》，共同犯罪案件中，被告人的地位、作用必须均已查清，是证据确实、充分的基本要素。本案仅根据同案犯朱某供述即认定尤某为策划指挥者，无其他证据印证。

难度：难

考点：共同犯罪案件的证明标准

命题和解题思路：本题考查了结合案例所列证据对证明标准的理解。解题时首先要理解我国刑事诉讼的证明标准，其次，结合案例中所列涉及尤某的证据进行分析。

答案解析：

关于“证据确实、充分”的要求，《办理死刑案件证据规定》第5条第2款规定：证据确实、充分是指：①定罪量刑的事实都有证据证明；②每一个定案的证据均已经法定程序查证属实；③证据与证据之间、证据与案件事实之间不存在矛盾或者矛盾得以合理排除；④共同犯罪案件中，被告人的地位、作用均已查清；⑤根据证据认定案件事实的过程符合逻辑和经验规则，由证据得出的结论为唯一结论。

另外，依据《刑事诉讼法》第55条第2款规定：证据确实、充分，应当符合以下条件：①定罪量刑的事实都有证据证明；②据以定案的证据均经法定程序查证属实；③综合全案证据，对所认定事实已排除合理怀疑。

本案中，法院仅根据同案犯朱某的供述即认定尤某为策划指挥者，且无其他证据印证，不符合上述具体要求，因此，法院对尤某的犯罪事实的认定没有达到事实清楚、证据确实充分。

4. 现有证据能否证明何某构成犯罪？为什么？

答案：不能。因为根据《刑事诉讼法》和《关于办理死刑案件审查判断证据若干问题的规定》，认定有罪，必须证据确实充分。法庭认定何某犯罪的证据中，朱某、尤某在侦查中的供述笔录尚未排除刑讯逼供可能；被害人陈述笔录和车辆被盗时的报案材料只能证明车辆被盗，不能证明谁是盗车者；监控录像只证明朱某、尤某实施了其中一起犯罪；何某辩护人提供的犯罪时何某不在现场的4份证据，法庭没有查明其真伪。因此，现有证据没有排除何某没有犯罪的可能性，不能得出唯一的结论，认定何某犯罪的证据不确实充分。

难度：难

考点：认定有罪的证明标准

命题和解题思路：此题与上一题系同一思路，也是结合案例中的证据判断是否构成犯罪，即是否达到确实、充分的证明标准。**解题时注意除了判断之外，更重要的是运用案例中的证据说明理由。**

答案解析：

依据《刑事诉讼法》第55条的规定：对一切案件的判处都要重证据，重调查研究，不轻信口供。只有被告人供述，没有其他证据的，不能认定被告人有罪和处以刑罚；没有被告人供述，证据确实、充分的，可以认定被告人有罪和处以刑罚。据此，我国刑事诉讼中认定被告人有罪的诉讼证明标准是：犯罪事实清楚，证据确实充分。关于证据确实、充分的含义，见上题有关解析。本案法庭认定何某犯罪的证据中，朱某、尤某在侦查中的供述笔录尚未排除刑讯逼供的可能，被害人陈述笔录和车辆被盗时的报案材料只能证明车辆被盗，不能证明谁是盗车者；监控录像只证明朱某、尤某实施了其中一起犯罪；何某辩护人提供的犯罪时何某不在场的4份证据，法庭没有查明真伪。因此，何某是否存在犯罪行为的事实缺乏证据证明，现有的定案证据有些并未查证属实，现存的何某不在场的证据与“何某实施盗窃”的事实之间存在矛盾且得不到合理排除，根据现有证据，不能通过逻辑推理和经验判断得出“何某实施了盗窃行为”这一唯一的结论。综上所述，现有证据没有排除何某没有犯罪的可能性，不能得出唯一的结论，认定何某犯罪的证据不确实、不充分。

5. 如何判断证据是否具有关联性？法院认定何某辩护人提供的4份书面材料不具有关联性是否适当？为什么？

答案：

（1）判断证据是否具有关联性的依据主要是：第一，该证据是否用来证明本案的争点问题，与案件证明对象之间是否存在客观联系；第二，该证据是否能够起到证明的作用，即是否具有对案件事实的证明价值。

（2）不适当。因为这些材料与案件证明对象之间存在客观联系，指向何某是否有罪的争点问题；另外，这些材料具有证明案件事实的证明价值，能够实际起到使指控的犯罪事实更无可能的证明作用。

难度：难

考点：证据的关联性

命题和解题思路：此题首先考查了考生对证据相关性的理解，然后需要考生结合案例来具体分析。解题时首先应回答证据相关性的内涵，其次对4份书面材料起到何种证明作用进行分析。

答案解析：

本案中法院认定辩护人提供的上诉材料不具有关联性是不适当的。这些材料与证明对象之间存在客观联系，都证明了案发时何某不在犯罪现场，不可能实施盗窃行为，直接指向何某是否有罪的争点问题。这些材料具有证明案件事实的证明价值，它们通过证明案发时间何某不在犯罪现场，能够实际起到使何某被指控的盗窃行为不可能发生的证明作用，所以具有关联性。

2010 年

一、试题（本题 21 分）

扫一扫 看微课视频

案情：

张某——某国企副总经理

石某——某投资管理有限公司董事长

杨某——张某的朋友

姜某——石某公司出纳

石某请张某帮助融资，允诺事成后给张某好处，被张某拒绝。石某请出杨某帮忙说服张某，允诺事成后各给张某、杨某400万股的股份。后经杨某多次撮合，2006年3月6日，张某指令下属分公司将5000万元打入石某公司账户，用于股权收购项目。2006年5月10日，杨某因石某允诺的400万股未兑现，遂将石某诉至法院，并提交了张某出具的书面证明作为重要证据，证明石某曾有给杨某股份的允诺。石某因此对张某大为不满，即向某区检察院揭发了张某收受贿赂的行为。检察院立案侦查，查得证据及事实如下：

石某称：2006年3月14日，在张某办公室将15万元现金交给张某。同年4月17日，在杨某催促下，让姜某与杨某一起给张某送去40万元。因担心杨某私吞，特别告诉姜某一定与杨某同到张某处（石某讲述了张某办公室桌椅、沙发等摆放的具体位置）。

姜某称：取出40万元后与杨某约好见面时间和地点，但杨某称堵车迟到很久。自己因有重要事情需要处理，就将钱交杨某送与张某。杨某称：确曾介绍张某与石某认识，并积极撮合张某为石某融资。与姜某见面时因堵车迟到，姜某将钱交给他后匆匆离开。他随后在自己车上将钱交给张某，张某拿出10万元给他，说是辛苦费（案发后，杨某将10万元交检察院）。

张某称：帮助石某公司融资，是受杨某所托（检察院共对张某讯问六次，每次都否认收受过任何贿赂）。

据石某公司日记账、记账凭证、银行对账单等记载，2006年3月6日张某公司的下属分公司将5000万元打入石某公司账户。同年3月14日和4月17日，分别有15万元和40万元现金被提出。

问题：

依据有关法律、司法解释规定和刑事证明理论，运用本案现有证据，分析能否认定张某构成受贿罪，请说明理由。

答题要求：

1. 能够根据法律、司法解释相关规定及对刑事证明理论的理解，运用本案证据作出能否认定犯罪的判断，指出法院依法应当作出何种判决。

2. 观点明确，分析有据，逻辑清晰，文字通畅。

二、答案精讲

依据有关法律、司法解释规定和刑事证明理论，运用本案现有证据，分析能否认定张某构成受贿罪，请说明理由。

答案：

（1）不能认定张某收受贿赂。

（2）依据：根据《刑事诉讼法》第55条、《最高人民法院关于适用〈中华人民共和国刑事诉讼法〉的解释》第52条、第176条规定的证明标准，刑事诉讼证明理论关于“案件事实清楚，证据确实、充分”的阐述，具体是指：据以定罪的每个证据都已查证属实；证据与案件事实存在客观联系；犯罪事实各部分有相应证据证明；全案证据排除了其他可能性，得出的结论唯一。

（3）理由：从犯罪行为是否存在角度来看，在证明张某收受两笔款项问题上，均为“一对一”证据，既没有足够证据证明他没有收受贿赂，也没有足够证据证明他收受了贿赂。从本案涉案人员情况来看，石某、杨某均为本案利害关系人，有可能为了推脱罪责陷害张某。现有证据不足以排除这种可能性。

（4）处理：本案证据在证明张某收受这两笔钱这一关键问题上没有排除其他可能性，应当作出证据不足，指控的犯罪不能成立的无罪判决。

难度： 难

考点： 证据的审查；刑事诉讼的证明标准

命题及解题思路： 命题人以接近真实案例的形式综合查考了考生对于刑事证据的审查与证明标准的理解和把握。本题非常接近司法实践，考点不再拘泥于法条及司法解释，而是考查考生在掌握相关规定的基础上如何将其运用于司法实践。这一题型预示了将来案例分析题的发展趋势，极具代表性，考生须重点准备此类题型。

解题时首先须注意此类题型的答题结构，一般分为三个层次：一是判断，根据所给的证据能否认定有罪；二是依据及理由，这是答题的重点，即通过对证据的分析，说明理由；三是根据前述分析，回答法院应当作出何种判决。其次，在答题时还需注意，分析的基础是现有证据，不能超出给定的证据范围，假设存在某种情况，如无特别注明，不能假定某份证据不属实或者属于非法证据应该排除等。最后强调一点，题干中已说明结合相关证据理论而不是刑法理论来分析，所以分析的重点是证据，而不是从实体法或者刑法罪名的角度来分析。

答案解析：

首先，对于张某收受15万元现金的贿赂这一犯罪事实，现有证据包括：

（1）石某的证言称，2006年3月14日，石某在张某办公室将15万元现金交给张某。石某还讲述了张某办公室桌椅、沙发等摆放的具体位置。

（2）据石某公司日记账、记账凭证、银行对账单等记载，2006年3月6日张某公司的下属分公司将5000万元打入石某公司账户。2006年3月14日有15万元现金被提出。

（3）被告人张某否认自己收受贿赂。

从上述证据的客观真实性上分析，石某为办案利害关系人，有可能为了推脱罪责陷害张某，其证言的可信性值得质疑。

从上述证据的关联性上分析，石某的证言对于张某收受15万元现金的贿赂而言，系直接证据，而“石某公司日记账、记账凭证、银行对账单等记载”则属间接证据。

对于张某收受15万元现金的贿赂这一犯罪事实，上述证据为“一对一”证据，难以形成完整的证据链条，既没有足够的证据证明他没有收受贿赂，又没有足够的证据证明他收受了贿赂，因而对于张某收受15万元现金的贿赂这一犯罪事实，法院不能作出有罪认定，应当作出证据不足，指控的犯罪不能成立的无罪判决。

其次，对于张某收受40万元现金的贿赂这一犯罪事实，现有证据包括：

（1）石某的证言称，2006年4月17日，在杨某的催促下，让姜某与杨某一起给张某送去40万元。因担心杨某私吞，特别告诉姜某一定与杨某同到张某处。

（2）姜某的证言称，取出40万元后与杨某约好见面时间和地点，但杨某称堵车迟到很久。自己因有重要事情需要处理，就将钱交杨某送与张某。

（3）杨某的证言称，杨某与姜某见面时因堵车迟到，姜某将钱交给他后匆匆离开。他随后在自己车上将钱交给张某，张某10万元给他，说是辛苦费。

（4）据石某公司日记账、记账凭证、银行对账单等记载，2006年3月6日张某公司的下属分公司将5000万元打入石某公司账户。2006年4月17日有40万元现金被提出。

（5）被告人张某否认自己收受贿赂。

从上述证据的客观真实性上分析，石某、杨某为本案利害关系人，有可能为了推脱罪责陷害张某，他们的证言的可信性值得质疑。

从上诉证据的关联性上分析，杨某的证言对于张某收受40万元现金的贿赂而言，系直接证据；而石某、姜某的证言、公司日记账、记账凭证、银行对账单等记载则属于间接证据。

对于张某收受40万元现金的贿赂这一犯罪事实，尽管姜某与杨某的证言能够部分印证，但是，石某与姜某的证言无法完全印证，杨某向张某交钱的陈述没有其他证据相佐证，系“一对一”证据，难以形成完整的证据链条，既没有足够证据证明他没有收受贿赂，也没有足够证据证明他收受了贿赂。因而对于张某收受40万元现金的贿赂这一犯罪事实，法院不能作出有罪认定，应当作出证据不足，指控的犯罪不能成立的无罪判决。

综上所述，依据《刑事诉讼法》第55条第2款、《最高人民法院关于适用〈中华人民共和国刑事诉讼法〉的解释》第64条、第241条规定的证明标准，刑事诉讼证明理论关于“案件事实清楚，证据确实、充分”的阐述，具体是指：①定罪量刑的事实都有证据证明；②据以定案的证据均经法定程序查证属实；③综合全案，对所认定事实已排除合理怀疑。因此，法院不能认定张某收受贿赂，应当作出证据不足，指控的犯罪不能成立的无罪判决。

2009年

一、试题（本题21分）

案情：

杨某被单位辞退，对单位领导极度不满，心存报复。一天，杨某纠集董某、樊某携带匕首闯到厂长贾某办公室，将贾某当场杀死。中级人民法院一审以故意杀人罪判处杨某死刑，立即执行，判处董某死刑缓期二年执行，判处樊某有期徒刑十五年。

问题：

1. 如一审宣判后，被告人杨某、董某、樊某均未上诉，检察机关亦未抗诉，对被告人杨某、董某、樊某的一审判决，中级人民法院和高级人民法院分别应当如何处理？

2. 如一审宣判后，被告人杨某、董某均未上诉，检察机关亦未抗诉，樊某提出上诉，高级人民法院应按什么程序处理对杨某、董某的一审判决？理由是什么？

3. 如一审宣判后，被告人杨某、董某、樊某均未上诉，检察机关亦未抗诉，但贾某的妻子对附带民事判决不服提起上诉，高级人民法院应按什么程序处理对杨某、董某的一审判决？理由是什么？

4. 被告人杨某经最高人民法院核准死刑并下达执行死刑命令后，下级人民法院发现杨某可能另案犯有伤害罪，对杨某应当如何处理？

二、答案精讲

1. 如一审宣判后，被告人杨某、董某、樊某均未上诉，检察机关亦未抗诉，对被告人杨某、董某、樊某的一审判决，中级人民法院和高级人民法院分别应当如何处理？

答案：

（1）对杨某来说，中级人民法院在上诉、抗诉期满后3日内报请高级人民法院复核。高级人民法院同意判处死刑的，应当依法作出裁定后，报请最高人民法院核准；不同意判处死刑的，应当提审或发回重新审判。

（2）对董某来说，中级人民法院在上诉、抗诉期满后应当报请高级人民法院核准。高级人民法院同意判处死刑缓期2年执行的，应当裁定予以核准；认为原判事实不清、证据不足的，应当裁定发回原中级人民法院重新审判；认为原判量刑过重的应当依法改判。

（3）对樊某来说，中级人民法院在上诉、抗诉期满后应当交付执行。

难度：中

考点：死刑案件复核程序、执行程序

命题和解题思路：命题人通过案例的形式考查了死刑复核程序以及死刑的执行程序。案例本身并不复杂，考点主要是通过设置四个问题的形式加以体现，考查的重点主要还是集中在法条及司法解释上。解题时需注意对每个小题所设计情形的准确把握，只要对相关规定记忆准确，答题难度并不大。

第一题考查的重点是在一审判决后未上诉、未抗诉的情况下，死刑立即执行、死缓以及有期徒刑分别按何种程序处理的问题。

答案解析：

本题中，中级人民法院判处杨某死刑立即执行，在法定期间，由于杨某没有上诉，检察院没有抗诉，中级人民法院在上诉、抗诉期满后10日内报请高级人民法院复核。依据《最高人民法院关于适用〈中华人民共和国刑事诉讼法〉的解释》第344条规定，报请最高人民法院核准死刑案件，应当按照下列情形分别处理：①中级人民法院判处死刑的第一审案件，被告人未上诉、检察院未抗诉的，在上诉、抗诉期满后10日内报请高级人民法院复核；②高级人民法院同意判处死刑的，应当在作出裁定后10日内报请最高人民法院核准；不同意的，应当依照第二审程序提审或者发回重新审判。

本案中，中级人民法院判处董某死刑缓期两年执行，在法定期间，由于董某没有上诉、检察院没有抗诉，中级人民法院针对董某的情形，依据《最高人民法院关于适用〈中华人民共和国刑事诉讼法〉的解释》第349条规定，高级人民法院复核死刑缓期执行执行案件应当按照下列情形分别处理：①原判认定事实和适用法律正确、量刑适当、诉讼程序合法的，应当裁定核准；②原判认定的某一具体事实或者引用的法律条款等存在瑕疵，但判处被告人死刑缓期执行并无不当的，可以在纠正后作出核准的判决、裁定；③原判认定事实正确，但适用法律有错误，或者量刑过重的，应当改判；④原判事实不清、证据不足的，可以裁定不予核准，并撤销原判，发回重新审判，或者依法改判；⑤复核期间出现新的影响定罪量刑的事实、证据的，可以裁定不予核准，并撤销原判，发回重新审判，或者依照本解释第220条规定审理后依法改判；⑥原审违反法定诉讼程序，可能影响公正审判的，应当裁定不予核准，并撤销原判，发回重新审判。高级人民法院复核死刑缓期执行案件，不得加重被告人的刑罚。

本案中，中级人民法院判处樊某有期徒刑15年，在法定期间，樊某没有上诉，检察院没有抗诉，中级人民法院在上诉、抗诉期满后，将樊某交付执行。针对樊某的情形，已过法定期限没有上诉、抗诉的判决和裁定，属于发生法律效力的判决和裁定，应当交付执行。

2. 如一审宣判后，被告人杨某、董某均未上诉，检察机关亦未抗诉，樊某提出上诉，高级人民法院应按什么程序处理对杨某、董某的一审判决？理由是什么？

答案：高级人民法院应按二审程序对杨某、董某的一审判决进行审查。理由是：杨某和董某、樊某系共同犯罪，一审法院进行了全案审理一并判决，根据《刑事诉讼法》的规定，共同犯罪的案件只有部分被告人上诉的，二审法院应当对全案进行审查，一并处理。

难度：易

考点：二审程序

命题和解题思路：本题考查的是共同犯罪中部分被告人提起上诉时，二审程序中如何处理未上诉、未被抗诉的同案被告人问题。**解题的关键在于把握二审全面审查的原则。**

答案解析：

本案中，被告人杨某、董某与樊某是共同犯罪，杨某、董某对一审判决并未提起上诉，而樊某提起上诉，高级人民法院应按二审程序审理。其依据为《刑事诉讼法》第230条规定：第二审人民法院应当就第一审判决认定的事实和适用法律进行全面审查，不受上诉或者抗诉范围的限制。共同犯罪的案件只有部分被告人上诉的，应当对全案进行审查，一并处理。《最高人民法院关于适用〈中华人民共和国刑事诉讼法〉的解释》第331条规定：第二审人民法院审理上诉、抗诉案件，应当就第一审判决、裁定认定的事实和适用法律进行全面审查，不受上诉、抗诉范围的限制。

3. 如一审宣判后，被告人杨某、董某、樊某均未上诉，检察机关也未抗诉，但贾某的妻子对附带民事判决不服提起上诉，高级人民法院应按什么程序处理对杨某、董某的一审判决？理由是什么？

答案：高级人民法院应按死刑复核程序处理对杨某、董某的一审判决。理由是：对刑事附带民事案件，其刑事部分与民事部分可以独立提出上诉，按最高法院的解释，如果只对民事部分提出上诉，其效力不影响刑事部分的效力，高级人民法院对杨某、董某的死刑判决不适用二审程序，而应按死刑复核程序处理。

难度：中

考点：死刑复核程序；附带民事诉讼上诉

命题和解题思路：命题人在此题中加入了附带民事诉讼，这与前一年卷四案例的考点是一致的。**解题时须注意，杨某、董某因分别被判处死刑立即执行和死刑缓期执行，因未上诉和未被抗诉，因此随后应按照死刑复核程序分别复核。**

答案解析：

依据《最高人民法院关于适用〈中华人民共和国刑事诉讼法〉的解释》第331条规定，第二审人民法院审理对附带民事部分提出上诉，刑事部分已经发生法律效力的案件，发现第一审判决、裁定中的刑事部分确有错误的，应当按照审判监督程序对刑事部分进行再审，并将附带民事部分与刑事部分一并审理。

本题中贾某的妻子对附带民事诉讼判决提出诉讼，其并不影响刑事部分已经发生法律效力，因此高级人民法院应按死刑复核程序进行。

4. 被告人杨某经最高人民法院核准死刑并下达执行死刑命令后，下级人民法院发现杨某可能另案犯有伤害罪，对杨某应当如何处理？

答案：下级人民法院应当停止执行，并且立即层报最高人民法院，由最高人民法院作出裁定。

难度：易

考点：停止执行死刑

命题和解题思路：此题考查的是在核准死刑后，执行过程中发现有漏罪时如何处理。**解题时，一方面要注意执行法院应当停止执行死刑，另一方面还要注意报请程序。**

答案解析：

本案中，被告人杨某经最高人民法院核准死刑下达执行死刑命令，下级法院发现杨某可能另案犯有伤害罪，下级法院应当停止执行死刑。《刑事诉讼法》第262条规定：下级人民法院接到最高人民法院执行死刑的命令后，应当在7日以内交付执行。但是发现有下列情形之一的，应当停止执行，并且立即报告最高人民法院，由最高人民法院作出裁定：（一）在执行前发现判决可能有错误的……《最高人民法院关于适用〈中华人民共和国刑事诉讼法〉的解释》第418条规定：第一审人民法院在接到执行死刑命令后、执行前，发现有下列情形之一的，应当暂停执行，并立即将请求停止执行死刑的报告和相关材料层报最高人民法院：①罪犯可能有其他犯罪的；②共同犯罪的其他犯罪嫌疑人到案，可能影响罪犯量刑的；③共同犯罪的其他罪犯被暂停或者停止执行死刑，可能影响罪犯量刑的；④罪犯揭发重大犯罪事实或者有其他重大立功表现，可能需要改判的；⑤罪犯怀孕的；⑥判决、裁定可能有影响定罪量刑的其他错误的。最高人民法院经审查，认为可能影响罪犯定罪量刑的，应当裁定停止执行死刑；认为不影响的，应当决定继续执行死刑。

2008年

一、试题（本题20分）

案情：

张某与王某因口角发生扭打，张某将王某打成重伤。检察院以故意伤害罪向法院提起公诉，被害人王某同时向法院提起附带民事诉讼。

问题：

1. 如果一审宣判后，张某对刑事部分不服提出上诉，王某对民事部分不服提出上诉，第二审法院在审理中发现本案的刑事部分和附带民事部分认定事实都没有错误，但适用法律有错误，应当如何处理？

2. 如果一审宣判后，检察院对本案刑事部分提起了抗诉，本案的附带民事部分没有上诉。第二审法院在审理中发现本案民事部分有错误，二审法院对民事部分应如何处理？

3. 如果一审宣判后，本案的刑事部分既没有上诉也没有抗诉，王某对本案附带民事部分提起了上诉，在刑事部分已经发生法律效力的情况下，二审法院在审理中发现本案的刑事部分有错误，二审法院应如何处理？

4. 如果一审宣判后，王某对附带民事部分判决上诉中增加了独立的诉讼请求，张某在二审中也对民事部分提出了反诉，二审法院应当如何处理？

5. 如果在一审程序中，法院审查王某提起的附带民事诉讼请求后，认为不符合提起附带民事诉讼的条件，法院应当如何处理？

6. 如果法院受理了附带民事诉讼，根据我国《刑事诉讼法》及司法解释相关规定，对一审过程中附带民事诉讼的调解，法院应当如何处理？

二、答案精讲

1. 如果一审宣判后，张某对刑事部分不服提出上诉，王某对民事部分不服提出上诉，第二审法院在审理中发现本案的刑事部分和附带民事部分认定事实都没有错误，但适用法律有错误，应当如何处理？

答案：第二审人民法院应当在二审判决中一并改判。

难度：易

考点：二审法院对刑事附带民事案件中刑事；民事部分均有错误的处理

命题和解题思路：命题人在题干中设计了一种常见的刑事附带民事诉讼案件——故意伤害（公诉）附带民事诉讼。随后通过六个问题分别考查了在一审和二审程序中涉及的相关问题。因此，在解题时，**首先应注意六个小题分别设计的情形，然后再根据相应的情形回答提问**。本题目考查了对于一审事实认定无误，但适用法律有错时，二审法院如何处理的问题，题目相对比较简单，属于对法条的直接考查。

答案解析：

根据《刑事诉讼法》第230条的规定，第二审人民法院应当就一审判决认定的事实和适用法律进行全面审查，不受上诉或者抗诉范围的限制。根据第236条第2款的规定，第二审人民法院对不服第一审判决的上诉、抗诉案件，经过审理后，应当按照下列情形分别处理："……（二）原判决认定事实没有错误，但适用法律有错误，或者量刑不当的，应当改判……"

第二审人民法院审理刑事附带民事上诉、抗诉案件，如果发现刑事和附带民事部分均有错误需依法改判的，应当一并改判。本案中，张某和王某分别对刑事部分和民事部分上诉，根据前述规定，第二审法院应当对一审判决的刑事部分和附带民事部分一并直接改判。

2. 如果一审宣判后，检察院对本案刑事部分提起了抗诉，本案的附带民事部分没有上诉。第二审法院在审理中发现本案民事部分有错误，二审法院对民事部分应如何处理？

答案： 第二审人民法院应当对民事部分按审判监督程序予以纠正。

难度： 易

考点： 第二审法院审理对刑事部分提出抗诉，附带民事部分已经发生法律效力的案件的处理

命题和解题思路： 本题目也是属于对法条的直接考查，即在只对刑事部分提起抗诉的情况下，对于未上诉的附带民事部分该如何处理。解题时首先考虑二审全面审查的原则；其次针对未上诉的附带民事部分在二审期间已经发生法律效力的情况下，如果有错，应启动审判监督程序加以纠正。

答案解析：

首先根据二审全面审查的原则，即便是未上诉的附带民事部分，二审也应一并审理。其次，根据《最高人民法院关于适用〈中华人民共和国刑事诉讼法〉的解释》第330条的规定：第二审人民法院对刑事部分提出上诉、抗诉，附带民事部分已经发生法律效力的案件，发现第一审判决、裁定中附带民事部分确有错误的，应当依照审判监督程序对附带民事部分予以纠正。故在本案中，二审法院应当对民事部分按照审判监督程序予以纠正。

3. 如果一审宣判后，本案的刑事部分既没有上诉也没有抗诉，王某对本案附带民事部分提起了上诉，在刑事部分已经发生法律效力的情况下，二审法院在审理中发现本案的刑事部分有错误，二审法院应如何处理？

答案： 第二审人民法院应当对刑事部分按照审判监督程序进行再审，并将附带民事诉讼部分与刑事部分一并审理。

难度： 易

考点： 第二审法院审理只对附带民事部分提出上诉的案件的处理

命题和解题思路： 本题目属于对前一问题的延续考查，即只针对附带民事部分提起上诉，未对刑事部分提起上诉或抗诉时，二审法院如何处理。解题时注意和上一题的区别。

答案解析：

根据《最高人民法院关于适用〈中华人民共和国刑事诉讼法〉的解释》第331条的规定：第二审人民法院审理对附带民事部分提出上诉，刑事部分已经发生法律效力的案件，发现第一审判决、裁定中的刑事部分确有错误的，应当按照审判决监督程序对刑事部分进行再审，并将附带民事部分与刑事部分一并处理。本案中，二审法院应当对刑事部分按照审判监督程序进行再审，并将附带民事诉讼部分与刑事部分一并审理。

4. 如果一审宣判后，王某对附带民事部分判决上诉中增加了独立的诉讼请求，张某在二审中也对民事部分提出了反诉，二审法院应当如何处理？

答案： 第二审人民法院可以根据当事人自愿的原则就新增加的诉讼请求或者反诉

进行调解，调解不成的，告知当事人另行起诉。

难度：易

考点：第二审案件附带民事部分审理中，对增加独立诉讼请求或者提出反诉情形的处理

命题和解题思路：本题考查了在二审中增加独立的诉讼请求和反诉的处理，也是属于对法条的直接考查。解题时需注意一点，**对民事部分提起反诉，可以先调解。如果是在其他题目中针对刑事自诉案件提起反诉，则没有先调解的规定。**

答案解析：

《最高人民法院关于适用〈中华人民共和国刑事诉讼法〉的解释》第332条规定：第二审期间，第一审附带民事诉讼原告人增加独立的诉讼请求或者第一审附带民事诉讼被告人提出反诉的，第二审人民法院可以根据自愿、合法的原则进行调解；调解不成的，告知当事人另行起诉。

5. 如果在一审程序中，法院审查王某提起的附带民事诉讼请求后，认为不符合提起附带民事诉讼的条件，法院应当如何处理？

答案：人民法院经审查认为不符合提起附带民事诉讼条件规定的，应当裁定驳回起诉。

难度：易

考点：人民法院对认为不符合提出附带民事诉讼条件规定的案件的处理

命题和解题思路：本题相对简单，直接考查不受理附带民事诉讼时法院该如何处理。**注意裁定和判决的区别。**

答案解析：

《最高人民法院关于适用〈中华人民共和国刑事诉讼法〉的解释》第149条规定：被害人或者其法定代理人、近亲属提出附带民事诉讼的，人民法院应当在7日内决定是否立案。符合《刑事诉讼法》第101条以及本解释有关规定的，应当受理；不符合的，裁定不予受理。因此，如果一审时王某不符合提起附带民事诉讼条件，法院应裁定不予受理。

6. 如果法院受理了附带民事诉讼，根据我国《刑事诉讼法》及司法解释相关规定，对一审过程中附带民事诉讼的调解，法院应当如何处理？

答案：①调解应当在自愿合法的基础上进行，经调解达成协议的，审判人员应当及时制作调解书，调解书经双方当事人签收后即发生法律效力。②调解达成协议并当庭执行完毕的，可以不制作调解书，但应记入笔录，经双方当事人、审判人员、书记员签名或盖章即发生法律效力。③经调解无法达成协议或者调解书签收前当事人反悔的，附带民事诉讼应当同刑事诉讼一并判决。

难度：中

考点：对一审附带民事诉讼的调解

命题和解题思路：本题重在考查一审程序中对于附带民事部分进行调解时的相关程序。解题时需注意对于法条及司法解释规定的详细和完整记忆。

答案解析：

《刑事诉讼法》第 103 条规定：人民法院审理附带民事诉讼案件，可以进行调解，或者根据物质损失情况作出判决、裁定。《最高人民法院关于适用〈中华人民共和国刑事诉讼法〉的解释》第 153 条规定：人民法院审理附带民事诉讼案件，可以根据自愿、合法的原则进行调解。经调解达成协议的，应当制作调解书。调解书经双方当事人签收后，即具有法律效力。调解达成协议并及时履行完毕的，可以不制作调解书，但应当制作笔录，经双方当事人、审判人员、书记员签名或者盖章后即发生法律效力。《最高人民法院关于适用〈中华人民共和国刑事诉讼法〉的解释》第 154 条规定：调解未达成协议或者调解书签收前当事人反悔的，附带民事诉讼应当同刑事诉讼一并判决。

民法

张作华 讲解

张作华

前命题人，前阅卷专家。中南财经政法大学法学院副教授。熟谙考试命题与应试套路，授课内容逻辑严谨，体系完整。讲解直击疑点，深入浅出，信息充分。

2017年

一、试题（本题22分）

案情：

2016年1月10日，自然人甲为创业需要，与自然人乙订立借款合同，约定甲向乙借款100万元，借款期限1年，借款当日交付。2016年1月12日，双方就甲自有的M商品房又订立了一份商品房买卖合同，其中约定：如甲按期偿还对乙的100万元借款，则本合同不履行；如甲到期未能偿还对乙的借款，则该借款变成购房款，甲应向乙转移该房屋所有权；合同订立后，该房屋仍由甲占有使用。

2016年1月15日，甲用该笔借款设立了S个人独资企业。为扩大经营规模，S企业向丙借款200万元，借款期限1年，丁为此提供保证担保，未约定保证方式；戊以一辆高级轿车为质押并交付，但后经戊要求，丙让戊取回使用，戊又私自将该车以市价卖给不知情的己，并办理了过户登记。

2016年2月10日，甲因资金需求，瞒着乙将M房屋出卖给了庚，并告知庚其已与乙订立房屋买卖合同一事。2016年3月10日，庚支付了全部房款并办理完变更登记，但因庚自3月12日出国访学，为期4个月，双方约定庚回国后交付房屋。

2016年3月15日，甲未经庚同意将M房屋出租给知悉其卖房给庚一事的辛，租期2个月，月租金5000元。2016年5月16日，甲从辛处收回房屋的当日，因雷电引发火灾，房屋严重毁损。根据甲卖房前与某保险公司订立的保险合同（甲为被保险人），某保险公司应支付房屋火灾保险金5万元。2016年7月13日，庚回国，甲将房屋交付给了庚。

2017年1月16日，甲未能按期偿还对乙的100万元借款，S企业也未能按期偿还对丙的200万元借款，现乙和丙均向甲催要。

问题：

1. 就甲对乙的100万元借款，如乙未起诉甲履行借款合同，而是起诉甲履行买卖合同，应如何处理？请给出理由。
2. 就S企业对丙的200万元借款，甲、丁、戊各应承担何种责任？为什么？
3. 甲、庚的房屋买卖合同是否有效？庚是否已取得房屋所有权？为什么？
4. 谁有权收取M房屋2个月的租金？为什么？
5. 谁应承担M房屋火灾损失？为什么？
6. 谁有权享有M房屋火灾损失的保险金请求权？为什么？

二、答案精讲

1. 就甲对乙的100万元借款，如乙未起诉甲履行借款合同，而是起诉甲履行买卖合同，应如何处理？请给出理由。

答案：

答案一：本案应按照民间借贷法律关系作出认定和处理。理由是：根据《最高人民法院关于审理民间借贷案件适用法律若干问题的规定》第24条第1款，当事人以签订买卖合同作为民间借贷合同的担保，借款到期后借款人不能还款，出借人请求履行买卖合同的，人民法院应当按照民间借贷法律关系审理，并向当事人释明变更诉讼请求；当事人拒绝变更的，人民法院裁定驳回起诉。《最高人民法院关于审理民间借贷案件适用法律若干问题的规定》第24条第2款规定，根据按照民间借贷法律关系审理作出的判决生效后，借款人不履行生效判决确定的金钱债务，出借人可以申请**拍卖买卖合同标的物，以偿还债务**；就拍卖所得的价款与应偿还借款本息之间的差额，借款人或者出借人有权主张返还或补偿。

答案二：应当按照抵押合同处理。根据《民法总则》第146条第1款"行为人与相对人以虚假的意思表示实施的民事法律行为无效"，认定买卖合同无效；进而，又根据《民法总则》第146条第2款"以虚假的意思表示隐藏的民事法律行为的效力，按照有关法律规定处理"，认定隐藏的行为为**抵押合同**，应当按照抵押合同处理。

难度：难

考点：民间借贷与**买卖型担保（以物抵债协议）**

命题和解题思路：民间借贷中，出借人为了保障自己的利益，往往又与借款人签订一个买卖合同，约定将借款人的某项财产附条件地转让给出借人，以抵偿借贷钱款。该买卖合同的性质如何界定，以及出现借款不能清偿时如何处理纠纷，提供救济？理论与实务多有争议。本着合同自由的原则，既不能武断否认该类合同的效力，也不能因为法无明文而放任不理。对此，最高人民法院专门颁布司法解释解决此类问题，该解释背后的法理基础到底如何，成为本年度命题人考查的切入点，而且有意识地让考生开启主观思维，允许自圆其说地开放性作答。命题选材以及考查意图，均值得点赞！

考生如果知道命题意图而且恰好知道2015年《最高人民法院关于审理民间借贷案件适用法律若干问题的规定》第24条的规定，回答当然快捷准确。解题思路还可以从合同自由、合同效力机制、履行不能规定等一般性地给出答案；也可以通过《民法总则》有关法律行为的效力新规，给出合理的解题方案；还有一种思路就是从抵押担保的角度寻找解决路径。官方答案只给出了两个解决路径，似有欠缺。

答案解析：

答案解析（一）：

《最高人民法院关于审理民间借贷案件适用法律若干问题的规定》第24条明确规定，涉案合同关系应该按照民间借贷法律关系处理。按照民间借贷法律关系审理作出的判决生效后，借款人甲不履行生效判决确定的还款义务的，出借人乙可以申请拍卖M商品房，就拍卖款优先受偿。该解释第24条规定的解决路径，实际上认为甲、乙之间的房屋买卖合同实质上是为他们之间的民间借贷提供担保。由于担保关系的从属性和补充性，应该先处理主债关系（借款关系），然后处理从债关系（买卖型担保或以物抵债关系）。该解释实际上否认了甲、乙之间的买卖合同关系，因而并没有判令甲履行买卖合同的交付并转移房屋所有权的义务。依第24条提出处理方案存在一些瑕疵，即在房屋抵押权未经登记而有效设立的情形下，通过拍卖涉案标的物，强令实现债权人乙的抵押权，在法理上欠缺说服力，而且有违反民事诉讼法上的“不告不理”原则之嫌。

答案解析（二）：

《民法总则》颁布之后提供了一条解决甲、乙之间诉讼纠纷的路径，即认为甲乙双方实施了“以虚假的意思表示隐藏民事法律行为”，即表面虚假的房屋买卖合同掩盖了双方真实的“抵押合同”，从而认定：买卖合同无效，而抵押合同有效！进而按照抵押合同关系处理本案。考生通过这一思路解决问题，当然值得鼓励和肯定，也达到了命题人的考查目的。但该答案的解决方案并没有把问题解决完，即如何处理一个“有效”的抵押合同。如果进一步回答：判令双方履行M房屋抵押权的登记义务；或者判令甲在M房屋的价值范围内履行还款义务。这才是圆满解决问题的答案。

2. 就S企业对丙的200万元借款，甲、丁、戊各应承担何种责任？为什么？

答案：根据《个人独资企业法》第31条的规定，“个人独资企业财产不足以清偿债务的，投资人应当以其个人的其他财产予以清偿”。甲仅于S企业财产不足以清偿债务时以个人其他财产予以清偿。丁应承担连带保证责任。根据《担保法》第19条的规定，未约定保证责任形式的按照连带责任保证承担责任。戊不承担责任，其质权因丧失占有而消灭。

难度：中

考点：个人独资企业的投资人责任承担、混合担保、质权的消灭

命题和解题思路：本题命题人将《个人独资企业法》的责任机制与混合担保责任机制结合起来设问，具有较大的综合性，好在考查深度较浅，难度不是很大。解题时领会《个人独资企业法》对投资人责任承担形态的规定，并对混合担保这一常考重点予以掌握，就可以准确作答。

答案解析：

S企业对丙成立200万元借款债务，首先应由S企业承担清偿责任，由于S企业属于个人独资企业，其**投资人应以个人财产对企业的对外债务承担无限责任**（《个人独资企业法》第31条），甲为S企业的投资人，其应于S企业的财产不足以清偿该200万元债务时承担补充清偿责任。

该200万元债务成立时，丁为此提供保证担保，由于为约定保证方式，其应与主债务人S企业（或甲）共同承担连带保证责任（《担保法》第19条）。

戊虽以轿车为债权人丙设立质押，以担保丙的债权实现，但由于丙让戊取回轿车，**丙的质权因丧失占有而消灭**，故戊对该笔借款无须承担清偿责任（《最高人民法院关于

适用〈中华人民共和国担保法〉若干问题的解释》第87条规定，出质人代质权人占有质物的，质押合同不生效；质权人将质物返还于出质人后，以其质权对抗第三人的，人民法院不予支持)。

> **难点解析**：解析思路应该是：丧失质物占有的，质押合同不生效；质押物权也不成立，即在质押担保中，"占有"不仅决定物权生效，而且决定债权合同的效力。(《担保法》第64条规定，质押合同自质物移交于质权人占有时生效；《最高人民法院关于适用〈中华人民共和国担保法〉若干问题的解释》第87条规定，出质人代质权人占有质物的，质押合同不生效)。所以，本题中，戊既不承担合同的履行责任，也不承担质权的担保责任。这一点不同于抵押担保：担保人即使不承担物权担保责任，还有可能基于有效的抵押合同承担合同法上的责任，即在抵押物的价值范围内承担主债务的清偿责任。

3. 甲、庚的房屋买卖合同是否有效？庚是否已取得房屋所有权？为什么？

答案：合同有效，庚知情并不影响合同效力。庚已取得所有权，甲系有权处分，庚因登记取得所有权。

难度：中

考点：区分原则；不动产所有权变动要件

命题和解题思路：本题间接考查了区分原则和善意取得制度。重点是追问：买受人取得房屋所有权的根据是什么？是通过有权处分而取得还是通过善意取得制度而取得？命题人将善意取得制度作为干扰点使用，对善意取得的前提条件（无权处分）进行考查。**解答本题的关键在于准确地判断出甲系有权处分**。

答案解析：

关于甲与庚的买卖合同效力问题：由于区分原则的确认，债权合同的效力不受处分权欠缺的影响，仅需通过合同行为的效力评价机制来检讨。本案中，对甲庚的买卖合同，不存在任何《合同法》或《民法总则》规定的瑕疵情形，是有效合同。

关于庚是否能够取得房屋所有权，取决于是否满足不动产物权变动要件：处分权、有效合同、变更登记三要件；如果欠缺处分权，取决于是否符合"善意取得"六要件。甲与庚签订房屋买卖合同时，甲仍为房屋所有权人，故甲在与庚签订合同时为有权处分，此时，庚是否知道甲、乙之间的买卖合同并不影响甲、庚之间的买卖合同的效力。此题比较简单，考生只要不被题干中涉及的众多当事人之间的一系列法律关系所迷惑，紧扣"甲系有权处分"这一点，就能准确地做出回答。

4. 谁有权收取M房屋2个月的租金？为什么？

答案：甲有权收取。甲为有权占有，租赁合同有效，甲可收取房屋法定孳息。

难度：中

考点：孳息的收取与孳息所有权归属；不当得利

命题和解题思路：既然M房屋的所有权属于庚，甲未经庚同意将M房屋出租给知情人辛，属于擅自出租他人之物。命题人的考查意图在于擅自出租他人之物者是否有权收取租金，并通过"无权处分"制度和孳息归属制度对考生进行干扰。解题时首先要弄清楚本题追问的是"收取权"而非"所有权归属"，然后再搜寻"孳息收取权"的相关法律依据或理论依据，方可对症下药，正确作答。

答案解析：

甲虽然擅自出租庚的房屋，且承租人辛知情，但甲辛的租赁合同不因此存在效力瑕疵，为有效合同。依照租赁合同的内容，出租人有权受领租金。而且，《物权法》第116条第2款也规定，对于法定孳息，当事人有约定的，按照约定取得。甲辛在租赁合同中显然约定了租金归出租人甲取得。故出租人甲有权收取合同约定的2个月租金。

难点解析：但需注意：①甲擅自出租他人之物，并非合法用益物权人，且租金属于法定孳息，因此甲的收取权依据不应是《物权法》第116条的规定："天然孳息，由所有权人取得；既有所有权人又有用益物权人的，由用益物权人取得。"同时，由于甲不是所有权人，甲辛的合同也不是买卖合同，故也不应该依据《合同法》第163条的规定"标的物在交付之前产生的孳息，归出卖人所有，交付之后产生的孳息，归买受人所有"来解释甲拥有收取权的原因（官方解析依据《合同法》第163条的买卖合同标的物孳息规定和《物权法》第116条孳息的取得规定来解释，显然在围绕"所有权归属"做文章，有失偏颇！须知，买卖合同与租赁合同存在实质区别）。②甲虽然有权取得租金，但因擅自出租，对房屋所有者庚而言，成立不当得利。

5. 谁应承担M房屋火灾损失？为什么？

答案：应由甲承担。根据《合同法》第142条的规定，除非当事人另有约定，标的物风险自交付时起转移。

难度：中

考点：买卖合同的风险分担中的"交付主义"

命题和解题思路：命题人的考查意图明确，就是买卖合同标的物的风险负担规则。解题时围绕所有权的移转与标的物毁损灭失的风险承担之间的关系，正确理解和应用"交付主义"，即可正确作答。

答案解析：

《合同法》第142条规定："标的物毁损、灭失的风险，在标的物交付之前由出卖人承担，交付之后由买受人承担，但法律另有规定或者当事人另有约定的除外。"根据题干中给出的信息，甲虽然将房屋出卖给庚，且已经办理了房屋所有权的变更登记，因而该房屋的所有权人变更为庚，但是，买卖合同的风险分担规则以交付为要件，所以该房屋灭失的风险应当由甲承担。

需注意的是：假如房屋仍在租赁期间内，甲未从承租人辛处收回房屋，而出现了意外毁损风险，仍然由甲承担，而不应该由承租人辛承担，因为租赁合同并不适用

"交付主义"，而是"所有权主义"。

难点解析：买卖合同的风险分担规则比较复杂，但以"交付主义"为原则，辅之"过错主义"，可以体系地把握整套规则。**特别注意：只有买卖合同或类似标的物有偿转让合同中才适用这一套规则。**

适用原则	原则含义	具体适用
交付主义	标的物毁损、灭失的风险，在标的物交付之前由出卖人承担，交付之后由买受人承担	货交第一承运人：风险由买受人承担
		在指定地点货交第一承运人：风险由买受人承担
		出卖人依法提存：风险由债权人承担
		在途货物买卖：风险自合同成立时起由买受人承担
		不动产买卖：虽办理过户登记但未交付，出卖人承担
		所有权保留买卖：因交付由买受人承担
		试用买卖：买受人认可或视为认可前，出卖人承担
过错主义	风险发生前，因交付过错而未完成交付，过错方承担风险	买受人导致迟延交付：买受人自违反约定之日起承担风险
		买受人迟延收取：买受人自违反约定之日起承担风险
		买受人合理拒绝受领：买受人依法拒绝接受标的物或者解除合同的，风险由出卖人承担

6. 谁有权享有M房屋火灾损失的保险金请求权？为什么？

答案：庚享有请求权。根据《保险法》第49条第1款的规定，保险标的转让的，保险标的的受让人承继被保险人的权利和义务。

难度：难

考点：财产保险的保险利益的附随性

命题和解题思路：

保险合同是投保人与保险人约定保险权利义务关系的协议。保险合同是一种特殊合同类型，涉及投保人、保险人、被保险人、受益人等复杂法律关系主体，兼具私法与公法属性，由特别法加以调整。命题人在本题中试图考查考生对法律部门的交叉知识、基本理论与特殊规则的融合掌握能力，具有一定跨度和难度。不过，考生只要初步掌握《保险法》中有关保险合同的规则，尤其是保险利益的附随性规则的理解，就不难正确作答。

答案解析：

依据《保险法》第10条规定，财产保险是以财产及其有关利益为保险标的的保险。被保险人是指其财产或者人身受保险合同保障，享有保险金请求权的人。投保人可以为被保险人。被保险人在保险事故发生时，对保险标的应当具有保险利益。

财产保险的保险利益与保险标的具有附随性，即保险标的的转移，基于保险标的的的权利义务也随之转移（《保险法》第49条规定，保险标的转让的，保险标的的受让人承继被保险人的权利和义务），而且只有具有保险利益的被保险人才能向保险人主张保险金赔偿（《保险法》第48条）。

本案中，甲卖房前与某保险公司订立了保险合同（甲为被保险人），但随后甲将M房屋转让给庚，并办理了变更登记，完成了保险合同中保险标的的所有权转让，庚依法取得了房屋火灾保险合同中被保险人地位，对保险标的（M房屋）具有保险利益，依法在火灾事故发生时，享有相关保险金的请求权，有权向某保险公司主张5万元的保险金，而甲因丧失被保险人地位而不享有该项请求权。

需注意的是：M房屋的抵押权人虽依法享有保险标的物价值的代位求偿权，但依据债的相对性，只能针对抵押人主张，而不能依据保险合同向保险人主张。当然，即使乙对M房屋享有担保利益，但由于抵押权未经登记，不能主张抵押权，也不能享有房屋火灾保险金的代位权。

2016年

一、试题（本题22分）

案情：

自然人甲与乙订立借款合同，其中约定甲将自己的一辆汽车作为担保物让与给乙。借款合同订立后，甲向乙交付了汽车并办理了车辆的登记过户手续。乙向甲提供了约定的50万元借款。

一个月后，乙与丙公司签订买卖合同，将该汽车卖给对前述事实不知情的丙公司并实际交付给了丙公司，但未办理登记过户手续，丙公司仅支付了一半购车款。某天，丙公司将该汽车停放在停车场时，该车被丁盗走。丁很快就将汽车出租给不知该车来历的自然人戊，戊在使用过程中因汽车故障送到己公司修理。己公司以戊上次来修另一辆汽车时未付修理费为由扣留该汽车。汽车扣留期间，己公司的修理人员庚偷开上路，违章驾驶撞伤行人辛，辛为此花去医药费2000元。现丙公司不能清偿到期债务，法院已受理其破产申请。

问题：

1. 甲与乙关于将汽车让与给债权人乙作为债务履行担保的约定效力如何？为什么？乙对汽车享有什么权利？

2. 甲主张乙将汽车出卖给丙公司的合同无效，该主张是否成立？为什么？

3. 丙公司请求乙将汽车登记在自己名下是否具有法律依据？为什么？

4. 丁与戊的租赁合同是否有效？为什么？丁获得的租金属于什么性质？

5. 己公司是否有权扣留汽车并享有留置权？为什么？

6. 如不考虑交强险责任，辛的2000元损失有权向谁请求损害赔偿？为什么？

7. 丙公司与乙之间的财产诉讼管辖应如何确定？法院受理丙公司破产申请后，乙能否就其债权对丙公司另行起诉并按照民事诉讼程序申请执行？

二、答案精讲

1. 甲与乙关于将汽车让与给债权人乙作为债务履行担保的约定效力如何？为什么？乙对汽车享有什么权利？

答案：(1) 有效。因为我国《物权法》虽然没有规定这种让与担保方式，但并无禁止性规定。通过合同约定，再转移所有权的方式达到担保目的，是不违反法律的，也符合合同自由、鼓励交易的立法目的。

(2) 答案一：乙享有的不是所有权，而是以所有权人的名义享有担保权。

答案二：由于办理了过户登记手续，乙享有所有权。

难度：难

考点：让与担保

命题和解题思路：合同效力与物权变动的相互交织是命题人进行民法案例分析题设计的常规套路。本次命题还尝试将理论中的争议观点（即物权法定原则的缓解）在考试中予以推行，而且将相关程序法问题（即诉讼管辖）引入实体法中考查。这对考生解题构成极大挑战！

在第一问中，命题人以交易习惯中存在的一种非典型担保形式为切入点，考查考生对物权法基本原则的理解和运用，同时间接地考查物权变动的区分原则。由于没有直接的法条依据，解题时需要通过法理类推分析得出结论，有一定的难度。本题的设计提示考生应该对民法相关领域的重要理论争议有所了解，对主流观点有所把握。

答案解析：

(1) 我国《物权法》第5条规定了"物权法定原则"，即物权的种类和内容由法律规定，当事人不能自由创设。而物权法只规定了抵押、质押和留置三种担保物权；合同法间接规定了"保留所有权"的担保机制（《合同法》第134条）。而本题甲乙通过约定，旨在创设一种"动产让与担保物权"。依照《物权法》第15条的"区分原则"，当事人设定物权的合同行为与物权变动分别按照不同的效力评判机制：合同成立即生效；未办理物权登记（或交付）的，不影响合同效力。甲与乙之间成立让与担保物权的约定，虽不符合"物权法定"原则，但该基本原则并不属于禁止性的强制规定，该约定并不因此而无效；该约定也不存在其他影响其效力的情形。因此甲与乙关于将汽车让与给债权人乙作为债务履行担保的约定有效。

(2) 动产所有权的让与担保，在物权法上的效力存在两种主流观点：一是严格遵循"物权法定原则"，当事人不能自行创设现有立法尚未认可的任何类型的物权，从而否认相应物权的设立；二是缓解"物权法定原则"的强制性，扩大物权法领域意思自治的空间，在不违反强制性规定和公共利益前提下，允许当事人创设社会经济生活中已经存在的新型物权种类。据此，本题中乙针对该汽车享有的权利，可以进行两种不同认定：其一，依据《物权法》第23条和第24条的规定，有关机动车的物权设立或转让，自交付时发生物权效力；未经登记的物权，不得对抗善意第三人。甲已向乙交付汽车并办理车辆的登记过户手续，故可以认定乙对汽车享有所有权。其二，依据“法无明文禁止即允许”原理，尊重当事人的真实意愿。甲乙本意就是要在该汽车上设立以担保债权实现为目的的担保物权。据此，乙对汽车享有的不是所有权，而是让与担保物权。

2. 甲主张乙将汽车出卖给丙公司的合同无效，该主张是否成立？为什么？

答案：不能成立。

答案一：乙对汽车享有所有权，其有权处分该汽车。没有导致合同无效的其他因素。

答案二：虽然乙将汽车出卖给丙公司的行为属于无权处分，对甲也是违约行为，但无权处分不影响合同效力，法律并不要求出卖人在订立买卖合同时对标的物享有所有权或者处分权。

难度：易

考点：无权处分合同的效力

命题和解题思路：无权处分是否会导致相关合同的效力瑕疵，这已经通过立法和司法解释确立了明确的答案，理论中也将无权处分的买卖合同的效力规则扩展到其他处分合同（如抵押合同）。此次命题人仍将这一曾经的热点问题设问，基本上属于给考生的送分大礼。而且就原因解释而言，考生只要掌握物权法的“区分原则”和一般合同的无效事由，这样的“为什么”无论怎么解释都不会错。解题时如果领会了**“行为人不管有没有处分权，都不会影响合同的有效性”，**就会高效作答。

答案解析：

本题重点考查无权处分与合同效力的关系。乙将汽车出卖给丙公司，不论乙是否对汽车享有所有权，原则上均不影响乙丙之买卖合同的效力。若按照前述第一种答案，乙对汽车享有所有权，则系有权处分，本题不存在其他导致合同无效的事由，故而合同有效。若认为乙只是享有汽车的担保物权，无权擅自处分担保标的物，则乙属于无权处分，而根据《最高人民法院关于审理买卖合同纠纷案件适用法律问题的解释》第3条第1款规定，当事人一方以出卖人在缔约时对标的物没有所有权或者处分权为由主张合同无效的，人民法院不予支持。故而，即便乙属于无权处分，也不影响乙、丙合同的效力。据此，原汽车所有人甲主张乙丙的买卖合同无效，不能成立。

3. 丙公司请求乙将汽车登记在自己名下是否具有法律依据？为什么？

答案：有法律依据。根据《物权法》的规定，汽车属于特殊动产，交付即转移所有权，不登记不具有对抗第三人的效力。本案中因为汽车已经交付，所以丙公司已取得汽车所有权。

难度：易

考点：特殊动产的物权登记

命题和解题思路：命题人试图通过追问物权登记请求权的基础来考查特殊动产的登记效力问题，也可能是考查动产善意取得问题，但这种提问方式并不能有效地达到其考查目的，**本题存在考查目的不明确的瑕疵。**当事人请求义务人（非登记机关）将一项财产登记在自己名下，其根据有多种，或基于合同约定，请求相对人履行合同义务，办理或协助办理汽车过户登记；或基于物权效力，主张对物权的权利宣示。解题时从两个方面分析，都应该算正确。实际上，**本题有价值的考查点应该是：丙能否取得对该汽车的所有权？若丙取得所有权，能否对抗甲的物权主张？**

答案解析：

乙与丙签订汽车买卖合同，乙依约将汽车实际交付给了丙，但未办理登记过户手续；丙公司仅支付了一半购车款，丙对甲将汽车作为担保物不知情。根据《物权法》第23条的规定，动产物权的设立和转让，自交付时发生效力。本题中，丙基于有效的买卖合同和交付，从乙处继受取得汽车所有权；或基于善意取得制度从无权处分人乙处取得汽车的所有权（《物权法》第106条）。作为所有权人，丙可以请求乙办理汽车的过户登记。

需注意：根据《物权法》第24条规定，汽车物权的设立与转让未经登记，不得对抗善意第三人。本题中甲将汽车作为担保物交付给乙，并没有让渡所有权的意思。乙擅自将该汽车转让给丙时甲对此并不知情。**故即使丙取得汽车所有权，由于尚未办理登记手续，不能对抗善意第三人甲的物权主张。**

4. 丁与戊的租赁合同是否有效？为什么？丁获得的租金属于什么性质？

答案：有效，因为尽管丁不享有所有权或处分权，但是并不影响租赁合同效力。其所得的租金属于不当得利。

难度：易

考点：合同效力；不当得利

命题和解题思路：本题命题人对债权合同的效力问题进行重复考查。类似问题基本可以通过物权法“区分原则”和合同法的合同效力规范得以解答。**本题另一考点关于租金属性的考查也会产生歧义答案**，因为租金的法律属性既可以从孳息角度回答，也可以从获利合法性角度回答。所以，该题解答较为容易。

答案解析：

丁盗走丙的汽车，转而出租给不知情的戊，并取得租金。丁将他人财产擅自出租给不知情的戊，租赁合同不存在恶意串通情形或双方虚伪情形，也不存在其他法定无效情形，故为有效合同。又根据《民法通则》第92条规定，丁出租他人财产所获得的租金（属于法定孳息），欠缺法律上的合法根据，对于原物所有权人丙而言属于不当得利，应予以返还。

5. 己公司是否有权扣留汽车并享有留置权？为什么？

答案：己公司无权扣留汽车并享有留置权。《物权法》第231条规定，债权人留置的动产与债权应该属于同一法律关系。而在本案中，债权与汽车无牵连关系。

难度：中

考点： 留置权

命题和解题思路： 命题人将民事留置权的适用条件进行考查，目的明确，题目较为浅显。解题关键在于区分民事留置权与商事留置权的适用条件。

答案解析：

根据《物权法》第230条规定，债务人不履行到期债务，债权人可以留置已经合法占有的债务人的动产，并有权就该动产优先受偿。《物权法》第231条又规定，债权人留置的动产，应当与债权属于同一法律关系，但企业之间留置的除外。本题中，己公司以自然人戊上次来修另一辆汽车时未付修理费为由扣留该汽车，不符合“同一法律关系”条件，而且本案并不涉及企业之间留置，故而，己公司无权扣押该汽车并行使留置权。

6. 如不考虑交强险责任，辛的2000元损失有权向谁请求损害赔偿？为什么？

答案： 辛有权向戊、己公司、庚请求赔偿，因为戊系承租人，系汽车的使用权人；庚是己公司的雇员，庚的行为属于职务行为，己应当承担雇用人（或雇主）责任；庚系肇事人（或者答直接侵权行为人）。

难度： 难

考点： 机动车交通事故责任；替代责任

命题和解题思路： 命题人以机动车交通事故责任为切入点，综合考查了多种特殊侵权责任形态。从理论考查而言，本题测试考生对请求权基础的分析把握能力，具备一定难度。解题时重点把握替代责任的几种特殊情形。

答案解析：

根据《侵权责任法》第49条的规定，因租赁、借用机动车发生交通事故后属于该机动车一方责任的，由保险公司在机动车强制保险责任限额范围内予以赔偿。不足部分，由机动车使用人承担赔偿责任；机动车所有人对损害的发生有过错的，承担相应的赔偿责任。又根据《最高人民法院关于审理人身损害赔偿案件适用法律若干问题的解释》第8条的规定，法人或者其他组织的工作人员，在执行职务中致人损害的，由该法人或者其他组织承担民事责任。本题中，戊是汽车的承租使用人；庚是执行己公司工作任务的雇员，己应当承担雇用人（或雇主）责任；庚系肇事人（或者直接侵权行为人），故而，辛有权向戊、己公司、庚请求赔偿。

7. 丙公司与乙之间的财产诉讼管辖应如何确定？法院受理丙公司破产申请后，乙能否就其债权对丙公司另行起诉并按照民事诉讼程序申请执行？

答案： 丙公司与乙之间的财产诉讼应该由破产案件受理的人民法院管辖。法院受理丙公司破产申请后，乙应当申报债权，如果对于债权有争议，可以向受理破产申请的人民法院提起诉讼，但不能按照民事诉讼程序申请执行。

难度： 难

考点： 涉及破产的诉讼纠纷管辖和申请执行

命题和解题思路： 本题命题人直接考查破产诉讼纠纷的管辖制度，偏重程序法问题，综合性过于宽泛，对考生答题制造了较大困难。解题时如能熟知《企业破产法》

相关法条，也能正确作答。

答案解析：

根据《企业破产法》第21条规定，人民法院受理破产申请后，有关债务人的民事诉讼，只能向受理破产申请的人民法院提起。本题题干交代“现丙公司不能清偿到期债务，法院已受理其破产申请”，因此丙公司与乙之间的财产诉讼管辖，应该由破产案件受理的人民法院管辖。又根据《企业破产法》第19条规定，人民法院受理破产申请后，有关债务人财产的保全措施应当解除，执行程序应当中止。故而，法院受理丙公司破产申请后，乙应当在人民法院确定的债权申报期限内向管理人申报债权，如果对于债权有争议，可以向受理破产申请的人民法院提起诉讼。在法院受理破产申请后，破产程序应优先于普通民事诉讼、执行程序，因此有关债务人的保全措施应当解除，执行程序应当中止，所以乙不能按照民事诉讼程序申请执行。

2015年

一、试题（本题21分）

案情：

扫一扫 看微课视频

甲欲出卖自家的房屋，但其房屋现已出租给张某，租赁期还剩余1年。甲将此事告知张某，张某明确表示，以目前的房价自己无力购买。

甲的同事乙听说后，提出购买。甲表示愿意但需再考虑细节。乙担心甲将房屋卖与他人，提出草签书面合同，保证甲将房屋卖与自己，甲同意。甲、乙一起到房屋登记机关验证房屋确实登记在甲的名下，且所有权人一栏中只有甲的名字，双方草签了房屋预购合同。

后双方签订正式房屋买卖合同约定：乙在合同签订后的5日内将购房款的三分之二通过银行转账给甲，但甲须提供保证人和他人房屋作为担保；双方还应就房屋买卖合同到登记机关办理预告登记。

甲找到丙作为保证人，并用丁的房屋抵押。丁与乙签订了抵押合同并办理了抵押登记，但并没有约定担保范围。甲乙双方办理了房屋买卖合同预告登记，但甲忘记告诉乙房屋出租情况。

此外，甲的房屋实际上为夫妻共同财产，甲自信妻子李某不会反对其将旧房出卖换大房，事先未将出卖房屋的事情告诉李某。李某知道后表示不同意。但甲还是瞒着李某与乙办理了房屋所有权转移登记。

2年后，甲与李某离婚，李某认为当年甲擅自处分夫妻共有房屋造成了自己的损失，要求赔偿。甲抗辩说，赔偿请求权已过诉讼时效。

问题：

1. 在本案中，如甲不履行房屋预购合同，乙能否请求法院强制其履行？为什么？

2. 甲未告知乙有租赁的事实，应对乙承担什么责任？

3. 如甲不按合同交付房屋并转移房屋所有权，预告登记将对乙产生何种保护效果？

4. 如甲在预告登记后又与第三人签订房屋买卖合同，该合同是否有效？为什么？

5. 如甲不履行合同义务，在担保权的实现上乙可以行使什么样的权利？担保权实现后，甲、丙、丁的关系如何？

6. 甲擅自处分共有财产，其妻李某能否主张买卖合同无效？是否可以主张房屋过户登记为无效或者撤销登记？为什么？

7. 甲对其妻李某的请求所提出的时效抗辩是否成立？为什么？

二、答案精讲

1. 在本案中，如甲不履行房屋预购合同，乙能否请求法院强制其履行？为什么？

答案：不能。理由是预约虽是合同，其目的在于订立主合同。按照《最高人民法院关于审理买卖合同纠纷案件适用法律问题的解释》，当事人签订认购书、备忘录等预约合同，约定将来订立买卖合同，一方不履行的，对方可请求其承担预约合同违约责任或者要求解除预约合同并主张损害赔偿。但是，法院不能强制当事人签订正式合同。乙可以按照《合同法》第 113 条请求赔偿，也可以根据《合同法》第 94 条请求解除合同并请求赔偿。

难度：难

考点：预约合同的强制履行

命题和解题思路：本题命题人看似追问预约合同的强制性问题，实则考查违约责任承担方式中“实际履行”的限制规则。由于没有直接的法条依据，本题需要通过法理类推分析得出结论，有一定的难度。

答案解析：

预约合同是指约定将来签订一定合同的合同。本题中甲、乙草签的房屋预购合同即属于房屋买卖预约合同。《最高人民法院关于审理买卖合同纠纷案件适用法律问题的解释》第 2 条规定，一方不履行预约合同约定的订立合同的义务，对方可请求其承担预约合同违约责任或者要求解除预约合同并主张损害赔偿，**但并没有明确排除“实际履行”违约责任承担方式**。这要结合《合同法》第 110 条规定“**当事人不能要求对方实际履行法律上不能履行或不适于强制履行的非金钱债务**”来分析。订立本约属于行为债务，具有法律上的不可强制性，构成实际履行的法律不能，故乙不能请求法院强制甲履行订约义务。乙可以按照《合同法》第 113 条请求赔偿，也可以根据《合同法》第 94 条请求解除合同并请求赔偿。

2. 甲未告知乙有租赁的事实，应对乙承担什么责任？

答案：甲应对乙承担违约责任。甲应说明买卖标的物上有负担的事实而未说明，违反了法律规定的义务，在合同有效的情况下，应该纳入违约责任中。

难度： 中

考点： 买卖合同的瑕疵担保义务、违约责任

命题和解题思路： 本题的主要意图在于考查民事责任的性质与分类，命题人将缔约过失责任与合同履行责任进行比较考查，具有一定的迷惑性。解题时若能识别这一意图并掌握二者的区别，也能正确作答。注意本题只需回答责任类型，无须表述理由，难度降低许多，但仍然要弄清判断的理由。

答案解析：

《合同法》第150条、第151条规定，出卖人就交付的标的物，负有保证第三人不得向买受人主张任何权利的义务，除非买受人事先对该权利负担知情。甲在订立正式房屋买卖合同之时因过失忘了告知买受人乙该房屋尚在租赁期间、存在第三人租赁权负担的事实，构成标的物的权利瑕疵。该瑕疵在买卖合同成立之时就存在，而且给付时未消除。需注意的是，合同诚信原则产生的附随义务伴随着合同缔结、合同履行，以及履行后的效力维持等各个环节。本案中告知义务不是合同履行的从给付义务，而是合同的附随义务；**但也不属于先合同的附随义务（甲对房屋出租的隐瞒一直持续到合同履行之时），在合同有效的情况下，应该纳入违约责任中，而不是《合同法》第42条规定的缔约过失责任。**标的物存在权利瑕疵时，买受人乙可请求出卖人甲除去权利负担，并可请求甲承担瑕疵履行的违约赔偿责任。

3. 如甲不按合同交付房屋并转移房屋所有权，预告登记将对乙产生何种保护效果？

答案： 按照我国《物权法》第21条的规定，预告登记后，甲再处分房屋的，不产生物权效力。即乙对房屋的交付请求权具有物权性优先权，可以对抗所有的未登记的购买人。

难度： 中

考点： 预告登记的效力

命题和解题思路： 不动产转让合同的预告登记是介于债法与物权法之间的一个制度，它赋予一个合同债权一定的物权对抗效力。命题人借此考查了考生的综合分析能力。

答案解析：

《物权法》第20条规定，不动产买受人签订不动产买卖合同后，为保障将来实现物权，可以向登记机构申请预告登记。预告登记后3个月内，未经买受人同意，出卖人处分该不动产的，不发生物权效力。据此规定，预告登记的效力在于限制不动产权利人对标的物的再次处分。乙进行预告登记后，甲虽仍为房屋所有权人，但他想“一房二买”再次转让该房屋给第三人时，第三人无法通过办理变更登记取得房屋所有权。这样，**乙基于其先前与甲的买卖合同的债权能有效得以实现，达到保障自己未来物权的取得。**这也是债权“物权化”的一种体现，乙通过合同预告登记，对房屋的其他买受人可进行物权性抗辩，阻却其取得物权，从而保障自己物权的实现。预告登记的保护效力在登记之日起三个月后失效。

4. 如甲在预告登记后又与第三人签订房屋买卖合同，该合同是否有效？为什么？

答案： 预告登记后，甲与第三人签订的房屋买卖合同有效，只是不发生物权变动

的效力。如果甲不履行，将对第三人承担违约责任。

难度：易

考点：物权变动的区分原则

命题和解题思路：命题人通过预告登记制度考查了物权变动的区分原则，考查角度新颖，有一定的迷惑性。考生对合同的有效性容易判断，但对其背后的法理基础却不太容易把握。但只要是捕捉到了该题的命题意图，原因分析也会秒“get”！

答案解析：

《物权法》第15条规定，当事人之间订立有关设立、变更、转让和消灭不动产物权的合同，除法律另有规定或者合同另有约定外，自合同成立时生效；未办理物权登记的，不影响合同效力。办理房屋买卖预告登记后，甲仍为房屋所有权人，再次向第三人出卖房屋仍属有权处分，其与第三人所订立的房屋买卖合同，也不存在其他的无效情形。虽然甲乙的合同进行了预告登记，但根据《物权法》第20条规定，该预告登记只是阻却了第三人通过变更登记取得房屋所有权，而不能办理物权登记，不影响债权合同的效力，这就是“区分原则”的真正含义所在。据此，甲与第三人订立的房屋买卖合同有效。当甲不能履行房屋过户登记义务时，构成合同履行不能，其需对第三人承担违约责任。

5. 如甲不履行合同义务，在担保权的实现上乙可以行使什么样的权利？担保权实现后，甲、丙、丁的关系如何？

答案：如果甲不履行合同义务，乙可以选择向保证人丙主张保证责任或者向抵押人丁实现抵押权。无论丁还是丙履行担保责任后，都有权向甲追偿。或者丁、丙可向甲追偿，也可以要求对方（丁或者丙）承担一半的份额。

难度：难

考点：混合担保；追偿权

命题和解题思路：命题人旨在考查同一债权分别成立两个不同类型担保权时如何处理担保权实现的顺位和份额，以及相应的追偿问题。涉及混合担保、连带担保、追偿权的行使等多个制度，法律关系复杂，综合性较强，有一定的难度。解题时需要抓住混合担保这个关键点，回忆相关法条规定，逐步分析解答。

答案解析：

本案中甲为了履行对乙的债务，先后找到丙和丁作为担保人，丙作为保证人和乙成立保证担保，乙对丁的房屋设立抵押担保，此为典型的“混合担保”，即第三人的物保与第三人的人保共同为一项债权“混合”担保。此种情形下，根据《物权法》第176条的规定，两个第三人共同担保一项债权的，如果事先没有约定各自担保的份额和顺位，则债权人可以就物的担保实现债权，也可以要求保证人承担保证责任，即两个担保人成立连带担保责任。据此，本案乙享有选择权，可以选择丁实现房屋抵押权或者选择丙承担保证责任。该条法律还规定，担保人承担担保责任后可以向债务人进行追偿。又根据《最高人民法院关于适用〈中华人民共和国担保法〉若干问题的解释》第38条规定，当事人对保证担保的范围或者物的担保的范围没有约定或者约定不明的，承担了担保责任的担保人，可以向债务人追偿，也可以要求其他担保人清偿其应当分担的份额。因此，在丙、丁二人承担完担保责任后，可向债务人甲追偿；若丙或丁不能从甲获得追偿，丙丁可以**相互请求追偿**相应的份额。

6. 甲擅自处分共有财产，其妻李某能否主张买卖合同无效？是否可以主张房屋过户登记为无效或者撤销登记？为什么？

答案：①不能主张无效。即使没有处分权，也不影响合同效力。②不可以主张房屋登记过户为无效或者撤销登记，对于善意的乙不得主张无效。

难度：难

考点：夫妻共有财产的处分；房产登记的撤销

命题和解题思路：本题将夫妻身份关系中的财产行为效力进行考查，表面上是合同是否无效的简单判断，但既涉及财产法与身份法相关规则的适用区别问题，还涉及夫妻财产行为的内部效力与外部效力的区分问题，本来就很复杂，而且还存在许多学理争议，要将解答做得既合理又合法，并不容易。但本题设问的表述让考生很容易讨巧，因为关于合同是否无效在区分原则下很容易判断，而且是否可以主张撤销登记机关的行政行为似乎又不是一个纯粹的民法问题（此观点的法条依据是《最高人民法院关于适用〈中华人民共和国婚姻法〉若干问题的解释（三）》第1条），一个民事主体一般不太可能去挑战一个登记行为的有效性，故从技术上就可以正确地回答前两问，至于原因分析也容易找到合理的说辞，这样本题命题人的考查目的就会落空。

答案解析：

（1）《婚姻法》第17条规定，夫或妻对夫妻共同所有的财产，有平等的处理权。该平等权意指因日常生活需要而处理夫妻共同财产的，**任何一方均有权决定**（《最高人民法院关于适用〈中华人民共和国婚姻法〉若干问题的解释（一）》第17条）。甲与乙签订买卖合同出卖夫妻共有房屋时，是为了出卖旧房换大房，属于“日常生活需要”，**甲单独决定卖房，是行使平等的“决定权”，不构成无权处分，该买卖合同不需要共有人妻子李某的追认**，合同效力不受此影响（其实，即使构成无权处分，也不因此导致合同无效）。据此，李某不能仅凭此理由主张房屋买卖合同无效。

（2）合同签订后，李某知道了丈夫甲擅自卖房并表示不同意，但甲还是瞒着妻子与乙办理了房屋过户登记手续。对此“重要的家事处理决定”本应夫妻平等协商，取得一致意见。但《最高人民法院关于适用〈中华人民共和国婚姻法〉若干问题的解释（一）》第17条规定，买受人有理由相信其为夫妻双方共同意思表示的，另一方不得以不同意或不知道为由对抗善意第三人。受让人乙签合同前查验过登记簿（所有权人只有甲），办理过户登记手续时仍不知道该房屋为夫妻共有，按照前述司法解释的立法意旨，李某也不能以“不同意”为由，主张房屋过户登记为无效或者撤销登记，来对抗善意的买受人乙。**需要指出的是，甲不构成无权处分，因此乙并不是根据《物权法》第106条关于善意取得制度的规定而取得房屋所有权的**，而是通过正常的房屋买卖合同、办理过户登记而取得涉案房屋所有权。

7. 甲对其妻李某的请求所提出的时效抗辩是否成立？为什么？

答案： 不成立。由于双方为夫妻共同财产制，夫妻关系存续是诉讼时效期间中止的法定事由。

难度： 难

考点： 离婚损害赔偿请求权的时效

命题和解题思路： 在夫妻关系中考查诉讼时效制度，这是命题中一个新颖的考查角度。考生需掌握诉讼时效的客体（限制对象）、诉讼时效期间的起算点、时效期间的变化事由等基本规定，还要了解婚姻法等特别法对时效制度的特殊规定，方能准确作答。

答案解析：

甲与李某为夫妻，婚内甲擅自处分夫妻共有房屋侵害了李某的财产共有权，李某可以向甲主张财产损害赔偿。但由于夫妻特殊的身份关系，婚姻持续期间其财产利益具有法定的共同性，这种相互之间的财产性请求权不具有可诉性，通常只能在离婚时提起，且受到法律的严格限制（《最高人民法院关于适用〈中华人民共和国婚姻法〉若干问题的解释（一）》第29条）。本案中李某因丈夫擅自处分共有财产受到侵害的，在婚内只能向法院提起共同财产分割请求（《最高人民法院关于适用〈中华人民共和国婚姻法〉若干问题的解释（三）》第4条），或者在离婚时请求多分得共有财产（《婚姻法》第47条）。由于离婚损害赔偿的事由具有法定性（**限于重婚、同居、家暴、虐弃四类“人身性侵害”**，《婚姻法》第46条），因此**实际上李某离婚时不能因甲擅自处分共有财产而提起损害赔偿请求，甲可依据实体请求权瑕疵对抗李某的诉求。**

那么在实体请求权成立的前提下，甲以诉讼时效期间已过为由抗辩，能否成立呢？根据当年《民法通则》第136条规定，诉讼时效期间从知道或者应当知道权利被侵害时起计算；该法第137条还规定，在诉讼时效期间的最后6个月内，因不可抗力或者其他障碍不能行使请求权的，诉讼时效中止。李某的损害赔偿请求权是在离婚时提起的，但她在2年前就知道了该侵权事实，诉讼时效期间理应届满。但由于李某**在婚姻持续期间**不能提起该种损害赔偿诉讼请求，离婚前一直存在诉讼时效中止事由。因此，**李某对甲提起诉讼的诉讼时效期间起算时间应当从二人离婚之日起继续计算**（中止事由消灭），即她至少还有6个月的时效期间可资利用，故甲不得以诉讼时效已过进行抗辩。

2014年

一、试题（本题22分）

案情：

2月5日，甲与乙订立一份房屋买卖合同，约定乙购买甲的房屋一套（以下称“01号房”），价格80万元，并约定，合同签订后一周内乙先付20万元，交付房屋后付30万元，办理过户登记后付

扫一扫　看微课视频

30 万元。

2 月 8 日，丙得知甲欲将该房屋出卖，表示愿意购买。甲告其已与乙签订合同的事实，丙说愿出 90 万元。于是，甲与丙签订了房屋买卖合同，约定合同签订后 3 日内丙付清全部房款，同时办理过户登记。2 月 11 日，丙付清了全部房款，并办理了过户登记。

2 月 12 日，当乙支付第一笔房款时，甲说：房屋已卖掉，但同小区还有一套房屋（以下称“02 号房”），可作价 100 万元出卖。乙看后当即表示同意，但提出只能首付 20 万元，其余 80 万元向银行申请贷款。甲、乙在原合同文本上将房屋相关信息、价款和付款方式作了修改，其余条款未修改。

乙支付首付 20 万元后，恰逢国家出台房地产贷款调控政策，乙不再具备贷款资格。故乙表示仍然要买 01 号房，要求甲按原合同履行。甲表示 01 号房无法交付，并表示第二份合同已经生效，如乙不履行将要承担违约责任。乙认为甲违约在先。3 月中旬，乙诉请法院确认甲丙之间的房屋买卖合同无效，甲应履行 2 月 5 日双方签订的合同，交付 01 号房，并承担迟延交付的违约责任。甲则要求乙继续履行购买 02 号房的义务。

3 月 20 日，丙聘请不具备装修资质的 A 公司装修 01 号房。装修期间，A 公司装修工张某因操作失误将水管砸坏，漏水导致邻居丁的家具等物件损坏，损失约 5000 元。

5 月 20 日，丙花 3000 元从商场购买 B 公司生产的热水器，B 公司派员工李某上门安装。5 月 30 日，李某从 B 公司离职，但经常到 B 公司派驻丙所住小区的维修处门前承揽维修业务。7 月 24 日，丙因热水器故障到该维修处要求 B 公司维修，碰到李某。丙对李某说：热水器是你装的，出了问题你得去修。维修处负责人因人手不够，便对李某说：那你就去帮忙修一下吧。李某便随丙去维修。李某维修过程中操作失误致热水器毁损。

问题：

1. 01 号房屋的物权归属应当如何确定？为什么？
2. 甲、丙之间的房屋买卖合同效力如何？考察甲、丙之间合同效力时应当考虑本案中的哪些因素？
3. 2 月 12 日，甲、乙之间对原合同修改的行为的效力应当如何认定？为什么？
4. 乙的诉讼请求是否应当得到支持？为什么？
5. 针对甲要求乙履行购买 02 号房的义务，乙可主张什么权利？为什么？
6. 邻居丁所遭受的损失应当由谁赔偿？为什么？
7. 丙热水器的毁损，应由谁承担赔偿责任？为什么？

二、答案精讲

1. 01 号房屋的物权归属应当如何确定？为什么？

答案：01 号房屋的物权应归属于丙。甲在向丙出售该房屋时依法享有所有权，不构成无权处分；而且甲丙基于合法有效的买卖合同于 2 月 11 日办理了过户登记手续，即完成了不动产物权的公示行为，01 号房屋所有权人甲变更为丙。

难度： 易

考点： 基于法律行为的不动产物权变动

命题和解题思路： 本题命题人看似追问房屋的产权归属，其实是对不动产物权转让的三个要件进行考查，即出让人对不动产享有处分权、转让合同有效及不动产过户登记完成。本题设置了丙知道甲与乙签订合同的事实这样的情节，容易使得考生误认为丙为恶意第三人从而认定合同无效。只要仔细斟酌，便可正确作答。

答案解析：

《物权法》第 9 条规定："不动产物权的设立、变更、转让和消灭，经依法登记，发生效力；未经登记，不发生效力，但法律另有规定的除外。"甲、丙之间签订房屋买卖合同合法有效，甲作为所有权人具有完全的处分权，并办理了过户登记转移，条件全部满足，因此丙取得 01 号房屋所有权。

值得注意的是， 丙虽然知情甲、乙之间的买卖合同，但丙的行为属于正常的交易行为，并不构成对第一买受人乙的恶意串通行为，不符合《合同法》第 52 条规定的无效情形，故合同合法有效。

2. 甲、丙之间的房屋买卖合同效力如何？考察甲、丙之间合同效力时应当考虑本案中的哪些因素？

答案： 甲、丙之间于 2 月 8 日形成的房屋买卖合同，该合同为有效合同。尽管甲已就该房与乙签订了合同，但甲丙的行为不属于违背公序良俗的行为，也不违反法律、行政法规的强制性规定，不存在无效的因素。丙的行为仅为单纯的知情，甲、丙之间的合同不属于恶意串通行为，因其不以损害乙的权利为目的。

难度： 中

考点： 房屋买卖合同的效力判断

命题和解题思路： 本题设计具有综合性、开放性、理论性。第一问不难回答。第二问围绕房屋买卖合同的效力影响因素，全面考查《民法总则》法律行为、合同行为、多重买卖、商品房买卖等相关知识点。当然解题时要结合本案情节来考量合同效力因素。

答案解析：

《最高人民法院关于适用〈中华人民共和国合同法〉若干问题的解释（二）》第 15 条规定："出卖人就同一标的物订立多重买卖合同，合同均不具有《合同法》第五十二条规定的无效情形，买受人因不能按照合同约定取得标的物所有权，请求追究出卖人违约责任的，人民法院应予支持。"从正面视角看，本案甲实施了"一房二卖"，甲丙的合同行为中，当事人行为能力达标、意思表示真实，内容合法；从反面视角看，其不具备《合同法》第 52 条所规定的无效情形。本题中丙虽然明知甲乙就 01 号房的买卖在先订立，可能在一定程度上损害了原合同当事人甲的利益，但为了鼓励交易，我国司法实践并不认为该类合同构成恶意串通损害第三人利益的行为。另外，涉案房屋不属于"商品房"，不适用《最高人民法院关于审理商品房买卖合同纠纷案件适用法律若干问题的解释》第10条的适用条件。买受人乙不能主张甲丙的房屋买卖合同无效。

3. 2月12日，甲、乙之间对原合同修改的行为的效力应当如何认定？为什么？

答案：

答案一：2月12日，甲、乙之间修改合同的行为，该行为有效，其性质属于双方变更合同。双方受变更后的合同约束。

答案二：该修改行为是一个独立的合同行为，双方就标的、价格等合同主要要素重新订立了房屋买卖合同。订立02号房屋买卖合同是对01号房买卖合同的补救措施，对原合同的内容和效力不存在影响。该新订合同是双方当事人真实意思的体现，不具备任何合同无效情形，属有效合同。

难度：中

考点：合同的变更（合同的订立）

命题和解题思路：命题人考查意图讨论：本小题并非继续考查合同的有效或无效，而是考查合同修改行为之性质及其法律后果，即该修改行为的性质到底是变更了原合同，抑或重新订立了另一合同？本书作者持后一观点。合同法强调当事人的意思自治，在不违背公序良俗的前提条件下，法律允许当事人变更合同或重新订立合同。由于甲乙原合同的标的物已经转让给丙，且已完成过户登记，在此情形下，甲乙协商变更原合同或者补充订立新合同是非常合乎常情的，只要不存在《合同法》所规定的合同无效之情形，甲、乙之间对原合同修改或重订当然是有效的。

答案解析：

（1）《合同法》第77条第1款规定："当事人协商一致，可以变更合同。"因此，甲、乙之间受变更后的合同约束。

（2）如果说仅仅是合同内容的变更，则意味着原合同被新合同替代，原合同不复存在；如果是对原合同不能履行的补救，而重新订立另外一个合同，那就涉及两个合同的效力和履行问题。这一解释符合命题人后面的问题设置意图。由于双方合同修改行为涉及标的物和价款两要素的根本变化（合同必要条款决定合同成立甚至合同的性质），毋宁说双方重新订立一个房屋买卖合同，即甲乙之间先后订立了两份合同——01号房屋买卖合同和02号房屋买卖合同。

02号房屋买卖合同的效力同样不存在任何瑕疵，为有效合同。

4. 乙的诉讼请求是否应当得到支持？为什么？

答案：乙与甲通过协商变更了合同，甲、丙之间的合同有效且已经办理了物权变动的手续，故乙关于确认甲、丙之间合同无效、由甲交付01号房屋的请求不能得到支持。但是，乙可以请求甲承担违约责任，乙同意变更合同不等于放弃追索甲在01号房屋买卖合同项下的违约责任。

难度：难

考点：第三人对合同无效的主张；实际履行的限制；违约责任

命题和解题思路：本题考查"一房二卖"情形下合同无效的认定，以及合同实际履行请求与违约责任的并用问题。解题时需要先弄清乙的诉讼请求包括：①确认甲丙针对01号房的买卖合同无效；②请求甲履行修改之前的甲乙之间01号房的买卖合同，交付房屋；③承担原合同的迟延交付的违约责任。其实第②项与第③项请求均围绕着交付01号房屋买卖合同产生，具有逻辑关联，可以一并处理。厘清原告乙的主张所依据的涉案合同，有助于清晰作答。

答案解析：

首先，乙作为第三人是否可以主张一个已然有效的合同无效呢？通过第2问的分析已知甲丙的合同为有效合同，如果仅以此为由认定第①项请求不应该被支持，显然不符合命题人的意图（或者说命题人有重复考查之嫌）。第三人挑战一个有效房屋买卖合同的效力，可能性在于：第一，该第三人是该合同的特殊利害关系人（如被代理人、监护人或法定代理人），且为善意第三人；第二，该房屋为商品房，且需具备"出卖人与第三人恶意串通，另行订立商品房买卖合同并将房屋交付使用，导致买受人无法取得房屋"（《最高人民法院关于审理商品房买卖合同纠纷案件适用法律若干问题的解释》第10条）。本案中乙的请求均不符合这些特殊条件，其主张甲丙合同无效不应支持。

其次，看后两项请求。从"一物二卖"角度而言，甲乙双方于2月5日签订了01号房屋的买卖合同，因不存在无效情形而有效。双方后来签订02号房屋合同时，并未约定解除或终止双方01号房屋的买卖合同，该合同对双方仍有约束力。但是由于该合同的标的物01号屋房所有权已经依法转让给丙，因而成立履行不能，乙请求违约方甲继续履行01号房屋的交付义务，不能获得法院支持（《合同法》第110条）。另外，"迟延履行"的前提是"实际履行了，只是迟延地履行了"。既然甲可以摆脱继续履行义务（房屋交付义务），也逻辑地不存在交付迟延责任问题。故后两个请求也不能获得法院支持。但乙可请求甲承担原合同履行不能的违约责任（**非迟延履行责任**）。

5. 针对甲要求乙履行购买02号房的义务，乙可主张什么权利？为什么？

答案：乙可请求解除合同，甲应将收受的购房款本金及其利息返还给乙。因政策限购属于当事人无法预见的情形，且合同出现了履行不能的情形，乙有权解除合同，且无须承担责任。

难度：中

考点：情势变更；合同解除与违约责任

命题和解题思路：本题命题者设计"政策限购导致合同无法履行"的情节来考查情势变更原则的适用。考生答题关键是要与不可抗力区分开来，正确把握情势变更规则的适用条件。

答案解析：

本题中，甲、乙之间变更合同，成立以02号房屋为标的物的房屋买卖合同，因政策原因，造成合同无法履行。而限购限贷政策系当事人订立合同时无法预见的重大变化，且不属于不可抗力或商业风险之情形，继续履行显失公平，属于情势变更范围，所以乙有权解除合同或者变更合同。同时，若主张合同解除后，双方存在对待返还义务，乙可请求甲返还已付购房款本金和利息（**但不得主张因过错导致的损害赔偿**）。

> **易混点解析：** 所谓“情势变更”，是指合同有效成立后，因不可归责于双方当事人的原因发生情势变更，致合同之基础动摇或丧失，若继续维持合同则显失公平，故允许当事人变更合同内容或者解除合同。其与不可抗力的区分要点是：①不可抗力主要是自然灾害等原因导致，而情势变更虽不可归责于当事人，但也不是来自自然界的因素，主要是国家政策方面的原因。②不可抗力强调不能履行而合同目的不能实现；而情势变更则强调继续履行导致明显不公平。本案乙的付款义务并非不可履行，只是其他贷款成本过高，继续筹款明显不公平。

6. 邻居丁所遭受的损失应当由谁赔偿？为什么？

答案： 应当由丙和A公司承担。张某是受雇人，其执行职务的行为，由A公司承担侵权赔偿责任。丙聘请没有装修资质的A公司进屋装修，具有过错，也应对丁的损失承担赔偿责任。

难度： 中

考点： 无意思联络的数人侵权、职务侵权

命题和解题思路： 侵权责任承担的替代机制属于侵权责任法的重要考点，本次命题人选择职务侵权进行考查。本题还巧妙考到“多因一果”的责任承担问题，增加了题目的难度。解题时，重点把握二人以上分别侵权造成同一损害后果的责任承担机制，即可正确作答。

答案解析：

根据《侵权责任法》第34条第1款规定，用人单位的工作人员因执行工作任务造成他人损害的，由用人单位承担侵权责任。张某因操作失误砸坏水管致丁的财产受损，成立一般侵权责任，张某系A公司指派的装修工，属于因执行工作任务致害，应由A公司承担侵权赔偿责任；同时，丙聘请不具备装修资质的A公司进行专修，对丁的损害的发生具有一定的原因力，A公司的侵权行为与丙的侵权行为结合一起共同造成丁的损害，二者应按照其原因力大小及过错程度承担按份责任。

7. 丙热水器的毁损，应由谁承担赔偿责任？为什么？

答案： B公司承担。李某的维修行为构成表见代理，其行为后果由B公司承担（合同上的赔偿责任）；或者李某虽然离职，但经维修处负责人指派，仍为执行工作任务，应由B公司承担（侵权责任）。

难度： 中

考点： 表见代理

命题和解题思路： 本题考查表见代理的成立。表见代理是民法总论里的重要知识点。所谓表见代理，是指基于被代理人的过失或被代理人与无权代理人之间存在特殊关系，使相对人有理由相信无权代理人享有代理权而与之为民事法律行为，代理行为的后果由被代理人承担的一种特殊的无权代理。解答本题的关键在于，判断李某与B公司之间是否构成代理关系。考生需要根据题目材料里所给出的信息，准确地判断出

李某具有代理维修处的权利外观。

答案解析：

李某从B公司离职，但经常到B公司派驻丙所在小区的维修处门前承揽维修业务，在丙向该维修处求助时，维修处负责人指派李某前往维修，李某具有代理维修处的权利外观，相对人善意无过失，故构成表见代理，产生有权代理的后果，即由被代理人B公司承担李某维修不慎造成的损害后果。

难点解析： B公司指派李某承担维修工作，李某的维修行为究竟是辅助行为还是表见代理，抑或雇佣行为、职务行为？殊值讨论，因为其决定了责任承担主体和责任性质的不同。

（1）“代理”解析：李某从B公司离职，但经常到B公司派驻丙所在小区的维修处门前承揽维修业务；之前由李某安装该热水器；在丙向该维修处求助时，维修处负责人当面指派李某前往维修，丙有理由相信李某仍为职务代理人，善意无过失。被代理人B承担李某侵权或违约的法律后果。

（2）“辅助”解析：李某为B公司的履行辅助人，根据合同相对性原理，B承担履行瑕疵的合同责任。

（3）“雇佣”解析：李某受雇于B公司，职务侵权，B承担雇主侵权责任。

2013年

一、试题（本题22分）

案情：

大学生李某要去A市某会计师事务所实习。此前，李某通过某租房网站租房，明确租房位置和有淋浴热水器两个条件。张某承租了王某一套二居室，租赁合同中有允许张某转租的条款。张某与李某联系，说明该房屋的位置及房屋里配有高端热水器。李某同意承租张某的房屋，并通过网上银行预付了租金。

李某入住后发现，房屋的位置不错，卫生间也较大，但热水器老旧不堪，不能正常使用，屋内也没有空调。另外，李某了解到张某已拖欠王某1个月的租金，王某已表示，依租赁合同的约定要解除与张某的租赁合同。

李某要求张某修理热水器，修了几次都无法使用。再找张某，张某避而不见。李某只能用冷水洗澡并因此感冒，花了一笔医疗费。无奈之下，李某去B公司购买了全新电热水器，B公司派其员工郝某去安装。在安装过程中，找不到登高用的梯子，李某将张某存放在储藏室的一只木箱搬进卫生间，供郝某安装时使用。安装后郝某因有急事未按要求试用便离开，走前向李某保证该热水器可以正常使用。李某仅将该木箱挪至墙边而未搬出卫生间。李某电话告知张某，热水器已买来装好，张某未置可否。

另外，因暑热难当，李某经张某同意，买了一部空调安装在卧室。

当晚，同学黄某来A市探访李某。黄某去卫生间洗澡，按新装的热水器上的提示刚打开热水器，该热水器的接口处迸裂，热水喷溅不止，黄某受到惊吓，摔倒在地受伤，经鉴定为一级伤残。另外，木箱内装的贵重衣物，也被热水器喷出的水流浸泡毁损。

问题：

1. 由于张某拖欠租金，王某要解除与张某的租赁合同，李某想继续租用该房屋，可以采取什么措施以抗辩王某的合同解除权？
2. 李某的医疗费应当由谁承担？为什么？
3. 李某是否可以更换热水器？李某更换热水器的费用应当由谁承担？为什么？
4. 李某购买空调的费用应当由谁承担？为什么？
5. 对于黄某的损失，李某、张某是否应当承担赔偿责任？为什么？

二、答案精讲

1. 由于张某拖欠租金，王某要解除与张某的租赁合同，李某想继续租用该房屋，可以采取什么措施以抗辩王某的合同解除权？

答案：李某（次承租人）可以请求代张某（承租人）支付其欠付王某（出租人）的租金和违约金，以抗辩王某的合同解除权。

难度：中

考点：合同的相对性；转租中的代位清偿请求权

命题和解题思路：我国民法并未明确规定有法律上利害关系的第三人的代位清偿请求权，但是有两个具体的法条在特殊领域确立了该规则，一是《最高人民法院关于审理城镇房屋租赁合同纠纷案件具体应用法律若干问题的解释》第17条；二是《物权法》第191条第2款后半句的规定，即抵押物受让人的代位清偿请求权。对此，考生需要了解并掌握。

答案解析：

《最高人民法院关于审理城镇房屋租赁合同纠纷案件具体应用法律若干问题的解释》第17条第1款规定："因承租人**拖欠租金**，出租人请求解除合同时，次承租人请求代承租人支付欠付的租金和违约金以抗辩出租人合同解除权的，人民法院应予支持。但转租合同无效的除外。"本题中，李某代替张某支付欠付的租金，是依法行使代位权，维护自己合法利益的正当行为。出租人不得拒绝，出租人拒绝的，次承租人可以以提存的方式清偿。

2. 李某的医疗费应当由谁承担？为什么？

答案：由张某（转租人）承担。因为张某（出租人）有提供热水（热水器）的义务，张某违反该义务，致李某损失，应由张某承担赔偿责任。

难度： 中

考点： 出租人的适租义务；违约责任

命题和解题思路： 适租义务是指出租人应保证出租的房屋在租赁期间符合约定用途，让承租人通过使用租赁物业实现合同约定的使用和收益目的，例如约定以营业为目的而租赁房屋的，出租人不得交付仅适于居住而不适于营业的房屋。如约定以生活为目的而租赁房屋，出租人应当保证基本生活需要得到满足。

答案解析：

《合同法》第 107 条规定："当事人一方不履行合同义务或者履行合同义务不符合约定的，应当承担继续履行、采取补救措施或者赔偿损失等违约责任。"《合同法》第 113 条第 1 款规定："当事人一方不履行合同义务或者履行合同义务不符合约定，给对方造成损失的，损失赔偿额应当相当于因违约所造成的损失，包括合同履行后可以获得的利益，但不得超过违反合同一方订立合同时预见到或者应当预见到的因违反合同可能造成的损失。"本题中，"张某与李某联系，说明该房屋的位置及房屋里配有高端热水器"，张某违反了明示的合同义务，未提供合格的热水器，而李某被迫洗冷水澡，结果造成生病受损，符合违约责任的构成要件。该损害后果并未超出李某订立合同时可得而知的预见范围，所以李某的医疗费用应当由张某承担。

3. 李某是否可以更换热水器？李某更换热水器的费用应当由谁承担？为什么？

答案： 可以（是）。张某承担。因为张某（转租人）作为出租人应当按照约定将租赁物交付承租人，应当履行租赁物的维修义务；张某有保持租赁物符合约定用途的义务。

难度： 易

考点： 出租人对租赁物的维修义务

命题和解题思路： 本题较为简单，考生只需了解基本规定即可作答。

答案解析：

《合同法》第 216 条规定："出租人应当按照约定将租赁物交付承租人，并在租赁期间保持租赁物符合约定的用途。"《合同法》第 220 条规定："出租人应当履行租赁物的维修义务，但当事人另有约定的除外。"《合同法》第 221 条规定："承租人在租赁物需要维修时可以要求出租人在合理期限内维修。出租人未履行维修义务的，**承租人可以自行维修**，维修费用由出租人负担。因维修租赁物影响承租人使用的，应当相应减少租金或者延长租期。"本题中，租赁合同双方对维修义务并未有约定，应适用法律的规定，即由出租人负责，承租人李某更换热水器的费用由出租人承担。

4. 李某购买空调的费用应当由谁承担？为什么？

答案： 由李某承担。因为李某（承租人）经张某（转租人，也是出租人）同意装饰装修，但未就费用负担作特别约定，故承租人不得请求出租人补偿费用。

难度： 中

考点： 房租租赁合同装饰装修费用的承担

命题和解题思路： 本题系房屋租赁合同中较为复杂的一个问题，考生需要厘清具体情形及其适用规则。

答案解析：

《合同法》第223条规定："承租人经出租人同意，可以对租赁物进行改善或者增设他物。承租人未经出租人同意，对租赁物进行改善或者增设他物的，出租人可以要求承租人恢复原状或者赔偿损失。"《最高人民法院关于审理城镇房屋租赁合同纠纷案件具体应用法律若干问题的解释》第10条规定："承租人经出租人同意装饰装修，租赁期间届满或者合同解除时，除当事人另有约定外，未形成附合的装饰装修物，可由承租人拆除。因拆除造成房屋毁损的，承租人应当恢复原状。"《最高人民法院关于审理城镇房屋租赁合同纠纷案件具体应用法律若干问题的解释》第12条规定："承租人经出租人同意装饰装修，租赁期间届满时，承租人请求出租人补偿附合装饰装修费用的，不予支持。但当事人另有约定的除外。"本题中，李某经过张某的同意安装空调，该空调与房屋并未形成附合，对于购买并安装该空调的费用，双方并没有明确约定，未约定的，由承租人李某承担。

5. 对于黄某的损失，李某、张某是否应当承担赔偿责任？为什么？

答案：否（李某或张某均不应当承担赔偿责任）。因为李某与黄某之间并无合同，李某不需承担违约损害赔偿责任；对于黄某的损失，李某亦无过错，不需承担侵权责任。故李某不应承担赔偿责任。张某与黄某之间并无合同，张某不需要承担违约损害赔偿责任；对于黄某的损失，张某并无过错，不需承担侵权责任。故张某不应承担赔偿责任。

难度：中

考点：违约责任；侵权责任的因果关系

命题和解题思路：本题难度适中，但是很多考生都不能完整作答，原因便是在违约责任与侵权责任中有遗漏，在此提醒考生要全面思考。

答案解析：

《合同法》第107条规定："当事人一方不履行合同义务或者履行合同义务不符合约定的，应当承担继续履行、采取补救措施或者赔偿损失等违约责任。"《侵权责任法》第6条第1款规定："行为人因过错侵害他人民事权益，应当承担侵权责任。"本题中，李某、张某对黄某遭受的损害无过错，且双方之间没有合同关系，所以也不承担违约责任。

需要注意的是：黄某拜访同学李某，属于情谊行为，不成立合同关系，且黄某或张某均没有安全保障义务。黄某受伤的主要原因是受到惊吓摔倒，与李某或张某的容留住宿没有侵权责任法上的因果关系，也不构成产品侵权责任。黄某应自担其责。

2012年

一、试题（本题22分）

案情：

信用卡在现代社会的运用越来越广泛。设甲为信用卡的持卡人，乙为发出信用卡的银行，丙为接受信用卡消费的百货公司。**甲可以凭信用卡到丙处持卡消费**但应于下个月的15日前将其消费的款项支付给乙；丙应当接受甲的持卡消费，并于每月的20日请求乙支付甲消费的款项，2012年3月，甲消费了5万元，无力向乙还款。甲与乙达成协议，约定3个月内还款，甲将其1间铺面房抵押给乙，并作了抵押登记，应乙的要求，甲为抵押的铺面房向丁保险公司投了火灾险，并将其对保险公司的赔偿请求权转让给了己。2012年4月，甲与张某签订借款意向书，约定甲以铺面房再作抵押向张某借款5万元，用于向乙还款。后因甲未办理抵押登记，张某拒绝提供借款。2012年7月，因甲与邻居戊有矛盾，戊放火烧毁了甲的铺面房。在保险公司理赔期间，己的债权人庚向法院申请冻结了保险赔偿请求权。

问题：

1. 2012年3月之前，甲与乙之间存在什么法律关系？乙与丙之间存在什么法律关系？甲与丙之间存在什么法律关系？

2. 丙有权请求乙支付甲消费的款项但不得请求甲支付其消费的款项，其法律含义是什么？乙可否以甲不支付其消费款项为理由，拒绝向丙付款？为什么？

3. 如甲不向乙支付其消费的款项，乙可以主张什么权利？如乙不向丙支付甲消费的款项，丙可以主张什么权利？

4. 如丙拒绝接受甲持卡消费，应由谁主张权利？可以主张什么权利？为什么？

5. 张某拒绝向甲提供借款是否构成违约？为什么？

6. 甲的抵押铺面房被烧毁之后，届期无力还款，乙可以主张什么权利？

7. 甲将保险请求权转让给己，己的债权人庚向法院申请冻结该保险赔偿请求权，对乙抵押权有什么影响？为什么？

二、答案精讲

1. 2012年3月之前，甲与乙之间存在什么法律关系？乙与丙之间存在什么法律关系？甲与丙之间存在什么法律关系？

答案：

（1）甲与乙之间是一种无名合同关系，参照委托合同的规定处理；同时，由于甲应依照其消费金额向乙还款，甲与乙之间形成借款合同法律关系。

（2）丙接受持卡人的消费，也即丙受乙的委托向第三人为给付，负有与第三人订立合同的义务，乙与丙之间的关系类似委托关系或者是一种无名合同关系。

（3）甲与丙之间是买卖合同关系。

难度：中

考点：法律关系；无名合同

命题和解题思路：命题人以生活中常见的信用卡消费为出发点，考查考生对法律关系的理解。虽然法律关系的识别是学习民法的基本功，但是一旦和无名合同结合起来考查就具有了一定难度。本题的设计提醒考生应注意民法知识点的综合考查。

答案解析：

（1）目前在我国信用卡合同为无名合同，因此甲与乙之间的法律关系是一种无名合同关系。关于无名合同，《合同法》第124条规定："本法分则或者其他法律没有明文规定的合同，适用本法总则的规定，并可以参照本法分则或者其他法律最相类似的规定"。与之最相类似的规定为《合同法》第396条："委托合同是委托人和受托人约定，由受托人处理委托人事物的合同。"此外，甲"应于下个月的15日前将其消费的款项支付给乙"，因此，甲与乙之间还形成借款合同法律关系。综上，一方面甲与乙之间是一种无名合同关系，参照委托合同的规定处理；同时，甲与乙之间还形成借款合同法律关系。

（2）同理，乙与丙之间的法律关系也是一种无名合同关系或者参照委托合同的法律关系处理。

（3）甲在丙百货公司购物消费，两者之间很明显是一种买卖合同关系。

2. 丙有权请求乙支付甲消费的款项但不得请求甲支付其消费的款项，其法律含义是什么？乙可否以甲不支付其消费款项为理由，拒绝向丙付款？为什么？

答案：

（1）甲在丙处的消费款项由乙支付，这是甲与乙订立的债务承担协议并且经过债权人同意的免责债务承担。

（2）乙不可以以甲不支付其消费款项为由拒绝向丙付款。这是因为甲与乙、乙与丙之间的协议互相独立，且乙签订的债务承担协议具有无因性。

难度：中

考点：免责的债务承担；债务移转的无因性

命题和解题思路：关于免责的债务承担，我国法律规定较为粗浅，属于理论性较强的考点。命题者将民法学说设计在考题中，这提示考生在备考时不仅要关注现行法的规定还要掌握相关的理论学说。

答案解析：

所谓"免责的债务承担"，是指债务人经债权人同意，将其债务全部转嫁至第三人，由第三人向债权人清偿，原债务人退出债务关系。在本题中，"丙有权请求乙支付甲消费的款项但不得请求甲支付其消费的款项"，其实质即是乙与甲签订免责的债务承担协议且债权人丙同意。关于免责的债务承担其法律效果有：第一，在免责的债务承担中，原债务人退出债务关系，承担人成为新债务人对债务负责；第二，理论界通说认为，免责的债务承担协议具有无因性，即只要债务承担合同有效，债务承担人承担债务的基础原因无效、不成立或者被撤销的，不能作为承担人的抗辩事由而向债权人主张。具体到本题即是：乙不可以以甲不支付其消费款项为由拒绝向丙付款。

3. 如甲不向乙支付其消费的款项，乙可以主张什么权利？如乙不向丙支付甲消费的款项，丙可以主张什么权利？

答案：

（1）如甲不向乙支付其消费的款项，乙可以向甲主张违约责任。

（2）如乙不向丙支付甲消费的款项，丙可以向乙主张违约责任。

难度：易

考点：合同的相对性；违约责任

命题和解题思路：本题在第一问的基础上，考查考生对合同法的理解，特别是对违约责任的识别。该题比较简单。

答案解析：

（1）由第一问可知，甲与乙之间形成借款合同法律关系，如甲不向乙支付其消费的款项即构成违约，乙可以要求甲支付其消费的款项和利息。

（2）同理，乙与丙之间形成一种无名合同关系或类似委托合同的关系，当乙不向丙支付甲的消费款项时，乙即构成违约，应向丙支付甲消费的款项及利息。

4. 如丙拒绝接受甲持卡消费，应由谁主张权利？可以主张什么权利？为什么？

答案：

（1）应当由乙主张权利。

（2）向丙主张违约责任。

（3）因为在乙和丙之间存在一种无名合同关系或者类似委托合同的法律关系，当丙拒绝接受甲的信用卡消费时对乙即构成不履行债务的违约责任。并且合同具有相对性，甲并非合同的当事人，不能向丙主张权利。

难度：易

考点：合同相对性和违约责任

命题和解题思路：命题者通过考查考生识别违约责任的能力，进而间接考查合同的相对性原则，可谓一箭双雕。解答该题比较容易。

答案解析：

通过第一问的分析可知，在乙与丙之间存在一种无名合同关系或者类似委托合同的法律关系，即丙有义务接受合格持卡人的消费，丙拒绝接受甲的持卡消费属于违约行为；又因为合同具有相对性，甲并非合同当事人，所以只能由乙而非甲向丙主张不履行合同的违约责任。

5. 张某拒绝向甲提供借款是否构成违约？为什么？

答案：不构成违约。因为自然人之间的借款合同属于实践性合同，自贷款人提供贷款时合同生效。张某未提供贷款，所以借款合同不生效，张某不构成违约。

难度：易

考点：实践性合同

命题和解题思路：本题主要考查考生识别实践性合同的能力，一旦识别出自然人之间的借款合同属于实践性合同就能正确解答该题。

答案解析：

所谓实践性合同，是指自合同当事人交付标的物时，合同生效。另外，《合同法》第 212 条规定："自然人之间的借款合同，自贷款人提供借款时合同生效。"在本案中，张某并未向甲交付借款，所以借款合同未生效，张某不存在违约责任。

6. 甲的抵押铺面房被烧毁之后，届期无力还款，乙可以主张什么权利？

答案：

（1）乙可以就甲对丁的保险赔偿金和甲对戊的损害赔偿金主张优先受偿权。

（2）乙可以对戊行使基于抵押权的损害赔偿请求权。

难度： 中

考点： 抵押权的物上代位性；物权优先受偿权

命题和解题思路： 本题主要考查物权法中的物上代位性和优先受偿权，识别出甲对丁的保险赔偿请求权属于物上代位权的行使对象即可解答该题。

答案解析：

《物权法》第174条规定："担保期间，担保财产毁损、灭失或被征收等。担保物权人可以就获得的保险金、赔偿金或者补偿金等优先受偿。被担保债权的履行期未届满的，也可以提存该保险金、赔偿金或补偿金等"。在本题中，乙可以行使甲对丁的保险赔偿请求权；甲对戊的损害赔偿请求权也可以由乙行使。此外，《物权法》第37条规定："侵害物权，造成权利人损害的，权利人可以请求损害赔偿，也可以请求承担其他民事责任。"由于戊侵害了乙的抵押权，所以乙也可以向戊主张损害赔偿请求权。

7. 甲将保险请求权转让给己，己的债权人庚向法院申请冻结该保险赔偿请求权，对乙抵押权有什么影响？为什么？

答案： 没有影响。因为抵押权具有优先效力，抵押权发生在保险金请求权转让之前。

难度： 中

考点： 物权的优先效力

命题和解题思路： 本题围绕物权的优先效力设计，掌握物权优先效力的表现就能准确作答。

答案解析：

《最高人民法院关于适用〈中华人民共和国担保法〉若干问题的解释》第55条规定："已经设定抵押的财产被采取查封、扣押等财产保全或者执行措施的，不影响抵押权的效力。"即先押后封，抵押优先。具体到本案而言，抵押权先于已债权人庚向法院申请冻结该保险赔偿请求权，所以，抵押权优先，对乙的抵押权没有影响。

2011年

一、试题（本题19分）

案情：

甲公司从某银行贷款1200万元，以自有房产设定抵押，并办理了抵押登记。经书面协议，乙公司以其价值200万元的现有的以及将有的生产设备、原材料、半成品、产品为甲公司的贷款设定抵押，没有办理抵押登记。后甲公司届期无力清偿贷款，某银行欲行使抵押权。法院拟拍卖甲公司的房产。甲公司为了留住房产，与丙公司达成备忘录，约定："由丙公司参与竞买，价款由甲公司支付，房产产权归甲公司。"丙公司依法参加竞买，以1000万元竞买成功。甲公司将从子公司筹得的1000万元交给丙公司，丙公司将这1000万元交给了法院。法院依据竞拍结果制作民事裁定书，甲公司据此将房产过户给丙公司。

法院裁定书下达次日，甲公司、丙公司与丁公司签约："甲公司把房产出卖给丁公司，丁公司向甲公司支付1400万元。合同签订后10日内，丁公司应先付给甲公司400万元，尾款待房产过户到丁公司名下之后支付。甲公司如果在合同签订之日起半年之内不能将房产过户到丁公司名下，则丁公司有权解除合同，并请求甲公司支付违约金700万元，甲公司和丙公司对合同的履行承担连带责任。"

在甲公司、丙公司与丁公司签订房产买卖合同的次日，丙公司与戊公司签订了房产买卖合同。丙公司以1500万元的价格将该房产卖给戊公司，尚未办理过户手续。丁公司见状，拒绝履行支付400万元首付款的义务，并请求甲公司先办理房产过户手续，将房产过户到丁公司名下。甲公司则要求丁公司按约定支付400万元房产购置首付款。鉴于各方僵持不下，半年后，丙公司索性把房产过户给戊公司，并拒绝向丁公司承担连带责任。经查，在甲公司、丙公司和丁公司签订合同后，当地房地产市场价格变化不大。

问题：

1. 乙公司以其现有的及将有的生产设备等动产为甲公司的贷款设立的抵押是否成立？为什么？

2. 某银行是否必须先实现甲公司的房产的抵押权，后实现乙公司的现有的及将有的生产设备等动产的抵押权？为什么？

3. 甲公司与丙公司达成的备忘录效力如何？为什么？

4. 丙公司与戊公司签订房产买卖合同效力如何？为什么？

5. 丁公司是否有权拒绝履行支付400万元的义务？为什么？

6. 丁公司是否有权请求甲公司在自己未支付400万元首付款的情况下先办理房产过户手续？为什么？

7. 丁公司能否解除房产买卖合同？为什么？

8. 丙公司能否以自己不是合同的真正当事人为由拒绝向丁公司承担连带责任？为什么？

9. 甲公司可否请求法院减少违约金数额？为什么？

二、答案精讲

1. 乙公司以其现有的及将有的生产设备等动产为甲公司的贷款设立的抵押是否成立？为什么？

答案：成立。因为根据我国《物权法》的规定，动产浮动抵押权自抵押合同生效时设立，登记仅为对抗要件。因此，虽未办理抵押登记，乙公司为甲公司贷款所设立的动产浮动抵押已经因有效的书面协议而成立。

难度：易

考点：动产浮动抵押

命题和解题思路：命题人考查的是考生对于动产浮动抵押的设立要件的掌握，由于《物权法》中就有直接的法条依据，故此题考查难度不大，基本属于送分题。

答案解析：

我国《物权法》第189条第1款规定，动产浮动抵押的设立应当向抵押人住所地的工商行政管理部门办理登记。抵押权自抵押合同生效时设立；未经登记，不得对抗善意第三人。因此，动产浮动抵押采登记对抗主义，未登记不影响动产浮动抵押本身的设立。

2. 某银行是否必须先实现甲公司的房产的抵押权，后实现乙公司的现有的及将有的生产设备等动产的抵押权？为什么？

答案：不是。因为甲公司的房产抵押与乙公司的动产浮动抵押未明确约定抵押的债权份额与顺序，构成典型的连带共同抵押。抵押权人可以就二者择一行使抵押权，无先后顺序的强制要求。

难度：中

考点：共同抵押

命题和解题思路：本题所考查的为连带共同抵押规则，属于物权法的基本知识点。唯一可能造成困扰的是，其与混合担保规则之间容易相混淆，继而考生对债权人的权利行使顺序产生错误判断。前者的构成前提是对同一债权有**两个以上抵押人（物保+物保）**，后者的适用前提为对同一债权既存在**担保物权又存在人的担保（物保+人保）**，对此不可不察。

答案解析：

根据《最高人民法院关于适用〈中华人民共和国担保法〉若干问题的解释》第75条第2款关于连带共同抵押的规定，同一债权有两个以上抵押人的，当事人对其提供的抵押财产所担保的债权份额或者顺序**没有约定或者约定不明**的，抵押权人可以就其中任一或者各个财产行使抵押权。甲公司、乙公司构成连带共同抵押，故而，作为抵押权人的银行可以对二者择一实现抵押权。

3. 甲公司与丙公司达成的备忘录效力如何？为什么？

答案：有效。该备忘录虽不能直接发生物权变动效力，但其具备当事人的真实意思表示，且不存在违反法律、行政法规强制性规定的情形，属于有效合同。

难度：中

考点：合同效力；不动产物权变动规则

命题和解题思路：本题表面考查对合同有效要件的判断，背后涉及考生对物权法定原则的理解，实质上也考查了考生对物权变动公示规则的掌握程度，具有一定难度。

答案解析：

该备忘录作为甲公司与丙公司双方的真实意思表示，并未违反法律、行政法规的强制性规定，对于当事人双方具有法律效力。此处考生易误认为甲公司与丙公司的备忘录存在“恶意串通，损害他人合法权益”情形，但仔细分析即可发现，其并未损害债权人（该银行）的抵押权及清算利益实现，因此并不构成恶意串通，不成立合同无效事由。另一干扰点在于，甲公司与丙公司直接约定房产产权归甲公司的效力问题。基于物权法定原则，不动产物权变动以登记为生效要件，故该约定不具有物权效力。但该备忘录并未违反法律、行政法规的强制性规定，因此依然具有债权效力，丙公司负有依约将房产过户给甲公司的合同义务。

4. 丙公司与戊公司签订房产买卖合同效力如何？为什么？

答案：有效。因为甲公司已将房产过户给丙公司，丙公司作为房产的所有权人，有权对该房产进行处分。丙公司虽就该房产签订了多重买卖合同，但各个买卖合同均为**有权处分**，若没有导致合同无效的其他因素则应认定为有效。同时，基于物权变动的“区分原则”，丙公司与戊公司签订的房产买卖合同虽未办理过户手续，仅导致不发生物权变动效果，不影响买卖合同本身的效力。

难度：中

考点：合同效力；物权区分原则

命题和解题思路：本题以不动产多重买卖合同效力为切入点，综合考查了考生对于物权变动的“区分原则”以及合同效力规范的理解，近年来属于愈发常见的命题角度。这类题目万变不离其宗，考生只要掌握物权法的“区分原则”和合同的无效事由，即可高效作答。

答案解析：

出卖人就同一标的物订立多重买卖合同，只要其为有权处分人，且不具备《合同法》第52条规定的合同无效事由，则买卖合同具有债权效力，不会因为是一物数卖而受影响。此外，根据《物权法》第15条规定的物权变动“区分原则”，不动产买卖合同自合同成立时生效，未办理物权登记的，不影响合同的效力。故丙公司与戊公司签订的房产买卖合同不会因为未办理过户手续而未生效。

5. 丁公司是否有权拒绝履行支付400万元的义务？为什么？

答案：有权。虽然丁公司依照合同约定负有先交付首付款的义务，但由于房产的所有权人丙公司又与戊公司就该房产订立买卖合同，导致后履行一方甲公司有可能无法履行交房义务，作为先履行一方的丁公司有权行使不安抗辩权，中止履行支付首付款义务。

难度：易

考点：不安抗辩权

命题和解题思路：本题考查不安抗辩权的行使条件，属于合同法的基本知识点，考查意图与难度均较为浅显。解题关键在于把握不安抗辩权的构成要件。

答案解析：

根据《合同法》第68条的规定，负有先履行义务的一方当事人，在对方存在以下情形之一时可以行使不安抗辩权，中止履行合同：①经营状况严重恶化；②转移财产、抽逃资金，以逃避债务；③丧失商业信誉；④有丧失或者可能丧失履行债务能力的其他情形。本题中，丁公司为先履行一方，甲公司为后履行一方。但由于房产所有权人丙公司另行就标的物订立买卖合同，显然甲公司极有可能丧失办理房屋过户登记的履行能力。因此，丁公司为了维护自身债权利益，有权行使不安抗辩权，中止履行合同。

6. 丁公司是否有权请求甲公司在自己未支付400万元首付款的情况下先办理房产过户手续？为什么？

答案：无权。甲公司作为后履行一方可以行使顺序履行抗辩权，在先履行一方履行债务不符合约定时，拒绝其相应的履行要求。丁公司虽然具有不安抗辩权，但不安**抗辩权属防御性权利，其效力只是延缓自己的履行义务，没有积极的请求效力。**丁公司仅可以中止自己合同义务的履行，不能进一步要求在后履行一方履行合同义务。

难度：中

考点：顺序履行抗辩权；不安抗辩权

命题和解题思路：本题承接上一题，继续考查不安抗辩权，但深入到对于不安抗辩权的效力层面，难度加大。解题关键在于把握不安抗辩权的功能要旨在于消极意义上的担保债权实现，不具备积极意义上的请求履行权能。

答案解析：

根据《合同法》第67条关于顺序履行抗辩权的规定，当事人互负债务，有先后履行顺序，先履行一方未履行的，后履行一方有权拒绝其履行要求。先履行一方履行债务不符合约定的，后履行一方有权拒绝其相应的履行要求。换言之，丁公司不安抗辩权的行使虽然可以中止其合同义务的履行，但并不能阻止作为后履行一方的甲公司行使顺序履行抗辩权，故丁公司无权请求甲公司在自己未支付400万元首付款的情况下先办理房产过户手续。

7. 丁公司能否解除房产买卖合同？为什么？

答案：能。依照甲公司与丁公司约定，甲公司如果在合同签订之日起半年之内不能将房产过户到丁公司名下，则丁公司有权解除合同。半年后甲公司仍未履行房产过户登记义务，合同约定解除权的条件成就，丁公司有权行使约定解除权，解除房产买卖合同。

难度：易

考点：约定解除权

命题和解题思路：本题考查约定解除权这一合同法基本知识点，考查方式较为单一，考生只需注意题干即可轻松做出正确解答。

答案解析：

依据《合同法》第93条第2款的规定，当事人可以约定一方解除合同的条件。解除合同的条件成就时，解除权人可以解除合同。本题中，由于甲公司在合同订立半年内未将房产过户至丁公司名下，满足约定解除权的成就条件，丁公司自然可以行使约定解除权。

8. 丙公司能否以自己不是合同的真正当事人为由拒绝向丁公司承担连带责任？为什么？

答案：不能。依照甲公司与丙公司、丁公司在房屋买卖合同中的约定，丙公司和甲公司对于合同的履行负担连带责任。该约定既属于当事人的真实意思表示，又不存在合同无效事由，当然具有法律效力，丙公司不能以自己不是合同的真正当事人为由拒绝向丁公司承担连带责任。

难度：易

考点：合同效力；连带债务

命题和解题思路：本题考查连带债务的产生方式与合同效力规则，实际上考生只要具备基础的合同法知识就不难正确答题。

答案解析：

连带责任是指依照法律规定或当事人约定，两个或两个以上当事人对其共同债务全部承担或部分承担的一种民事责任形式。连带债务的产生来源可以基于当事人约定，这是民法意思自治原则的应有之义。同时，该约定亦不违反法律、行政法规的强制性规定，不损害社会公共利益，具有法律拘束力。

9. 甲公司可否请求法院减少违约金数额？为什么？

答案：可以。合同约定的违约金超过实际损失的30%的，一般可以认定为违约金数额过分高于损失，当事人可以请求法院予以适当减少。本题中700万元的违约金显然远远超过造成损失的30%，故甲公司可以请求法院减少违约金数额。

难度：中

考点：违约金

命题和解题思路：本题考查违约金酌减规则的适用条件，考生不仅需掌握《合同法》关于违约金酌减的规则，还应熟记《最高人民法院关于适用〈中华人民共和国合同法〉若干问题的解释（二）》的细化规定，注意牢记30%这一判断违约金是否过高的特殊比例数字。

答案解析：

《合同法》及相关司法解释确立了违约金司法酌减规则。依据《合同法》第114条第2款，约定的违约金低于造成的损失的，当事人可以请求人民法院或者仲裁机构予以增加；约定的违约金过分高于造成的损失的，当事人可以请求人民法院或者仲裁机构予以适当减少。同时，结合《最高人民法院关于适用〈中华人民共和国合同法〉若干问题的解释（二）》第29条的具体化规定，一般当事人约定的违约金超过造成损失的30%的，可以认定为“过分高于造成的损失”。由于本题中当地房地产市场价格变化不大，故甲公司违约行为造成的损失也不大，700万元违约金可以认定为“过分高于”，进而甲公司可以请求法院减少违约金数额。

2010 年

一、试题（本题 20 分）

案情：

甲公司委派业务员张某去乙公司采购大蒜，张某持盖章空白合同书以及采购大蒜授权委托书前往。

甲、乙公司于 2010 年 3 月 1 日签订大蒜买卖合同，约定由乙公司代办托运，货交承运人丙公司后即视为完成交付。大蒜总价款为 100 万元，货交丙公司后甲公司付 50 万元货款，货到甲公司后再付清余款 50 万元。双方还约定，甲公司向乙公司交付的 50 万元货款中包含定金 20 万元，如任何一方违约，需向守约方赔付违约金 30 万元。

张某发现乙公司尚有部分绿豆要出售，认为时值绿豆销售旺季，遂于 2010 年 3 月 1 日擅自决定与乙公司再签订一份绿豆买卖合同，总价款为 100 万元，仍由乙公司代办托运，货交丙公司后即视为完成交付。其他条款与大蒜买卖合同的约定相同。

2010 年 4 月 1 日，乙公司按照约定将大蒜和绿豆交给丙公司，甲公司将 50 万元大蒜货款和 50 万元绿豆货款汇付给乙公司。按照托运合同，丙公司应在十天内将大蒜和绿豆运至甲公司。

2010 年 4 月 5 日，甲、丁公司签订以 120 万元价格转卖大蒜的合同。4 月 7 日因大蒜价格大涨，甲公司又以 150 万元价格将大蒜卖给戊公司，并指示丙公司将大蒜运交戊公司。4 月 8 日，丙公司运送大蒜过程中，因山洪暴发大蒜全部毁损。戊公司因未收到货物拒不付款，甲公司因未收到戊公司货款拒绝支付乙公司大蒜尾款 50 万元。

后绿豆行情暴涨，丙公司以自己名义按 130 万元价格将绿豆转卖给不知情的己公司，并迅即交付，但尚未收取货款。甲公司得知后，拒绝追认丙公司行为，要求己公司返还绿豆。

问题：

1. 大蒜运至丙公司时，所有权归谁？为什么？

2. 甲公司与丁、戊公司签订的转卖大蒜的合同的效力如何？为什么？

3. 大蒜在运往戊公司途中毁损的风险由谁承担？为什么？

4. 甲公司能否以未收到戊公司的大蒜货款为由，拒绝向乙公司支付尾款？为什么？

5. 乙公司未收到甲公司的大蒜尾款，可否同时要求甲公司承担定金责任和违约金责任？为什么？

6. 甲公司与乙公司签订的绿豆买卖合同效力如何？为什么？

7. 丙公司将绿豆转卖给己公司的行为法律效力如何？为什么？

8. 甲公司是否有权要求己公司返还绿豆？为什么？

二、答案精讲

1. 大蒜运至丙公司时，所有权归谁？为什么？

答案：甲公司和乙公司约定，大蒜交给丙公司时视为完成交付，动产交付完成标志所有权发生转移，故此时甲公司是大蒜所有权人。

难度：易

考点：基于法律行为的动产物权变动

命题和解题思路：物权变动规则几乎是每年的民法必考点，在本题的动产买卖中，要厘清大蒜运至丙公司时的所有权归属，只需掌握基于法律行为的动产物权变动的原则性规定，即以交付（或者放弃占有）为生效要件。其公式为：生效的法律行为＋处分权＋交付＝物权变动。

答案解析：

因为大蒜是动产，除合同有特别约定外，以交付作为其所有权转移的标志。根据《物权法》第23条的规定："动产物权的设立和转让，自交付时发生效力，但法律另有规定的除外。"甲、乙公司约定货交承运人丙公司后即视为完成交付，当大蒜运至丙公司时，物权发生变动，所有权归属甲公司。

2. 甲公司与丁、戊公司签订的转卖大蒜的合同的效力如何？为什么？

答案：有效。大蒜在交付之前，甲公司仍有所有权，享有处分权，出卖人就同一标的物订立的多重买卖合同，合同的效力相互之间是不排斥的。

难度：中

考点：一物数卖、合同的效力

命题和解题思路："一物二卖"是民事审判中的一个难点，我国现行的法律承认多重买卖合同的效力，只要不存在合同无效或者可撤销的法定情形，双方当事人经过平等协商而自愿签订的合同都是有效合同。**其实，法考时代还需知道：即使构成无权处分，在区分原则下，买卖合同的效力也不因此受影响！**

答案解析：

乙公司将大蒜交付给承运人丙公司，甲公司即为大蒜的所有权人。甲、丁之间的大蒜买卖合同有效。由于甲尚未将大蒜交付给丁公司，因此，甲依然是大蒜的所有权人，甲又将大蒜出卖给戊，属于有权处分，甲、戊之间的买卖合同也是有效的。

《最高人民法院关于适用〈中华人民共和国合同法〉若干问题的解释（二）》第15条明确规定："出卖人就同一标的物订立多重买卖合同，合同均不具有《合同法》第五十二条规定的无效情形，买受人因不能按照合同约定取得标的物所有权，请求追究出卖人违约责任的，人民法院应予支持。"《最高人民法院关于审理买卖合同纠纷案件适用法律问题的解释》第3条规定："当事人一方以出卖人在缔约时对标的物没有所有权或处分权为由主张合同无效的，人民法院不予支持。出卖人因未取得所有权或处分权致使标的物所有权不能转移，买受人要求出卖人承担违约责任或者要求解除合同并主张损害赔偿的，人民法院应予支持。”

3. 大蒜在运往戊公司途中毁损的风险由谁承担？为什么？

答案：戊公司承担。在途货物的买卖，自买卖合同签订之日起，标的物意外毁损灭失的风险由买方承担。故大蒜毁损灭失的风险由买方戊公司承担。

难度：易

考点：在途货物买卖合同的风险负担

命题和解题思路：本题涉及在途货物买卖合同中的风险承担规则。买卖合同中的“风险负担”，指买卖合同生效后，合同履行完毕前，因不可归责于双方当事人的事由致使标的物毁损或灭失时，应由哪一方当事人承担价金风险的问题。风险负担原则上采用“交付主义”。但在现代社会中，商事主体之间的大量交易，往往不是由出卖人直接交货或买受人直接提货，而是通过承运人来完成的。这就使得货物的交付更加复杂化了，风险转移也就有了特别的规则。解答本题的关键是要掌握合同法中在途货物风险负担的规则。

答案解析：

《合同法》第144条规定：“出卖人出卖交由承运人运输的在途标的物，除当事人另有约定的以外，损毁、灭失的风险自合同成立时起由买受人承担。”**值得注意的是，出卖人出卖交由承运人运输的在途标的物，在合同成立时知道或者应当知道标的物已经毁损、灭失却没有告知买受人，买受人主张“出卖人”负担标的物毁损、灭失风险的，人民法院应予支持。**

4. 甲公司能否以未收到戊公司的大蒜货款为由，拒绝向乙公司支付尾款？为什么？

答案：不能。因为合同具有相对性，甲、乙公司是大蒜购销合同的当事人，甲公司不能因为第三人戊公司的原因拒付尾款。

难度：中

考点：合同的相对性；第三人侵害债权

命题和解题思路：合同的相对性是指合同效力拘束范围具有相对性，其指合同约束力只能发生在特定的主体之间。合同关系仅是在特定人之间发生的法律关系，因此，只有合同关系当事人彼此之间才有权提出请求和有义务满足对方请求。乙公司作为合同的相对方有权请求甲公司支付尾款，**而且甲公司不存在法定抗辩事由；第三人戊公司的违约行为不影响甲乙合同的履行义务。**

答案解析：

《合同法》第121条规定：“当事人一方因第三人的原因造成违约的，应当向对方承担违约责任。当事人一方和第三人之间的纠纷，依照法律规定或者按照约定解决。”因此，甲公司不能以未收到戊公司的大蒜货款为由，拒绝向乙公司支付尾款，否则要向乙公司承担违约行为。

5. 乙公司未收到甲公司的大蒜尾款，可否同时要求甲公司承担定金责任和违约金责任？为什么？

答案：不能。同一合同中的违约金责任和定金责任不能并用。

难度： 易

考点： 违约金与定金

命题和解题思路： 违约金与定金能否并用的问题，《合同法》已有明确规定，合同双方当事人既有违约金又有定金约定时，当事人只能二选一，要么选择适用违约金约定，要么选择适用定金罚则。因此，考生只需熟记该规则就能正确作答此题。

答案解析：

《合同法》第116条规定："当事人既约定违约金，又约定定金的，一方违约时，对方可以选择适用违约金或者定金条款。"**违约金和定金都是对守约方遭受违约损害的赔偿，同时并用会产生守约方"更多获利"的不公平结果，因此原则上不允许二者同时并用。**因此，甲公司和乙公司大蒜购销合同中既约定了定金又约定了违约金，乙公司只能最有利益地选择适用违约金或者定金。

6. 甲公司与乙公司签订的绿豆买卖合同效力如何？为什么？

答案： 有效。因为甲公司通过向乙公司支付50万元绿豆货款的行为，表明其已对张某无权代理行为进行了追认。

难度： 中

考点： 无权代理的追认

命题和解题思路： 本题考查的是被代理人以行为追认无权代理合同的情形。"被代理人已经开始履行合同义务的，视为对合同的追认"，属于被代理人以言词之外的行为追认无权代理，可以视为以行为追认的典型。

答案解析：

张某以甲公司的名义与乙公司签订的绿豆买卖合同属于因无权代理而订立的合同，故甲公司与乙公司之间买卖绿豆特定合同属于代理效力待追认的合同。但是，《最高人民法院关于适用〈中华人民共和国合同法〉若干问题的解释（二）》第12条规定："无权代理人以被代理人的名义订立合同，被代理人已经开始履行合同义务的，视为对合同的追认。"追认权属于形成权，行使形成权的行为属于单方法律行为，可采用明示或者默示的方式行使。甲公司属于以推定的方式行使追认权。

7. 丙公司将绿豆转卖给己公司的行为法律效力如何？为什么？

答案： 有效。因无权处分订立的买卖合同，若无其他效力瑕疵，无权处分不影响买卖合同的效力。权利人是否追认也不影响买卖合同的效力。故丙己间的买卖合同有效。

难度： 难

考点： 无权处分合同的效力

命题和解题思路： 本题考查无权处分合同的效力，理论界通说认为，无权处分行为属于"效力待定"之行为。但是，2012年7月1日起实施的《最高人民法院关于审理买卖合同纠纷案件适用法律问题的解释》突破了"效力待定"学说。在动产领域同样适用区分原则，确定了物权变动与原因行为相分离即债权效力与物权效力相分离的原则。因此，无权处分的合同并不当然无效，此类合同只要系双方真实意思表示，其买卖合同的债权行为即为有效，但卖方向买方转移标的物所有权的物权行为处于效力待定状态，在经权利人追认或事后取得处分权时，物权行为生效。

答案解析：

《最高人民法院关于审理买卖合同纠纷案件适用法律问题的解释》第 3 条规定："当事人一方以出卖人在缔约时没有所有权或者处分权为由主张合同无效的，人民法院不予支持。出卖人因未取得所有权或者处分权致使标的物所有权不能转移的，买受人要求出卖人承担违约责任或者要求解除合同并主张损害赔偿的，人民法院应予以支持。"因此，虽然丙公司将绿豆转卖给已公司并无相应的处分权，但不影响丙、已之间的买卖合同的效力。

8. 甲公司是否有权要求已公司返还绿豆？为什么？

答案：无权。即使已公司尚未支付货款，也不影响其善意取得。

难度：难

考点：善意取得

命题和解题思路：本题涉及善意取得动产所有权的构成要件问题，即关于"以合理的价格转让"要件是否要求受让人实际支付对价。实践认为，该要件只要求无权处分合同中约定了"合理价格"即可，不要求实际支付，但出让人须实际转移标的物的占有于受让人。因此，解答本题的关键是要了解"合理价格"要件的真实含义，即不要求实际支付价款。

答案解析：

关于第三人善意取得动产所有权是否要求实际支付合理价款，有两种不同的观点。第一种认为，为了防止无权处分人与第三人恶意串通，善意取得动产所有权的，要求第三人实际支付合理价格。第二种观点认为，善意取得动产所有权的，只要第三人与无权处分人约定支付合理价格，不要求实际支付。出题人持第二种观点，因此，丙公司将绿豆以合理的价格转卖给不知情的已公司，虽然已经交付，但尚未收取货款，不影响善意取得的构成。

2009 年

一、试题（本题 22 分）

案情：

2005 年 1 月 1 日，甲与乙口头约定，甲承租乙的一套别墅，租期为五年，租金一次付清，交付租金后即可入住。洽谈时，乙告诉甲屋顶有漏水现象。为了尽快与女友丙结婚共同生活，甲对此未置可否，付清租金后与丙入住并办理了结婚登记。

入住后不久别墅屋顶果然漏水，甲要求乙进行维修，乙认为在订立合同时已对漏水问题提前作了告知，甲当时并无异议，仍同意承租，故现在乙不应承担维修义务。

于是，甲自购了一批瓦片，找到朋友开的丁装修公司免费维修。丁公司派工人更换了漏水的旧瓦片，同时按照甲的意思对别墅进行了较大装修。更换瓦片大约花了10天时间，装修则用了一个月，乙不知情。更换瓦片时，一名工人不慎摔伤，花去医药费数千元。

2005年6月，由于新换瓦片质量问题，别墅屋顶出现大面积漏水，造成甲一万余元财产损失。

2006年4月，甲遇车祸去世，丙回娘家居住。半年后丙返回别墅，发现戊已占用别墅。原来，2004年12月甲曾向戊借款10万元，并亲笔写了借条，借条中承诺在不能还款时该别墅由戊使用。在戊向乙出示了甲的亲笔承诺后，乙同意戊使用该别墅，将房屋的备用钥匙交付于戊。

问题：

1. 甲、乙之间租赁合同的期限如何确定？理由是什么？如乙欲解除与甲的租赁合同，应如何行使权利？
2. 别墅维修及费用负担问题应如何处理，理由是什么？
3. 甲、丁之间存在什么法律关系？其内容和适用规则如何？摔伤工人的医药费用如何承担？理由是什么？
4. 别墅装修问题应如何处理？理由是什么？
5. 甲是否有权请求乙赔偿因2005年6月屋顶漏水所受损失？理由是什么？
6. 丙可否行使对别墅的承租使用权？理由是什么？
7. 丙应如何向戊主张自己的权利？理由是什么？

二、答案精讲

1. 甲、乙之间租赁合同的期限如何确定？理由是什么？如乙欲解除与甲的租赁合同，应如何行使权利？

答案：甲、乙之间的租赁合同的期限为不定期租赁。理由是：租赁期限6个月以上的，应当采用书面形式。当事人未采用书面形式的，视为不定期租赁。乙可以随时解除与甲的租赁合同，但应当在合理期限之前通知甲。

难度：易

考点：不定期租赁合同的期限与解除

命题和解题思路：命题人以当事人“口头约定”与“租期五年”为陷阱考查不定期租赁合同的期限，综合考查不定期租赁合同解除的特殊规定。

答案解析：

根据《合同法》第215条规定，租赁期限6个月以上的，应当采用书面形式。当事人未采用书面形式的，视为不定期租赁。本题中，甲承租乙别墅时口头约定租期为5年，未采用书面形式，但是租赁期限超过了6个月，因此视为不定期租赁。根据《合同法》第232条规定，当事人对租赁期限没有约定或者约定不明确，依照本法第61条的规定仍不能确定的，视为不定期租赁。当事人可以随时解除合同，但出租人解除合同应在合理期限之前通知承租人。据此可知，不定期租赁合同中出租人可以随时解除合同，因此本题中乙可以随时解除与甲的租赁合同，但应当在合理期限之前通知甲。

2. 别墅维修及费用负担问题应如何处理，理由是什么？

答案：①甲有权要求乙在合理期限内维修，乙未履行维修义务而甲自行维修，维修费用由乙承担，甲有权要求乙偿还维修费用及利息。②维修影响了甲对别墅的使用，甲有权要求乙减少租金或者延长租期。

理由：根据《合同法》第220条和第221条规定，出租人应当履行租赁物的维修义务。租赁物需要维修的，承租人可以在合理期限内要求出租人维修，承租人自行维修的，由出租人承担维修费用。因维修租赁物影响承租人使用的，应当相应减少租金或者延长租期。

难度：易

考点：租赁物的维修

命题和解题思路：租赁合同中当事人的权利义务历年来是司法考试的重点。本题中命题人以租赁物维修为切入点全面考查了《合同法》第221条，对考生精确理解记忆法条的要求较高。

答案解析：

《合同法》第220条规定：出租人应当履行租赁物的维修义务，但当事人另有约定的除外。第221条规定：承租人在租赁物需要维修时可以要求出租人在合理期限内维修。出租人未履行维修义务的，承租人可以自行维修，维修费用由出租人负担。因维修租赁物影响承租人使用的，应当相应减少租金或者延长租期。据此可知，出租人应当履行租赁物的维修义务。需注意：本题中尽管乙在订立合同时已对漏水问题提前作了告知，甲当时并无异议且仍同意承租，但承租人在租赁时是否被告知并不影响乙作为出租人对租赁物的维修义务。同时，承租人甲被告知房屋有漏水瑕疵，而未提出异议，但并不意味着双方约定了对出租人维修义务的免除。故关于维修义务“另有约定”并不存在，依法应由出租人承担维修义务。

租赁物需要维修的，承租人可以在合理期限内要求出租人维修，承租人自行维修的，由出租人承担维修费用。甲已向乙提出维修请求，乙未履行维修义务而甲自行维修，维修费用应由乙承担。在维修过程中，甲对别墅的使用不免受维修影响，因此有权要求乙相应减少租金或者延长租期。

3. 甲、丁之间存在什么法律关系？其内容和适用规则如何？摔伤工人的医药费用如何承担？理由是什么？

答案：①甲、丁之间构成无名合同关系（或帮工合同关系、义务承揽关系、劳务委托关系、雇用合同关系）。甲、丁之间关于费用承担问题可以参照赠与合同的相关规定；装修工作参照承揽合同的相关规定。②摔伤工人的医药费用应当由丁装修公司承担，理由是摔伤的工人在雇佣活动中遭受的损害由雇主承担赔偿责任。

难度：难

考点：无名合同；雇主责任、定作人责任

命题和解题思路：经济社会的不断发展使得越来越多类型的合同出现在交易中，法律不可能对实践中出现的各种类型的合同穷尽规定，因此无名合同应运而生。无名合同的法律适用问题历来是学理界关注的一个问题，也是司法考试中命题人的青睐对象之一，本题中命题人即考查了无名合同的法律适用问题，同时考查了侵权责任法中特殊侵权的重点——雇主责任以及承揽合同中定作人责任。一题多问，设置不同的考点，难度较大。

答案解析：

（1）无名合同，又称为非典型合同，与有名合同相对应，是指法律没有规定其名称和规则的合同。本题中，丁为甲免费维修别墅，既似承揽合同又不是承揽合同，因为尽管承揽合同中承揽人要为定作人完成一定工作任务，但是承揽合同是有偿合同；既像赠与合同又不是赠与合同，因为尽管丁是免费为甲装修，但是赠与合同的标的是财产所有权的移转而不是完成一定工作，因此合同法对甲、丁之间的法律关系没有明确的规定，故而甲、丁之间的合同属于无名合同或复合合同、混合合同。根据《合同法》第124条规定，本法分则或者其他法律没有明文规定的合同，适用本法总则的规定，并可以参照本法分则或者其他法律最相类似的规定。因此本题中甲、丁之间的无名合同应当适用《合同法》总则的规定，并可以参照《合同法》分则或者其他法律最相类似的规定。例如，本题中甲、丁之间关于费用承担问题可以参照赠与合同的相关规定，装修工作参照承揽合同的相关规定。

（2）装修别墅的过程中丁公司的一名工人不慎摔伤，根据《最高人民法院关于审理人身损害赔偿案件适用法律若干问题的解释》第11条规定，雇员在从事雇佣活动中遭受人身损害，雇主应当承担赔偿责任。因此该工人医药费用应由其雇主丁装修公司承担。那么定作人甲是否应就该工人遭受的损害承担责任呢？根据《最高人民法院关于审理人身损害赔偿案件适用法律若干问题的解释》第10条规定："承揽人在完成工作过程中对第三人造成损害或者造成自身损害的，定作人不承担赔偿责任。但定作人对定作、指示或者选任有过失的，应当承担相应的赔偿责任。"可知，定作人只有在对定作、指示或者选任有过失时才对承揽人遭受的损害承担相应赔偿责任。本题中，甲不存在定作、指示或者选任上的过失，因此不需要承担摔伤工人的医疗费用。

4. 别墅装修问题应如何处理？理由是什么？

答案：乙可以要求甲恢复原状或者赔偿损失。承租人甲自行负担装修费用。理由是：承租人未经出租人同意，对租赁物进行改善或者增设他物的，出租人可以要求承租人恢复原状或者赔偿损失。承租人未经出租人同意装饰装修或者扩建发生的费用，由承租人负担。

难度：中

考点：租赁物的改造及费用承担

命题和解题思路：考试中常常将租赁物的维修与租赁物的装修一起考查，混淆考

生的视听。本题考查《合同法》第223条关于租赁物的改造装修问题，需要考生将其与第二问的考点“租赁物的维修”区分开来，维修费用与装修费用由不同当事人承担，考生答题时须擦亮眼睛，弄清是“维修”还是“装修”！

答案解析：

《合同法》第223条规定，承租人经出租人同意，可以对租赁物进行改善或者增设他物。承租人未经出租人同意，对租赁物进行改善或者增设他物的，出租人可以要求承租人恢复原状或者赔偿损失。《最高人民法院关于审理城镇房屋租赁合同纠纷案件具体应用法律若干问题的解释》第13条规定，承租人未经出租人同意装饰装修或者扩建发生的费用，由承租人负担。出租人请求承租人恢复原状或者赔偿损失的，人民法院应予支持。本题中，甲装修别墅并未经过出租人乙的同意，因此由甲自行承担装修费用，且乙可以要求甲恢复原状或者赔偿损失。

5. 甲是否有权请求乙赔偿因2005年6月屋顶漏水所受损失？理由是什么？

答案：甲无权请求乙赔偿损失。理由：第二次漏水是因为甲请求装修公司丁提供的瓦片质量问题，是由于甲自身原因所致，乙对此并无过错，因此乙不承担责任。

难度：易

考点：违约责任；侵权责任

命题和解题思路：本题考查违约责任与一般侵权责任的成立要件，本题在当事人过错方面与违约行为方面设置陷阱。一方面，尽管违约责任是无过错责任，但是损失产生并非是因租赁合同当事人违约行为所致，故不成立违约责任；另一方面，本题中对损失的产生当事人也并无过错，因此亦不成立侵权责任。解答本题需要考生对违约责任与侵权责任的成立归责原则和因果关系要件重点把握。

答案解析：

《合同法》第216条规定，出租人应当按照约定将租赁物交付承租人，并在租赁期间保持租赁物符合约定的用途。《合同法》第107条规定，当事人一方不履行合同义务或者履行合同义务不符合约定的，应当承担继续履行、采取补救措施或者赔偿损失等违约责任。据此可知，出租人乙在出租别墅时应当保证租赁物符合约定用途，但是该别墅在出租时即有漏水现象，因此第一次漏水是因为乙交付的别墅不符合约定用途，乙应当对甲承担违约责任。但是2005年6月的漏水现象是由于甲自身的原因所致，乙对此并无违约行为，因此不承担违约责任。而根据《侵权责任法》第6条第1款规定，行为人因过错侵害他人民事权益，应当承担侵权责任。乙对第二次漏水并无过错，因此也不应当承担侵权责任。综上，乙对第二次漏水既不承担违约责任也不承担侵权责任，故甲无权请求乙赔偿损失。

6. 丙可否行使对别墅的承租使用权？理由是什么？

答案：丙有权行使对别墅的承租使用权。理由是：承租人在房屋租赁期间死亡的，与其生前共同居住的人可以继续按照租赁合同租赁该房屋。

难度：中

考点：共同居住人的继续租赁权

命题和解题思路：本题考查的是租赁合同中非常细小的考点之一，题目本身不难，难在需要考生对法条的记忆要全面。本题实际上涉及一理论争点：特殊主体居住权问题。考生须领会居住权在房屋租赁关系中的适用条件。

答案解析：

根据《合同法》第234条规定，承租人在房屋租赁期间死亡的，与其生前共同居住的人可以按照原租赁合同租赁该房屋。据此，本题中，甲的女友丙与甲共同居住在该别墅内，属于共同居住人，因此其有权行使对别墅的承租使用权。

7. 丙应如何向戊主张自己的权利？理由是什么？

答案：丙有权对戊行使占有回复请求权，请求其返还该别墅。理由：根据《合同法》第234条的规定，丙可以行使对别墅的承租使用权，因此其对别墅合法占有，有权请求侵占人戊返还原物。

难度：易

考点：占有回复请求权

命题和解题思路：占有历来是物权法中的难点之一，也是司法考试命题的宠儿。本题涉及的“占有”的知识点并不复杂，只要考生熟练掌握占有回复请求权的构成要件，拿下此题轻而易举！

答案解析：

通过第6问分析可知，丙可以行使对别墅的承租使用权，因此其对别墅合法占有、有权占有。根据《物权法》第245条规定，占有的不动产或动产被侵占的，占有人有权请求返还原物。这一占有回复请求权的构成要件为：①请求人为占有人；②占有被侵占；③被请求人为占有人及其继受人；④须在占有被侵害之日起一年内行使。本题中，虽然“戊向乙出示了甲的亲笔承诺后，乙同意戊使用该别墅，将房屋的备用钥匙交付于戊”，但由于丙的占有状态也可以依法对抗房屋的所有权人，乙的同意也构成对丙的占有妨害。戊通过此种方式住进该房屋不符合法律规定，侵害了丙的合法占有，而且期限也未超过一年，因此丙有权对戊行使占有回复请求权，要求戊返还别墅。

2008年

一、试题（本题23分）

案情：

扫一扫　看微课视频

A房地产公司（以下简称“A公司”）与B建筑公司（以下简称“B公司”）达成一项协议，由B公司为A公司承建一栋商品房。合同约定，标的总额6000万元，8个月交工，任何一方违约，按合同总标的额20%支付违约金。合同签订后，为筹集工程建设资金，A公司用其建设用地使用权作抵押向甲银行贷款3000万元，乙公司为此笔贷款承担保证责任，但对保证方式未作约定。

B公司未经A公司同意，将部分施工任务交给丙建筑公司施工，该公司由张、李、王三人合伙出资组成。施工中，工人刘某不慎掉落手中的砖头，将路过工地的行人陈某砸成重伤，花去医药费5000元。

A公司在施工开始后即进行商品房预售。丁某购买了1号楼101号房屋，预交了5万元房款，约定该笔款项作为定金。但不久，A公司又与汪某签订了一份合同，将上述房屋卖给了汪某，并在房屋竣工后将该房的产权证办理给了汪某。汪某不知该房已经卖给丁某的事实。

汪某入住后，全家人出现皮肤瘙痒、流泪、头晕目眩等不适。经检测，发现室内甲醛等化学指标严重超标。但购房合同中未对化学指标作明确约定。

因A公司不能偿还甲银行贷款，甲银行欲对A公司开发的商品房行使抵押权。

问题：

1. 若B公司延期交付工程半个月，A公司以此提起仲裁，要求支付合同总标的额20%即1200万元违约金，你作为B公司的律师，拟提出何种请求以维护B公司的利益？依据是什么？

2. 对于陈某的损失，应由谁承担责任？如何承担责任？为什么？

3. 对于陈某的赔偿，应当适用何种归责原则？依据是什么？

4. 对于乙公司的保证责任，其性质应如何认定？理由是什么？

5. 若甲银行行使抵押权，其权利标的是什么？甲银行如何实现自己的抵押权？

6. 丁某在得知房屋卖给汪某后，向法院提起诉讼，要求A公司履行合同交付房屋，其主张应否得到支持？为什么？

7. 汪某现欲退还房屋，要回房款。你作为汪某的代理人，拟提出何种请求维护汪某的利益？依据是什么？

8. 如果A公司不能向B公司支付工程款，B公司可对A公司提出什么请求？

二、答案精讲

1. 若B公司延期交付工程半个月，A公司以此提起仲裁，要求支付合同总标的额20%即1200万元违约金，你作为B公司的律师，拟提出何种请求以维护B公司的利益？依据是什么？

答案：请求仲裁机构适当减少违约金。依据《合同法》规定，约定的违约金过分高于造成的损失的，当事人可以请求人民法院或者仲裁机构予以适当减少。

难度：易

考点：违约金酌减

命题和解题思路：有关违约金酌减的问题，《合同法》及《最高人民法院关于适用〈中华人民共和国合同法〉若干问题的解释（二）》早已有所规定，只要考生领会题干中"若B公司延期交付工程半个月，A公司要求支付合同总标的额20%即1200万元违约金"的目的意义，即可轻松作答本题。

答案解析：

A公司、B公司在合同中约定：标的总额6000万元，8个月交工，任何一方违约，按合同总标的额20%支付违约金。本题假设B公司延期交付工程半个月，因为迟延履行的期限并不长，B公司的违约行为给A公司造成的损失也不算太大，所以A公司要求B公司支付全部违约金1200万元，明显高于造成的损失。根据《合同法》第114条第2款后段的规定，"约定的违约金过分高于造成的损失的，当事人可以请求人民法院或者仲裁机构予以适当减少"，所以B公司可以请求仲裁机构适当减少违约金。实务中，判断是否"过分"，一般依据实际损失与标的额的比例酌定，违约金高于实际损失的30%，可请求酌减；违约金低于实际损失额的70%，可请求适当增加或依实际损失处理。

2. 对于陈某的损失，应由谁承担责任？如何承担责任？为什么？

答案：应由丙建筑公司承担责任。陈某的损失系刘某造成，而刘某系丙公司的雇员，其在执行工作任务中非因故意或重大过失致人损害的，由雇主承担责任。最终由张、李、王三人承担连带责任，因为丙公司系由其三人出资的合伙企业。

难度：中

考点：雇主责任；合伙人责任

命题和解题思路：雇主责任属于侵权责任法上典型的替代责任，不过雇主责任与用人单位责任稍有不同，《最高人民法院关于审理人身损害赔偿案件适用法律若干问题的解释》对雇主责任的规定多了"雇员因故意或者重大过失致人损害的，（雇员）与雇主承担连带责任"的情形，这是本题的丢分点。合伙人对合伙企业债务承担连带责任，属于典型的送分点。

答案解析：

陈某是因为刘某施工时不慎掉落手中的砖头被砸伤的，该损失是否由刘某直接承担，取决于是否存在替代责任的情形。根据《最高人民法院关于审理人身损害赔偿案件适用法律若干问题的解释》第9条第1款前句的规定："雇员在从事雇佣活动中致人损害的，雇主应当承担赔偿责任；雇员因故意或者重大过失致人损害的，应当与雇主承担连带赔偿责任"，因为刘某系丙公司的雇员，并且刘某系"不慎"砸伤陈某，不属于故意或重大过失致人损害的情形，应当由雇主丙公司承担责任。

在具体的责任承担上，因丙公司由张、李、王三人合伙出资，根据《合伙企业法》第2条第2款前句的规定，"普通合伙企业由普通合伙人组成，合伙人对合伙企业债务承担无限连带责任"，因此最终由张、李、王三人承担连带责任。**其实，准确表述应该是先由丙公司承担，不足部分由张、李、王三人连带承担。其依据是《民法总则》第104条：非法人组织的财产不足以清偿债务的，其出资人或者设立人承担无限责任。**

法律适用：《侵权责任法》并未规定“雇用责任”，而是分别使用“用人单位责任”与“个人劳务责任”予以概括，改变了《最高人民法院关于审理人身损害赔偿案件适用法律若干问题的解释》雇主责任中雇员承担“重过失连带责任”的规定。《侵权责任法》是一般法但却是新法，应以新法为准。

3. 对于陈某的赔偿，应当适用何种归责原则？依据是什么？

答案：应当适用过错推定原则。因为《侵权责任法》规定建筑物、构筑物或者其他设施及其搁置物、悬挂物脱落、坠落造成他人损害，适用过错推定原则。

难度：易

考点：物件致害归责原则

命题和解题思路：考生只要熟练掌握物件致害归责原则的相关规定，即可轻松作答本题。

答案解析：

陈某系被工人掉落的砖头砸伤，属于物件致害的情形。根据《侵权责任法》第85条前句之规定，“建筑物、构筑物或者其他设施及其搁置物、悬挂物发生脱落、坠落造成他人损害，所有人、管理人或者使用人不能证明自己没有过错的，应当承担侵权责任”，对于陈某的赔偿，应当适用过错推定原则。

4. 对于乙公司的保证责任，其性质应如何认定？理由是什么？

答案：乙公司的保证责任在性质上属于连带责任保证，因为担保法规定对保证责任性质约定不明的，保证人承担连带责任保证。

难度：易

考点：保证方式未约定或约定不明的推定

命题和解题思路：考生只要熟悉担保法对保证方式未约定或约定不明的推定，即可轻松作答本题，本题属于送分题。

答案解析：

乙公司为A公司向甲银行之贷款承担保证责任，但对保证方式未作约定，根据《担保法》第19条的规定：“当事人对保证方式没有约定或者约定不明确的，按照连带责任保证承担保证责任”，因此乙公司应当承担连带责任保证。

易混点解析：适用连带推定规则的前提是“没有约定或者约定不明确”，尤其要认定“明确约定”的表述。《担保法》第17条规定，“债务人不能履行债务时，由保证人承担保证责任”，属于明确约定了一般保证方式，即不属于“约定不明”，不能推定为“连带保证”。

5. 若甲银行行使抵押权，其权利标的是什么？甲银行如何实现自己的抵押权？

答案：权利标的是建设用地使用权，不包括商品房。甲银行实现抵押权时，应当将商品房与建设用地使用权一并处分，但就商品房所得价款无权优先受偿。

难度： 难

考点： 建设用地使用权抵押的特别规定

命题和解题思路： 由于房屋具有依附土地存在的特性，处理房地产关系时应遵循“地随房走”或“房随地走”原则。因此，若土地上已存在建筑物，一般来讲，在实现抵押权时应当将建筑物和建设用地使用权一并处分，才能实现建设用地使用权现实的使用价值和交换价值。因此，本题实现抵押权时，尽管新增的建筑物不属于抵押财产，仍可以将其与建设用地使用权一并处分。但处分后，由于新增的建筑物不属于抵押财产，处分新增建筑物所得的价款，抵押权人没有优先受偿的权利，只能作为普通债权人行使权利。

答案解析：

A 公司以建设用地使用权作抵押向甲银行贷款 3000 万元，因为抵押当时土地上的商品房还未施工建设。根据《物权法》第 200 条的规定，“建设用地使用权抵押后，该土地上新增的建筑物不属于抵押财产。该建设用地使用权实现抵押权时，应当将该土地上新增的建筑物与建设用地使用权一并处分，但新增建筑物所得的价款，抵押权人无权优先受偿”，甲银行抵押权的权利标的是建设用地使用权，新增的商品房不属于抵押财产；甲银行实现抵押权时，应当将商品房与建设用地使用权一并处分，但就商品房所得价款无权优先受偿。

易混点解析：“房地一体主义”意即实现抵押权时“一并处分”，应遵循“地随房走”或“房随地走”原则。根据《物权法》第 182 条的规定，“以建筑物抵押的，该建筑物占用范围内的建设用地使用权一并抵押。以建设用地使用权抵押的，该土地上的建筑物一并抵押。抵押人未依照前款规定一并抵押的，**未抵押的财产视为一并抵押**”。

但并不意味着房地一体，就必须“一并受偿”，要区分三种情形：

（1）抵押权设立时，房地一体，若房地一起抵押则一并受偿；分别抵押则一并处理，但分别受偿。

（2）抵押权设立时，有地无房，抵押权实现时有地有房，则一并处理，但不得对房屋价款受偿。

（3）抵押权设立时，有地无房，但房屋约定为“浮动抵押”范围，则实现时一并处理，一并受偿。

6. 丁某在得知房屋卖给汪某后，向法院提起诉讼，要求 A 公司履行合同交付房屋，其主张应否得到支持？为什么？

答案： 不能得到支持。房屋买卖合同有效；且汪某已经取得商品房所有权，A 公司构成履行不能。

难度： 中

考点：履行不能

命题和解题思路：履行合同义务的请求能否得到法院支持，取决于三个方面：①合同是否有效；②被请求人是否拥有法定抗辩事由；③实际履行是否可能。本题主要考查合同实际履行规则。考生需掌握实际履行或继续履行作为一种合同救济机制，其实受到诸多限制。考生要对合同法的相关履行制度全面把握。

答案解析：

A公司在将商品房卖给丁某后又再次卖给汪某，并为汪某办理了产权登记，属于典型的一房二卖。因为汪某“不知该房已经卖给丁某的事实”，所以汪某并不构成“第三人恶意串通”，不符合《最高人民法院关于审理商品房买卖合同纠纷案件适用法律若干问题的解释》第10条规定的无效情形。汪某已经办理了房屋所有权转移登记，故汪某取得商品房所有权。所以丁某要求A公司履行合同交付房屋，A公司构成履行不能，根据《合同法》第109条“法律上不能履行”的规定，丁某的主张不能得到支持。

需要说明的是，丁某可以依据《最高人民法院关于审理商品房买卖合同纠纷案件适用法律若干问题的解释》第8条规定“无法取得房屋的买受人可以请求解除合同、返还已付购房款及利息、赔偿损失，并可以请求出卖人承担不超过已付购房款一倍的赔偿责任”，请求A公司承担其他违约责任。

7. 汪某现欲退还房屋，要回房款。你作为汪某的代理人，拟提出何种请求维护汪某的利益？依据是什么？

答案：请求解除合同，退房；并要求返还已付房款和利息；另可主张人身损害赔偿。因为该房屋无法居住，无能实现合同目的，汪某享有法定解除权。合同解除后，依据对待返还义务，主张返还已付房款及利息；因房屋化学成分超标构成加害给付，汪某可请求侵权赔偿责任（包括精神损害赔偿）。

难度：中

考点：法定解除权；解除的法律后果

命题和解题思路：本题的关键在于判断汪某是否享有合同解除权，“购房合同中未对化学指标作明确约定”，由此推知双方未就化学指标约定合同解除权，因此应继而判断汪某是否享有法定解除权。

答案解析：

汪某入住后，全家人出现皮肤瘙痒、流泪、头晕目眩等不适，该房屋存在质量缺陷已经不适合居住，汪某购房目的无法实现。根据《合同法》第94条第（四）项规定，“当事人一方有其他违约行为致使不能实现合同目的”，当事人可以解除合同。根据《合同法》第97条规定，“合同解除后，尚未履行的，终止履行；已经履行的，根据履行情况和合同性质，当事人可以要求恢复原状、采取其他补救措施，并有权要求赔偿损失”，所以汪某解除合同后，还能请求退房、退款和赔偿损失。

需要注意的是：本题中汪某已经依照有效合同获得了房屋所有权并入住使用，只是房屋存在质量瑕疵。虽然涉案房屋属于商品房，但并不符合《商品房买卖合同》第8条、第9条所规定的“双倍房款返还”的惩罚性规则，所以代理人不能依法请求所付

房款的双倍返还来最大限度维护汪某的利益。但可考虑人身损害中的精神损害赔偿，如果足够严重的话!

8. 如果A公司不能向B公司支付工程款，B公司可对A公司提出什么请求?

答案: B公司可对A公司主张违约责任，并可就建设工程款对建设工程主张优先权。

难度: 中

考点: 违约责任；建设工程款的优先受偿

命题和解题思路: A公司不能向B公司支付工程款，属于违约行为，B公司可以主张违约责任。此外，本题还涉及建设工程款的优先权问题。为保护承包人的利益，承包人还可请求拍卖或折价建设工程并得以优先受偿。此条救济路径是本题的失分点和难点所在。

答案解析:

A公司存在违约行为，B公司可以主张违约责任；此外根据《合同法》第286条后句的规定，“发包人逾期不支付的，除按照建设工程的性质不宜折价、拍卖的以外，承包人可以与发包人协议将该工程折价，也可以申请人民法院将该工程依法拍卖。建设工程的价款就该工程折价或者拍卖的价款优先受偿”，本案中商品房不属于不宜折价、拍卖的建设工程，因此B公司可以请求法院将该工程拍卖或折价，并就相应价款优先受偿。

民事诉讼法与仲裁制度

吴志伟　讲解

吴志伟

前命题人。西南政法大学最高人民法院应用法学研究基地副主任。主讲民事诉讼法学、司法制度与法律职业道德等本科、研究生课程。他授课条理清晰、风趣幽默，自称是被民诉耽误了的“段子手”。在他的讲授中，程序不再高冷，规则亦不枯燥。跟着他，以民诉为马，闯法考江湖。

2017 年

一、试题（本题 19 分）

案情：

2013 年 5 月，居住在 S 市二河县的郝志强、迟丽华夫妻将二人共有的位于 S 市三江区的三层楼房出租给包童新居住，协议是以郝志强的名义签订的。2015 年 3 月，住所地在 S 市四海区的温茂昌从该楼房底下路过，被三层掉下的窗户玻璃砸伤，花费医疗费 8500 元。

就温茂昌受伤赔偿问题，利害关系人有关说法是：包童新承认当时自己开了窗户，但没想到玻璃会掉下，应属窗户质量问题，自己不应承担责任；郝志强认为窗户质量没有问题，如果不是包童新使用不当，窗户玻璃不会掉下；此外，温茂昌受伤是在该楼房院子内，作为路人的温茂昌不应未经楼房主人或使用权人同意擅自进入院子里，也有责任；温茂昌认为自己是为了躲避路上的车辆而走到该楼房旁边的，不知道这个区域已属个人私宅的范围。为此，温茂昌将郝志强和包童新诉至法院，要求他们赔偿医疗费用。

法院受理案件后，向被告郝志强、包童新送达了起诉状副本等文件。在起诉状、答辩状中，原告和被告都坚持协商过程中自己的理由。开庭审理 5 天前，法院送达人员将郝志强和包童新的传票都交给包童新，告其将传票转交给郝志强。开庭时，温茂昌、包童新按时到庭，郝志强迟迟未到庭。法庭询问包童新是否将出庭传票交给了郝志强，包童新表示 4 天之前就交了。法院据此在郝志强没有出庭的情况下对案件进行审理并作出判决，判决郝志强与包童新共同承担赔偿责任：郝志强赔偿 4000 元，包童新赔偿 4500 元，两人相互承担连带责任。

一审判决送达后，郝志强不服，在上诉期内提起上诉，认为一审审理程序上存在瑕疵，要求二审法院将案件发回重审。包童新、温茂昌没有提起上诉。

问题：

1. 哪些（个）法院对本案享有管辖权？为什么？
2. 本案的当事人确定是否正确？为什么？
3. 本案涉及的相关案件事实应由谁承担证明责任？
4. 一审案件的审理在程序上有哪些瑕疵？二审法院对此应当如何处理？

二、答案精讲

1. 哪些（个）法院对本案享有管辖权？为什么？

答案： S 市三江区法院和 S 市二河县法院对本案有管辖权。《民事诉讼法》第 28 条规定，因侵权行为提起的诉讼，由侵权行为地或者被告住所地法院管辖。S市三江区法院为被告郝志强住所地，S市二河县法院为侵权行为地和被告包童新住所地。

难度： 中

考点： 特殊地域管辖（民事诉讼法中规定的各类特殊地域管辖的适用）

命题和解题思路： 命题人要求考生根据给定的案例材料判断案件的管辖法院，这是考试案例分析题常见的考查内容。管辖无疑是考试的重点，本题是 **“重者恒重”** 规律的产物。管辖类试题大多考查考生的识记能力和对法条简单的运用能力，难度不高。考生解答管辖类试题，应**首先明确案件的具体类型**，这是解题至关重要的环节；在此基础上，**再根据《民事诉讼法》及司法解释有关管辖的规定具体确定管辖法院**。此类试题往往需要阐述理由，而最主要的理由就是法律规定，这对考生的记忆精确度有较高要求。

答案解析：

本案是因温茂昌被楼上坠落的玻璃砸伤而引发，从性质上判断明显属于侵权纠纷。根据《民事诉讼法》第28条规定，因侵权行为提起的诉讼，由侵权行为地或者被告住所地人民法院管辖。确定本案的侵权行为地较为简单，自然是掉落玻璃楼房所在地的S市三江区。根据案情表述，温茂昌将郝志强和包童新诉至法院，被告住所地应是郝志强和包童新的住所地。郝志强、包童新分别居住于S市二河县和S市三江区。因此，本案的管辖法院是S市三江区法院和S市二河县法院。

易混淆点解析： 确定案件的管辖法院，可**首先确定级别管辖，然后确定地域管辖**。在地域管辖中，首先判断案件是否属于**专属管辖**情形；如果不是，再看是否存在**管辖协议**；如果没有协议，或者协议无效，再看是否属于**特殊地域管辖**案件；如果不属于，再看能否适用**一般地域管辖的例外规定**；如果不适用，再根据**一般地域管辖**确定地域管辖法院。考生严格按照此逻辑思路解答管辖类试题，可有效避免误判。

2. 本案的当事人确定是否正确？为什么？

答案： 本案一审当事人的确定不完全正确（或部分正确，或部分错误）：①温茂昌作为原告，郝志强、包童新作为被告正确，遗漏迟丽华为被告错误。温茂昌是受害人，与案件的处理结果有直接的利害关系，作为原告，正确；②《侵权责任法》第85条规定，建筑物、构筑物或者其他设施及其搁置物、悬挂物发生脱落、坠落造成他人损害，所有人、管理人或者使用人不能证明自己没有过错的，应当承担侵权责任。郝志强为楼房所有人，包童新为楼房使用人，作为被告，正确；③迟丽华作为楼房的所有人之一，没有列为被告，错误。

难度： 中

考点： 原告和被告地位的确定（通常情况下原告与被告诉讼地位的确定）；必要共同诉讼（共同诉讼人诉讼地位的确定）

命题和解题思路：根据案情表述，要求考生**判断案件中当事人的诉讼地位，这同样是考试案例题常用的考查套路**。本题考查内容既涉及实体法，又涉及程序法。当事人确定表面上看属于程序法问题，实则与民事实体法规范息息相关。因为脱离民事实体法，根本无法确定适格当事人。本案法律关系明确，确定当事人相对简单，仅有原告和被告，不涉及第三人。考生需要融通民事实体法和民事程序法的规定，方能作出准确判断。考生评析案件当事人要全面，尤其不可遗漏对原告是否适格的评价。

答案解析：

根据材料表述，本案是侵权纠纷，具体而言，属于物件损害责任中建筑物、构筑物或者其他设施及其搁置物、悬挂物发生脱落、坠落致人损害责任。应当根据《侵权责任法》确定各方的责任承担。《侵权责任法》第85条规定，建筑物、构筑物或者其他设施及其搁置物、悬挂物发生脱落、坠落造成他人损害，所有人、管理人或者使用人不能证明自己没有过错的，应当承担侵权责任。窗户玻璃坠落的出租楼房由郝志强、迟丽华夫妻二人共有，两人均为所有人。包童新是楼房的租客，属于使用人。因此，本案的被告应为郝志强、迟丽华和包童新。原告起诉郝志强和包童新正确，但遗漏了楼房共有人迟丽华错误，迟丽华也应是必要共同诉讼被告。

原告是为了维护自己或自己所管理的他人的民事权益，而以自己的名义向法院起诉，从而引起民事诉讼程序发生的人。本案中，温茂昌是受害人，为了维护自己的民事权益，以自己的名义向法院起诉。因此，温茂昌应为本案的原告。

综上所述，本案的原告是适格原告，将郝志强和包童新列为被告正确，但遗漏迟丽华为被告错误。

3. 本案涉及的相关案件事实应由谁承担证明责任？

答案：①郝志强为该楼所有人、包童新为该楼使用人的事实、该楼三层掉下的窗户玻璃砸伤温茂昌的事实、温茂昌受伤状况的事实、温茂昌治伤花费医疗费8500元的事实等，由温茂昌承担证明责任；②包童新认为窗户质量存在问题的事实，由包童新承担证明责任；③包童新使用窗户不当的事实、温茂昌未经楼房的主人或使用权人的同意擅自进到楼房的院子里的事实，由郝志强承担证明责任。

难度：难

考点：证明责任的特殊分配（证明责任特殊分配的具体情形）

命题和解题思路：证明责任分配绝对是考试的“常客”，属于每年必考内容。命题人遵循“重者恒重”规律，对相关案件事实的证明责任分配作出考查。通俗来讲，就是“还是原来的套路，还是熟悉的考法”。考生解答此类试题，要首先根据案例材料的表述和法律规定全面确定案件的待证事实。具体而言，**证明责任分配针对要件事实而言**。因此，考生应**根据案件涉及的实体法规范梳理案件的要件事实，再根据法律规定的证明责任分配一般原理或特殊规则，具体确定每一个要件事实的证明责任分配**。本题材料表述较为隐晦，需要考生结合法律规定判断各方当事人表述的意图。判断的难点在于对温茂昌是否有过错的证明责任分配不要受到材料表述的干扰。

答案解析：

《侵权责任法》第85条规定，建筑物、构筑物或者其他设施及其搁置物、悬挂物发生脱落、坠落造成他人损害，所有人、管理人或者使用人不能证明自己没有过错的，应当承担侵权责任。因此，本案应适用过错推定责任，即过错的证明责任“倒置”给被告。具言之，建筑物、构筑物或者其他设施及其搁置物、悬挂物发生脱落、坠落致人损害应由原告承担证明责任；因侵权行为造成的损失也应由原告承担证明责任；没有过错的证明责任由被告承担证明责任；免责事由则由被告承担证明责任。在此要注意，不论一般侵权行为还是特殊侵权责任，侵权纠纷中损害事实均由原告方（受害人）承担证明责任，免责事由均由被告（侵权行为人）承担证明责任。

结合案情表述，本案中证明侵权行为的待证事实包括郝志强为该楼所有人、包童新为该楼的使用人、该楼三层掉下的窗户玻璃砸伤温茂昌的事实；证明损害结果的事实包括温茂昌受伤状况的事实、温茂昌治伤花费医疗费8500元的事实；所有人证明自己无过错的事实是包童新使用窗户不当的事实；使用人证明自己无过错的事实是窗户质量存在问题的事实。郝志强提出温茂昌未经楼房主人或使用权人同意擅自进入楼房的院子里，而温茂昌认为自己是为了躲避路上的车辆而走到该楼房旁边的，不知道这个区域已属个人私宅的范围。两种说法看似对立，实则郝志强提出温茂昌对于损害的发生有过错，主张过失相抵，而温茂昌认为自己没有过错。从性质来看，该事实属于免责事由，应由被告郝志强承担对温茂昌有过错的证明责任，而温茂昌无须对其无过错承担证明责任。

综上所述，各主体应承担的证明责任如下：①温茂昌应承担证明责任的事实包括郝志强为该楼所有人、包童新为该楼的使用人、该楼三层掉下的窗户玻璃砸伤温茂昌、温茂昌受伤状况、温茂昌治伤花费医疗费8500元等事实。②郝志强应承担证明责任的事实包括包童新使用窗户不当、温茂昌未经楼房的主人或使用权人的同意擅自进到楼房的院子里。③包童新应承担证明责任的事实包括窗户质量存在问题。

易混淆点解析：不论一般侵权行为还是特殊侵权责任，侵权纠纷中损害事实均由原告方（受害人）承担证明责任，免责事由均由被告（侵权行为人）承担证明责任。

4. 一审案件的审理在程序上有哪些瑕疵？二审法院对此应当如何处理？

答案：（1）一审案件的审理存在如下瑕疵：第一，遗漏被告迟丽华：作为楼房所有人之一，应当作为被告参加诉讼。第二，一审法院通过包童新向郝志强送达开庭传票没有法律根据，属于违法行为；法院未依法向郝志强送达开庭传票，进而导致案件缺席判决，不符合作出缺席判决的条件，并严重限制了郝志强辩论权的行使。

（2）遗漏当事人、违法缺席判决、严重限制当事人辩论权的行使，都属于司法解释中列举的程序上严重违法、案件应当发回重审的行为，因此，二审法院应当裁定发回重审。

难度：难

考点：必要共同诉讼（共同诉讼人诉讼地位的确定）；送达方式（转交送达）；缺席判决（缺席判决的情形）；上诉案件的裁判（对第一审判决提起上诉的案件的裁判）

命题和解题思路：命题人通过材料表述让考生判断审判程序存在的程序瑕疵，这也是考试案例题常用的考查方式。本题对必要共同诉讼、送达、缺席判决、发回重审等知识点进行综合考查。考生欲正确答题，必须准确掌握相关民事诉讼制度，才能通过对比得出答案。根据第一问的设问句，第二问实则考查二审法院对于一审程序瑕疵如何处理。2012 年民事诉讼法修正对发回重审作出限制，只有原判决严重违反法定程序才会发回重审。因此，考生解答第二问的关键在于，对一审程序瑕疵是否属于严重违反法定程序作出判断。

答案解析：

首先，第一审法院的审理程序存在瑕疵，分别予以评价。

（1）根据本题第二问的分析，迟丽华是窗户玻璃坠落的出租楼房的共有人，应作为必要共同诉讼的共同被告，温茂昌起诉时应将迟丽华列为被告。《民事诉讼法》第 132 条规定，必须共同进行诉讼的当事人没有参加诉讼的，人民法院应当通知其参加诉讼。据此，即便温茂昌起诉时未列迟丽华，法院也应当通知迟丽华参加诉讼。一审法院未通知违反法律规定。

（2）一审法院送达方式错误。法院送达人员将郝志强和包童新的传票都交给包童新，告其将传票转交给郝志强。根据《民事诉讼法》第 89 条、第 90 条规定，转交送达的适用对象是军人、被监禁或被采取强制性教育措施的受送达人。本案显然不符合转交送达的条件，法院送达人员应直接将传票送达给郝志强。

（3）《民事诉讼法》第 144 条规定，被告经传票传唤，无正当理由拒不到庭的，或者未经法庭许可中途退庭的，可以缺席判决。据此，适用缺席判决的前提是对被告已经传票传唤，隐含的条件是传唤方式必须合法。而本案中，法院送达传票行为违法，对被告未经合法的传票传唤，不得缺席判决。因被告郝志强未出庭，也导致郝志强的辩论权无从实现。

其次，《民事诉讼法》第 170 条第 1 款第（四）项规定，原判决遗漏当事人或者违法缺席判决等严重违反法定程序的，裁定撤销原判决，发回原审人民法院重审。《最高人民法院关于适用〈中华人民共和国民事诉讼法〉的解释》第 325 条规定，下列情形，可以认定为民事诉讼法第 170 条第 1 款第（四）项规定的严重违反法定程序：①审判组织的组成不合法的；②应当回避的审判人员未回避的；③无诉讼行为能力人未经法定代理人代为诉讼的；④违法剥夺当事人辩论权利的。根据前面分析，一审判决遗漏当事人、违法缺席判决、违法剥夺当事人辩论权利，均属于严重违反法定程序的情形。二审法院应当裁定撤销原判决，发回重审。

2016年

一、试题（本题18分）

案情：

扫一扫 看微课视频

陈某转让一辆中巴车给王某但未办过户。王某为了运营，与明星汽运公司签订合同，明确挂靠该公司，王某每月向该公司交纳500元，该公司为王某代交规费、代办各种运营手续、保险等。明星汽运公司依约代王某向鸿运保险公司支付了该车的交强险费用。

2015年5月，王某所雇司机华某驾驶该中巴车致行人李某受伤，交警大队认定中巴车一方负全责，并出具事故认定书。但华某认为该事故认定书有问题，提出虽肇事车辆车速过快，但李某横穿马路没有走人行横道，对事故发生也负有责任。因赔偿问题协商无果，李某将王某和其他相关利害关系人诉至F省N市J县法院，要求王某、相关利害关系人向其赔付治疗费、误工费、交通费、护理费等费用。被告王某委托N市甲律师事务所刘律师担任诉讼代理人。

案件审理中，王某提出其与明星汽运公司存在挂靠关系、明星汽运公司代王某向保险公司交纳了该车的交强险费用、交通事故发生时李某横穿马路没走人行横道等事实；李某陈述了自己受伤、治疗、误工、请他人护理等事实。诉讼中，各利害关系人对上述事实看法不一。李某为支持自己的主张，向法院提交了因误工被扣误工费、为就医而支付交通费、请他人护理而支付护理费的书面证据。但李某声称治疗的相关诊断书、处方、药费和治疗费的发票等不慎丢失，其向医院收集这些证据遭拒绝。李某向法院提出书面申请，请求法院调查收集该证据，J县法院拒绝。

在诉讼中，李某向J县法院主张自己共花治疗费36650元，误工费、交通费、护理费共计12000元。被告方仅认可治疗费用15000元。J县法院对案件作出判决，在治疗费方面支持了15000元。双方当事人都未上诉。

一审判决生效一个月后，李某聘请N市甲律师事务所张律师收集证据、代理本案的再审，并商定实行风险代理收费，约定按协议标的额的35%收取律师费。经律师说服，医院就李某治伤的相关诊断书、处方、药费和治疗费的支付情况出具了证明，李某据此向法院申请再审，法院受理了李某的再审申请并裁定再审。

再审中，李某提出增加赔付精神损失费的诉讼请求，并要求张律师一定坚持该意见，律师将其写入诉状。

问题：

1. 本案的被告是谁？简要说明理由。
2. 就本案相关事实，由谁承担证明责任？简要说明理由。
3. 交警大队出具的事故认定书，是否当然就具有证明力？简要说明理由。

4. 李某可以向哪些（个）法院申请再审？其申请再审所依据的理由应当是什么？

5. 再审法院应当按照什么程序对案件进行再审？再审法院对李某增加的再审请求，应当如何处理？简要说明理由。

6. 根据律师执业规范，评价甲律师事务所及律师的执业行为，并简要说明理由。

二、答案精讲

1. 本案的被告是谁？简要说明理由。

答案：本案被告应以原告的主张来加以确定：原告主张挂靠单位和被挂靠单位承担责任的，王某、明星汽运公司、鸿运保险公司为共同被告。理由：根据《侵权责任法》第50条的规定，转让机动车未办理手续的，由保险公司在强制责任保险范围内予以赔偿，不足部分由受让人承担侵权责任；明星汽运公司为王某从事中巴车运营的被挂靠单位，根据《最高人民法院关于适用〈中华人民共和国民事诉讼法〉的解释》第54条规定，以挂靠形式从事民事活动，当事人请求由挂靠人和被挂靠人依法承担民事责任的，该挂靠人和被挂靠人为共同诉讼人。原告不主张被挂靠单位承担责任的，王某、鸿运保险公司为共同被告。

难度：难

考点：原告和被告地位的确定（最高人民法院相关司法解释中有关原告与被告地位的确定）；必要共同诉讼（最高人民法院相关司法解释中关于必要共同诉讼中共同诉讼人地位的确定的规定）

命题和解题思路：《最高人民法院关于适用〈中华人民共和国民事诉讼法〉若干问题的意见》规定挂靠行为均成立必要共同诉讼，而《最高人民法院关于适用〈中华人民共和国民事诉讼法〉的解释》则根据当事人的主张确定是否构成共同诉讼。《最高人民法院关于适用〈中华人民共和国民事诉讼法〉的解释》对挂靠中当事人确定的修正，为本题的命制提供了新素材。**命题人以挂靠行为为主线，对机动车交通事故责任中责任主体的确定、劳务侵权纠纷当事人的确定等知识点进行综合考查。**命题人思路开阔，情节设计巧妙，考查内容横跨实体法与程序法，难度颇高。各考点环环相扣，任何一部分内容记忆不牢，均难以准确作答。案例分析题往往会涉及诸多主体，建议考生在解题时对各主体之间的法律关系画个简图，以防混淆。

答案解析：

《最高人民法院关于适用〈中华人民共和国民事诉讼法〉的解释》第54条规定，以挂靠形式从事民事活动，当事人请求由挂靠人和被挂靠人依法承担民事责任的，该挂靠人和被挂靠人为共同诉讼人。其潜台词是当事人仅主张挂靠人承担民事责任，案件的被告是挂靠人；当事人主张挂靠人和被挂靠人均承担民事责任，那么两者成为共同被告。因此，本案应依据原告的具体主张确定被告，在答题时应当分情况展开分析。

又根据《侵权责任法》第50条规定，当事人之间已经以买卖等方式转让并交付机动车但未办理所有权转移登记，发生交通事故后属于该机动车一方责任的，由保险公司在机动车强制保险责任限额范围内予以赔偿。不足部分，由受让人承担赔偿责任。据此，无论原告是否主张被挂靠人的责任，保险公司均应当作为共同被告。且即便未办理登记，出让人也不承担赔偿责任。

王某所雇司机华某驾驶该中巴车致行人李某受伤，王某与华某之间是提供劳务关系。根据《最高人民法院关于适用〈中华人民共和国民事诉讼法〉的解释》第57条规定，提供劳务一方因劳务造成他人损害，受害人提起诉讼的，以接受劳务一方为被告。据此，李某应当起诉王某，而非华某。

综上所述，原告李某主张挂靠单位和被挂靠单位承担责任时，王某、明星汽运公司、鸿运保险公司为共同被告；原告李某仅主张挂靠单位承担责任时，王某和鸿运保险公司为共同被告。

> **重点解析：**根据大陆法系民诉理论，必要共同诉讼分为**固有的必要共同诉讼**和**类似的必要共同诉讼**。两者的区别在于，固有的必要共同诉讼中各个共同诉讼人必须一同起诉或应诉当事人方为适格；而类似的必要共同诉讼各个共同诉讼人既可一同起诉或应诉，又可分别起诉或应诉。我国民事诉讼法并未对必要共同诉讼再作划分，基本按固有的必要共同诉讼对待必要共同诉讼制度。挂靠即属于典型的类似的必要共同诉讼，《最高人民法院关于适用〈中华人民共和国民事诉讼法〉的解释》对挂靠中当事人确定的修正符合民事诉讼基本原理。

2. 就本案相关事实，由谁承担证明责任？简要说明理由。

答案：王某与明星汽运公司存在挂靠关系的事实由王某承担证明责任；明星汽运公司依约代王某向鸿运保险公司交纳了该车的强制保险费用的事实由王某承担证明责任；交通事故发生时李某横穿马路没走人行通道的事实，由王某承担证明责任；李某受伤状况、治疗状况、误工状况、请他人护理状况等事实，由李某承担证明责任。理由：诉讼中，在通常情况下，谁主张事实支持自己的权利主张，由谁来承担自己所主张的事实的证明责任。本案上述事实，不存在特殊情况的情形，因此由相对应的事实主张者承担证明责任。

难度：中

考点：证明责任的分配（最高人民法院相关司法解释中关于当事人举证责任承担的有关规定）

命题和解题思路：证明责任分配在考试中几乎每年必考，属于当之无愧的重点。命题人遵循“重者恒重”规律，对相关案件事实的证明责任分配予以考查。考生解答此类试题，要首先根据案例材料的表述和法律规定全面梳理案件的待证事实，切忌遗漏；再根据法律规定的证明责任分配理论，具体确定每一个案件事实证明责任的承担主体。基于特殊优于一般原则，**应首先判断给定的案例是否适用证明责任的特殊分配规则，如果不适用，再根据证明责任分配的一般原理予以确定。**

本题考查模式与2017年卷四第6题第三问完全相同，相比而言，本题对案件事实表述更直白。本题的命题素材是机动车交通事故责任，而该题是物件损害责任。由此，特殊侵权责任纠纷经常获得命题人的青睐，复习时应重点关注。

答案解析：

根据案例表述，本案需要证明的事实包括王某与明星汽运公司存在挂靠关系、明星汽运公司代王某向保险公司交纳了该车的交强险费用、交通事故发生时李某横穿马路没走人行横道、李某受伤、治疗、误工、请他人护理等事实。

《最高人民法院关于适用〈中华人民共和国民事诉讼法〉的解释》第91条规定，主张法律关系存在的当事人，应当对产生该法律关系的基本事实承担举证证明责任。据此，王某主张其与明星汽运公司存在挂靠关系、明星汽运公司代王某向保险公司交纳了该车的交强险费用的事实，均应由王某承担证明责任。《道路交通安全法》第76条规定，机动车与非机动车驾驶人、行人之间发生交通事故，非机动车驾驶人、行人没有过错的，由机动车一方承担赔偿责任；有证据证明非机动车驾驶人、行人有过错的，根据过错程度适当减轻机动车一方的赔偿责任。由此，证明非机动车驾驶人、行人有过错的事实应由机动车一方承担证明责任。交通事故发生时李某横穿马路没走人行横道的事实，应由车主王某承担证明责任。李某受伤状况、治疗状况、误工状况、请他人护理状况等事实，由李某提出主张，也应由李某承担证明责任。

3. 交警大队出具的事故认定书，是否当然就具有证明力？简要说明理由。

答案：交警大队出具的事故认定书，不当然具有证明力。理由：在诉讼中，交警大队出具的事故认定书只是证据的一种，其所证明的事实与案件其他证据所证明的事实是否一致，以及法院是否确信该事故认定书所确认的事实，法院有权根据案件的综合情况予以判断，即该事故认定书的证明力由法院判断后确定。

难度：中

考点：证据交换与质证

命题和解题思路：本题考查证据的证明力，主要涉及对证据的质证。交警大队出具的事故认定书属于公文书证，这是答题干扰信息，考生如未能深入了解质证与证明力形成的内在逻辑关系，很容易误认为国家机关出具的证据就具有证明力。一般而言，**公文书证的证明力大于其他书证**。但这种对比是以书证均存在证明力为前提，证明力的有无和证明力大小完全是两个不同的概念，切不可混淆。**除法院依职权调查收集的证据之外，其余证据必须质证，否则不能获得证明力。**即便是**法院依职权调查收集的证据，也必须在庭审时出示，听取当事人意见。**因此，**任何证据都不是当然就具有证明力。**

答案解析：

从性质来看，事故认定书应当属于公文书证。根据《最高人民法院关于适用〈中华人民共和国民事诉讼法〉的解释》第114条规定，国家机关或者其他依法具有社会管理职能的组织，在其职权范围内制作的文书所记载的事项推定为真实，但有相反证据足以推翻的除外。必要时，人民法院可以要求制作文书的机关或者组织对文书的真实性予以说明。据此，虽然公文书证原则上可推定为真实，但允许用相反证据推翻，因此其并不当然具有证明力。又根据《最高人民法院关于适用〈中华人民共和国民事诉讼法〉的解释》第103条第1款规定，证据应当在法庭上出示，由当事人互相质证。未经当事人质证的证据，不得作为认定案件事实的根据。据此，证据应当经过质证，才能作为认定案件事实的根据，即便是公文书证也不例外，否则就不需要制作机关对文书真实性作出说明了。

4. 李某可以向哪些（个）法院申请再审？其申请再审所依据的理由应当是什么？

答案：李某可以向F省N市中级人民法院申请再审。因为，根据《最高人民法院关于适用〈中华人民共和国民事诉讼法〉的解释》，再审案件原则上向原审法院的上级法院提出。本案不存在向原审法院申请再审的法定事由。再审的理由为：对审理案件需要的主要证据，当事人因客观原因不能自行收集，书面申请人民法院调查收集，人民法院未调查收集；有新的证据，足以推翻原判决。

难度：中

考点：申请再审的条件（申请再审的事实和理由、申请再审的管辖法院）

命题和解题思路：本题对申请再审的管辖法院以及再审事由作出考查，题目考点明确。申请再审的管辖法院，我国民事诉讼法奉行“**以上提一级为原则，以原审法院为例外**”的模式，解答本题的关键点在于确定应当适用何种模式。对于再审事由，考生应详阅案件材料，比对《民事诉讼法》规定的13种当事人申请再审情形进行判断，这对考生的记忆精确度要求较高。

答案解析：

《民事诉讼法》第199条规定，当事人对已经发生法律效力的判决、裁定，认为有错误的，可以向上一级人民法院申请再审；当事人一方人数众多或者当事人双方为公民的案件，也可以向原审人民法院申请再审。又据《最高人民法院关于适用〈中华人民共和国民事诉讼法〉的解释》第75条规定，民事诉讼法第199条规定的人数众多，一般指十人以上。本案一方人数未及十人，不属于人数众多；且被告方有保险公司，也不符合双方当事人均为公民的情形。因此，李某应当依照原则规定，向生效判决法院F省N市J县法院的上一级法院F省N市法院申请再审。

根据材料表述和法律规定，本案李某申请再审的法定事由有两个。“李某向法院提出书面申请，请求法院调查收集该证据，J县法院拒绝”。这符合《民事诉讼法》第200条第（五）项规定，对审理案件需要的主要证据，当事人因客观原因不能自行收集，书面申请人民法院调查收集，人民法院未调查收集。“经律师说服，医院就李某治伤的相关诊断书、处方、药费和治疗费的支付情况出具了证明，李某据此向法院申请再审”。这符合《民事诉讼法》第200条第（一）项的规定，有新的证据，足以推翻原判决、裁定。

5. 再审法院应当按照什么程序对案件进行再审？再审法院对李某增加的再审请求，应当如何处理？简要说明理由。

答案：再审法院应当按照第二审程序对案件进行再审。因为受理并裁定对案件进行再审的，是原审法院的上级法院，应当适用第二审程序对案件进行再审。

再审法院对李某增加的要求被告支付精神损失费的再审请求不予受理；且该请求

也不属于可以另行起诉的情形，再审法院也不可告知另行起诉。因为，根据《最高人民法院关于确定民事侵权精神损害赔偿责任若干问题的解释》第六条的规定，当事人在侵权诉讼中没有提出赔偿精神损害的诉讼请求，诉讼终结后，又基于同一侵权事实另行起诉请求精神损害赔偿的，人民法院不予受理。

难度：中

考点：再审审理的审判程序；再审审理的特殊性（再审审理范围）

命题和解题思路：本题中命题人对再审案件的审判程序以及再审的审理范围予以考查。设问句已明确交代了考查内容，作为理由的法律规定明确，且两个考点已多次命题考查。对于再审案件的审判程序，应当明确**再审程序并不是独立的审级**，因此再审程序并无独立的审判程序，应当视原生效裁判的审级来适用相应的审判程序。本题的难点在于确定再审审理范围涉及实体法规范，需要结合《最高人民法院关于确定民事侵权精神损害赔偿责任若干问题的解释》对再审增加的诉讼请求作出准确处理。

答案解析：

《民事诉讼法》第207条第1款规定，人民法院按照审判监督程序再审的案件，发生法律效力的判决、裁定是由第一审法院作出的，按照第一审程序审理，所作的判决、裁定，当事人可以上诉；发生法律效力的判决、裁定是由第二审法院作出的，按照第二审程序审理，所作的判决、裁定，是发生法律效力的判决、裁定；上级人民法院按照审判监督程序提审的，按照第二审程序审理，所作的判决、裁定是发生法律效力的判决、裁定。根据本题第四问的分析，本案属于上级法院按照审判监督程序提审，应当适用第二审程序进行审理。

《最高人民法院关于适用〈中华人民共和国民事诉讼法〉的解释》第405条规定，人民法院审理再审案件应当围绕再审请求进行。当事人的再审请求超出原审诉讼请求的，不予审理；符合另案诉讼条件的，告知当事人可以另行起诉。据此，再审请求不得超出原审诉讼请求，而原审并未提出精神损害赔偿，因此再审法院对李某提出的精神损害赔偿请求，应当不予审理。又根据《最高人民法院关于确定民事侵权精神损害赔偿责任若干问题的解释》第6条规定，当事人在侵权诉讼中没有提出赔偿精神损害的诉讼请求，诉讼终结后又基于同一侵权事实另行起诉请求赔偿精神损害的，人民法院不予受理。据此，李某提出精神损害赔偿也不符合另案诉讼的条件，再审法院也不可告知李某另行起诉。

6. 根据律师执业规范，评价甲律师事务所及律师的执业行为，并简要说明理由。

答案：①可以适用风险代理，但风险代理收费按规定不得高于30%；②甲律所张律师担任李某申诉代理人，违反《律师执业行为规范》第50条第（七）项规定；③李某增加诉讼请求不符合有关规定（理由如前），张律师应指出却未能指出，有违“以事实为根据、以法律为准绳”的执业原则及勤勉尽责的要求。

难度：难

考点：律师执业的基本原则；律师收费制度；律师与委托人或当事人的关系规范

命题和解题思路：2015年底印发的《关于完善国家统一法律职业资格制度的意

见》提出，加大法律职业伦理的考查力度，使法律职业道德成为法律职业人员入职的重要条件。为落实文件精神，命题人在卷四结合民事诉讼法试题对律师执业行为是否合规进行考查。这种“搭售”式的考查方式已被第二次使用，2008 年卷四第 5 题也在民事诉讼法试题中附带对法官职业道德作出考查。本题的难度体现在考查范围广，需要考生依照复习的法律职业道德知识对律师的执业行为逐一作出判断。考查内容还包括风险代理的最高数额，涉及具体数字的考题对考生的记忆精确度要求极高。还要指出，律师收费制度考点在 2018 年法考大纲中已删除。

答案解析：

（1）《律师服务收费管理办法》第 11 条规定，办理涉及财产关系的民事案件时，委托人被告知政府指导价后仍要求实行风险代理的，律师事务所可以实行风险代理收费，但下列情形除外：①婚姻、继承案件；②请求给予社会保险待遇或者最低生活保障待遇的；③请求给付赡养费、抚养费、扶养费、抚恤金、救济金、工伤赔偿的；④请求支付劳动报酬的等。本案是机动车交通事故责任纠纷，不在禁止适用风险代理的案件之列。《律师服务收费管理办法》第 13 条规定，实行风险代理收费，最高收费金额不得高于收费合同约定标的额的 30%。李某与张律师商定实行风险代理收费，约定按协议标的额的 35% 收取律师费。本案可以实行风险代理收费，但收费数额超标。

（2）《律师执业行为规范》第 50 条第（七）项规定，在委托关系终止后，同一律师事务所或同一律师不得在同一案件后续审理或者处理中又接受对方当事人委托。本案一审程序中被告王某委托 N 市甲律师事务所刘律师担任诉讼代理人，一审判决生效后，一审原告李某聘请 N 市甲律师事务所张律师代理本案的再审程序时，甲律师事务所张律师不得与李某建立委托关系。

（3）“以事实为根据，以法律为准绳”是律师执业的基本原则之一，其内涵是律师在办理法律事务时，既要实事求是，忠于事实真相；又要严格依法办事，正确地理解和运用法律办理法律事务或者提出解决问题的意见。既然李某增加的诉讼请求不符合法律规定，律师应当如实告知。律师的行为违反了“以事实为根据、以法律为准绳”的律师执业原则。

2015 年

一、试题（本题 22 分）

案情：

杨之元开设古玩店，因收购藏品等所需巨额周转资金，即以号称“镇店之宝”的一块雕有观音图像的翡翠（下称“翡翠观音”）作为抵押物，向胜洋小额贷款公司（简称“胜洋公司”）贷款 200 万元，但翡翠观音仍然置于杨之元店里。后因古玩店经营不佳，进入亏损状态，无力如期偿还贷款。胜洋公司遂向法院起诉杨之元。

法院经过审理，确认抵押贷款合同有效，杨之元确实无力还贷，遂判决翡翠观音归胜洋公司所有，以抵偿200万元贷款及利息。判决生效后，杨之元未在期限内履行该判决。胜洋公司遂向法院申请强制执行。

在执行过程中，案外人商玉良向法院提出执行异议，声称该翡翠观音属于自己，杨之元无权抵押。并称：当初杨之元开设古玩店，需要有“镇店之宝”装点门面，经杨之元再三请求，商玉良才将自己的翡翠观音借其使用半年（杨之元为此还支付了6万元的借用费），并约定杨之元不得处分该翡翠观音，如造成损失，商玉良有权索赔。

法院经审查，认为商玉良提出的执行异议所提出的事实没有充分的证据，遂裁定驳回商玉良的异议。

问题：

1. 执行异议被裁定驳回后，商玉良是否可以提出执行异议之诉？为什么？

2. 如商玉良认为作为法院执行根据的判决有错，可以采取哪两种途径保护自己的合法权益？

3. 与第2问“两种途径”相关的两种民事诉讼制度（或程序）在适用程序上有何特点？

4. 商玉良可否同时采用上述两种制度（或程序）维护自己的权益？为什么？

二、答案精讲

1. 执行异议被裁定驳回后，商玉良是否可以提出执行异议之诉？为什么？

答案：商玉良不可以提出执行异议之诉。因为，商玉良主张被抵押的翡翠观音属自己所有，即法院将翡翠观音用以抵偿杨之元的债务的判决是错误的，该执行异议与原判决有关，不能提起执行异议之诉。

难度：中

考点：执行程序中的一般性制度（案外人对执行标的的异议及案外人异议之诉、许可执行之诉）

命题和解题思路：命题人对案外人救济制度情有独钟，已连续两年在案例分析大题中予以考查。具体而言，本题旨在考查执行异议被驳回后，案外人在提起案外人异议之诉和申请再审之间如何进行选择。题目考点单一，法律依据明确，相关知识点已经多次考查。考生备考时认真研究历年真题，当可从容应对。本大题的四个小问题彼此牵连、环环相扣，本题是解答其他三问的基础。兹事体大，不可大意。

答案解析：

根据《民事诉讼法》第227条规定，执行过程中，案外人对执行标的提出书面异议的，人民法院应当自收到书面异议之日起15日内审查，理由成立的，裁定中止对该标的的执行；理由不成立的，裁定驳回。案外人、当事人对裁定不服，认为原判决、裁定错误的，依照审判监督程序办理；与原判决、裁定无关的，可以自裁定送达之日起15日内向人民法院提起诉讼。据此，案外人商玉良提出的执行异议被裁定驳回后，可以通过申请再审或者提起执行异议之诉进行救济。选择两种救济方式的依据在于执行标的是否与原判决、裁定有关。如果原裁判有错误，应通过再审程序处理；如果与原裁判无关，则应提起执行异议之诉。本案法院判决的内容是，翡翠观音归胜洋公司所有抵偿200万元贷款及利息，而案外人商玉良主张翡翠观音属于自己所有，这明显属于原判决错误。因此，案外人商玉良的执行异议被驳回后，应当申请再审，而不能提起执行异议之诉。

易混淆点解析：案外人异议之诉和案外人申请再审的主要区别在于，如果**原判决、裁定的给付内容与执行标的无关，应提起执行异议之诉；如果有错误的原判决、裁定的给付内容涉及执行标的，则应申请再审。**

2. 如商玉良认为作为法院执行根据的判决有错，可以采取哪两种途径保护自己的合法权益?

答案：商玉良可以根据《民事诉讼法》第56条第3款规定，提起第三人撤销之诉；或根据《民事诉讼法》第227条规定，以案外人身份申请再审。

难度：难

考点：第三人撤销之诉（概念）；申请再审的条件（申请再审的主体）

命题和解题思路：2012年修正的《民事诉讼法》新增了第三人撤销之诉，使得民事诉讼制度并存四种对案外人权益的救济措施，分别是第三人撤销之诉、案外人异议、案外人异议之诉和案外人申请再审。考生除了在宏观上准确把握每一种救济制度的适用情形和适用条件，还应当识别各种救济措施的差异性。本题根据命题人设定的具体情形，考查允许案外人适用的救济措施。命题人足够耿直，明确告知考生可选用救济措施的数量，这大大减轻了考生负担。本题是在第一问基础上进行的延伸考查，如果考生能够准确得出第一问的答案，那么本题就可轻松得分。因为案外人权益的四种救济方式，第一问已经排除了案外人异议和案外人异议之诉，那剩下的两种方式自然就是本题的答案。

答案解析：

《民事诉讼法》第56条第3款规定，有独立请求权第三人和无独立请求权第三人，因不能归责于本人的事由未参加诉讼，但有证据证明发生法律效力的判决、裁定、调解书的部分或者全部内容错误，损害其民事权益的，可以自知道或者应当知道其民事权益受到损害之日起6个月内，向作出该判决、裁定、调解书的人民法院提起诉讼。人民法院经审理，诉讼请求成立的，应当改变或者撤销原判决、裁定、调解书；诉讼请求不成立的，驳回诉讼请求。据此，设问句明确提出商玉良认为作为执行根据的生效判决有错误，商玉良应是有独立请求权第三人，判决确定的给付标的物翡翠观音属于商玉良所有，该判决损害了商玉良的民事权益。因此，商玉良有权向判决作出法院提起第三人撤销之诉。

至于选择案外人申请再审的理由，已在第1问中详细阐述，此处不再赘述。

3. 与第2问“两种途径”相关的两种民事诉讼制度（或程序）在适用程序上有何特点？

答案：第三人撤销之诉在适用上的特点有：①诉讼主体。有权提起第三人撤销之诉的须是当事人以外的第三人，该第三人应当具备诉的利益，即其民事权益受到了原案判决书的损害。商玉良是原告，杨之元和胜洋公司是被告。②诉讼客体。损害了第三人民事权益的发生法律效力的判决书。③提起诉讼的期限、条件与受理法院。期限是自知道或应当知道其民事权益受到损害之日起6个月内。条件为：因不能归责于本人的事由未参加诉讼；发生法律效力的判决的全部或者部分内容错误；判决书内容错误，损害其民事权益。受诉法院为作出生效判决的人民法院。

案外人申请再审程序的特点有：①适用一审程序进行再审的，得追加案外人为当事人；适用二审程序进行再审的，可以进行调解，调解不成的，应撤销原判决，发回重审，并在重审中追加案外人为当事人。②其他程序内容与通常的再审程序基本相同。

难度：难

考点：第三人撤销之诉（第三人撤销之诉的程序设置）；申请再审的条件（申请再审的主体）

命题和解题思路：《最高人民法院关于适用〈中华人民共和国民事诉讼法〉的解释》对第三人撤销之诉和执行异议之诉的程序设置分别予以专章规定，这为本题的命制提供了新素材。本题主要考查考生对第三人撤销之诉和案外人申请再审程序特点的掌握程度。本题与第2问一脉相承，如果第2问出错，本题也必然会失分。因两种制度均存在明确的法律依据，因此本质上本题属于法条识记题，但考查内容记忆量大，对记忆精确度也要求很高，需要考生从主体、客体、期限、适用情形等方面详加阐述。

答案解析：

《最高人民法院关于适用〈中华人民共和国民事诉讼法〉的解释》第292条规定，第三人对已经发生法律效力的判决、裁定、调解书提起撤销之诉的，应当自知道或者应当知道其民事权益受到损害之日起6个月内，向作出生效判决、裁定、调解书的人民法院提出，并应当提供存在下列情形的证据材料：①因不能归责于本人的事由未参加诉讼；②发生法律效力的判决、裁定、调解书的全部或者部分内容错误；③发生法律效力的判决、裁定、调解书内容错误损害其民事权益。

根据本条规定，第三人撤销之诉的程序特点一目了然。具体如下：①诉讼主体。有权提起第三人撤销之诉的须是当事人以外的第三人，包括有独立请求权第三人和无独立请求权第三人。又根据《最高人民法院关于适用〈中华人民共和国民事诉讼法〉的解释》第298条规定，第三人提起撤销之诉，人民法院应当将该第三人列为原告，生效判决、裁定、调解书的当事人列为被告，但生效判决、裁定、调解书中没有承担责任的无独立请求权的第三人列为第三人。因此，商玉良是原告，杨之元和胜洋公司是被告。②诉讼客体。损害了第三人民事权益的发生法律效力的判决、裁定、调解书。③提起诉讼的期限、条件与受理法院。期限是自知道或应当知道其民事权益受到损害之日起6个月内。条件为：因不能归责于本人的事由未参加诉讼；发生法律效力的判决的全部或者部分内容错误；判决书内容错误，损害其民事权益。受诉法院为作出生效判决的人民法院。受诉法院为作出生效判决的人民法院。④审理方式。法院应当组成合议庭开庭审理。

《最高人民法院关于适用〈中华人民共和国民事诉讼法〉的解释》第302条规定，第三人诉讼请求并入再审程序审理的，按照下列情形分别处理：①按照第一审程序审理的，人民法院应当对第三人的诉讼请求一并审理，所作的判决可以上诉；②按照第二审程序审理的，人民法院可以调解，调解达不成协议的，应当裁定撤销原判决、裁定、调解书，发回一审法院重审，重审时应当列明第三人。据此，适用一审程序进行再审的，得追加案外人为第三人；适用二审程序进行再审的，可以进行调解，调解不成的，应撤销原判决，发回重审，并在重审中追加案外人为第三人。题目考查的是程序特点，与当事人申请再审相通之处可不再列举。直接写明，其他程序内容与通常的再审程序基本相同。

4. 商玉良可否同时采用上述两种制度（或程序）维护自己的权益？为什么？

答案：商玉良不可以同时适用上述两种制度（或程序）。

根据《最高人民法院关于适用〈中华人民共和国民事诉讼法〉的解释》第303条，第三人提起撤销之诉后，未中止生效判决、裁定、调解书执行的，执行法院对第三人依照《民事诉讼法》第227条规定提出的执行异议，应予审查。第三人不服驳回执行异议裁定，申请对原判决、裁定、调解书再审的，人民法院不予受理。

案外人对人民法院驳回其执行异议裁定不服，认为原判决、裁定、调解书内容错误损害其合法权益的，应当根据《民事诉讼法》第227条规定申请再审，提起第三人撤销之诉的，人民法院不予受理。

难度：中

考点：第三人撤销之诉（第三人撤销之诉与案外人申请再审的关系）

命题和解题思路：《最高人民法院关于适用〈中华人民共和国民事诉讼法〉的解释》新增规定了第三人撤销之诉与案外人执行异议、案外人申请再审之间的适用关系，这是本题命制的法律依据，也体现了"逢新必考"命题规律。本题也是对第2问的延伸考查，考查第三人撤销之诉和案外人申请再审能否并用。考生熟悉《最高人民法院关于适用〈中华人民共和国民事诉讼法〉的解释》的明文规定，固然可以准确作答。本题还可从理论上作出判断，两种救济程序有其相似性，都是因生效裁判发生错误而引发，救济目的具有一致性。因此，不允许也没必要并用两种程序。本题提醒考生不但要知晓每一类案外人权利救济措施的适用条件，还要了解各项措施之间的彼此适用关系。

答案解析：

两种程序能否并用，可从适用顺序分别作出判断。如果商玉良首先提出第三人撤销之诉，根据《最高人民法院关于适用〈中华人民共和国民事诉讼法〉的解释》第303条第1款规定，第三人提起撤销之诉后，未中止生效判决、裁定、调解书执行的，执行法院对第三人依照《民事诉讼法》第227条规定提出的执行异议，应予审查。第三人不服驳回执行异议裁定，申请对原判决、裁定、调解书再审的，人民法院不予受理。据此，商玉良提出第三人撤销之诉后，不能再适用案外人申请再审制度。

如果商玉良首先利用案外人申请再审，不能再提起第三人撤销之诉。理由是《最高人民法院关于适用〈中华人民共和国民事诉讼法〉的解释》第 303 条第 2 款规定，案外人对人民法院驳回其执行异议裁定不服，认为原判决、裁定、调解书内容错误损害其合法权益的，应当根据《民事诉讼法》第 227 条规定申请再审，提起第三人撤销之诉的，人民法院不予受理。

> **易混淆点解析：** 第三人撤销之诉不一定会发生在执行程序中，而执行异议、执行异议之诉和案外人申请再审均发生于执行程序中。**案外人提起第三人撤销之诉后，可以提出案外人执行异议，但不能提出案外人申请再审。**

2014 年

一、试题（本题 20 分）

案情：

扫一扫 看微课视频

赵文、赵武、赵军系亲兄弟，其父赵祖斌于 2013 年 1 月去世，除了留有一个元代青花瓷盘外，没有其他遗产。该青花瓷盘在赵军手中，赵文、赵武要求将该瓷盘变卖，变卖款由兄弟三人平均分配。赵军不同意。2013 年 3 月，赵文、赵武到某省甲县法院（赵军居住地和该瓷盘所在地）起诉赵军，要求分割父亲赵祖斌的遗产。经甲县法院调解，赵文、赵武与赵军达成调解协议：赵祖斌留下的青花瓷盘归赵军所有，赵军分别向赵文、赵武支付人民币 20 万元。该款项分 2 期支付：2013 年 6 月各支付 5 万元、2013 年 9 月各支付 15 万元。

但至 2013 年 10 月，赵军未向赵文、赵武支付上述款项。赵文、赵武于 2013 年 10 月向甲县法院申请强制执行。经法院调查，赵军可供执行的款项有其在银行的存款 10 万元，可供执行的其他财产折价为 8 万元，另外赵军手中还有一把名家制作的紫砂壶，市场价值大约 5 万元。赵军声称其父亲留下的那个元代青花瓷盘被卖了，所得款项 50 万元做生意亏掉了。法院全力调查也未发现赵军还有其他的款项和财产。法院将赵军的上述款项冻结，扣押了赵军可供执行的财产和赵军手中的那把紫砂壶。

2013 年 11 月，赵文、赵武与赵军拟达成执行和解协议：2013 年 12 月 30 日之前，赵军将其在银行的存款 10 万元支付给赵文，将可供执行财产折价 8 万元与价值 5 万元的紫砂壶交付给赵武。赵军欠赵文、赵武的剩余债务予以免除。

此时，出现了以下情况：①赵军的朋友李有福向甲县法院报告，声称赵军手中的那把紫砂壶是自己借给赵军的，紫砂壶的所有权是自己的。②赵祖斌的朋友张益友向甲县法院声称，赵祖斌留下的那个元代青花瓷盘是他让赵祖斌保存的，所有权是自己的。自己是在一周之前（2013 年 11 月 1 日）才知道赵祖斌已经去世以及赵文、赵武与赵军进行诉讼的事。③赵军的同事钱进军向甲县法院声称，赵军欠其 5 万元。同时，钱进军还向法院出示了公证机构制作的债权文书执行证书，该债权文书所记载的钱进军对赵军享有的债权是 5 万元，债权到期日是 2013 年 9 月 30 日。

问题：

1. 在不考虑李有福、张益友、钱进军提出的问题的情况下，如果赵文、赵武与赵军达成了执行和解协议，将产生什么法律后果？（考生可以就和解协议履行的情况作出假设）

2. 根据案情，李有福如果要对案中所提到的紫砂壶主张权利，在民事诉讼制度的框架下，其可以采取什么方式？采取相关方式时，应当符合什么条件？（考生可以就李有福采取的方式可能出现的后果作出假设）

3. 根据案情，张益友如果要对那个元代青花瓷盘所涉及的权益主张权利，在民事诉讼制度的框架下，其可以采取什么方式？采取该方式时，应当符合什么条件？

4. 根据案情，钱进军如果要对赵军主张 5 万元债权，在民事诉讼制度的框架下，其可以采取什么方式？为什么？

二、答案精讲

1. 在不考虑李有福、张益友、钱进军提出的问题的情况下，如果赵文、赵武与赵军达成了执行和解协议，将产生什么法律后果？（考生可以就和解协议履行的情况作出假设）

答案：如果赵文、赵武与赵军达成了执行和解协议，将产生的法律后果是：①和解协议达成后，请求中止执行的，人民法院可以裁定执行程序中止；②和解协议达成后，请求撤回执行申请的，人民法院可以裁定终结执行程序；③如果在执行和解履行期内赵军履行了和解协议，法院作执行结案处理；④如果在执行期届满后，赵军没有履行执行和解协议，赵文、赵武可以申请恢复执行，执行将以调解书作为根据，如果赵军履行了部分执行和解协议，执行时应当对该部分予以扣除；赵文、赵武也可以就执行和解协议向执行法院提起诉讼。

难度：中

考点：执行程序中的一般性制度（执行和解）

命题及解题思路：命题人通过本题对执行和解的法律后果进行全面考查，试题考点单一，指向明确，但对考生的记忆精确度要求高。考生应重点围绕达成执行和解协议后对执行程序的影响、执行和解协议的执行情况分别展开论述。任何制度都不是孤立存在的，考生应特别留意执行和解与执行中止、执行终结以及恢复执行的适用关系。考生不要忽略括号里的答题提示信息，本题应根据执行和解协议履行情况分点作答。但考生又不要受到提示信息的干扰和迷惑，如果仅回答履行和不履行两种情形，又会因遗漏答题要点而失分。《最高人民法院关于适用〈中华人民共和国民事诉讼法〉的解释》新增规定了执行和解后当事人对执行程序的选择，《关于执行和解若干问题的规定》明确申请执行人可以就执行和解协议提起诉讼，导致原来的参考答案发生变化。

答案解析：

有关执行和解的法律后果，《最高人民法院关于适用〈中华人民共和国民事诉讼法〉的解释》第466条规定，申请执行人与被执行人达成和解协议后请求中止执行或者撤回执行申请的，人民法院可以裁定中止执行或者终结执行。《最高人民法院关于适用〈中华人民共和国民事诉讼法〉的解释》第467条规定，一方当事人不履行或者不完全履行在执行中双方自愿达成的和解协议，对方当事人申请执行原生效法律文书的，人民法院应当恢复执行，但和解协议已履行的部分应当扣除。和解协议已经履行完毕的，人民法院不予恢复执行。《关于执行和解若干问题的规定》第9条规定，被执行人一方不履行执行和解协议的，申请执行人可以申请恢复执行原生效法律文书，也可以就履行执行和解协议向执行法院提起诉讼。据此，考生可以将执行和解的法律后果分为请求中止执行、请求撤回执行申请、不履行或不完全履行和解协议、履行和解协议四类情形分别依据法律规定作答。双方达成执行和解协议，发生执行中止的效力；执行和解履行完毕，发生执行终结的效力；未履行或未完全履行执行和解协议，可能发生恢复执行的效果。

> **易混淆点解析：执行和解协议不是执行根据。**当事人不履行或者不完全履行执行和解协议，当事人仍要依原来的执行根据申请强制执行。**和解协议已履行部分有效，执行时应当扣除。**

2. 根据案情，李有福如果要对案中所提到的紫砂壶主张权利，在民事诉讼制度的框架下，其可以采取什么方式？采取相关方式时，应当符合什么条件？（考生可以就李有福采取的方式可能出现的后果作出假设）

答案：李有福如果要对案中所提到的紫砂壶主张权利，在赵文、赵武与赵军的案件已经进入了执行阶段的情况下，在民事诉讼制度的框架下，其可以采取的方式是：第一，提出对执行标的的异议。提出异议应当以书面的形式向甲县法院提出。第二，如果法院裁定驳回了李有福的执行标的异议，李有福可以提出案外人异议之诉。提出案外人异议之诉应当符合的条件是：①起诉的时间应当在收到执行法院对执行标的异议作出驳回裁定后15日内；②管辖法院为执行法院，即甲县法院；③李有福作为原告，赵文、赵武作为被告，如果赵军反对李有福的主张，赵军也作为共同被告。

难度：难

考点：执行程序中的一般性制度（案外人对执行标的的异议及案外人异议之诉、许可执行之诉）

命题及解题思路：命题人旨在通过本题全面考查各类案外人救济措施的适用关系。解答本题不但要求理解准，还要记忆牢，这对考生的理解能力和记忆能力都提出较高要求，难度颇高。2012 年《民事诉讼法》修正新增第三人撤销之诉后，使得民事诉讼制度并存第三人撤销之诉、案外人异议、案外人异议之诉以及案外人申请再审四种对案外人权益的救济措施。考生应当准确把握每一类救济制度的适用情形和适用条件，理顺各种救济措施的适用关系。能够根据命题人设定的具体案情，判断可适用的救济措施。考生解答本题应重点分析三个问题：第一，李有福能否提起第三人撤销之诉；第二，李有福能否提起执行异议；第三，执行异议被驳回后，应当提起案外人异议之诉还是申请再审。考生不要忽略括号内的答题提示信息，否则可能只回答执行异议，遗漏案外人异议之诉。

答案解析：

根据《民事诉讼法》第 56 条第 3 款的规定，第三人撤销之诉的适用情形是生效的判决、裁定、调解书内容错误，损害未参加诉讼的案外第三人的民事权益。本题考查李有福对紫砂壶主张权利的救济措施，本案中法院的调解协议并未涉及李有福的紫砂壶问题，因此并不属于生效判决、裁定、调解书内容错误损害案外人权益的情形，因此李有福不能提起第三人撤销之诉。

根据《民事诉讼法》第 227 条规定，执行异议的适用情形是案外人主张对执行标的享有足以排除强制执行的权益。本案中法院已经扣押了被执行人赵军手中的紫砂壶，紫砂壶已成为本案的执行标的物，此时案外人李有福对紫砂壶主张所有权，这足以排除法院对该紫砂壶的强制执行。因此李有福可以书面提出执行异议。

《民事诉讼法》第 227 条规定，执行过程中，案外人对执行标的提出书面异议的，人民法院应当自收到书面异议之日起 15 日内审查，理由成立的，裁定中止对该标的的执行；理由不成立的，裁定驳回。案外人、当事人对裁定不服，认为原判决、裁定错误的，依照审判监督程序办理；与原判决、裁定无关的，可以自裁定送达之日起 15 日内向人民法院提起诉讼。据此，如果李有福的异议被法院驳回，其应当提起案外人异议之诉或者申请再审。两者的主要区别在于，执行标的是否与原判决、裁定有关。原判决、裁定的给付内容与执行标的无关，应提起执行异议之诉；有错误的原判决、裁定的给付内容涉及执行标的，则应申请再审。本案法院作出的调解协议根本与作为执行标的物的紫砂壶无关，因此，李有福应当提起案外人异议之诉。至于案外人异议之诉的适用条件，根据《最高人民法院关于适用〈中华人民共和国民事诉讼法〉的解释》的规定不难得出答案，考生可以从起诉时限、管辖法院、当事人确定等作答。具体条件如下：①起诉的时间应当在收到执行法院对执行标的异议作出驳回裁定后 15 日内；②管辖法院为执行法院，即甲县法院；③李有福作为原告，赵文、赵武作为被告，如果赵军反对李有福的主张，赵军也作为共同被告；④李有福有明确的排除对执行标的的执行的诉讼请求，且诉讼请求与原判决、裁定无关。

> **易混淆点解析：第三人撤销之诉强调生效判决、裁定、调解书内容错误损害案外人权益；执行异议则强调案外人对执行标的享有合法权益，可以排除对执行标的强制执行**。两者的适用关系是提起第三人撤销之诉后，为中止执行可以提出执行异议，执行异议被驳回后，不可申请再审；如果案外人提出执行异议，被驳回后只能申请再审，不能提出第三人撤销之诉。

3. 根据案情，张益友如果要对那个元代青花瓷盘所涉及的权益主张权利，在民事诉讼制度的框架下，其可以采取什么方式？采取该方式时，应当符合什么条件？

答案：张益友如果要对那个元代青花瓷盘所涉及的权益主张权利，在赵文、赵武与赵军的案件已经进入了执行阶段的情况下，在民事诉讼制度的框架下，其可以提出第三人撤销之诉；张益友提出第三人撤销之诉应当符合的条件是：①张益友作为原告，赵文、赵武、赵军作为被告；②向作出调解书的法院即甲县法院提出诉讼；③应当在2013年11月1日之后的6个月内提出。

难度：难

考点：第三人撤销之诉（第三人撤销之诉的程序设置）

命题和解题思路：本题是对第2问的延伸性考查，命题人依然意在测试考生对案外人权利救济体系的掌握程度。对相关知识点连续命制两题展现了命题人的仁慈，因为这可在客观上对考生起到提醒作用，变相降低了题目的迷惑性。从常理分析，命题人既然连续命制两道考题，那两者一定有所差异，绝不可能答案一致。沿此思路，考生应着重分析张益友的主张和李有福的主张存在何种差别，再结合第2问的分析思路，不难得出正确答案。

答案解析：

本题应从张益友主张和李有福主张的不同点入手展开分析。两者的区别在于，法院主持达成的调解协议中明确了青花瓷盘的归属，而并未涉及紫砂壶的归属。因此，李有福的权利主张与生效调解书无关，而张益友的诉讼则恰恰是因为生效调解书内容错误而引发。根据《民事诉讼法》第56条第3款规定，有独立请求权第三人和无独立请求权第三人，因不能归责于本人的事由未参加诉讼，但有证据证明发生法律效力的判决、裁定、调解书的部分或者全部内容错误，损害其民事权益的，可以自知道或者应当知道其民事权益受到损害之日起6个月内，向作出该判决、裁定、调解书的人民法院提起诉讼。据此，有独立请求权第三人张益友非因其本人事由未参加诉讼，内容错误的生效调解书损害了张益友的民事权益，张益友可以提起第三人撤销之诉对其民事权益进行救济。

根据《最高人民法院关于适用〈中华人民共和国民事诉讼法〉的解释》第303条的规定，第三人撤销之诉启动后，还可以提起执行异议。为避免答案遗漏，考生还应继续分析本案能否适用执行异议制度。根据材料表述，青花瓷盘已经被赵军出售，其已不属于法院执行标的。换言之，张益友对本案的执行标的并不享有排除执行的权利主张。因此，张益友不能提出执行异议。既然前置程序不能启动，即便案外人张益友认为原调解协议存在错误，也不能申请再审。

4. 根据案情，钱进军如果要对赵军主张5万元债权，在民事诉讼制度的框架下，其可以采取什么方式？为什么？

答案：钱进军如果要对其对赵军所享有的那5万元债权主张权利，在赵文、赵武与赵军的案件已经进入了执行阶段的情况下，在民事诉讼制度的框架下，其可以申请参与分配。

因为其条件符合申请参与分配的条件。按照民事诉讼法的规定，参与分配的条件包括：第一，被执行人的财产无法清偿所有债权。本案中赵军的财产不足以清偿其所有的债务。第二，被执行人为自然人或其他组织，而非法人。本案中赵军为自然人。第三，有多个申请人对同一被申请人享有债权。本案中有三个申请人对赵军享有债权。第四，申请人必须取得生效的执行根据。本案中钱进军有经过公证的债权文书作为执行根据。第五，参与分配的债权只限于金钱债权。本案中钱进军对赵军享有的就是金钱债权。第六，参与分配必须发生在执行程序开始后，被执行人的财产清偿完毕之前。本案情形与此相符。

难度：中

考点：执行程序中的一般性制度（执行根据、参与分配）

命题和解题思路：命题人通过开放式设问方式，对参与分配及其适用条件进行考查。为增加难度，还附带对执行根据予以考查。钱进军的执行根据不是生效判决，而是公证债权文书执行证书。本题较之于前两道考题更为灵活，根本没有明确考查范围，需要考生自行判断。本题的难点在于确定考点，这需要考生根据给定材料首先判断钱进军主张的法律性质，再比照适用条件，逐一对执行的相关制度予以筛选。案例分析题与选择题不同，对于选择题，命题人基本会明示考点，考生结合相关法律规定对选项表述逐一作出判断，偶尔还可运用技巧解题。而案例分析题往往会反其道而行之，直接给出特定情形，让考生自行判断考点，而且往往考点又不止一个，运用技巧解题更是无从谈起。对学科知识缺乏体系性掌握的考生，遇到此类题型可能一头雾水，这也是案例分析题容易失分的重要原因。对于此类试题，建议考生首先框定考查范围，然后结合该范围内的具体制度，不厌其烦地逐一排除后作答。当然，如果考生深谙民事诉讼制度，一眼即可知晓考点，则另当别论。

答案解析：

根据材料表述，解答本题的关键信息有两个。其一，根据被执行人赵军的偿还能力，无法清偿包括钱进军在内的全部债权。其二，钱进军主张的是其对被执行人赵军享有到期债权，并且通过公证机构已经获得了有效的执行根据。考生如果从材料表述中获得这两个解题有效信息，那就很容易判断应当通过参与分配制度对钱进军予以救济。至于理由，完全可以从参与分配制度的适用条件逐一说明。根据《最高人民法院关于适用〈中华人民共和国民事诉讼法〉的解释》第508条规定，被执行人为公民或者其他组织，在执行程序开始后，被执行人的其他已经取得执行依据的债权人发现被执行人的财产不能清偿所有债权的，可以向人民法院申请参与分配。理由是本案完全符合参与分配的适用条件。具体如下：①被执行人的财产无法清偿所有债权，本案中赵军的财产不足以清偿其所有的债务。②被执行人为自然人或其他组织，不包括法人。案件中被执行人赵军为自然人。③有多个申请人对同一被申请人享有债权，本案中赵文、赵武和钱进军三个申请人均对赵军享有债权。④申请人必须取得生效的执行根据。本案中钱进军虽然没有裁判文书，但经过公证的债权文书同样是执行根据。⑤参与分配的债权只限于金钱债权，本案中钱进军对赵军享有的是5万元的金钱债权。⑥参与分配必须发生在执行程序开始后，被执行人的财产清偿完毕之前。根据表述，本案执行程序已经启动，但尚未执行完毕。

易混淆点解析：参与分配的适用应当由申请执行人向法院提出申请，法院不能依职权适用参与分配制度。**主持参与分配的法院应当是对债务人首先采取查封、扣押或冻结措施的法院。**

2013年

一、试题（本题25分）

案情：

扫一扫 看微课视频

孙某与钱某合伙经营一家五金店，后因经营理念不合，孙某唆使赵龙、赵虎兄弟寻衅将钱某打伤，钱某花费医疗费2万元，营养费3000元，交通费2000元。钱某委托李律师向甲县法院起诉赵家兄弟，要求其赔偿经济损失2.5万元，精神损失5000元，并提供了医院诊断书、处方、出租车票、发票、目击者周某的书面证言等证据。甲县法院适用简易程序审理本案。二被告没有提供证据，庭审中承认将钱某打伤，但对赔偿金额提出异议。甲县法院最终支持了钱某的所有主张。

二被告不服，向乙市中院提起上诉，并向该法院承认，二人是受孙某唆使。钱某要求追加孙某为共同被告，赔偿损失，并要求退伙析产。乙市中院经过审查，认定孙某是必须参加诉讼的当事人，遂通知孙某参加调解。后各方达成调解协议，钱某放弃精神损害赔偿，孙某即时向钱某支付赔偿金1.5万元，赵家兄弟在7日内向钱某支付赔偿金1万元，孙某和钱某同意继续合伙经营。乙市中院制作调解书送达各方后结案。

问题：

1. 请结合本案，简要概括钱某的起诉状或法院的一审判决书的结构和内容（起诉状或一审判决书择一作答；二者均答时，评判排列在先者）。

2. 如果乙市中院调解无效，应当如何处理？

3. 如果甲县法院重审本案，应当在程序上注意哪些特殊事项？

4. 近年来，随着社会转型的深入，社会管理领域面临许多挑战，通过人民调解、行政调解、司法调解和民事诉讼等多种渠道化解社会矛盾纠纷成为社会治理的必然选择；同时，司法改革以满足人民群众的司法需求为根本出发点，让有理有据的人打得赢官司，让公平正义通过司法渠道得到彰显。请结合本案和社会发展情况，试述调解和审判在转型时期的关系。

答题要求：

1. 根据法律、司法解释规定及民事诉讼法理知识作答；
2. 观点明确，逻辑清晰，说理充分，文字通畅；
3. 请按提问顺序逐一作答，总字数不得少于600字。

二、答案精讲

1. 请结合本案，简要概括钱某的起诉状或法院的一审判决书的结构和内容（起诉状或一审判决书择一作答；二者均答时，评判排列在先者）。

答案：（1）民事起诉状的结构与内容

第一，当事人的基本情况。写明原告钱某和被告赵龙、赵虎的姓名、住所和联系方式等身份信息，委托代理人李律师的姓名、工作单位等。

第二，诉讼请求。分项载明原告钱某要求损害赔偿（包括物质损失和精神损失）的具体金额。

第三，事实和理由。事实部分应概括二被告殴打钱某的案件事实，以及受损害的事实；理由部分应当列明诉请的法律依据。

第四，证据和证据来源。列举医院诊断书、处方、出租车车票、发票、目击者周某的书面证言等证据。

第五，受诉法院的名称、起诉的时间、起诉人的签名。

（2）一审民事判决书的结构与内容

第一，诉讼基本情况。载明本案当事人、案由和审理经过等基本情况。

第二，诉讼请求和抗辩主张。载明原告钱某的诉讼请求和被告赵龙、赵虎的抗辩理由以及依据的事实和理由。

第三，判决认定的事实、理由和适用的法律依据。法院对原被告双方争议的事实问题和法律问题予以认定，并说明事实认定的依据和法律适用的理由。

第四，判决结果和诉讼费用的负担。应当具体写明两被告给付原告钱某的损害赔偿数额，并判令由被告承担诉讼费用。

第五，上诉期间和上诉法院。应告知不服一审判决的当事人，在15日内提起上诉。

第六，案件审判人员和书记员署名，加盖法院印章。

难度：中

考点：起诉状（起诉状的内容）；判决书（判决书的内容）

命题和解题思路：根据给定材料撰写法律文书，是法律人应当掌握的基本实践技能。本题考查民事起诉状或者一审民事判决书的基本结构，考查内容具有明确的法律依据，属于法条识记题，难度不高。考生答题时应注意审题，只需写出民事起诉状或者一审民事判决书的结构和内容即可，不必写出一篇完整的法律文书。且两种文书，择一写作即可，落笔前先做好选择，避免中途更换浪费时间。列明文书结构和内容时，应当结合案情予以具体化，不能直接照搬法条。考生如果对两种文书都很熟悉，从性价比来看，选择起诉状明显是更为明智之举。

答案解析：

对于民事起诉状的主要结构和内容，《民事诉讼法》第121条规定，起诉状应当记明下列事项：①原告的姓名、性别、年龄、民族、职业、工作单位、住所、联系方式，法人或者其他组织的名称、住所和法定代表人或者主要负责人的姓名、职务、联系方式；②被告的姓名、性别、工作单位、住所等信息，法人或者其他组织的名称、住所等信息；③诉讼请求和所根据的事实与理由；④证据和证据来源，证人姓名和住所。考生依据本条规定，结合案件材料逐一予以落实即可。

对于一审民事判决书的主要结构和内容，《民事诉讼法》第152条规定，判决书应当写明判决结果和作出该判决的理由。判决书内容包括：①案由、诉讼请求、争议的事实和理由；②判决认定的事实和理由、适用的法律和理由；③判决结果和诉讼费用的负担；④上诉期间和上诉的法院。判决书由审判人员、书记员署名，加盖人民法院印章。考生可以依据本条规定，结合案件材料进行详细阐述。

2. 如果乙市中院调解无效，应当如何处理？

答案：对于钱某要求追加孙某为共同被告，赔偿损失的请求，应当裁定撤销原判，发回重审。对于钱某退伙析产的请求，应当告知其另行起诉；双方当事人同意，法院可以一并裁判。

难度：中

考点：上诉案件的调解

命题和解题思路：命题人主要考查二审中不能直接裁判，可以通过调解解决纠纷的适用情形。该考点在选择题中已考查多次，考生只要准确判断命题人的考查意图，不难获得分数。“钱某要求追加孙某为共同被告，赔偿损失，并要求退伙析产”是解题的关键信息，钱某在二审中的诉讼请求实际上包含两个内容：①请求一审遗漏的必要共同诉讼人承担责任；②增加退伙析产的诉讼请求。考生判断考点后，结合《最高人民法院关于适用〈中华人民共和国民事诉讼法〉的解释》第327条、第328条的规定，很容易得出正确答案。需要指出，《最高人民法院关于适用〈中华人民共和国民事诉讼法〉的解释》对二审增加诉讼请求有新的规定，导致原来的参考答案发生变化。

答案解析：

分析钱某在二审中提出的请求，“要求追加孙某为共同被告，赔偿损失”，意在请求一审遗漏的必要共同诉讼人承担责任。根据《最高人民法院关于适用〈中华人民共和国民事诉讼法〉的解释》第 327 条规定，必须参加诉讼的当事人或者有独立请求权的第三人，在第一审程序中未参加诉讼，第二审人民法院可以根据当事人自愿的原则予以调解；调解不成的，发回重审。因此，对于钱某要求追加孙某为共同被告、赔偿损失的请求，调解不成时，应当裁定撤销原判，发回重审。“要求退伙析产”，则属于二审增加诉讼请求。根据《最高人民法院关于适用〈中华人民共和国民事诉讼法〉的解释》第 328 条规定，在第二审程序中，原审原告增加独立的诉讼请求或者原审被告提出反诉的，第二审人民法院可以根据当事人自愿的原则就新增加的诉讼请求或者反诉进行调解；调解不成的，告知当事人另行起诉。双方当事人同意由第二审人民法院一并审理的，第二审人民法院可以一并裁判。因此，对于钱某退伙析产的请求，调解不成时，法院应当告知其另行起诉；双方当事人同意，法院也可以一并裁判。

3. 如果甲县法院重审本案，应当在程序上注意哪些特殊事项？

答案：甲县法院重审案件时，应当注意以下几点特殊事项：①案件发回重审后，甲县法院不得适用简易程序，应适用普通程序审理此案；②甲县法院应当另行组成合议庭，原法庭成员不得参加新合议庭；③应当追加孙某作为共同被告参加诉讼，并为其指定相应的举证期限；④本案发回重审后，当事人提出管辖异议，人民法院不予审查。

难度：中

考点：简易程序的适用范围（适用简易程序的案件）；上诉案件的裁判（对第一审判决提起上诉的案件的裁判）

命题和解题思路：本题表面上考查的是发回重审时的程序特殊性，由于发回重审并非独立的程序，仅是一种二审法院对待一审裁判的处理方式，因此本题实质上是对简易程序适用条件、管辖、审判组织、举证期限、当事人追加等一系列有关发回重审特殊规定的综合性考查。题目具有开放性，考查范围广，涉及内容多，难度颇高。如果时间允许，建议考生答题时，按照《民事诉讼法》的体例结构，从前到后进行拉网式排查，避免遗漏答案。此类考题提醒考生在备考时，对有关联性的相关规定，应做好归纳总结。

答案解析：

《最高人民法院关于适用〈中华人民共和国民事诉讼法〉的解释》第 257 条规定，下列案件不适用简易程序：①起诉时被告下落不明的；②发回重审的；③当事人一方人数众多的；④适用审判监督程序的；⑤涉及国家利益、社会公共利益的；⑥第三人起诉请求改变或者撤销生效判决、裁定、调解书的；⑦其他不宜适用简易程序的案件。据此，虽然甲县法院审理本案时适用的是简易程序，但是二审法院将本案发回重审时，甲县法院不能再适用简易程序，应适用普通程序审理。

《民事诉讼法》第 40 条第 2 款规定，发回重审的案件，原审人民法院应当按照第一审程序另行组成合议庭。由此，甲县法院重审本案时应当另行组成合议庭，即原来一审时法庭成员不得参加新组成的合议庭。

案件发回重审适用的是一审程序，唆使赵龙、赵虎殴打钱某的孙某，也应是本案的共同被告。《民事诉讼法》第 132 条规定，必须共同进行诉讼的当事人没有参加诉讼的，人民法院应当通知其参加诉讼。据此，甲县法院在重审本案时，应当追加孙某作为共同被告参加诉讼。

根据最高人民法院《关于适用〈关于民事诉讼证据的若干规定〉中有关举证时限规定的通知》第 5 条规定，人民法院在追加当事人或者有独立请求权的第三人参加诉讼的情况下，应当依照《最高人民法院关于民事诉讼证据的若干规定》第 33 条第 3 款的规定，为新参加诉讼的当事人指定举证期限。据此，法院追加共同被告孙某后，应为孙某指定举证期限。

《最高人民法院关于适用〈中华人民共和国民事诉讼法〉的解释》第 39 条第 2 款规定，人民法院发回重审或者按第一审程序再审的案件，当事人提出管辖异议的，人民法院不予审查。根据管辖恒定原则，发回重审时，当事人不得再提出管辖权异议。

4. 近年来，随着社会转型的深入，社会管理领域面临许多挑战，通过人民调解、行政调解、司法调解和民事诉讼等多种渠道化解社会矛盾纠纷成为社会治理的必然选择；同时，司法改革以满足人民群众的司法需求为根本出发点，让有理有据的人打得赢官司，让公平正义通过司法渠道得到彰显。请结合本案和社会发展情况，试述调解和审判在转型时期的关系。

答案：调解和审判均为纠纷解决方式。调解主体多元，程序简单，但除了法院调解外，其他调解的法律效力弱。审判的权威性最强，但程序复杂，处理周期长，成本相对较高。题干案例可以清晰反映出调解和审判的关系。本案如果调解未成，应当依法将案件发回重审或者告知另行起诉，这无疑会拖延案件处理周期，造成司法资源的耗费，增加当事人诉讼负担。乙市中级人民法院调解结案，迅速化解该纠纷，避免矛盾的激化，并且维系了孙某和钱某的合伙关系，这无疑实现了法律效果和社会效果的良性互动。当然，调解也并非十全十美，调解达成是以钱某自愿放弃自己的精神损害赔偿请求为代价的，实际上其法定的权利并未全部实现。

我国处于社会转型期，各类社会矛盾频发。仅依靠诉讼渠道解决民事纠纷，显然会捉襟见肘。这从我国法院逐年递增的案件受理量，法院日渐增大的办案压力即可见端倪，且矛盾种类多样，并非都适合于诉讼解决。我国亟待建立起符合我国转型期矛盾特点的多元纠纷解决机制，调解和诉讼无疑会在其中扮演重要角色。我国 2012 年修正《民事诉讼法》进一步强化司法外调解与法院的对接机制，也为调解机能的有效发挥提供了制度保障。主要表现为：①增加先行调解制度。在司法实践中，法院往往委托人民调解委员会组织先行调解，这无疑增强了人民调解的作用。②在特别程序中增设确认调解协议程序。针对人民调解法律效力弱的特点，通过司法确认赋予强制执行力，强化人民调解制度的功能实现。同时，通过司法改革推行立案登记制，在《民事诉讼法》中设立小额诉讼程序等举措，不断拓宽当事人利用诉讼方式解决民事纠纷的渠道。

总之，调解和审判两者各具特点、不可偏废，应当互相补位、相互配合，共同致力于纠纷的公正、高效解决。

难度：难

考点：民事纠纷的解决方式（内容）

命题和解题思路：如何构建调解与诉讼的关系，历来是民事诉讼领域的焦点问题。2012年《民事诉讼法》修正，增设新的调解制度，这为本题的命制提供了论证素材。命题人以论述题形式，对纠纷解决机制中审判与调解的关系予以考查。论述题的考查内容一般既涉及法律规定，还包括法学理论。解答此类考题需要具备观点归纳、文字表达、分析论证等各方面能力，难度颇大。本题为开放性试题，并无标准答案。考生应仔细审阅题目，"结合本案和社会发展情况""根据法律、司法解释规定及民事诉讼法理知识作答""试述调解和审判在转型时期的关系"是答题的关键信息，这些关键词框定了答题范围。考生应以调解和审判的关系为主线，以案件材料、社会现实、法律规定和民事诉讼法理作为答题素材展开论证，才能避免跑题失分。

在历年考试中，民事诉讼法在卷四中以论述题形式仅考查2次。巧合的是两道题都涉及纠纷解决方式。2004年卷四第7题，命题人编制案件让考生回答可利用的纠纷解决方式，并作出优劣选择；本题则具体考查审判与调解的关系。

答案解析：

题目考查的是调解与审判的关系，考生切忌泛泛而谈、空洞无物。首先，应当结合本案材料和社会变革期的特点深入探讨调解与审判的关系。在本案中法院调解结案，不但迅速解决了双方的纠纷，而且维系了孙某和钱某的合伙关系，有效避免矛盾的激化。这些无疑彰显了调解的制度优势。但凡事皆有两面，钱某的诉讼请求通过诉讼可能都会获得支持，但在调解过程中，其放弃了精神损害赔偿金的请求，法定的权利打了折扣。本案如果通过诉讼解决，应当将案件发回重审或者告知另行起诉，这可能会造成司法资源的耗费，为当事人造成额外的讼累。我国转型期的社会现实，社会矛盾日益显现。面对日益复杂的社会矛盾，导致大量纠纷涌入法院系统，案件数量呈现逐年递增趋势，法院审判压力大。亟须建构多元纠纷解决机制，多渠道化解社会纠纷。调解和审判都属于民事纠纷解决机制，它们与仲裁、和解等一起构建了中国的多元纠纷解决机制。

其次，考生应当梳理与调解有关的法律规定和民事诉讼法理作为论据，特别应当兼顾《民事诉讼法》修正有关调解的内容。本次修法增加先行调解制度，强化调解功能的发挥；在特别程序中增设确认调解协议程序，针对人民调解法律效力弱的特点，通过司法确认赋予强制执行力，强化人民调解制度的功能实现。还应当运用纠纷解决理论，从调解和诉讼的特点出发，探讨在多元纠纷解决机制中如何实现调解与诉讼功能的发挥。

在分析上述信息的基础上，考生可以任选一个角度，对社会转型时期调解和审判的关系展开论述。尤其需要注意，应立足于审判和调解的关系展开论述，不能顾此失彼，片面强调某一种机制。同时，应鲜明提出自己的观点，并将上述信息作为论据，做到言之有据。

2012年

一、试题（本题20分）

案情：

居住在甲市A区的王某驾车以60公里时速在甲市B区行驶，突遇居住在甲市C区的刘某骑自行车横穿马路，王某紧急刹车，刘某在车前倒地受伤。刘某被送往甲市B区医院治疗，疗效一般，留有一定后遗症。之后，双方就王某开车是否撞倒刘某，以及相关赔偿事宜发生争执，无法达成协议。

刘某诉至法院，主张自己被王某开车撞伤，要求赔偿。刘某提交的证据包括：甲市B区交警大队的交通事故处理认定书（该认定书没有对刘某倒地受伤是否为王某开车所致作出认定）、医院的诊断书（复印件）、处方（复印件）、药费和住院费的发票等。王某提交了自己在事故现场用数码摄像机拍摄的车与刘某倒地后状态的视频资料。图像显示，刘某倒地位置与王某车距离1米左右。王某以该证据证明其车没有撞倒刘某。

一审中，双方争执焦点为：刘某倒地受伤是否为王某驾车撞倒所致；刘某所留后遗症是否因医疗措施不当所致。

法院审理后，无法确定王某的车是否撞倒刘某。一审法院认为，王某的车是否撞倒刘某无法确定，但即使王某的车没有撞倒刘某，由于王某车型较大、车速较快、刹车突然、刹车声音刺耳等原因，足以使刘某受到惊吓而从自行车上摔倒受伤。因此，王某应当对刘某受伤承担相应责任。同时，刘某因违反交通规则，对其受伤也应当承担相应责任。据此，法院判决：王某对刘某的经济损失承担50%的赔偿责任。关于刘某受伤后留下后遗症问题，一审法院没有作出说明。

王某不服一审判决，提起上诉。二审法院审理后认为，综合各种证据，认定王某的车撞倒刘某，致其受伤。同时，二审法院认为，一审法院关于双方当事人就事故的经济责任分担符合法律原则和规定。故此，二审法院驳回王某上诉，维持原判。

问题：

1. 对刘某提起的损害赔偿诉讼，哪些（个）法院有管辖权？为什么？

2. 本案所列当事人提供的证据，属于法律规定中的哪种证据？属于理论上的哪类证据？

3. 根据民事诉讼法学（包括证据法学）相关原理，一审法院判决是否存在问题？为什么？

4. 根据《民事诉讼法》有关规定，二审法院判决是否存在问题？为什么？

二、答案精讲

1. 对刘某提起的损害赔偿诉讼，哪些（个）法院有管辖权？为什么？

答案： 对本案享有管辖权的有甲市A区法院和甲市B区法院。本案属于侵权纠纷，侵权行为地与被告住所地法院享有管辖权；本案的侵权行为发生在甲市B区，被告王某居住在甲市A区。

难度： 易

考点： 特殊地域管辖（民事诉讼法中规定的各类特殊地域管辖的适用）

命题及解题思路： 以实践中典型案例为素材是常用的命题方式。本题取材于轰动一时的天津“许云鹤案”，以机动车交通事故侵权为主线，对管辖、证据、一审和二审程序规则进行综合考查。本小题考查特殊地域管辖中侵权纠纷的管辖法院，解题依据仅涉及一个法律条文，难度颇低。管辖类试题大多较为简单，主要考查考生的识记能力和法条简单运用能力。考生解答此类试题，需要首先明确案件的具体类型，这是解题的关键步骤。在此基础上，再根据《民事诉讼法》及司法解释有关管辖的规定具体确定管辖法院。主观题往往需要阐述理由，考生应主要围绕相关法律规定进行阐释。

答案解析：

本案中刘某主张被王某开车撞伤要求赔偿，从性质上判断属于侵权纠纷。根据《民事诉讼法》第28条规定，因侵权行为提起的诉讼，由侵权行为地或者被告住所地人民法院管辖。案例中被告王某的住所地是甲市A区，侵权行为地是损害发生的甲市B区。因此，本案的管辖法院是甲市A区法院和甲市B区法院。

2. 本案所列当事人提供的证据，属于法律规定中的哪种证据？属于理论上的哪类证据？

答案： 根据《民事诉讼法》关于证据的分类：本案中，交通大队的事故认定书、医院的诊断书（复印件）、处方（复印件）、药费和住院费的发票都属于书证，王某在事故现场用数码摄像机拍摄的就他的车与刘某倒地之后的状态的视频资料属于视听资料。

根据证据在理论上的具体分类：就王某是否驾车撞伤刘某事实而言，上述证据都属于间接证据；甲市B区交通大队的交通事故处理认定书、药费和住院费的发票，王某自己在事故现场用数码摄像机拍摄的就他的车与刘某倒地之后的状态的视频资料属于原始证据，医院的诊断书（复印件）、处方（复印件）属于传来证据；就证明王某的车撞到刘某并致其受伤的事实而言，刘某提供的各类证据均为本证，王某提供的证据为反证。

难度： 难

考点： 书证（书证的概念与特征）；电子数据（电子数据与视听资料的区别）；本证与反证（划分的标准）；直接证据与间接证据（划分的标准）；原始证据与传来证据（划分的标准）

命题及解题思路： 证据的法定种类和学理分类均为本学科的高频考点，本题让考生判断案例中给定证据的类型，这是证据部分常用的考查套路。本题将证据的法定种类和学理分类结合考查，需要考生判断的知识点特别多，考查内容兼具深度和广度，难度颇高。考生正确解题，应了解各类法定证据种类的内涵和各种学理分类的标准，再结合案例素材逐一作出判断。尤其需要注意，证据学理分类必须结合具体待证事实作出判断。待证事实不同，结论会有所差异。

答案解析：

书证，是指以文字、符号、图案等表示的内容来证明案件待证事实的书面材料。本案中，交通大队的事故认定书、医院的诊断书（复印件）、处方（复印件）、药费和住院费的发票均以其内容来证明案件待证事实，因此均为书证。王某在事故现场用数码摄像机拍摄的视频资料的证据类型，2012 年命制本题时自无异议，应为视听资料。但目前该证据属于视听资料还是电子数据尚有待具体确认，如果该视听资料存储于电子介质中，应为电子数据，否则应为视听资料。

证据的学理分类包括本证和反证、直接证据和间接证据、原始证据和传来证据，应根据每类证据的内涵分别判断题干给定证据的学理分类。本证是指对待证事实负有证明责任的一方当事人提出的、用以证明其主张事实存在的证据；反证是指不负证明责任的当事人提出的证明对方主张的事实不真实的证据。据此，王某驾车撞伤刘某、刘某受损害情况等待证事实应由原告刘某承担证明责任，刘某提交的交通事故处理认定书、医院的诊断书、处方、药费和住院费的发票等均意在证明其诉讼主张，均为本证；而王某提交的视频资料意在证明其没有撞到刘某，因此为反证。

直接证据是指能够单独地、直接地证明待证事实的证据；间接证据是指不能单独、直接证明案件的待证事实，必须与其他证据结合起来才能证明该待证事实的证据。**判断某一证据属于直接证据还是间接证据，必须结合具体待证事实来确定。**据此，就王某是否驾车撞伤刘某的待证事实而言，认定书没有对刘某倒地受伤是否为王某开车所致作出认定，因此交通事故处理认定书是间接证据；医院的诊断书、处方、药费和住院费的发票只能证明刘某受损害事实，并不能证明王某是否撞伤刘某事实，均为间接证据；王某提交的视频资料只能反映出车与刘某倒地后状态，并不能直接证明王某驾驶的车是否撞到刘某，也属于间接证据。

原始证据是指直接来源于案件事实的证据，是第一手证据；传来证据是指从原始证据中派生出来的证据。据此，交通事故处理认定书、药费和住院费的发票，王某自己在事故现场用数码摄像机拍摄的就他的车与刘某倒地之后的状态的视频资料属于原始证据，医院的诊断书（复印件）、处方（复印件）属于传来证据。

3. 根据民事诉讼法学（包括证据法学）相关原理，一审法院判决是否存在问题？为什么？

答案：一审法院判决存在如下问题：第一，判决没有针对案件的争议焦点作出事实认定，违反了辩论原则；第二，在案件争执的法律要件事实真伪不明的情况下，法院没有根据证明责任原理来作出判决；第三，法院未对第二个争执焦点作出事实认定。

理由说明：①本案当事人的争执焦点是刘某倒地受伤是否为王某驾车撞倒了刘某；刘某受伤之后所留下的后遗症是否因为对刘某采取的医疗措施不当所致。但法院判决中没有对这两个争议事实进行认定，而是把法院自己认为成立的事实——刘某因受到王某开车的惊吓而摔倒，作为判决的根据，而这一事实当事人并未主张，也没有经过双方当事人的辩论。因此，在这一问题上，法院的做法实际上是严重地限制了当事人辩论权的行使。②法院通过调取相关证据，以及经过开庭审理，最后仍然无法确定王某的车是否撞到了刘某。此时，当事人所争议的案件事实处于真伪不明的状态，在此种情况下，法院应当根据证明责任分配来作出判决。

难度：难

考点：辩论原则（内容）；证明责任的概念

命题及解题思路：相较于前两题，本题属于开放式题目。考查内容并不明确，需要考生在深入掌握民事诉讼法基本原则和制度的基础上，结合材料表述对该案一审判决可能存在的瑕疵作出判断，主要考查对民事诉讼基本理论的综合运用能力。从考查内容和设问形式来看，本题无疑是本学科主观题中难度最大的试题。**凡是要求判断一审判决是否有瑕疵，应首先对比原告的诉讼请求和判决主文（结果）**。因为诉请决定了法院裁判的范围，此处命题人很容易做手脚；其次，**应根据裁判逻辑三段论逐一判断**。材料表述并不涉及作为大前提的法律适用问题，仅涉及作为小前提的事实认定，应根据材料给定的证据结合案件争点作出判断。根据证据学原理，如果案件证据不能使争点事实得到确证而处于“真伪不明”状态，应运用证明责任作出判决。

答案解析：

辩论原则，是指在法院主持下，当事人有权就案件事实和争议问题，各自陈述自己的主张和根据，互相进行反驳和答辩，以维护自己的合法权益。据此，辩论原则要求当事人围绕争议焦点展开辩论，法院在此基础上综合双方当事人意见居中作出判决。简而言之，根据约束性辩论原则的要求，法院只能对当事人主张的事实予以认定。根据材料表述，本案的争议焦点包括：①刘某倒地受伤是否为王某驾车撞倒所致；②刘某所留后遗症是否因医疗措施不当所致。对于第一个争议焦点，双方主张的事实是王某是否驾车撞伤刘某，而法院判决中认定的事实却是刘某因受到王某开车的惊吓而摔倒受伤。可见，法院裁判认定的事实根本不是案件争议焦点，甚至超越了当事人主张的事实范围作出认定。对于第二个争议焦点，法院判决根本没有涉及，未能结合双方针对第二个焦点发表的辩论意见作出事实认定，实际上限制了当事人辩论权的行使。

根据本案现有的证据，无法确认王某是否驾车撞伤刘某，“被告王某驾车撞伤原告刘某”这一要件事实仍处于“真伪不明”的状态，法官应当运用证明责任分配规则作出判决，而非随意作出推断。具体言之，该要件事实是加害行为事实，应由原告刘某承担证明责任，穷尽证明手段后，该事实仍为“真伪不明”状态，法律推定该事实不存在，因此应由负担证明责任的刘某承担败诉的不利后果。

4. 根据《民事诉讼法》有关规定，二审法院判决是否存在问题？为什么？

答案：二审法院维持原判，驳回上诉不符合《民事诉讼法》规定。因为，依据法律规定，只有在一审法院认定事实清楚、适用法律正确的情况下，二审法院才可以维持原判，驳回上诉。而本案中，二审法院的判决认定了王某开车撞到了刘某，该事实认定与一审法院对案件事实的认定有根本性的差别，这说明一审法院认定案件事实不清或存在错误。在此种情况下，二审法院应当裁定撤销原判决、发回重审或依法改判，而不应当维持原判。

难度：中

考点：上诉案件的裁判（对第一审判决提起上诉的案件的裁判）

命题及解题思路：本题设问与上一题一脉相承，旨在考查上诉案件的裁判方式。解答本题的关键步骤是比较一审和二审判决，确定两者在事实认定、法律适用和审理程序等方面是否存在差异，进而结合民事诉讼法有关二审判决的处理方式对本题作出正确解答。

答案解析：

《民事诉讼法》第170条规定，第二审人民法院对上诉案件，经过审理，按照下列情形，分别处理：①原判决、裁定认定事实清楚，适用法律正确的，以判决、裁定方式驳回上诉，维持原判决、裁定；②原判决、裁定认定事实错误或者适用法律错误的，以判决、裁定方式依法改判、撤销或者变更；③原判决认定基本事实不清的，裁定撤销原判决，发回原审人民法院重审，或者查清事实后改判。据此，本案中二审法院如何处理上诉案件，应根据一审判决的不同情形予以适用。本案一审判决认定的事实是刘某因受到王某开车的惊吓而摔倒受伤，而二审法院的判决认定王某开车撞伤了刘某，可见二审法院对案件事实认定与一审法院有根本性的差别，这说明一审判决绝非认定事实清楚，因此二审法院维持原判违反了上述规定。简而言之，本案一审判决可能存在基本事实不清或事实认定错误，二审法院应当裁定撤销原判决、发回重审或者依法改判。

2011年

一、试题（本题19分）

案情：

甲公司职工黎某因公司拖欠其工资，多次与公司法定代表人王某发生争吵，王某一怒之下打了黎某耳光。为报复王某，黎某找到江甲的儿子江乙（17岁），唆使江乙将王某办公室的电脑、投影仪等设备砸坏，承诺事成之后给其一台数码相机为报酬。事后，甲公司对王某办公室损坏的设备进行了清点登记和拍照，并委托、授权律师尚某全权处理本案。尚某找到江乙了解案情，江乙承认受黎某指使。甲公司起诉要求黎某赔偿损失，并要求黎某向王某赔礼道歉。诉讼中，黎某要求法院判决甲公司支付其劳动报酬。审理时，法院通知江乙参加诉讼。经审理，法院判决侵权人赔偿损失，但对甲公司要求黎某向王某赔礼道歉的请求、黎某要求甲公司支付劳动报酬的请求均未作处理。

问题：

1. 王某、江甲、江乙是否为本案当事人？各是什么诉讼地位？为什么？

2. 原告甲公司向法院提交了公司制作的王某办公室损坏设备登记表、对损坏设备拍摄的照片、律师尚某调查江乙的录音资料。上述材料能否作为本案证据？如果能，分别属于法律规定的何种证据？

3. 甲公司向法院提交的委托律师尚某代理诉讼的授权委托书上仅写明“全权代理”字样，尚某根据此授权可以行使哪些诉讼权利？为什么？

4. 一审法院对甲公司要求黎某向王某赔礼道歉的诉讼请求、黎某要求甲公司支付劳动报酬的诉讼请求依法应当如何处理？为什么？

5. 根据现行法律规定，黎某解决甲公司拖欠工资问题的途径有哪些？

二、答案精讲

1. 王某、江甲、江乙是否为本案当事人？各是什么诉讼地位？为什么？

答案：①王某不是本案当事人，因为本案是以甲公司名义提起诉讼的。王某是甲公司的法定代表人，可以直接代表甲公司参加诉讼。②江甲是本案当事人，是共同被告。因为江乙是限制民事行为能力人，造成甲公司财产损害，江甲作为其监护人应为共同被告。③江乙是本案当事人，因为江乙是致害人。江乙是本案共同被告之一。

难度：中

考点：原告和被告地位的确定；必要共同诉讼

命题及解题思路：本题让考生判断案例中三个人的诉讼地位，这是当事人部分常用的命题路数。考查涉及当事人、法定代表人和法定代理人等内容。本题命制时，江甲应为法定诉讼代理人，《最高人民法院关于适用〈中华人民共和国民事诉讼法〉的解释》的新规定使本题答案发生变化，江甲成为共同被告。考生欲正确答题，首先应根据案例表述确定案件的适格当事人，再根据待判断主体在该诉讼中的角色结合当事人理论对其诉讼地位作出判断。

答案解析：

材料明确指出“甲公司起诉要求黎某赔偿损失”，因此本案的原告是甲公司，王某是甲公司的法定代表人，不是本案当事人。《民事诉讼法》第 48 条第 2 款规定，法人由其法定代表人进行诉讼。据此，王某作为甲公司的法定代表人，应由王某代表甲公司进行诉讼。

《最高人民法院关于适用〈中华人民共和国民事诉讼法〉的解释》第 67 条规定，无民事行为能力人、限制民事行为能力人造成他人损害的，无民事行为能力人、限制民事行为能力人和其监护人为共同被告。据此，江乙是限制民事行为能力人，造成甲公司财产损害，江乙及其监护人江甲应为共同被告。

2. 原告甲公司向法院提交了公司制作的王某办公室损坏设备登记表、对损坏设备拍摄的照片、律师尚某调查江乙的录音资料。上述材料能否作为本案证据？如果能，分别属于法律规定的何种证据？

答案：①损坏设备登记表不能作为本案证据；②照片可以作为本案证据，属于物证；③录音资料可以作为本案证据，根据其存储的介质不同，可能属于视听资料或者电子数据。

难度：难

考点：民事证据的特征（客观性）；物证（物证的概念与特征）；电子数据（电子数据与视听资料的区别）

命题及解题思路：本题主要考查证据材料能否成为定案证据以及证据法定类型的识别。证据材料能否成为定案证据，应结合证据的客观性、关联性和合法性作出分析。本题的难点有二：一是判断损坏设备登记表能否成为证据，应根据证据客观性作出分析，否则很容易误判为书证；二是照片的证据类型，应根据照片属于原始证据还是传来证据作出判断。《最高人民法院关于适用〈中华人民共和国民事诉讼法〉的解释》的新规定导致本题答案发生变化，根据现有材料难以明确录音资料的证据类型。

答案解析：

证据的客观性，强调民事证据必须是客观存在的事实。它是民事法律关系产生、发展、变化的客观记录，真实地表明民事法律关系以及纠纷发生和变化的过程。换言之，证据必须是来自案件事实的材料，不能是人为对案件事实予以裁剪编撰的主观记录。据此，损坏设备登记表类似证据清单，它是对办公室损坏物品情况的人为总结记载，因此不能成为本案证据。损坏设备登记表中涉及的具体损坏物品是本案证据，属于物证。

照片的证据类型，应首先判断它属于原始证据还是传来证据。当照片本身是原始证据时，如果以照片记录的内容证明待证事实则是书证，如果以照片的物理属性证明待证事实则为物证；而当照片用以固定保存原始证据，属于传来证据时，则应当以原始证据的证据类型来认定照片的证据类型。据此，本案中对损坏设备拍摄的照片明显是传来证据，是对办公室物品损坏情况的客观记录，因此属于物证。

视听资料，是指以声音、图像及其他视听信息来证明案件待证事实的录像资料、录音资料等信息材料。据此，律师尚某调查江乙的录音资料，在本题考查时属于视听资料自无异议。但是《最高人民法院关于适用〈中华人民共和国民事诉讼法〉的解释》出台后，可能使本题的答案发生变化。《最高人民法院关于适用〈中华人民共和国民事诉讼法〉的解释》第116条第3款规定，存储在电子介质中的录音资料和影像资料，适用电子数据的规定。因此，该录音资料也有可能属于电子数据。判断属于视听资料还是电子数据的关键在于该录音资料存储在何种介质中，但是该信息在题干材料中并未明示，因此该录音资料可能属于视听资料或者电子数据。

3. 甲公司向法院提交的委托律师尚某代理诉讼的授权委托书上仅写明“全权代理”字样，尚某根据此授权可以行使哪些诉讼权利？为什么？

答案：尚某除不能进行和解、变更诉讼请求、承认对方诉讼请求、增加和放弃诉讼请求、撤诉以及上诉之外，其他诉讼权利均可行使。因为甲公司对律师尚某的授权属于一般授权，尚某可以行使属于一般授权范围内的各项诉讼权利。

难度： 易

考点： 委托诉讼代理人的权限

命题及解题思路： 本题考查当事人授权“全权代理”时律师的代理权限，考查内容是对法律规定的简单重复，考点明确且单一，这绝对属于司法考试中难度最低的题目。正确解答本题，只要准确记忆法律相关规定即可。应当指出，此类题目已不适应法考时代提供法条的考查模式。

答案解析：

委托代理人的代理权限分为一般授权和特别授权。**授权委托书仅写“全权代理”而无具体授权的，视为一般授权。**一般授权的委托代理人无权处分与实体权利密切相关的诉讼权利，具体权利内容由《最高人民法院关于适用〈中华人民共和国民事诉讼法〉的解释》明确作出规定。根据《最高人民法院关于适用〈中华人民共和国民事诉讼法〉的解释》第89条第1款规定，授权委托书仅写“全权代理”而无具体授权的，诉讼代理人无权代为承认、放弃、变更诉讼请求，进行和解，提出反诉或者提起上诉。据此，尚某除不能进行和解、变更诉讼请求、承认对方诉讼请求、增加和放弃诉讼请求、撤诉以及上诉之外，其他诉讼权利均可行使。

4. 一审法院对甲公司要求黎某向王某赔礼道歉的诉讼请求、黎某要求甲公司支付劳动报酬的诉讼请求依法应当如何处理？为什么？

答案： ①法院应当裁定驳回甲公司要求黎某向王某赔礼道歉的诉讼请求，因为主体不适格；②法院应当裁定驳回黎某要求甲公司支付劳动报酬的诉讼请求，因为这属于劳动争议，当事人只有经过劳动仲裁后，才能向法院起诉。

难度： 难

考点： 起诉（起诉的条件和方式）

命题及解题思路： 从表面上看，本题考查的是一审审理的范围，即一审原告能否增加诉讼请求以及被告能否反诉。如照此思路去解题，很可能落入命题陷阱。实际上，本题考查的是**起诉的实质条件**，侧重对**适格原告和主管范围**的考查。本题除了要判断两项诉请能否在一审程序中合并审理外，还应当明确不能合并审理时法院应当如何处理。具体言之，法院应当判决驳回诉请还是裁定驳回诉请。两个诉请均不符合起诉的实质条件，因此应当裁定驳回诉请。

答案解析：

《民事诉讼法》第119条第（一）项规定，原告是与本案有直接利害关系的公民、法人和其他组织。据此，起诉的实质条件要求原告必须适格。本案是甲公司起诉黎某的侵权赔偿诉讼，适格原告是甲公司，王某并非本案的当事人。而赔礼道歉具有人身属性，有权要求黎某向王某赔礼道歉的只能是王某。因此，甲公司诉请黎某向王某赔礼道歉，甲公司并不适格，该项诉请应由王某本人起诉提出。既然甲公司提出的该项诉请不符合《民事诉讼法》第119条第（一）项规定的起诉条件，因此一审法院应裁定驳回甲公司提出的黎某向王某赔礼道歉的诉讼请求。

《民事诉讼法》第 119 条第（四）项规定，属于人民法院受理民事诉讼的范围和受诉人民法院管辖。据此，起诉的实质条件要求案件应属于法院的主管范围。根据《劳动法》第 79 条的规定，劳动争议案件中法院和劳动仲裁委员会的主管关系是劳动争议仲裁前置。即劳动争议案件应当先申请劳动仲裁，然后才能向法院起诉。黎某诉请要求甲公司支付劳动报酬，根据材料表述，黎某并未申请劳动仲裁，法院不能直接审理，应当裁定驳回该诉请。

5. 根据现行法律规定，黎某解决甲公司拖欠工资问题的途径有哪些？

答案：黎某可通过以下途径解决劳动报酬问题：①与甲公司协商解决；②请工会或第三方与甲公司协商解决；③向调解组织申请调解；④向劳动争议仲裁委员会申请仲裁；⑤如果不服劳动仲裁，且黎某要求给付的劳动报酬数额高于当地月最低工资标准 12 个月金额的，可以向法院起诉。

难度：中

考点：民事纠纷的解决方式

命题及解题思路：民事纠纷解决方式是本学科主观题的高频考点，本题结合劳动争议案件，考查纠纷解决方式的选择。主要涉及和解、调解、劳动争议仲裁和诉讼的选择，在劳动争议案件中，上述方式均可适用，但**劳动争议仲裁是诉讼的前置程序**。答题时要注意设问中“根据现行法律规定”的要求，应当结合《劳动争议调解仲裁法》和《最高人民法院关于审理劳动争议案件适用法律若干问题的解释（三）》的规定详细解答本题，尤其注意对纠纷解决主体和适用条件的阐述，简单列举四类纠纷解决方式因遗漏得分点会被扣分。

答案解析：

《劳动争议调解仲裁法》第 4 条规定，发生劳动争议，劳动者可以与用人单位协商，也可以请工会或者第三方共同与用人单位协商，达成和解协议。因此，黎某可以直接与甲公司协商解决，也可以请工会或第三方与甲公司协商解决。

《劳动争议调解仲裁法》第 5 条规定，发生劳动争议，当事人不愿协商、协商不成或者达成和解协议后不履行的，可以向调解组织申请调解；不愿调解、调解不成或者达成调解协议后不履行的，可以向劳动争议仲裁委员会申请仲裁；对仲裁裁决不服的，除本法另有规定的外，可以向人民法院提起诉讼。《最高人民法院关于审理劳动争议案件适用法律若干问题的解释（三）》第 13 条规定，劳动者依据调解仲裁法第 47 条第（一）项规定，追索劳动报酬、工伤医疗费、经济补偿或者赔偿金，如果仲裁裁决涉及数项，每项确定的数额均不超过当地月最低工资标准 12 个月金额的，应当按照终局裁决处理。据此，黎某还可以向调解组织申请调解，也可以向劳动争议仲裁委员会申请仲裁。不服劳动争议仲裁裁决，且黎某要求给付的劳动报酬数额高于当地月最低工资标准 12 个月金额的，还可以向法院起诉。

2010 年

一、试题（本题 20 分）

案情：

甲省 A 县大力公司与乙省 B 县铁成公司，在丙省 C 县签订煤炭买卖合同，由大力公司向铁成公司出售 3000 吨煤炭，交货地点为 C 县。双方约定，因合同所生纠纷，由 A 县法院或 C 县法院管辖。

合同履行中，为便于装船运输，铁成公司电话告知大力公司交货地点改为丁省 D 县，大力公司同意。大力公司经海运向铁成公司发运 2000 吨煤炭，存放于铁成公司在 D 县码头的货场。大力公司依约要求铁成公司支付已发煤款遭拒，遂决定暂停发运剩余 1000 吨煤炭。

在与铁成公司协商无果情况下，大力公司向 D 县法院提起诉讼，要求铁成公司支付货款并请求解除合同。审理中，铁成公司辩称并未收到 2000 吨煤炭，要求驳回原告诉讼请求。大力公司向法院提交了铁成公司员工季某（季某是铁成公司业务代表）向大力公司出具的收货确认书，但该确认书是季某以长远公司业务代表名义出具的。经查，长远公司并不存在，季某承认长远公司为其杜撰。据此，一审法院追加季某为被告。经审理，一审法院判决铁成公司向大力公司支付货款，季某对此承担连带责任。

铁成公司不服一审判决提起上诉，要求撤销一审判决中关于责令自己向大力公司支付货款的内容，大力公司、季某均未上诉。经审理，二审法院判决撤销一审判决，驳回原告要求被告支付货款并解除合同的诉讼请求。

二审判决送达后第 10 天，大力公司负责该业务的黎某在其手机中偶然发现，自己存有与季某关于 2000 吨煤炭验收、付款及剩余煤炭发运等事宜的谈话录音，明确记录了季某代表铁成公司负责此项煤炭买卖的有关情况，大力公司遂向法院申请再审，坚持要求铁成公司支付货款并解除合同的请求。

问题：

1. 本案哪些（个）法院有管辖权？为什么？
2. 一审法院在审理中存在什么错误？为什么？
3. 分析二审当事人的诉讼地位。
4. 二审法院的判决有何错误？为什么？
5. 大力公司可以向哪些（个）法院申请再审？
6. 法院对大力公司提出的再审请求如何处理？为什么？

二、答案精讲

1. 本案哪些（个）法院有管辖权？为什么？

答案：A 县、C 县和 D 县法院有管辖权。根据管辖协议，起诉时能够确定管辖法院的，从其约定；不能确定的，依照民事诉讼法的相关规定确定管辖。管辖协议约定两个以上与争议有实际联系的地点的人民法院管辖，原告可以向其中一个人民法院起诉。A 县是原告住所地，C 县是合同签订地，两地法院均是与争议有实际联系的地点的人民法院，依法有管辖权。而 D 县法院根据应诉管辖的规定也获得了管辖权。

难度：中

考点：协议管辖（条件）；应诉管辖

命题及解题思路：本题旨在考查约定两个以上管辖法院的效力以及协议管辖与特殊地域管辖的适用关系。原来《最高人民法院关于适用〈中华人民共和国民事诉讼法〉若干问题的意见》规定，约定两个以上管辖法院协议管辖无效，本题应根据特殊地域管辖确定管辖法院，由被告住所地和合同履行地法院管辖。但《最高人民法院关于适用〈中华人民共和国民事诉讼法〉的解释》的新规定使得本题答案发生变化，《最高人民法院关于适用〈中华人民共和国民事诉讼法〉的解释》**允许当事人约定两个以上管辖法院**，本案中协议管辖有效，因协议管辖效力大于特殊地域管辖，应根据协议管辖确定管辖法院。不考虑命题人考查意图，根据应诉管辖的规定，D 县法院也享有管辖权。

答案解析：

对于合同纠纷的管辖法院，专属管辖效力大于协议管辖，协议管辖效力大于特殊地域管辖。本案是煤炭买卖合同，不适用专属管辖。根据材料表述，应以协议管辖确定管辖法院。根据《民事诉讼法》第 34 条规定，合同或者其他财产权益纠纷的当事人可以书面协议选择被告住所地、合同履行地、合同签订地、原告住所地、标的物所在地等与争议有实际联系的地点的人民法院管辖。本案中双方约定的 A 县是原告住所地，C 县是合同签订地，两地均为与纠纷有实际联系的地点。又根据《最高人民法院关于适用〈中华人民共和国民事诉讼法〉的解释》第 30 条第 2 款规定，管辖协议约定两个以上与争议有实际联系的地点的人民法院管辖，原告可以向其中一个人民法院起诉。因此，本案中 A 县和 C 县法院均有管辖权。

《民事诉讼法》第 127 条第 2 款规定，当事人未提出管辖异议，并应诉答辩的，视为受诉人民法院有管辖权，但违反级别管辖和专属管辖规定的除外。据此，D 县法院基于应诉管辖制度而视为对本案享有管辖权。

2. 一审法院在审理中存在什么错误？为什么？

答案：一审法院追加季某为被告是错误的，因为本案并不是必要共同诉讼；一审法院漏判当事人解除合同的请求是错误的，因为判决应针对当事人的诉讼请求作出。

难度：中

考点：原告和被告地位的确定（通常情况下原告与被告诉讼地位的确定）、一审漏

判的处理

命题及解题思路：本题考查形式与2012年案例题第3问如出一辙，均让考生判断一审程序的瑕疵。本题考查的是当事人的确定以及一审遗漏诉讼请求的处理。案例中一审法院只有两个行为，可逐一根据诉讼法原理作出判断。查找法院判决瑕疵类试题，要注意将原告的诉请和法院判决结果作对比，这很容易判断是否存在遗漏或者超出诉讼请求的现象。

答案解析：

《最高人民法院关于适用〈中华人民共和国民事诉讼法〉的解释》第56条规定："法人或者其他组织的工作人员执行工作任务造成他人损害的，该法人或者其他组织为当事人。"根据材料表述，季某是铁成公司业务代表，其向大力公司出具收货确认书属于执行工作任务的行为，因季某执行工作任务的行为发生的诉讼，铁成公司是当事人，而不能追加季某为被告。

诉讼请求的范围决定了法院裁判的范围。大力公司向D县法院提起诉讼，要求铁成公司支付货款并请求解除合同。而一审法院仅判决铁成公司向大力公司支付货款，未能就解除合同的诉请作出判决。这属于遗漏诉讼请求，违反法律规定。

3. 分析二审当事人的诉讼地位。

答案：本案中上诉人为铁成公司；被上诉人为大力公司；季某是原审被告。

难度：中

考点：上诉的提起（提起上诉的条件）

命题及解题思路：本题考查必要共同诉讼案件上诉后二审当事人诉讼地位的确定。本题考点是本学科的高频考点，在客观题中已多次考查。解答本题不应受到上一题的影响，虽然法院不应追加季某为共同被告，但法院实际上已经追加，应当在此基础上明确二审当事人的诉讼地位。注意确定二审中当事人诉讼地位的规则是：**提起上诉的当事人是上诉人，上诉人指向的对象是被上诉人，其他主体依据原审诉讼地位列明即可**。

答案解析：

不论追加是否合法，法院既然已将季某追加为被告，本案就成为必要共同诉讼。一审判决后，部分共同诉讼被告提起上诉，如何确定二审当事人。根据《最高人民法院关于适用〈中华人民共和国民事诉讼法〉的解释》第319条第（一）项规定，必要共同诉讼人的一人或者部分人提起上诉的，上诉仅对与对方当事人之间权利义务分担有意见，不涉及其他共同诉讼人利益的，对方当事人为被上诉人，未上诉的同一方当事人依原审诉讼地位列明。据此，本案中铁成公司提起上诉因此为上诉人；铁成公司因不服判令其向大力公司支付货款的一审判决而上诉，其针对的对象是大力公司，因此大力公司为被上诉人；季某按其原审诉讼地位列明，即原审被告。

4. 二审法院的判决有何错误？为什么？

答案：二审法院对一审漏审的原告解除合同的请求进行判决是错误的。对这一请求二审法院应当根据当事人自愿的原则进行调解，调解不成的，应当裁定撤销原判发回重审。

难度： 中

考点： 上诉案件的调解

命题及解题思路： 上诉案件的调解是本学科的高频考点，本考点基本属于识记型内容，只要准确把握上诉案件调解的不同适用情形和处理方式，就不难准确作答。解题的关键在于通过比较材料中原告的诉请、一审和二审的判决结果，准确判断本案二审判决存在“直接对一审遗漏诉讼请求作出判决”的瑕疵。

答案解析：

《最高人民法院关于适用〈中华人民共和国民事诉讼法〉的解释》第326条规定，对当事人在第一审程序中已经提出的诉讼请求，原审人民法院未作审理、判决的，第二审人民法院可以根据当事人自愿的原则进行调解；调解不成的，发回重审。据此，原告大力公司在一审中提出解除合同的诉讼请求，一审法院对此并未作出判决，第二审法院对解除合同的诉讼请求不能直接作出判决，应当根据自愿原则进行调解，调解不成，应当撤销原判发回重审。因此，二审法院直接驳回原告要求解除合同的诉讼请求错误。

5. 大力公司可以向哪些（个）法院申请再审？

答案： 大力公司可以向丁省高级人民法院申请再审。

难度： 易

考点： 申请再审的条件（申请再审的管辖法院）

命题及解题思路： 本题考查再审案件的管辖法院，考点单一，解题依据明确，属于主观题中难度等级最低的试题。考生只要掌握确定再审案件管辖的两种情形，本题就是绝对的送分题。

答案解析：

《民事诉讼法》第199条规定，当事人对已经发生法律效力的判决、裁定，认为有错误的，可以向上一级人民法院申请再审；当事人一方人数众多或者当事人双方为公民的案件，也可以向原审人民法院申请再审。本题中既非人数众多，也不属于双方当事人为公民的案件，因此，大力公司可以向生效判决法院的上一级法院申请再审。本案的一审法院是丁省D县法院，二审法院应为下辖D县法院的中级人民法院。因此，大力公司可以向丁省高级人民法院申请再审。

6. 法院对大力公司提出的再审请求如何处理？为什么？

答案： 法院应当裁定再审，因当事人有新证据；法院应当就解除合同的请求进行调解，调解不成的，应当撤销一、二审判决，发回原审法院重审。

难度： 中

考点： 申请再审的条件（申请再审的事实和理由）；再审审理的审判程序

命题及解题思路： 本题考查当事人申请再审的法定情形以及再审的审判程序。难点在于再审时如何处理原一审程序遗漏的诉讼请求，如果只回答因出现新证据法院应当再审，将会遗漏得分要点。解题的关键是判断黎某手机通话录音是否属于新证据，再结合当事人申请再审的法定情形，不难作出判断。解答本题的正确思路是首先分析法院应否再审大力公司的申请，再判断应适用何种程序再审，最后对原一审判决遗漏诉请的处理方式予以确定。

答案解析：

《民事诉讼法》第200条第（一）项规定，有新的证据，足以推翻原判决、裁定，当事人申请再审，法院应当再审。《最高人民法院关于适用〈中华人民共和国民事诉讼法〉的解释》第387条第1款规定，再审申请人提供的新的证据，能够证明原判决、裁定认定基本事实或者裁判结果错误的，应当认定为民事诉讼法第200条第（一）项规定的情形。在本案中，黎某发现的手机中通话录音属于庭审结束前已经客观存在，但在庭审结束后新发现的证据，属于法律规定的“新的证据”，且该证据足以推翻原二审判决。法院应当裁定再审。

《民事诉讼法》第207条第1款规定，发生法律效力的判决、裁定是由第二审法院作出的，按照第二审程序审理，所作的判决、裁定是发生法律效力的判决、裁定。据此，本案的生效判决由二审法院作出，再审时应适用第二审程序。对于一审判决遗漏大力公司提出的解除合同的诉讼请求，二审法院直接判决驳回已经违反了两审终审的审级制度。本案再审时仍适用二审程序，作出的判决同样是生效判决，当事人无权再提起上诉，对解除合同的诉讼请求直接作出判决同样有违两审终审制。因此，法院应当就解除合同的请求依自愿进行调解，调解不成的，应当撤销一、二审判决，发回原审法院重审。

2009年

一、试题（本题20分）

案情：

甲市A县的刘某与乙市B区的何某签订了房屋买卖合同，购买何某位于丙市C区的一套房屋。合同约定，因合同履行发生的一切纠纷，应提交设立于甲市的M仲裁委员会进行仲裁。之后，刘某与何某又达成了一个补充协议，约定合同发生纠纷后也可以向乙市B区法院起诉。

刘某按约定先行支付了部分房款，何某却迟迟不按约定办理房屋交付手续，双方发生纠纷。刘某向M仲裁委员会申请仲裁，请求何某履行交房义务，M仲裁委员会受理了此案。在仲裁庭人员组成期间，刘某、何某各选择一名仲裁员，仲裁委员会主任直接指定了一名仲裁员任首席仲裁员组成合议庭。第一次仲裁开庭审理过程中，刘某对何某选择的仲裁员提出了回避申请。刘某申请理由成立，仲裁委员会主任直接另行指定一名仲裁员参加审理。第二次开庭审理，刘某请求仲裁程序重新进行，何某则对仲裁协议的效力提出异议，主张仲裁协议无效，请求驳回刘某的仲裁申请。

经审查，仲裁庭认为刘某申请仲裁程序重新进行、何某主张仲裁协议无效理由均不成立。仲裁庭继续进行审理并作出裁决：何某在30日内履行房屋交付义务。因何某在义务履行期间内拒不履行房屋交付义务，刘某向法院申请强制执行，何某则向法院申请撤销仲裁裁决。

问题：

1. 刘某、何某发生纠纷后依法应当通过什么方式解决纠纷？理由是什么？

2. 刘某提出的回避申请和重新进行仲裁程序的申请，何某提出的仲裁协议效力的异议，分别应由谁审查并作出决定或裁定？

3. 如何评价仲裁庭（委）在本案审理中的做法？理由是什么？

4. 刘某可以向哪个法院申请强制执行？何某可以向哪个法院申请撤销仲裁裁决？对于刘某、何某的申请，法院在程序上如何操作？理由是什么？

5. 如法院认为本案可以重新仲裁，应当如何处理？理由是什么？

6. 如法院撤销仲裁裁决，刘某、何某可以通过什么方式解决他们的纠纷？理由是什么？

二、答案精讲

1. 刘某、何某发生纠纷后依法应当通过什么方式解决纠纷？理由是什么？

答案：根据本案情况，当事人应当通过诉讼解决纠纷，因为双方的仲裁协议无效。但刘某向M仲裁委员会申请仲裁，何某未在仲裁庭首次开庭前提出异议的，仲裁协议有效，当事人可通过仲裁解决纠纷。

难度：易

考点：请求仲裁的意思表示

命题及解题思路：本题旨在考查“既约定仲裁委员会又约定管辖法院”这一特殊情形下，仲裁协议的效力认定。题目考点单一，解题法律依据明确，难度颇低。考生只要熟悉《最高人民法院关于适用〈中华人民共和国仲裁法〉若干问题的解释》的明文规定即可轻松得分。

答案解析：

《最高人民法院关于适用〈中华人民共和国仲裁法〉若干问题的解释》第7条规定，当事人约定争议可以向仲裁机构申请仲裁也可以向人民法院起诉的，仲裁协议无效。但一方向仲裁机构申请仲裁，另一方未在仲裁庭首次开庭前提出异议的除外。据此，本案中刘某和何某既约定向M仲裁委员会申请仲裁，又约定向乙市B区法院起诉，原则上仲裁协议无效，应通过诉讼解决。但刘某向M仲裁委员会申请仲裁后，何某并未在仲裁庭首次开庭前提出异议，因此M仲裁委员会有权仲裁本案。

2. 刘某提出的回避申请和重新进行仲裁程序的申请，何某提出的仲裁协议效力的异议，分别应由谁审查并作出决定或裁定？

答案：仲裁员的回避应当由仲裁委员会主任决定；重新进行仲裁程序由仲裁庭决定；仲裁协议的效力由仲裁委员会决定。

难度： 中

考点： 仲裁员的回避与更换（仲裁员的回避）；仲裁协议效力的确认机构及程序

命题及解题思路： 本题对仲裁申请回避、重新进行仲裁程序、确认仲裁协议效力的决定主体进行考查。本题属于记忆性试题，均有明确的解题依据。虽考查范围较广，涉及知识点较多，但难度并不高。此类翻阅法条即可查找到答案的试题，在法考时代将会可遇而不可求。

答案解析：

《仲裁法》第36条规定，仲裁员是否回避，由仲裁委员会主任决定；仲裁委员会主任担任仲裁员时，由仲裁委员会集体决定。根据案情表述，刘某对何某选择的仲裁员提出回避申请，而该仲裁员不是仲裁委员会主任，因此应由仲裁委员会主任决定该仲裁员是否回避。

《仲裁法》第37条第2款规定，因回避而重新选定或者指定仲裁员后，当事人可以请求已进行的仲裁程序重新进行，是否准许，由仲裁庭决定；仲裁庭也可以自行决定已进行的仲裁程序是否重新进行。据此，刘某提出重新进行仲裁程序的申请，应由仲裁庭决定。

《仲裁法》第20条规定，当事人对仲裁协议的效力有异议的，可以请求仲裁委员会作出决定或者请求人民法院作出裁定。一方请求仲裁委员会作出决定，另一方请求人民法院作出裁定的，由人民法院裁定。《最高人民法院关于适用〈中华人民共和国仲裁法〉若干问题的解释》第13条规定，当事人在仲裁庭首次开庭前没有对仲裁协议的效力提出异议，而后向人民法院申请确认仲裁协议无效的，人民法院不予受理。据此，本案中，何某在仲裁庭第二次开庭时对仲裁协议的效力提出异议，依法应当由仲裁委员会审查并作出决定。何某如向法院提出确认申请，法院不予受理。其实，本题后文表述也提示了答案，仲裁庭认为何某主张仲裁协议无效理由不成立，可见何某提出的仲裁协议效力的异议是由仲裁庭审查并作出的决定。

3. 如何评价仲裁庭（委）在本案审理中的做法？理由是什么？

答案： ①仲裁委员会直接指定首席仲裁员是错误的。因为只有双方当事人共同委托仲裁委员会主任或者在规定期间内没有选定首席仲裁员的情况下，仲裁委员会才能指定仲裁员。②仲裁员回避后，仲裁委员会主任直接另行指定一名仲裁员是错误的。因为仲裁员回避后，仍应当由何某选任仲裁员，只有在何某委托仲裁委员会主任指定或者在规定期间内没有选定仲裁员的情况下，仲裁委员会主任才能直接指定。③仲裁庭继续进行仲裁的做法是正确的。理由有二：一是即使仲裁协议无效，当事人也只能在第一次开庭前提出，在此之后提出不影响仲裁庭的审理；二是仲裁员回避后的程序进行问题由仲裁庭决定。

难度： 中

考点： 仲裁庭的组成程序（确定仲裁员）；仲裁员的回避与更换（仲裁员的回避）；仲裁协议效力的确认机构及程序

命题及解题思路： 本题以仲裁庭（委）的行为为主线，考查仲裁员的确定方式、

仲裁员回避的法律后果以及申请确认仲裁协议效力的期限三个知识点。考查内容均有明确法律规定，难度不高。解题时应首先全面梳理仲裁庭（委）在本案中的三个行为，防止遗漏失分；然后根据《仲裁法》的规定对各个行为是否合法作出评价并阐明理由。因答题内容较多，为了清晰展示得分要点，建议考生对仲裁庭的每一个行为标注序号后单独分段给出结论并阐述理由。

答案解析：

《仲裁法》第 31 条规定，当事人约定由 3 名仲裁员组成仲裁庭的，应当各自选定或者各自委托仲裁委员会主任指定 1 名仲裁员，第三名仲裁员由当事人共同选定或者共同委托仲裁委员会主任指定。第三名仲裁员是首席仲裁员。《仲裁法》第 32 条规定，当事人没有在仲裁规则规定的期限内约定仲裁庭的组成方式或者选定仲裁员的，由仲裁委员会主任指定。据此，本案中刘某、何某各选择 1 名仲裁员的做法符合法律规定，但仲裁委员会主任直接指定了 1 名仲裁员任首席仲裁员组成合议庭不合规定。因为仲裁委员会主任指定仲裁员要么是双方当事人共同委托，要么是当事人没有在仲裁规则规定的期限内选定仲裁员。而本题并未交代双方共同委托或者在规定期限内未选定第三名仲裁员的情形。

《仲裁法》第 37 条第 1 款规定，仲裁员因回避或者其他原因不能履行职责的，应当依照本法规定重新选定或者指定仲裁员。据此，本案第一次仲裁开庭审理过程中，刘某对何某选择的仲裁员提出回避申请。申请理由成立，该仲裁员需要回避，此时仍应由何某依法重新选任仲裁员。只有在何某委托仲裁委员会主任指定或者在规定期间内没有选定仲裁员的情况下，仲裁委员会主任才能直接指定。因此，仲裁委员会主任直接另行指定一名仲裁员参加审理的做法是错误的。

《仲裁法》第 37 条第 2 款规定，因回避而重新选定或者指定仲裁员后，当事人可以请求已进行的仲裁程序重新进行，是否准许，由仲裁庭决定；仲裁庭也可以自行决定已进行的仲裁程序是否重新进行，仲裁庭有权审查并决定已经进行的仲裁程序是否重新进行。据此，何某选定的仲裁员回避后，刘某提出重新进行仲裁程序的申请，仲裁庭予以驳回符合法律规定。《仲裁法》第 20 条第 2 款规定，当事人对仲裁协议的效力有异议，应当在仲裁庭首次开庭前提出。据此，何某在第二次开庭审理时才对仲裁协议的效力提出异议，并不影响仲裁庭的审理。因此，仲裁庭认为刘某申请仲裁程序重新进行、何某主张仲裁协议无效理由均不成立，仲裁庭继续进行审理并作出裁决的做法符合法律规定。

4. 刘某可以向哪个法院申请强制执行？何某可以向哪个法院申请撤销仲裁裁决？对于刘某、何某的申请，法院在程序上如何操作？理由是什么？

答案：①刘某应当向乙市中级人民法院或丙市中级人民法院申请强制执行。因为根据司法解释规定，对仲裁裁决的申请执行，由被执行人住所地或者财产所在地的中级人民法院管辖。②何某应当向甲市中级人民法院申请撤销仲裁裁决。因为根据法律规定，仲裁裁决的撤销由仲裁委员会所在地的中级人民法院管辖。③受理执行的法院应当裁定中止执行。甲市中级人民法院裁定撤销仲裁裁决的，受理执行的法院裁定终结执行。甲市中级人民法院裁定驳回何某撤销仲裁申请的，受理执行的法院裁定恢复执行。

难度： 中

考点： 执行仲裁裁决的程序；申请撤销仲裁裁决的条件；仲裁裁决的中止执行

命题及解题思路： 本题考查**申请执行仲裁裁决、撤销仲裁裁决的管辖法院**以及**中止执行仲裁裁决的适用情形**。题目虽考查内容较多，但设问方式直接，解题依据有明确的法律规定，基本属于识记类试题，难度不高。

答案解析：

《最高人民法院关于适用〈中华人民共和国仲裁法〉若干问题的解释》第 29 条规定，当事人申请执行仲裁裁决案件，由被执行人住所地或者被执行的财产所在地的中级人民法院管辖。据此，本案中刘某申请执行仲裁裁决，应当向被执行人何某住所地乙市中级人民法院或者房屋所在地丙市中级人民法院申请强制执行。

《仲裁法》第 58 条规定，当事人申请撤销仲裁裁决的，由仲裁委员会所在地的中级人民法院管辖。据此，何某应向 M 仲裁委员会所在地的甲市中级人民法院申请撤销该仲裁裁决。

《仲裁法》第 64 条规定，一方当事人申请执行裁决，另一方当事人申请撤销裁决的，人民法院应当裁定中止执行。人民法院裁定撤销裁决的，应当裁定终结执行。撤销裁决的申请被裁定驳回的，人民法院应当裁定恢复执行。据此，何某申请撤销仲裁裁决后，受理刘某申请强制执行的中级人民法院应当裁定中止执行。如果甲市中级人民法院裁定撤销仲裁裁决的，受理执行的中级人民法院应裁定终结执行；如果甲市中级人民法院裁定驳回撤销仲裁裁决申请的，受理执行的中级人民法院应裁定恢复执行。

5. 如法院认为本案可以重新仲裁，应当如何处理？理由是什么？

答案： 法院通知仲裁庭重新仲裁，并裁定中止撤销程序。如果仲裁庭在法院指定的期限内重新仲裁的，法院应裁定终结撤销程序；如果仲裁庭拒绝仲裁的或仲裁庭未在指定的期间内开始仲裁的，法院应当裁定恢复撤销程序。

难度： 中

考点： 通知仲裁庭重新仲裁

命题及解题思路： 本题考查仲裁庭重新仲裁制度。重新仲裁是法院给予仲裁庭自我弥补程序瑕疵，保持仲裁裁决效力的程序。**法院只能通知仲裁庭限期重新仲裁，决定权掌握在仲裁庭手中**。因此，法院应根据仲裁庭是否重新仲裁作出不同的处理。答题时注意分情况讨论，避免遗漏失分。

答案解析：

《仲裁法》第 61 条规定，人民法院受理撤销裁决的申请后，认为可以由仲裁庭重新仲裁的，通知仲裁庭在一定期限内重新仲裁，并裁定中止撤销程序。仲裁庭拒绝重新仲裁的，人民法院应当裁定恢复撤销程序。《最高人民法院关于适用〈中华人民共和国仲裁法〉若干问题的解释》第 22 条规定，仲裁庭在人民法院指定的期限内开始重新仲裁的，人民法院应当裁定终结撤销程序；未开始重新仲裁的，人民法院应当裁定恢复撤销程序。据此，如法院通知仲裁庭重新仲裁，且仲裁庭重新仲裁的，法院应裁定中止撤销程序；仲裁庭拒绝仲裁的或仲裁庭未在指定的期间内开始仲裁的，法院应当裁定恢复撤销程序。

6. 如法院撤销仲裁裁决，刘某、何某可以通过什么方式解决他们的纠纷？理由是什么？

答案：仲裁裁决被撤销后，当事人可以向法院起诉解决，也可以重新达成仲裁协议申请仲裁。因为，一方面原仲裁协议和管辖协议都是无效的，另一方面，仲裁裁决被撤销后，原协议即已失效，只能重新达成协议方能申请仲裁。

难度：中

考点：撤销仲裁裁决

命题及解题思路：本题考查法院撤销仲裁裁决的效力。**撤销仲裁裁决后当事人的纠纷恢复到未解决前的状态，原仲裁协议失效**。只要把握这一点，即便没有记住《仲裁法》的规定，推导后也可得出正确答案。材料中管辖协议是干扰信息，如果不能把握“或裁或诉”的关系，可能会误认为依照管辖协议进行诉讼。

答案解析：

《仲裁法》第9条第2款规定，裁决被人民法院依法裁定撤销或者不予执行的，当事人就该纠纷可以根据双方重新达成的仲裁协议申请仲裁，也可以向人民法院起诉。据此，法院撤销仲裁裁决后，刘某、何某可以向法院起诉解决其纠纷，也可以根据双方重新达成的仲裁协议申请仲裁。因为，一方面仲裁庭作出的仲裁裁决一旦被法院撤销，原仲裁协议失效。此时如果当事人还想选择仲裁方式解决其纠纷，就必须重新达成仲裁协议。另一方面，仲裁协议被撤销已失效，又因“或裁或诉”的规则，当事人选择了仲裁导致管辖协议失效。此时，只能重新约定仲裁机构，或者到有管辖权的法院起诉。

2008年

一、试题（本题22分）

案情：

肖某是甲公司的一名职员，在2006年12月17日出差时不慎摔伤，住院治疗两个多月，花费医疗费若干。甲公司认为，肖某伤后留下残疾已不适合从事原岗位的工作，于2007年4月9日解除了与肖某的劳动合同。因与公司协商无果，肖某最终于2007年11月27日向甲公司所在地的某省A市B区法院起诉，要求甲公司继续履行劳动合同并安排其工作、支付其住院期间的医疗费、营养费、护理费、住院期间公司减发的工资、公司2006年三季度优秀员工奖奖金等共计3.6万元。

B区法院受理了此案。之后，肖某向与其同住一小区的B区法院法官赵某进行咨询。赵某对案件谈了几点意见，同时为肖某推荐律师李某作为其诉讼代理人，并向肖某提供了本案承办法官刘某的手机号码。肖某的律师李某联系了承办法官刘某。刘某在居住的小区花园，听取了李某对案件的法律观点，并表示其一定会依法审理此案。两天后，肖某来到法院找刘某说明案件的其他情况，刘某在法院的谈话室接待了肖某，并让书记员对他们的谈话内容进行了记录。

本案经审理，一审判决甲公司继续履行合同，支付相关费用；肖某以各项费用判决数额偏低为由提起上诉。二审开庭审理时，由于一名合议庭成员突发急病住院，法院安排法官周某临时代替其参加庭审。在二审审理中，肖某提出了先予执行的申请。2008 年 5 月 12 日，二审法院对该案作出终审判决，该判决由原合议庭成员署名。履行期届满后，甲公司未履行判决书中确定的义务。肖某向法院申请强制执行，而甲公司则向法院申请再审。

问题：

1. 纠纷发生后，肖某与甲公司可以通过哪些方式解决他们之间的纠纷？

2. 诉讼中，肖某与甲公司分别应当对本案哪些事实承担举证责任？

3. 二审中，肖某依法可以对哪些请求事项申请先予执行？对该申请应当由哪个法院审查作出先予执行的裁定？该裁定应当由哪个法院执行？

4. 若执行中甲公司拒不履行法院判决，法院可以采取哪些与金钱相关的执行措施？对甲公司及其负责人可以采取哪些强制措施？

5. 根据案情，甲公司可以根据何种理由申请再审？可以向何法院申请再审？甲公司申请再审时，已经开始的执行程序如何处理？

6. 本案中，有关法官的哪些行为违反了法官职业道德？

二、答案精讲

1. 纠纷发生后，肖某与甲公司可以通过哪些方式解决他们之间的纠纷？

答案：和解；向公司劳动争议调解委员会申请调解；向劳动争议仲裁委员会申请仲裁；向法院起诉。

难度：中

考点：民事纠纷的解决方式

命题及解题思路：本题与 2011 年案例题第 5 问完全相同，均以劳动争议为切入点，考查劳动合同的纠纷解决方式。2007 年颁布了《劳动争议调解仲裁法》，2008 年命题考查无疑体现了“逢新必考”规律。考查内容主要涉及和解、调解、仲裁和诉讼这四类纠纷解决方式的适用，注意和解和调解在任何民事纠纷中均可适用，且劳动争议案件仲裁前置规定。司法部给定的答案非常简单，没有各类纠纷解决方式的适用条件，使得本题难度骤降。

答案解析：

《劳动争议调解仲裁法》第 4 条规定，发生劳动争议，劳动者可以与用人单位协商，也可以请工会或者第三方共同与用人单位协商，达成和解协议。**和解是任何类型民事纠纷均可采用的解决方式**。因此，肖某可寻求与甲公司和解解决该纠纷。

《劳动争议调解仲裁法》第5条规定，发生劳动争议，当事人不愿协商、协商不成或者达成和解协议后不履行的，可以向调解组织申请调解；不愿调解、调解不成或者达成调解协议后不履行的，可以向劳动争议仲裁委员会申请仲裁；对仲裁裁决不服的，除本法另有规定的外，可以向人民法院提起诉讼。据此，肖某可以向公司劳动争议调解委员会申请调解；可以向劳动争议仲裁委员会申请仲裁；不服仲裁裁决，还可以向法院起诉。

2. 诉讼中，肖某与甲公司分别应当对本案哪些事实承担举证责任？

答案：肖某应当对以下事实承担举证责任：①与甲公司存在劳动合同关系；②肖某受伤属工伤的事实；③各项损失的事实；④未支付全额工资和奖金的事实。

甲公司应当对以下事实承担举证责任：①解除劳动合同的事实；②减少肖某住院期间工资报酬的事实。

难度：难

考点：证明责任的分配（最高人民法院相关司法解释中关于当事人举证责任承担的有关规定）

命题及解题思路：证明责任分配是本学科的易考点，本题考查劳动争议案件中证明责任分配规则，解题的难点在于并未明确交代本案的要件事实。正确解题需要考生首先根据案情表述进行梳理，遗漏要件事实必然会失分；然后结合《最高人民法院关于民事诉讼证据的若干规定》的规定，在原被告之间具体分配证明责任。注意所谓**“证明责任倒置”并非全部要件事实的倒置**，除了法律有倒置的明确规定之外，其余要件事实仍应由原告承担证明责任。

答案解析：

本案是劳动合同纠纷，根据案情表述需要证明的要件事实包括肖某与甲公司存在劳动合同关系、肖某受伤是工伤（根据《劳动合同法》的规定，本案只有证明是工伤，甲公司才无权解除劳动合同）、肖某在住院期间产生的各类费用、未支付奖金的事实、甲公司解除与肖某的劳动合同、甲公司减少肖某住院期间工资报酬的事实。

《最高人民法院关于民事诉讼证据的若干规定》第6条规定，在劳动争议纠纷案件中，因用人单位作出开除、除名、辞退、解除劳动合同、减少劳动报酬、计算劳动者工作年限等决定而发生劳动争议的，由用人单位负举证责任。基于倒置的特殊规定，甲公司应当对解除劳动合同的事实以及减少肖某住院期间工资报酬的事实承担证明责任。除此之外的事实应由肖某承担证明责任，即肖某与甲公司存在劳动合同关系、肖某受伤是工伤、肖某在住院期间产生的各类费用的事实以及未支付全额工资和奖金的事实。

需要指出，肖某承担甲公司未支付全额工资和奖金事实的证明责任，是司法部当年给定的答案，但该答案存在争议。从证明责任分配原理来看，主张消极事实者一般不承担证明责任，由用人单位证明已足额支付工资和奖金，从证明难度看更为合理。

且未全额支付工资与减少肖某住院期间的工资是一回事，同一个要件事实由双方承担证明责任，岂不荒谬。

3. 二审中，肖某依法可以对哪些请求事项申请先予执行？对该申请应当由哪个法院审查作出先予执行的裁定？该裁定应当由哪个法院执行？

答案：肖某依法可以对医疗费、住院期间的工资申请先予执行；肖某应当向二审法院申请；先予执行的裁定应当由B区法院执行。

难度：难

考点：先予执行的适用范围；先予执行的裁定与执行

命题及解题思路：先予执行不算是本学科的高频考点，在主观题更是鲜有涉及。本题考查先予执行的适用范围、申请审查和执行的管辖法院。适用范围有法律的明文规定，记住“四费一金一酬”即可准确作答，较为简单。先予执行申请审查和执行的管辖法院，民事诉讼法并无明文规定，需要考生根据相关规定和原理推导答案。

答案解析：

《民事诉讼法》第106条规定，人民法院对下列案件，根据当事人的申请，可以裁定先予执行：①追索赡养费、扶养费、抚育费、抚恤金、医疗费用的；②追索劳动报酬的；③因情况紧急需要先予执行的。据此，肖某依法可以对医疗费、住院期间的工资申请先予执行。

《最高人民法院关于适用〈中华人民共和国民事诉讼法〉的解释》第169条规定，民事诉讼法规定的先予执行，人民法院应当在受理案件后终审判决作出前采取。据此，先予执行应当由权利人向受诉法院提出申请，并由受诉法院审查后作出裁定。本案肖某在二审中提出先予执行申请，应向二审法院提出，由二审法院审查后作出裁定。

先予执行属于特殊的执行行为，与终局执行的管辖法院相同。根据《民事诉讼法》第224条的规定，发生法律效力的民事判决、裁定，以及刑事判决、裁定中的财产部分，由第一审人民法院或者与第一审人民法院同级的被执行的财产所在地人民法院执行。据此，本案先予执行的裁定应当由第一审人民法院即B区法院负责执行。

4. 若执行中甲公司拒不履行法院判决，法院可以采取哪些与金钱相关的执行措施？对甲公司及其负责人可以采取哪些强制措施？

答案：①法院可采取以下与金钱有关的执行措施：查询，冻结，划拨，变价被执行人的存款、债券、股票、基金份额等财产；强制被执行人加倍支付迟延履行债务的利息。②法院可对甲公司采取罚款的强制措施；对甲公司的负责人可采取罚款、拘留的强制措施。

难度：中

考点：对财产的执行措施（扣押、冻结、划拨、变价被执行人的金融资产）；保障性执行措施（强制被执行人支付迟延履行期间债务利息及迟延履行金）；对妨害民事诉讼强制措施的种类（罚款、拘留）

命题及解题思路：本题考查执行措施和妨害民事诉讼强制措施的选择。考查内容既偏又冷，对知识记忆精确度要求较高，难度较大。“与金钱相关”是答题关键信息，应紧扣设问信息避免跑题。正确答题应首先**明确本案的执行对象，通过执行对象筛选执行措施**。除了**直接执行措施**之外，别忘了**保障性执行措施**的适用。

答案解析：

《民事诉讼法》第242条的规定，被执行人未按执行通知履行法律文书确定的义务，人民法院有关单位查询被执行人的存款、债券、股票、基金份额等财产情况，人民法院有权根据不同情形扣押、冻结、划拨、变价被执行人的财产。但查询、扣押、冻结、划拨、变价的财产不得超出被执行人应当履行义务的范围。根据《民事诉讼法》第253条规定，被执行人未按判决、裁定和其他法律文书指定的期间履行给付金钱义务的，应当加倍支付迟延履行期间的债务利息。据此，法院可以查询，冻结，划拨，变价被执行人甲公司的存款、债券、股票、基金份额等财产；可以强制被执行人甲公司加倍支付迟延履行债务的利息。

《民事诉讼法》第111条第1款第（六）项规定，诉讼参与人或者其他人拒不履行人民法院已经发生法律效力的判决、裁定的，人民法院可以根据情节轻重予以罚款、拘留；构成犯罪的，依法追究刑事责任。《民事诉讼法》第111条第2款规定，人民法院对有前款规定的行为之一的单位，可以对其主要负责人或者直接责任人员予以罚款、拘留；构成犯罪的，依法追究刑事责任。据此，甲公司拒不履行法院生效判决，法院可对甲公司采取罚款的强制措施；对甲公司的主要负责人或者直接责任人可采取罚款、拘留的强制措施。

5. 根据案情，甲公司可以根据何种理由申请再审？可以向何法院申请再审？甲公司申请再审时，已经开始的执行程序如何处理？

答案：甲公司可以二审审判组织的组成不合法为由申请再审；可以向某省高级人民法院申请再审；执行程序继续进行。

难度：中

考点：申请再审的条件（申请再审的事实和理由、申请再审的管辖法院）；再审申请的审查程序

命题及解题思路：本题考查了**申请再审的事由、管辖法院以及申请再审对执行的影响**。相关考点在司考的主观题中已经多次考查，这种“炒冷饭”式的题目无疑是考生的福音。考查内容均有明确的法律依据，熟悉法条即可得分。注意**当事人申请再审和法院裁定再审对执行程序的影响不同**，答题时应注意审题。

答案解析：

《民事诉讼法》第200条第（七）项规定，审判组织的组成不合法或者依法应当回避的审判人员没有回避的，当事人申请再审，法院应当再审。据此，本案二审开庭审理时，因1名合议庭成员突发急病住院，法院安排法官周某临时代替其参加庭审，判决仍由原合议庭成员署名。根据法律规定，合议庭成员如果长时间无法参与庭审，应按程序更换合议庭成员，但不能找人临时代替。因此，甲公司可以二审审判组织的组成不合法为由申请再审。

《民事诉讼法》第199条规定，当事人对已经发生法律效力的判决、裁定，认为有

错误的，可以向上一级人民法院申请再审；当事人一方人数众多或者当事人双方为公民的案件，也可以向原审人民法院申请再审。本题是肖某起诉甲公司，应适用管辖的原则规定，即可以向生效判决法院的上一级法院申请再审。本案的生效判决法院是A市中级人民法院，甲公司向该省高级人民法院申请再审。

《民事诉讼法》第199条规定，当事人申请再审的，不停止判决、裁定的执行。因此，甲公司申请再审时，执行程序继续进行。

6. 本案中，有关法官的哪些行为违反了法官职业道德？

答案：法官赵某向当事人泄露承办人的手机号码；法官赵某向当事人就法院未决案件提供法律咨询并发表意见；法官赵某为当事人肖某推荐律师李某作为诉讼代理人；法官刘某在居住的小区花园私下会见原告肖某的代理人。

难度：中

考点：法官职业道德的主要内容

命题及解题思路：司法制度和法律职业道德属于主观题考查范围，但明显不会单独命题，只能结合诉讼法案例予以附带考查。本题旨在考查考生对法官违反职业道德行为的判断，材料表述的法官行为较为常见，诸如违规会见、推荐律师等行为，即便不熟悉《法官职业道德基本准则》的规定，也很容易作出判断，难度不高。稍有难度的是赵法官向肖某透露承办人的手机号码，2001年版《法官职业道德基本准则》曾明确规定，法官不得向当事人提供承办案件法官的联系方式，但该规定在2010年修正时已删除，是否违规需要更多思量。答题时考生应结合材料第二段的表述，对法官的各项行为逐一梳理判断，避免遗漏而失分。

答案解析：

《法官职业道德基本准则》第17条规定，法官不就未决案件或者再审案件给当事人及其他诉讼参与人提供咨询意见。据此，法官赵某对未决案件接受当事人肖某的咨询并发表意见违反了法官职业道德。

《法官职业道德基本准则》第14条规定，尊重其他法官对审判职权的依法行使，除履行工作职责或者通过正当程序外，不过问、不干预、不评论其他法官正在审理的案件。虽然法院目前在推行审判流程信息公开制度，要求将合议庭组成人员向当事人公开，但法官的手机号码并不在公开之列。法官赵某私下向原告肖某泄露承办人的手机号码，有变相干扰刘法官行使审判职权之嫌，其行为违反了法官职业道德。

《关于规范法官和律师相互关系维护司法公正的若干规定》第6条规定，法官不得为当事人推荐、介绍律师作为其代理人、辩护人，或者暗示更换承办律师，或者为律师介绍代理、辩护等法律服务业务。据此，法官赵某为肖某推荐代理律师违反了法官职业道德。

《法官职业道德基本准则》第13条规定，法官不私自单独会见当事人及其代理人、辩护人。据此，法官刘某在居住的小区花园私下会见原告肖某的代理人违反了法官职业道德。

商法

李兆玉　马更新　讲解

李兆玉

前题库命题人。西南政法大学民商法学院副院长、副教授，兼职律师，熟悉命题规律，擅长理论联系实践，注重学科交叉融合。

马更新

前题库命题人。北京大学法学博士，中国政法大学教授。敬业、认真、专注。讲课逻辑严谨，条分缕析，善于归纳总结，突出重点、难点。直击考点不拖泥带水。

2017年

一、试题（本题21分）

案情：

昌顺有限公司成立于2012年4月，注册资本5000万元，股东为刘昌、钱顺、潘平与程舵，持股比例依次为40%、28%、26%与6%。章程规定设立时各股东须缴纳30%的出资，其余在两年内缴足；公司不设董事会与监事会，刘昌担任董事长，钱顺担任总经理并兼任监事。各股东均已按章程实际缴纳首批出资。公司业务主要是从事某商厦内商铺的出租与管理。因该商厦商业地理位置优越，承租商户资源充足，租金收入颇为稳定，公司一直处于盈利状态。

2014年4月，公司通过股东会决议，将注册资本减少至3000万元，各股东的出资额等比例减少，同时其剩余出资的缴纳期限延展至2030年12月。公司随后依法在登记机关办理了注册资本的变更登记。

公司盈利状况不错，但2014年6月，就公司关于承租商户的筛选、租金的调整幅度、使用管理等问题的决策，刘昌与钱顺爆发严重冲突。后又发生了刘昌解聘钱顺的总经理职务，而钱顺又以监事身份来罢免刘昌董事长的情况，虽经潘平与程舵调和也无济于事。受此影响，公司此后竟未再召开过股东会。好在商户比较稳定，公司营收未出现下滑。

2016年5月，钱顺已厌倦于争斗，要求刘昌或者公司买下自己的股权，自己退出公司，但遭到刘昌的坚决拒绝，其他股东既无购买意愿也无购买能力。钱顺遂起诉公司与刘昌，要求公司回购自己的股权，若公司不回购，则要求刘昌来购买。一个月后，法院判决钱顺败诉。后钱顺再以解散公司为由起诉公司。虽然刘昌以公司一直盈利且运行正常等为理由坚决反对，法院仍于2017年2月作出解散公司的判决。

判决作出后，各方既未提出上诉，也未按规定成立清算组，更未进行实际的清算。在公司登记机关，该昌顺公司仍登记至今，而各承租商户也继续依约向公司交付租金。

问题：

1. 昌顺公司的治理结构，是否存在不规范的地方？为什么？

2. 昌顺公司减少注册资本依法应包括哪些步骤？

3. 刘昌解聘钱顺的总经理职务，以及钱顺以监事身份来罢免刘昌董事长职位是否合法？为什么？

4. 法院判决不支持“钱顺要求公司与刘昌回购自己股权的诉求”是否合理？为什么？

5. 法院作出解散公司的判决是否合理？为什么？

6. 解散公司的判决生效后，就昌顺公司的后续行为及其状态，在法律上应如何评价？为什么？

二、答案精讲

1. 昌顺公司的治理结构，是否存在不规范的地方？为什么？

答案：存在。①昌顺公司股东人数较少不设董事会的做法符合《公司法》第50条规定，但此时刘昌的职位不应是董事长，而应是执行董事。②昌顺公司股东人数较少不设监事会符合《公司法》第51条第1款规定。但是按该条第4款规定，董事、高级管理人员不得兼任监事，而钱顺不得兼任监事。

难度：中

考点：董事、监事、高级管理人员的任职资格（任职资格的禁止性规定）；有限责任公司的组织机构

命题和解题思路：本题以有限责任公司治理结构是否规范来间接考查公司董事、监事、高级管理人员的任职资格和有限责任公司组织机构的设置，考生须识破命题人这种“障眼法”式的考查方式。**判断公司的治理结构是否规范，也就是判断公司组织机构的设置及其基本权限和职责分配是否严格符合法律的强制性规定。**所以，本题的解答关键有两点：第一，考生能否准确把握董事会、执行董事以及董事长的区别；第二，考生审题时是否注意到“钱顺担任总经理并兼任监事”这一细节。

《公司法》第50条第1款规定：“股东人数较少或者规模较小的有限责任公司，可以设一名执行董事，不设董事会。执行董事可以兼任公司经理。”显然，不设董事会的昌顺公司，可以设置一名执行董事履行董事会的职责，而刘昌的职位应当是执行董事。退一步说，即使考生不熟悉上述规定，从“董事长”的字面含义也可判断出此处存在问题：董事长者，董事会中其他董事的领导者；在公司不设董事会的前提下，公司的董事只有一名，何来董事长之说？《公司法》第51条第1款与第4款分别规定：“有限责任公司设监事会，其成员不得少于三人。股东人数较少或者规模较小的有限责任公司，可以设一至二名监事，不设监事会。”“董事、高级管理人员不得兼任监事。”由此可知，钱顺不得兼任监事。

难点解析：公司的治理结构与公司的组织结构之间的关系。

公司治理的实质价值在于通过合理分配公司的权力资源，不断完善公司管理运营与监督控制的权力配置，促进公司良性运转，以实现公司的经营目标并最终实现股东利益最大化。根据此价值判断可知，公司治理与公司的组织结构密不可分。在现代企业制度中，判断一个公司治理是否良好的其中一个衡量标准就是该公司组织机构的设置是否完善及各组织机构之间的关系是否协调、是否有效率。因此可以说，公司治理以分权为前提，以公司的组织结构为物质基础，公司的组织机构在公司治理中处于核心位置。

从公司组织结构的设置判断公司治理是否规范可以采取以下标准：

第一，公司组织结构的设置及其基本权限和职责的分配是否符合公司法的强制性规定；

第二，公司内部各个组织机构之间的协调运作是否有效，处理外部事务的对外代表机关是否明确；

第三，公司权力资源在决策机构与监督管理机构之间的分配和安排是否合理有效。

2. 昌顺公司减少注册资本依法应包括哪些步骤？

答案：①要形成2/3多数议决的关于减资的股东会决议，即符合《公司法》第43条第2款要求，形成有效的股东会决议。②编制资产负债表及财产清单。③按照《公司法》第177条第2款的规定，减资决议之日起10日内通知债权人，并于30日内在报纸上公告。④应向公司登记机关提交相关文件，办理变更登记。登记后才发生注册资本减少的效力。⑤应修改公司章程。

难度：中

考点：公司的资本（减资程序）

命题和解题思路：根据指令句可知，本题旨在考查公司减资的法定程序。本题所考知识点较为单一，难度不大，考查方式也较为“简单粗暴”——主要考查考生的知识体系是否完整以及对法条的掌握是否全面到位。所以，本题的难点不在于“深”而在“全”：大部分考生可能仅仅注意到《公司法》第177条关于减资的直接规定，而忽略相关的配套规定，例如《公司法》第37条关于减资事项决议主体的规定、《公司法》第43条关于减资决议通过的表决权比例要求的规定、《公司法》第7条关于变更登记的规定以及《公司法》第25条关于修改公司章程的规定等，以上都是公司减少注册资本所应必须履行的法定步骤。本题启示考生在备战法考时须将自己碎片化的知识点构建成一个完整的知识体系，如此方能从容不迫地应对此类考题。

3. 刘昌解聘钱顺的总经理职务，以及钱顺以监事身份来罢免刘昌董事长职位是否合法？为什么？

答案：

（1）钱顺罢免刘昌不合法。钱顺兼任公司监事不符合公司法规定，即使假定钱顺监事身份合法，根据《公司法》第53条规定，监事对公司董事、高级管理人员，只有罢免建议权，而无决定权。因此，刘昌的执行董事地位不受影响。

（2）答案一：刘昌解聘钱顺符合公司法规定。在不设董事会的治理结构中，执行董事即相当于董事会。而按照《公司法》第49条第1款规定，由董事会决定聘任或解聘经理，所以刘昌解聘钱顺总经理职务的行为，符合公司法规定。

答案二：刘昌行为不合法。因本案中存在两个事实情节：第一，钱顺任职总经理已规定于公司章程中，从而对钱顺的解聘会涉及是否符合公司章程修改程序的判断；

第二，刘昌的解聘行为是二人间矛盾激化的结果，而在不设董事会的背景下，刘昌的这一行为确实存在职权滥用的嫌疑。

难度：难

考点：有限责任公司的组织机构

命题和解题思路：本题旨在考查有限责任公司的组织机构，具体而言，主要是从执行董事的罢免权和总经理的解聘权的归属来考查有限责任公司执行董事、监事、总经理三者之间的关系。为了增加试题难度，有时命题人不得不在细节处以“掺沙子”或者“偷梁换柱”的方法来挖陷阱、设圈套。就本题而言，命题人则采取上述技巧精心设计了两个陷阱：第一，执行董事与董事会的区别与联系。部分考生可能会对执行董事能否代替董事会履行其职权心存疑惑。根据第1题的分析可知，股东人数较少或者规模较小的有限责任公司，可以设一名执行董事，不设董事会。**这也就意味着执行董事可以代替董事会享有其职权、发挥其在公司治理中的作用**。而公司经理的解聘权恰恰归属于董事会（执行董事），所以刘昌有权解聘钱顺的总经理职务。这是单纯从法律规定的角度对此问做出的解释；第二，监事的基本职权是监督权，而非决定权。相应地，**监事对其认为不合格的董事、高管有权建议罢免，而非决定罢免**。因此，针对本题的上述两点细节说明，考生须用心体会。此外，针对本题第一个问题，考生还可以从案件事实的角度来解答——即从公司章程的效力和刘昌是否存在滥用职权的嫌疑来对其解聘总经理职务的行为进行判断。

4. 法院判决不支持“钱顺要求公司与刘昌回购自己股权的诉求”是否合理？为什么？

答案：合理。依《公司法》第74条第1款，股东回购请求权仅限于该款所列明的三种情形下对股东会决议的异议股东（即公司连续五年不分红决议、公司合并分立或转让主要财产决议、公司存续上的续期决议），钱顺的情形显然不符合该规定。而就针对其他股东的强制性的股权购买请求权，现行公司法并无明文规定。即在现行公司法上，股东彼此之间并不负有在特定情况下收购对方股权的强制性义务；即使按照《最高人民法院关于适用〈中华人民共和国公司法〉若干问题的规定（二）》第5条规定，法院在审理解散公司的案件时，应尽量调解，并给出由其他股东收购股权的调解备选方案，也不能因此成立其他股东的收购义务。故钱顺对股东刘昌的诉求，也没有实体法依据。

难度：中

考点：有限公司的股权转让（股东的股权收购请求权）

命题和解题思路：本题旨在考查有限责任公司股权转让中的股东的股权收购请求权。就考查方式而言，针对同一个知识点——股东的股权回购请求权，命题人在一句话中设计了两个问题，即“钱顺要求公司回购自己股权的诉求是否合理”和“钱顺要求刘昌回购自己股权的诉求是否合理”，相对应的是两种不同的考查思路：前者是对有明确实体法处理依据的传统问题进行考查，目的是以此检验考生的基础知识是否扎实；后者是对不存在明确实体法处理依据的新型问题进行考查，目的是以此检验考生运用法学素养处理新问题的能力，可谓是传统考查方式与新型考查方式充分结合。对于考生而言，首先，正确的解题顺序是对问题进行正确分析、切割以及解答的前提，以此明确命题人的考查意图和保证所有问题不会因疏忽而忘记解答；其次，针对不存在明确法律依据的新型问题，考生也无须惊慌，根据“穷尽规则方能适用原则”，可以尝试使用法律原则对其进行分析。就本题而言，可以使用“平等原则”来处理该问题——无论是合同法还是公司法，平等原则都是应当得到遵循的基本原则。所以，股东之间是平等的，在无法律明文规定的情形下，股东不得对其他股东施加强制性义务。

5. 法院作出解散公司的判决是否合理？为什么？

答案：判决合理。依据《公司法》第182条及《最高人民法院关于适用〈中华人民共和国公司法〉若干问题的规定（二）》第1条第1款规定，本案符合“公司持续两年以上无法召开股东会或者股东大会，公司经营管理发生严重困难的”条件，昌顺公司自2014年6月至解散诉讼时，已超过两年时间未再召开过股东会，这表明昌顺公司已实质性地构成所谓的“公司僵局”，即构成法院判决公司解散的根据。

难度：难

考点：公司的解散（司法判决解散）

命题和解题思路：本题旨在考查公司解散中的司法判决解散。该考点是历年考试的“老主顾”，体现了“重者恒重”的命题规律。但是，针对此重要知识点，命题人似乎越来越不满足于“蜻蜓点水”式的考查方式——仅仅考查考生是否熟悉该知识点的基本内容，而是越来越喜欢“刨根问底”式的考查方式——重在考查考生会不会运用该知识点解决实际问题。就本题而言，命题人考查的侧重点不是司法判决解散的适用情形，而是如何认定某事实符合该情形，即“如何认定公司经营管理发生严重困难”，或者“公司经营管理发生严重困难与两年以上未召开股东会之间的关系”，这恰恰是大部分考生力有未逮之处。此外，命题人还以“好在商户比较稳定，公司营收未出现下滑”来故布迷障，从而进一步使考生困惑不已，无法确定该公司是否陷入“公司僵局”。

难点解析：本题的难点在于“如何认定公司经营管理发生严重困难”。具体而言，我们可以从以下两个方面来解决该问题：

第一，关于《最高人民法院关于适用〈中华人民共和国公司法〉若干问题的规定（二）》第1条第1款的理解。《最高人民法院关于适用〈中华人民共和国公司法〉若干问题的规定（二）》第1条第1款中“持续两年以上无法召开股东会、持续两年以上无法形成有效的股东会决议、公司董事长期冲突且无法通过股东会或者股东大会解决”与“公司经营管理发生严重困难的”之间在逻辑上是什么关系？从考生对司法部答案的异议中不难看出，很多考生都以为两者是“且”的关系，需要同时满足、缺一不可。实则不然，更准确地说，**两者不是彼此割裂、完全对立的**

关系，前三种明确列举的情形本来就属于“公司经营管理发生严重困难”的外化表现。也就是说，**在满足《公司法》第182条关于“穷尽内部救济而无法解决”的前提条件下，只要公司经营管理出现了上述三种情形，即可认定该公司实质性地陷入“公司僵局”**。此时，持有公司全部股东表决权百分之十以上的股东，即可以请求人民法院解散公司。此外，我们还可以通过《最高人民法院关于适用〈中华人民共和国公司法〉若干问题的规定（二）》第1条第1款第4项的内容来进一步解释上述结论：第4项“经营管理发生其他严重困难，公司继续存续会使股东利益受到重大损失的情形”为本条的兜底性条款，其中“其他严重困难”的表述则意味着本条前三种明确列举的情形实际上就是“公司经营管理发生严重困难”的主要表现形式。

第二，“公司资金缺乏、严重亏损”是否构成认定“公司经营管理发生严重困难”的必要条件？根据最高人民法院8号指导案例，**判断公司经营管理是否发生严重困难，应当从公司组织结构的运行状态进行综合分析**。即使公司处于盈利状态，但其股东会机制长期失灵，内部管理有严重障碍，已经陷入僵局状态，可以认定公司经营管理发生严重困难。进一步解释如下：“公司经营管理发生严重困难”的侧重点在于公司管理方面存在严重内部障碍，如股东会机制失灵、无法就公司的经营管理进行决策等，不应片面地理解为公司资金缺乏、严重亏损等经营性困难。

6. 解散公司的判决生效后，就昌顺公司的后续行为及其状态，在法律上应如何评价？为什么？

答案：法院作出解散公司的判决，在性质上为形成判决，据此，公司应进入清算阶段。对此，《公司法》所规定的程序如下：①依《公司法》第183条及时成立清算组；②清算组按照法律规定的期限，按《公司法》第184条至第187条进行各项清算工作；③清算结束后，根据《公司法》第188条，清算组应当制作清算报告，报股东会或者人民法院确认，并报送公司登记机关，申请注销公司登记，公告公司终止。概括来说，按照我国公司法的规范逻辑，解散判决生效后，公司就必须经过清算程序走向终止。

难度：中

考点：公司的清算（清算组织的成立、剩余财产的分割）

命题和解题思路：本题旨在考查公司的清算，具体涉及清算组织的成立、清算工作的开展以及清算程序的终止等知识点。从本题可以看出，在案例分析题中，命题人所采取的命题逻辑是严格遵循《公司法》的规范逻辑的——从规范逻辑来看，解散判决生效后，公司就必须经过清算程序走向终止；相应地，在命题逻辑上，命题人先是以第5问考查公司的司法判决解散，随后就在第6问中考查了公司的清算。这启示考生在备战法考之时，不妨根据公司法的规范逻辑来构建自己的公司法知识体系，如此便可有的放矢、大大提高复习的效率。

此外，从考查思路来看，首先，命题人想要考查考生是否熟悉公司法关于司法判决解散与公司清算之间的规范逻辑关系；其次，命题人希望考生在进一步研究公司法的规范逻辑后得出如下结论——昌顺公司的后续行为及其状态是不符合该规范逻辑的；最后，命题人希望考生从法律上对其评价，主要是探讨上述结论形成的原因，进而有针对性地提出自己的完善建议。

2016 年

一、试题（本题 18 分）

扫一扫　看微课视频

案情：

美森公司成立于 2009 年，主要经营煤炭。股东是大雅公司以及庄某、石某。章程规定公司的注册资本是 1000 万元，三个股东的持股比例是 5∶3∶2；各股东应当在公司成立时一次性缴清全部出资。大雅公司将之前归其所有的某公司的净资产经会计师事务所评估后作价 500 万元用于出资，这部分资产实际交付给美森公司使用；庄某和石某以货币出资，公司成立时庄某实际支付了 100 万元，石某实际支付了 50 万元。

大雅公司委派白某担任美森公司的董事长兼法定代表人。2010 年，赵某欲入股美森公司，白某、庄某和石某一致表示同意，于是赵某以现金出资 50 万元，公司出具了收款收据，但未办理股东变更登记。赵某还领取了 2010 年和 2011 年的红利共 10 万元，也参加了公司的股东会。

2012 年开始，公司经营逐渐陷入困境。庄某将其在美森公司中的股权转让给了其妻弟杜某。此时，赵某提出美森公司未将其登记为股东，所以自己的 50 万元当时是借款给美森公司的。白某称美森公司无钱可还，还告诉赵某，为维持公司的经营，公司已经向甲、乙公司分别借款 60 万元和 40 万元；向大雅公司借款 500 万元。

2013 年 11 月，大雅公司指示白某将原出资的资产中价值较大的部分逐渐转入另一子公司美阳公司。对此，杜某、石某和赵某均不知情。

此时，甲公司和乙公司起诉了美森公司，要求其返还借款及相应利息。大雅公司也主张自己曾借款 500 万元给美森公司，要求其偿还。赵某、杜某及石某闻讯后也认为利益受损，要求美森公司返还出资或借款。

问题：

1. 应如何评价美森公司成立时三个股东的出资行为及其法律效果？
2. 赵某与美森公司是什么法律关系？为什么？
3. 庄某是否可将其在美森公司中的股权进行转让？为什么？这种转让的法律后果是什么？
4. 大雅公司让白某将原来用作出资的资产转移给美阳公司的行为是否合法？为什么？
5. 甲公司和乙公司对美森公司的债权，以及大雅公司对美森公司的债权，应否得到受偿？其受偿顺序如何？
6. 赵某、杜某和石某的请求及理由是否成立？他们应当如何主张自己的权利？

二、答案精讲

1. 应如何评价美森公司成立时三个股东的出资行为及其法律效果？

答案：大雅公司以先前归其所有的某公司的净资产出资，净资产尽管没有在我国公司法中规定为出资形式，但在公司实践中运用较多，并且案情中显示，一方面这些净资产本来归大雅公司，且经过了会计师事务所的评估作价，在出资程序方面与实物等非货币形式的出资相似，另一方面这些净资产已经由美森公司实际占有和使用，即完成了交付。《最高人民法院关于适用〈中华人民共和国公司法〉若干问题的规定（三）》第9条也有“非货币财产出资，未依法评估作价”的规定。所以，应当认为大雅公司履行了自己的出资义务。庄某按章程应当以现金300万元出资，仅出资100万元；石某按章程应当出资200万元，仅出资50万元，所以两位自然人股东没有完全履行自己的出资义务，应当承担继续履行出资义务及违约责任。

难度：中

考点：有限责任公司的设立条件（出资方式）

命题和解题思路：根据指令句可知，本题旨在考查有限责任公司股东的两种出资形式：货币出资和非货币出资。根据《公司法》第27条、第28条的规定可知，认定股东已经全面履行出资义务的依据如下：就货币出资而言，股东已经将货币出资足额存入有限责任公司在银行开设的账户；就非货币出资而言，一是出资本身须满足可以用货币估价并可以依法转让的法定要求，二是股东已经依法办理其财产权的转移手续。绝大部分考生都能据此判断两位自然人股东实际出资与其在章程中承诺出资不符，因而属于未全面履行其出资义务。但是，如此简单的考查显然无法体现出命题人的真实水平，所以命题人又额外设置了两个小陷阱：一是本题以很多考生可能不是很熟悉的“净资产”作为大雅公司的出资形式，部分考生可能不能正确地辨析“净资产”作为非货币出资的属性而误判大雅公司出资义务的履行；二是部分考生可能不能准确理解或者审题不细而忽视题干中的“法律效果”，从而漏答了本题的第二问。从法学原理上看，不履行义务即应当承担相应的法律责任，厘定美森公司三个股东的出资责任即评价其法律后果。如此看来，细心程度也是考生应试时综合能力中很重要的一部分！

难点解析：本题的难点在于判断净资产的法律属性。所谓“净资产”，是指属于企业所有，并可以自由支配的资产，即所有者权益或者权益资本。企业的净资产（Net Asset Value），是指企业的资产总额减去负债以后的净额。它由两大部分组成，一部分是企业开办当初投入的资本，包括溢价部分；另一部分是企业在经营之中创造的，也包括接受捐赠的资产，属于所有者权益。根据上述定义可知，显然，净资产属于非货币出资的一种形式。因此，我们应当根据非货币出资的要求来判断大雅公司是否履行了其出资义务。

2. 赵某与美森公司是什么法律关系？为什么？

答案：投资与借贷是不同的法律关系。赵某自己主张是借贷关系中的债权人，但依据《最高人民法院关于适用〈中华人民共和国公司法〉若干问题的规定（三）》第23条的规定，赵某虽然没有被登记为股东，但是他在2010年时出于自己的真实意思表示，愿意出资成为股东，其他股东及股东代表均同意，并且赵某实际交付了50万元出资，参与了分红及公司的经营，这些行为均非债权人可为，所以赵某具备实际出资人的地位，在公司内部也享有实际出资人的权利。此外从民商法的诚信原则考虑也应认可赵某作为实际出资人或实际股东而非债权人。

难度：难

考点：股东的概念（股东资格的取得与确认）

命题和解题思路：在公司法实务中，关于当事人与涉事公司之间究竟是属于投资关系还是借贷关系的真实案例可谓是不胜枚举。本题恰恰是命题人以此为契机并借助案例的方式对该问题进行的深入考查，从而体现了“命题与实务前沿密切联系”的命题规律。本题的案情是在公司盈利时赵某“欲入股”并曾获得分红、参与管理；但是公司亏损时赵某却又主张自己当初的50万元属于借款。我们不妨采取法律关系分析法来分析此案，这要求考生不能机械性地套用《最高人民法院关于适用〈中华人民共和国公司法〉若干问题的规定（三）》第23条的规定，将“记载于股东名册并办理公司登记机关登记”作为判断赵某与美森公司之间法律关系的唯一标准。正确的解题思路应该是从当事人交付现金时的真实意思表示、是否参与公司的日常经营以及分红等方面综合认定。

难点解析：为什么《最高人民法院关于适用〈中华人民共和国公司法〉若干问题的规定（三）》第23条规定的“股东名册”和“公司登记”在本题中的适用称之为“机械性地套用”？因为上述法条规定的是“确认股东资格的依据”，即认定某一投资人是否具有股东资格所应依据的标准，而本题的问题是“赵某与美森公司是投资法律关系还是借贷法律关系”。显然，两者并非同一个问题，所以我们不能机械性地套用上述法条来解决两者之间法律关系的认定。此外，这两个问题并不冲突，就本题而言，赵某与美森公司之间是投资关系。但是，由于其并未办理股东变更登记，且本题中并未涉及股东名册记载的问题，所以我们不能称赵某为美森公司的股东，只能依据投资关系称其为实际出资人。

3. 庄某是否可将其在美森公司中的股权进行转让？为什么？这种转让的法律后果是什么？

答案：尽管庄某没有全面履行自己的出资义务，但其股权也是可以转让的。受让人是其妻弟，按生活经验应当推定杜某是知情的。我国《最高人民法院关于适用〈中华人民共和国公司法〉若干问题的规定（三）》第18条规定：“有限责任公司的股东未履行或者未全面履行出资义务即转让股权，受让人对此知道或者应当知道，公司请求该股东履行出资义务、受让人对此承担连带责任的，人民法院应予支持；公司债权人依照本规定第十三条第二款向该股东提起诉讼，同时请求前述受让人对此承担连带责任的，人民法院应予支持。受让人根据前款规定承担责任后，向该未履行或者未全面履行出资义务的股东追偿的，人民法院应予支持。但是，当事人另有约定的除外。”该条已经认可了瑕疵出资股权的可转让性；这种转让的法律后果就是如果受让人知道，转让人和受让人对公司以及债权人要承担连带责任，受让人再向转让人进行追偿。

难度： 中

考点： 有限责任公司的股权转让（转让瑕疵股权的法律后果）

命题和解题思路： 根据指令句可知，本题考查的是有限责任公司的股东能否转让其瑕疵股权及其法律后果。一提及“有限公司的股权转让”，部分考生可能会出现思维惯性，想当然地从“其他股东的优先购买权”的角度来解答本题。如此一来，便正好落入命题者的陷阱中。正确的解题思路应该是从事实到法律，本题所给的事实是庄某将其瑕疵股权转让给其妻弟杜某，并未显示其他股东存有异议，也没有涉及优先购买权的行使问题。而《最高人民法院关于适用〈中华人民共和国公司法〉若干问题的规定（三)》第18条规定：瑕疵出资股权是可以转让的，其法律后果需要结合受让人是否知情来判断。

4. 大雅公司让白某将原来用作出资的资产转移给美阳公司的行为是否合法？为什么？

答案： 公司具有独立人格，公司财产是其人格的基础。出资后的资产属于公司而非股东所有，故大雅公司无权将公司资产转移，该行为损害了公司的责任财产，侵害了美森公司、美森公司股东（杜某和石某）的利益，也侵害了甲、乙这些债权人的利益。

难度： 易

考点： 公司的概念和特征（公司的独立财产）

命题和解题思路： 本题旨在考查公司的独立财产以及股东出资的法律意义。公司独立财产是其独立人格的基础，而公司最初的财产来源于股东的出资。股东履行出资义务实质上就是以股东财产权换取公司股权的过程。上述两点是公司法的基础知识，大部分考生均能以此判断出大雅公司的行为不合法，并准确地论述不合法的原因。所以，本题的整体难度并不大，属于卷四商法案例分析题中难得一见的送分题。

5. 甲公司和乙公司对美森公司的债权，以及大雅公司对美森公司的债权，应否得到受偿？其受偿顺序如何？

答案： 甲公司和乙公司对美森公司的债权是普通债权，应当得到受偿。大雅公司是美森公司的大股东，我国公司法并未禁止公司与其股东之间的交易，只是规定关联交易不得损害公司和债权人的利益，因此借款本身是可以的，只要是真实的借款，也是有效的。所以大雅公司的债权也应当得到清偿。

在受偿顺序方面，答案一：大雅公司作为股东（母公司）损害了美森公司的独立人格，也损害了债权人的利益，其债权应当在顺序上劣后于正常交易中的债权人甲和乙，这是深石原则的运用。答案二：根据民法公平原则，让大雅公司的债权在顺序方面劣后于甲、乙公司。答案三：按债权的平等性，他们的债权平等受偿。

难度：中

考点：公司对债权人的责任

命题和解题思路：本题考查的内容横跨《公司法》和《合同法》两大法律，旨在考查考生综合运用民商法原理解决复杂问题的能力，从题目设置上看具有一定的难度。但是，命题人的发散性思维和包容的命题态度，又使得本题的答案并不唯一，考生只要言之有理即可，这无疑大大降低了本题的难度。本题主要考查民商法的一些原则，例如民法的公平原则、债权的平等性以及公司法的深石原则（衡平居次原则）。正确的解题思路是从事实到法律，本案中甲公司、乙公司以及大雅公司向美森公司借款都是真实有效的，但是作为美森公司的控股股东，大雅公司擅自转移美森公司主要资产的行为属于侵犯公司其他债权人的违法行为，依据民法的公平原则或者深石原则，大雅公司的债权应当劣后于甲公司、乙公司得到清偿。或者考生忽略大雅公司的控股地位及其不当行为，直接依据债权的平等性进行论述也并无不可，毕竟我国公司法尚未明确规定深石原则。

难点解析：所谓“深石原则”，又称衡平居次原则（Equitable Subordination Rule），是指在存在控制与从属关系的关联企业中，为了保障从属公司债权人的正当利益免受控股公司的不法侵害，法律规定，在从属公司进行清算、和解和重整等程序中，根据控制股东是否有不公平行为，而决定其债权是否应劣后于其他债权人或者优先股股东受偿的原则。

其理念来源于著名的深石案件，在该案中，控股公司为被告，深石公司为其从属公司，法院认为深石公司在成立之初即资本不足，且其业务经营完全受被告公司所控制，经营方式主要是为了被告的利益，因此，判决被告对深石公司的债权应次于深石公司其他债权受清偿。因此，深石原则就是根据股东控股是否有不公平行为，而决定其债权是否应劣后于其他债权人或优先股股东受偿的原则。

6. 赵某、杜某和石某的请求及理由是否成立？他们应当如何主张自己的权利？

答案：赵某和杜某、石某的请求不成立。赵某是实际出资人或实际股东，杜某和石某是股东。基于公司资本维持原则，股东不得要求退股，故其不得要求返还出资。

但是大雅公司作为大股东转移资产的行为损害了美森公司的利益，也就损害了股东的利益，因此赵某、杜某、石某可以向大雅公司提出赔偿请求。同时，白某作为大雅公司的高级管理人员其行为也损害了股东利益，赵某、杜某、石某也可以起诉白某请求其承担赔偿责任。

难度：难

考点：公司的资本（公司资本原则）；股东的义务（股东的一般义务）

命题和解题思路：公司资本三原则是历年的常规考查对象，几乎每年必考，本题考查的就是其中之一的公司资本维持原则。命题人并没有对该原则进行简单粗暴的考查，而是使用了其惯用的“伎俩”：“拐弯抹角”和“故布疑阵”——以判断赵某、杜某和石某返还出资或者借款的请求是否成立来间接考查公司资本维持原则的要求。不仅如此，命题人还穿插着考查了“抽逃出资情形下其他股东的合法权益如何保障”来增加本题的难度。因此，考生首先必须“透过现象看本质”，通过题干的问题设计来判断出命题人的考查方向——公司资本维持原则；其次，在公司控股股东抽逃出资的情形下，依据《最高人民法院关于适用〈中华人民共和国公司法〉若干问题的规定（三）》第14条第1款的规定，“股东抽逃出资，公司或者其他股东请求其向公司返还出资本息、协助抽逃出资的其他股东、董事、高级管理人员或者实际控制人对此承担连带责任的，人民法院应予支持”，赵某、杜某，石某可向大雅公司和董事长白某提出赔偿请求。

2015年

一、试题（本题18分）

案情：

鸿捷有限公司成立于2008年3月，从事生物医药研发。公司注册资本为5000万元，股东为甲、乙、丙、丁，持股比例分别为37%、30%、19%、14%；甲为董事长，乙为总经理。公司成立后，经营状况一直不错。

2013年8月初，为进一步拓展市场、加强经营管理，公司拟引进战略投资者骐黄公司，并通过股东大会形成如下决议（简称《1号股东会决议》）：第一，公司增资1000万元；第二，其中860万元，由骐黄公司认购；第三，余下的140万元，由丁认购，从而使丁在公司增资后的持股比例仍保持不变，而其他各股东均放弃对新股的优先认缴权；第四，缴纳新股出资的最后期限，为2013年8月31日。各股东均在决议文件上签字。

之后，丁因无充足资金，无法在规定期限内完成所认缴出资的缴纳；骐黄公司虽然与鸿捷公司签订了新股出资认缴协议，但之后就鸿捷公司的经营理念问题，与甲、乙、丙等人发生分歧，也一直未实际缴纳出资。因此，公司增资计划的实施，一直没有进展。但这对公司经营并未造成很大影响，至2013年底，公司账上已累积4000万元的未分配利润。

2014年初，丁自他人处获得一笔资金，遂要求继续实施公司的增资计划，并自行将140万元打入公司账户，同时还主张对骐黄公司未实际缴资的860万元新股的优先认购权，但这一主张遭到其他股东的一致反对。

鉴于丁继续实施增资的强烈要求，并考虑到难以成功引进外部战略投资者，公司在2014年1月8日再次召开股东大会，讨论如下议案：第一，公司仍增资1000万元；第二，不再引进外部战略投资人，由公司各股东按照原有持股比例认缴新股；第三，各股东新增出资的缴纳期限为20年；第四，丁已转入公司账户的140万元资金，由公司退还给丁。就此议案所形成的股东会决议（简称《2号股东会决议》），甲、乙、丙均同意并签字，丁虽签字，但就第二、第三与第四项内容，均注明反对意见。

之后在甲、乙的主导下，鸿捷公司经股东大会修订了公司章程、股东名册等，并于2014年1月20日办理完毕相应的公司注册资本的工商变更登记。

2014年底，受经济下行形势影响，加之新产品研发失败，鸿捷公司经营陷入困境。至2015年5月，公司已拖欠嵩悠公司设备款债务1000万元，公司账户中的资金已不足以偿付。

问题：

1.《1号股东会决议》的法律效力如何？为什么？

2. 就骐黄公司未实际缴纳出资的行为，鸿捷公司可否向其主张违约责任？为什么？

3. 丁可否主张860万元新股的优先认购权？为什么？

4.《2号股东会决议》的法律效力如何？其与《1号股东会决议》的关系如何？为什么？

5. 鸿捷公司增加注册资本的程序中，何时产生注册资本增加的法律效力？为什么？

6. 就鸿捷公司不能清偿的1000万元设备款债务，嵩悠公司能否向其各个股东主张补充赔偿责任？为什么？

二、答案精讲

1.《1号股东会决议》的法律效力如何？为什么？

答案：《1号股东会决议》为合法有效的股东会决议。内容不违反现行法律、行政法规。程序上符合股东会决议的程序。

难度：易

考点：股东会决议的效力

命题和解题思路：根据指令句可知，本题旨在考查股东会决议的效力。我国现行《公司法》采取三分法，将股东会决议的效力分为有效决议、无效决议以及可撤销的决议。《公司法》第22条第1款、第2款规定：“公司股东会或者股东大会、董事会的决议内容违反法律、行政法规的无效。股东会或者股东大会、董事会的会议召集程序、表决方式违反法律、行政法规或者公司章程，或者决议内容违反公司章程的，股东可以自决议作出之日起六十日内，请求人民法院撤销。”由此可知，判断股东会决议的效力，应该从内容和程序两个角度进行综合判断。本题中，《1号股东会决议》是由股东会作出的，此次股东会的召集程序与表决方式也不存在违反法定程序的情形。此外，其他股东放弃新股优先认购权是其意思自治的后果，该决议的内容也不存在违反法律、行政法规强制性规定和公司章程约定的情形。因此，《1号股东会决议》为合法有效的股东会决议。

2. 就骐黄公司未实际缴纳出资的行为，鸿捷公司可否向其主张违约责任？为什么？

答案：首先，应确定骐黄公司与鸿捷公司间签订的新股出资认缴协议，从本案所交代的案情来看，属于合法有效的协议或合同，这是讨论违约责任的前提。其次，骐黄公司也一直未实际地依约缴纳出资，存在客观的违约行为。最后，依《合同法》第107条规定，违约责任的承担方式有继续履行、采取补救措施与赔偿损失三种，但在本案中，如果强制要求骐黄公司继续履行也就是强制其履行缴纳出资的义务，则在结果上会导致强制骐黄公司加入公司组织，从而有违参与或加入公司组织之自由原则，故而鸿捷公司不能主张继续履行的违约责任。至于能否主张骐黄公司的赔偿损失责任，则视骐黄公司是否因此而遭受损失，以及骐黄公司在主观上是否存在过错；而这在本案中，骐黄公司未实际缴纳出资，乃至整个增资计划未能实施，“对公司经营并未造成很大影响”，且骐黄公司并不存在明显的过错，因此鸿捷公司也很难主张该请求权。

难度： 难

考点： 新股出资认缴合同的效力

命题和解题思路： 本题旨在考查新股出资认缴合同的法律效力。命题人将《合同法》中关于违约责任的规定与商法中的商事组织加入自由原则结合在一起对考生进行综合考查，具有相当的难度，而难点主要在于如何处理违约责任与商事组织加入自由原则的冲突与协调问题。本题中若想判断骐黄公司的违约责任是否成立，需要按照如下解题步骤进行：**第一步，认定骐黄公司与鸿捷公司之间是否存在合法有效的协议。**显然，根据案情的交代，两者之间存在合法有效的新股出资认缴协议。**第二步，认定骐黄公司是否存在客观的违约行为。**本题中骐黄公司一直未实际地依约缴纳出资，显然，存在客观的违约行为。**第三步，同时也是最重要的一步，认定守约方能否依法向违约方主张违约责任。**此时，考生不仅需要注意对违约责任构成要件及其承担方式的分析适用，而且更不能忽视商事组织加入自由原则的要求。只有如此全面考量，考生才能就本题得出正确的结论。

难点解析： 本题的难点在于如何处理违约责任与商事组织加入自由原则的冲突与协调问题：如果按照《合同法》总则部分关于违约责任成立的构成要件（有违约行为＋无免责事由）来分析，显然骐黄公司应当对鸿捷公司承担违约责任。但是，如果我们进一步分析，具体就违约责任的三种形式（继续履行＋采取补救措施＋赔偿损失）而言，新股出资协议的适用却存在其特殊性：**首先，继续履行明显不适合作为骐黄公司承担违约责任的一种方式。**由于作为组织存在的公司具有其特有的组织规则，即根据商事组织法的原则，不得强迫他人加入商事组织体，否则有违商事组织加入自由原则。因此，骐黄公司违约时鸿捷公司不得依据出资认缴协议请求其强制履行出资义务；**其次，赔偿损失在此处同样不适合作为骐黄公司承担违约责任的一种方式。**所谓赔偿损失，是指违约方以支付金钱的方式弥补受害方因违约行为所减少的财产或者所丧失的利益的责任形式。由此可知，赔偿损失是对守约方所遭受损失的一种补偿，而不是对违约方的惩罚。本题中骐黄公司的违约行为“对公司经营并未造成很大影响”，且骐黄公司主观上并不存在明显的过错。所以，鸿捷公司不得对骐黄公司主张损害赔偿。**最后，采取补救措施就更不适合用于此处了。**所谓采取补救措施，是指矫正合同不适当履行（质量不合格）、使履行缺陷得以消除的具体措施。本题中骐黄公司根本未履行实际缴纳出资的义务，遑论不适当履行。

综上所述，鸿捷公司无法向骐黄公司主张违约责任。此外，在处理《合同法》关于违约责任的一般规定与商法总论中的商事组织加入自由原则的冲突时，我们**根据“特别法优于一般法”的规则**也可以判断出商事组织加入自由原则优先于《合同法》关于违约责任的一般性规定在本题中得到适用。

3. 丁可否主张860万元新股的优先认购权？为什么？

答案：不可以。丁主张新股优先认购权的依据为《公司法》第34条规定，即“公司新增资本时，股东有权优先按照实缴的出资比例认缴出资”；不过该条所规定的原股东之优先认购权，主要针对的是增资之股东大会决议就新股分配未另行规定的情形；而且行使优先认购权还须遵守另一个限制，即原股东只能按其持股比例或实缴出资比例，主张对新增资本的相应部分行使优先认购权。该增资计划并未侵害或妨害丁在公司中的股东地位，也未妨害其股权内容即未影响其表决权重，因此就余下的860万元的新股，丁无任何主张优先认购权的依据。

难度：中

考点：新股优先认购权

命题和解题思路：就有限公司股东的优先权而言，股东对外转让股权时其他股东的优先购买权是历年考试的“老主顾”，所以大部分考生备考复习时对该知识点“严防死守”，这无疑大大增加了命题人的命题难度。因此，命题人“另辟蹊径”从大家相对陌生的公司增资的角度来考查股东的优先认购权，这无疑是一个不错的命题思路。此外，命题人还以一个“名存实亡”的新股出资认缴合同来迷惑考生，使其答题时心存疑虑、无所适从。就解题思路而言，《公司法》第34条规定：“股东按照实缴的出资比例分取红利；**公司新增资本时，股东有权优先按照实缴的出资比例认缴出资**。但是，**全体股东约定**不按照出资比例分取红利或者**不按照出资比例优先认缴出资的除外**。”

由此可知，公司新增资本时，公司原股东行使优先购买权需要满足一定的条件限制：其一，股东大会的决议未对新股分配作另行安排或者约定；其二，原股东只能按照其实缴的出资比例就新增资本的相应部分进行优先认购。本题中，首先，经过全体股东签字同意，《1号股东会决议》已经将新增资本中的860万元分配给了骐黄公司，所以丁对此部分无权主张优先认购权；其次，根据该股东会决议，丁已经享有对余下140万元的新股认购权，而且丁的持股比例与表决权重并未因上述股东会决议的安排而受到任何不利影响。所以，丁主张860万元新增股本的优先认购权便无正当性可言。

4.《2号股东会决议》的法律效力如何？其与《1号股东会决议》的关系如何？为什么？

答案：《2号股东会决议》是合法有效的决议。内容不违法，也未损害异议股东丁的合法利益，程序上，丁的持股比例仅为14%，达不到否决增资决议的三分之一的比例要求。《1号股东会决议》与《2号股东会决议》这两个决议均在解决与实施公司增资1000万元的计划，由于《1号股东会决议》难以继续实施，因此《2号股东会决议》是对《1号股东会决议》的替代或者废除，《1号股东会决议》随之失效。

难度：易

考点：股东会决议的效力

命题和解题思路：本题与第1题所考查的都是同一个知识点——股东会决议的效力。不过，命题人设计本题时增加了一个新问题——两份股东会决议之间的关系如何。绝大部分考生都能根据法条规定判断出决议的效力，但是判断两个决议之间的关系时可能稍显茫然，而命题人的"套路"就是偏偏喜欢考查让考生发蒙的问题！但是，考生也无须惊慌，"你有张良计，我有过墙梯"，我们的"过墙梯"就是"不要强求不可知，要从已知推未知"。首先，关于《2号股东会决议》的效力，考生仍然应根据《公司法》第22条第1款、第2款的规定从内容与程序两个方面来判断：其一，从内容上来看，《2号股东会决议》内容上并未违反法律、行政法规的强制性规定，也没有损害丁的合法权益；其二，从程序上来看，《公司法》第43条第2款规定，"股东会会议作出修改公司章程、增加或者减少注册资本的决议，以及公司合并、分立、解散或者变更公司形式的决议，**必须经代表三分之二以上表决权的股东通过**"。本案中，虽然丁对《2号股东会决议》表示明确反对，但是表示赞同的甲、乙、丙三人所代表的表决权已经超过三分之二，所以该决议在表决方式上符合法律对程序的规定。因此，《2号股东会决议》合法有效。其次，关于两个决议的关系，从内容上来看，我们不难发现两个决议的内容都是关于同一个事项，即公司增资1000万元的增资事项。只不过在《1号股东会决议》作出之后，由于骐黄公司与丁未在规定的时间内实际履行出资义务，导致该决议已经"名存实亡"——在事实上已经难以履行。所以，在此背景下，鸿捷公司股东大会才就同一个事项重新作出一个有履行可能性的新决议。因此，从上述法理分析可知，《2号股东会决议》是对《1号股东会决议》的替代或者废除，后者应当随之失效。

5. 鸿捷公司增加注册资本的程序中，何时产生注册资本增加的法律效力？为什么？

答案：只有在公司登记机关办理完毕新的注册资本的变更登记后，才能产生新的注册资本亦即新增注册资本的法律效力。因为公司的注册资本也只有经过工商登记，才能产生注册资本的法定效力；进而在公司通过修改章程而增加注册资本时，也同样只有在登记完毕后，才能产生注册资本增加的法定效力。

难度：中

考点：公司注册资本经工商登记而生效

命题和解题思路：解题之前，考生务必明确命题人考查的问题是什么，否则便是“下笔千言、离题万里”。本题所考查的问题是“何时产生注册资本增加的法律效力”而不是“认缴新增资本的出资人何时取得股东资格”。考生若不理解两者之间的区别，很容易误以为只要经过公司章程的相应修改、完成股东名册变更即可产生注册资本增加的法律效力。而这正是命题人设计本题时所挖的一个大陷阱。其实，股东资格的取得，以股东名册为确认依据。但是，若股东名册发生变动，应当办理变更登记。未经登记或者变更登记的，不得对抗第三人（无“善意”二字）。若两者的记载内容有冲突，则区分公司内外部关系而有所不同：对公司内部而言，以股东名册为依据；对公司外部而言，以工商登记为准。然而，对于“何时产生注册资本增加的法律效力”而言，《公司法》却只采取一种确定标准：《公司法》第 26 条第 1 款规定，“有限责任公司的注册资本为在公司登记机关登记的全体股东认缴的出资额”，由此可知，公司注册资本产生法律效力的时间始于公司在公司登记机关完成针对注册资本的相关登记。同样，《公司法》第 179 条第 2 款规定，“公司增加或者减少注册资本，应当依法向公司登记机关办理变更登记”。由此可知，公司新增注册资本产生法律效力的时间同样以在公司登记机关办理完毕相应的公司注册资本变更登记为标准。所以，只有在公司登记机关办理完毕新的注册资本的变更登记后，才能产生新的注册资本亦即新增注册资本的法律效力。

6. 就鸿捷公司不能清偿的1000万元设备款债务，嵩悠公司能否向其各个股东主张补充赔偿责任？为什么？

答案：为保护公司债权人的合法利益，可准用《最高人民法院关于适用〈中华人民共和国公司法〉若干问题的规定（三）》第 13 条第 2 款的规定，认可公司债权人的这项请求权，即在公司财产不能清偿公司债务时，各股东所认缴的尚未到期的出资义务，应按照提前到期的方法来处理，进而对公司债权人承担补充赔偿责任。

难度：难

考点：公司财产不能清偿公司债务时对公司债权人的保护

命题和解题思路：本题旨在考查考生在法律未明文规定时寻找相关依据解决实务问题的能力。2013 年《公司法》修订将注册资本实缴制改为注册资本认缴制，所以股东只要认缴了相关出资就不构成“未履行或未全面履行出资义务”的行为。但是，这恰恰与《最高人民法院关于适用〈中华人民共和国公司法〉若干问题的规定（三）》第 13 条第 2 款的适用存在矛盾。命题人正是以此为契机达到上述考查目的，体现了“逢新必考”的命题规律。

就责任承担方式而言，公司法采取“股东有限责任、公司无限责任”的基本原则，即股东仅以自己的出资对公司债务承担有限责任，而公司对外以自己的财产承担全部责任。但是，在公司财产不足以清偿公司债务，而股东在新的出资认缴制下未实际缴纳出资时，该股东是否应该承担补充赔偿责任，《公司法》对此并没有明文规定。但是，《最高人民法院关于适用〈中华人民共和国公司法〉若干问题的规定（三）》第 13 条第 2 款却是可供参考的法律依据：**“公司债权人请求未履行或者未全面履行出资义务**

的股东在未出资本息范围内对公司债务不能清偿的部分承担补充赔偿责任的，人民法院应予支持；未履行或者未全面履行出资义务的股东已经承担上述责任，其他债权人提出相同请求的，人民法院不予支持。”本书之所以认为上述法条在本题中可以适用，主要是出于保护公司债权人的合法目的，因为股东所认缴的尚未到期的出资财产本来就是公司财产的一部分，公司对该部分出资财产享有债权。在公司财产不能清偿公司债务时，各股东所认缴的尚未到期的出资义务，应按照提前到期的方法来处理，进而对公司债权人承担补充赔偿责任。

难点解析：本题的难点在于《最高人民法院关于适用〈中华人民共和国公司法〉若干问题的规定（三）》第13条第2款的规定在本题中的准用是否合理。《最高人民法院关于适用〈中华人民共和国公司法〉若干问题的规定（三）》第13条第2款规定：“公司债权人请求未履行或者未全面履行出资义务的股东在未出资本息范围内对公司债务不能清偿的部分承担补充赔偿责任的，人民法院应予支持……”由此可知，该款规定的股东补充赔偿责任的成立以被请求的股东“未履行或未全面履行出资义务”为前提。但是，根据新公司法“资本认缴制”的规定，认缴了新增出资额的鸿捷公司各股东，其认缴并未实缴的行为是合法有效的，并不构成“未履行或未全面履行出资义务”的行为，自然也就不满足《最高人民法院关于适用〈中华人民共和国公司法〉若干问题的规定（三）》第13条第2款所规定的适用要件。基于上述法律分析，部分考生可能会认为上述法律规定在此并不适用。其实，这是《公司法》修订后引发的新问题，我们不妨运用法理分析来解决这个问题。首先，《公司法》从“资本实缴制”改为“资本认缴制”只是放宽了注册资本登记的条件，股东之间可以自由约定实际缴纳出资的期限和方式，并没有免除股东对公司的实际出资义务。其次，股东向公司出资其实就是“用出资财产的所有权换取公司的股权”的过程，所以，股东认缴的出资本来就是公司财产的一部分，而公司恰好是以其自己的财产对外承担全部责任。最后，为了保护公司债权人的合法权益，清偿鸿捷公司对嵩悠公司1000万元设备款的债务，认可《最高人民法院关于适用〈中华人民共和国公司法〉若干问题的规定（三）》第13条第2款在本题中的准用，赋予嵩悠公司补充赔偿责任请求权便是正当合理的。本题也提示考生——近些年的案例分析题往往偏向于考查具有争议性的，甚至是现行法律规定中不甚合理的地方，此时我们不能再囿于实证法的规定，要学会运用理论知识进行法理分析，从而得出正确的答案。

2014年

一、试题（本题18分）

案情：

扫一扫 看微课视频

2012年4月，陈明设立一家有限责任公司，从事绿色食品开发，注册资本为200万元。公司成立半年后，为增加产品开发力度，陈明拟新增资本100万元，并为此分别与张巡、李贝洽谈，该二人均有意愿认缴全部新增资本，加入陈明的公司。陈明遂先后与张巡、李贝二人就投资事项分别签订了书面协议。张巡在签约后第二天，即将款项转入陈明的个人账户，但陈明一直以各种理由拖延办理公司变更登记等手续。2012年11月5日，陈明最终完成公司章程、股东名册以及公司变更登记手续，公司注册资本变更为300万元，陈明任公司董事长，而股东仅为陈明与李贝，张巡的名字则未出现在公司登记的任何文件中。

李贝虽名为股东，但实际上是受刘宝之托，代其持股，李贝向公司缴纳的100万元出资，实际上来源于刘宝。2013年3月，在陈明同意的情况下，李贝将其名下股权转让给善意不知情的潘龙，并在公司登记中办理了相应的股东变更。

2014年6月，因产品开发屡次失败，公司陷入资不抵债且经营无望的困境，遂向法院申请破产。法院受理后，法院所指定的管理人查明：第一，陈明尚有50万元的出资未实际缴付；第二，陈明的妻子葛梅梅本是家庭妇女，但自2014年1月起，却一直以公司财务经理的名义，每月自公司领取奖金4万元。

问题：

1. 在法院受理公司破产申请前，张巡是否可向公司以及陈明主张权利，主张何种权利？为什么？

2. 在法院受理公司破产申请后，张巡是否可向管理人主张权利，主张何种权利？为什么？

3. 李贝能否以自己并非真正股东为由，主张对潘龙的股权转让行为无效？为什么？

4. 刘宝可主张哪些法律救济？为什么？

5. 陈明能否以超过诉讼时效为由，拒绝50万元出资的缴付？为什么？

6. 就葛梅梅所领取的奖金，管理人应如何处理？为什么？

二、答案精讲

1. 在法院受理公司破产申请前，张巡是否可向公司以及陈明主张权利，主张何种权利？为什么？

答案：根据案情交代，即陈明是以自己名义与张巡签订协议，款项也是转入陈明个人账户，且张巡并未登记为公司股东，故在张巡与公司之间：第一，张巡并未因此成为公司股东；第二，张巡与公司之间不存在法律关系。因此，张巡不能向公司主张任何权利。

鉴于投资协议仅存在于张巡与陈明个人之间，张巡只能向陈明主张违约责任，请求返还所给付的投资以及相应的损害赔偿。

难度：难

考点：股东的概念（股东资格的取得与确认）

命题和解题思路：从形式上来看，本题的问题可以拆分为"张巡能否向公司主张权利"和"张巡能否向陈明主张权利"。从内容上来看，命题人的考查意图是检验考生能否判断张巡与公司、陈明之间的法律关系。这就要求考生做到"在事实和法律之间来回穿梭"，从而进行案例分析。其实，**破解上述两个问题的关键在于能否认定张巡具有股东资格**。《公司法》第28条第1款规定："股东应当按期足额缴纳公司章程中规定的各自所认缴的出资额。股东**以货币出资的**，应当将货币出资**足额存入有限责任公司在银行开设的账户；以非货币财产出资的**，应当依法**办理其财产权的转移手续**。"《公司法》第32条第2款、第3款规定："**记载于股东名册**的股东，可以依股东名册**主张行使股东权利**。公司应当将股东的姓名或者名称向公司登记机关登记；登记事项发生变更的，应当办理变更登记。未经登记或者变更登记的，不得对抗第三人。"《最高人民法院关于适用〈中华人民共和国公司法〉若干问题的规定（三）》第22条规定："当事人之间**对股权归属发生争议**，一方请求人民法院确认其享有股权的，应当证明以下事实之一：（一）已经依法**向公司出资或者认缴出资**，且不违反法律法规强制性规定；（二）已经**受让或者以其他形式继受公司股权**，且不违反法律法规强制性规定。"由上述法条可知，出资人获取股东资格必须满足两个条件：**其一，实质条件是向公司出资或者认缴出资；其二，形式条件是记载于公司的股东名册中或者在公司登记机关登记为股东。**

本题中，张巡只是与陈明签订投资协议，但是并未将货币出资足额存入公司账户，而是将相关款项足额存入了陈明的个人账户，这意味着张巡并未向公司出资。此外，在公司的股东名册与公司登记机关的登记中张巡均未登记为公司的股东。所以，无论从实质要件看，还是从形式要件看，张巡都不具有股东资格，不享有股东权利。同时，张巡与公司之间不存在任何协议或者合同，因此两者之间不存在任何法律关系，自然张巡不能向公司主张任何权利。

本案中的投资协议由张巡与陈明签订，且张巡已经按照约定将款项转入了陈明的账户。但是，陈明并未依约将张巡变更为公司股东，违反了投资协议约定的义务。所以，张巡有权要求陈明承担违约责任，请求返还出资以及相应的损害赔偿。

难点解析：本题的难点主要体现在解题陷阱的设置上。就本题的陷阱而言，主要有两处。**第一，张巡能否向公司主张权利可以拆分为两点**。其一，张巡是否具有股东资格，向公司主张股东权利；其二，张巡是否与公司之间存在合同关系，向公司主张合同约定的权利。考生若是审题不细或者考虑不周全，很容易忽视“张巡与公司之间是否存在合同关系”这一点。**第二，张巡将款项转入陈明的账户能否认定为向公司出资？**首先，陈明并非以公司的名义与张巡签订协议，所以该投资协议仅仅约束陈明与张巡二人，陈明行为的法律后果不应该由公司承担。其次，张巡的货币出资是转入了陈明的个人账户而非公司的账户。因此，张巡并未向公司出资，也没有与公司之间签订任何协议。综上所述，张巡不能向公司主张任何权利。

2. 在法院受理公司破产申请后，张巡是否可向管理人主张权利，主张何种权利？为什么？

答案：根据第1问的结论，张巡与公司之间不存在法律关系，故而在公司进入破产程序后，张巡也不得将其对陈明的债权视为对公司的债权，向管理人进行破产债权的申报。

难度：中

考点：债权申报（债权申报的范围）

命题和解题思路：本题旨在考查法院受理公司破产申请后债权申报的问题。为了增加本题的难度，命题人在设计问题时“别有用心”地将本题的解答与第1题的答案挂钩。因此，考生能否准确地解答本题取决于其对第1题中张巡与公司之间法律关系的判断。若在第1题中考生误认为张巡与公司之间存在法律关系，张巡有权要求公司返还出资，则会在本题中一错再错，继续误认为张巡对公司享有债权，有权向管理人申报破产债权。如此一来，正好堕入命题人彀中矣！

《企业破产法》第44条规定：“人民法院受理破产申请时对债务人享有债权的债权人，依照本法规定的程序行使权利。”根据第1题的答案可知，张巡与公司之间不存在法律关系，张巡对公司不享有任何债权。所以，在公司进入破产程序后，张巡无权向管理人申报破产债权。

3. 李贝能否以自己并非真正股东为由，主张对潘龙的股权转让行为无效？为什么？

答案：依《最高人民法院关于适用〈中华人民共和国公司法〉若干问题的规定（三）》第24条第3款，李贝虽为名义股东，但在与公司的关系上为真正的股东，其对股权的处分应为有权处分；退一步说，即使就李贝的股东身份在学理上存在争议，但在《最高人民法院关于适用〈中华人民共和国公司法〉若干问题的规定（三）》第25条第1款股权善意取得的规定下，李贝的处分行为也已经成为有权处分行为，因此为了保护善意相对人，李贝也不得主张该处分行为无效。

难度：中

考点：名义股东与实际股东

命题和解题思路：2014 年《最高人民法院关于适用〈中华人民共和国公司法〉若干问题的规定（三）》修正对名义股东与实际股东之间的权利义务关系作出明确规定，正式以立法形式明确了名义股东擅自转让股权的法律后果。法律制度的修订，为本题的命制提供了契机。“新法必考”原则再次应验。这就要求考生备考时，对新增法律法规或者对原法律新修改的内容一定要另眼相看。

本题存在三种命题和解题思路：

第一种，根据名义股东、实际股东与公司三者之间的法律关系判断。本题中李贝是名义股东，刘宝是实际出资人，虽然李贝以股东名义对公司主张权利，但是股权的收益归刘宝。然而，在与公司的关系中，李贝是公司的股东，刘宝不是公司的股东，李贝经过陈明同意，将股权转让给潘龙的行为属于有权处分，并且在公司登记中进行了相应的股权变更，所以潘龙依法定程序取得了公司股权，李贝无权主张对潘龙的股权转让行为无效。

第二种，基于实证法《最高人民法院关于适用〈中华人民共和国公司法〉若干问题的规定（三）》的规定，判断潘龙能否取得公司的股权。针对名义股东擅自转让股权的行为性质，学术界存在一定争议，有观点认为名义股东不享有处分股权的权利，擅自处分行为构成无权处分。对此，《最高人民法院关于适用〈中华人民共和国公司法〉若干问题的规定（三）》第 25 条第 1 款规定：“名义股东将登记于其名下的股权转让、质押或者以其他方式处分，实际出资人以其对于股权享有实际权利为由，请求认定处分股权行为无效的，人民法院可以参照物权法第一百零六条的规定处理。”《物权法》第 106 条规定的是善意取得制度。本题中，潘龙为不知情的善意第三人，其基于对公司登记事项的信赖与李贝签署了股权转让协议，为受让股权向公司支付了价款，并且已经办理了股权变更登记，符合善意取得制度的构成要件，因此潘龙已经成为公司的股东，李贝自然无权再主张股权转让行为无效。

第三种，基于法律常识或者“朴素的公平正义观”判断李贝能否主张股权转让行为无效。本题设置得很“奇葩”，名义股东擅自转让实际出资人的股权，一般情况下，主张股权转让行为无效的都是实际出资人刘宝，而非名义股东李贝，因为股权受让人取得股权可能侵害的是实际出资人利益。但是，本题设置的问题却是“名义股东李贝能否主张股权转让行为无效”。正是如此“奇葩”的问题才给考生依据法律常识判断留下了充足的空间。本题中，李贝只是名义股东，明明知道自己并非实际出资人，仍然将股权转让给作为善意第三人的潘龙，若法律允许李贝主张对潘龙的股权转让行为无效，不仅违反了诚实信用原则，而且不利于维护市场交易的安全，损害了善意第三人潘龙的利益。显然，李贝无权主张对潘龙的股权转让行为无效。

4. 刘宝可主张哪些法律救济？为什么？

答案：鉴于刘宝仅与李贝之间存在法律关系，即委托持股关系，因此刘宝也就只能根据该合同关系，向李贝主张违约责任，对公司不享有任何权利主张。

难度：中

考点：名义股东与实际股东

命题和解题思路：本题表面上设置的问题是“刘宝的权利救济渠道有哪些”，实际上命题人意在考查考生能否准确地判断刘宝与李贝、公司之间的权利义务关系，本题的**解题关键在于判断刘宝的股权的归属**。因此，这正好又与考生对第3题的正确解答挂钩，否则考生便是一错再错。此外，本题命题人在命题时思路开阔，所考知识点并不局限于《公司法》的相关规定，而且与《物权法》的善意取得制度结合在一起综合考查。这是对民商法知识结合考查的有益尝试，应对此类考题要求考生在复习时跨越部门法局限对相关知识点进行归纳总结。

本题正确的解答思路如下：首先，判断刘宝能否向公司主张相关权利；其次，判断刘宝与李贝之间的权利义务关系。《物权法》第108条规定：“善意受让人取得动产后，该动产上的原有权利消灭，但善意受让人在受让时知道或者应当知道该权利的除外。”根据第3题答案可知，潘龙基于善意取得制度的规定已经受让李贝所转让的股权，成为公司的股东，且该股权上原有的负担消灭，刘宝不再是该股权的实际出资人，与公司之间不存在任何法律关系，自然也就对公司不享有任何权利。

但是，刘宝与李贝之间的委托持股关系仍然是有效存在的，李贝擅自转让刘宝的股权属于违约行为，由此给刘宝造成的损失，刘宝当然有权请求李贝承担违约责任，赔偿其损失。考生若是不理解名义股东与实际出资人和公司之间的关系，可能会误以为刘宝有权向公司主张权利。

5. 陈明能否以超过诉讼时效为由，拒绝50万元出资的缴付？为什么？

答案：股东的出资义务，不适用诉讼时效［《最高人民法院关于适用〈中华人民共和国公司法〉若干问题的规定（三）》第19条第1款］。因此，管理人在向陈明主张50万元出资义务的履行时，其不得以超过诉讼时效为由来予以抗辩［《破产法》第35条、《最高人民法院关于适用〈中华人民共和国企业破产法〉若干问题的规定（二）》第20条第1款］。

难度：易

考点：股东的义务（股东的一般义务）

命题和解题思路：本题旨在考查股东的出资义务是否受诉讼时效的影响。本题属于命题人对《最高人民法院关于适用〈中华人民共和国公司法〉若干问题的规定（三）》《企业破产法》以及《最高人民法院关于适用〈中华人民共和国企业破产法〉若干问题的规定（二）》相关规定的直接考查，难度一般，只要考生熟悉相关法条即可轻易地得出正确答案。

《最高人民法院关于适用〈中华人民共和国公司法〉若干问题的规定（三）》第19条第1款规定：“公司股东未履行或者未全面履行出资义务或者抽逃出资，公司或者其他股东请求其向公司全面履行出资义务或者返还出资，被告股东以诉讼时效为由进行抗辩的，人民法院不予支持。”《企业破产法》第35条规定：“人民法院受理破产申请后，债务人的出资人尚未完全履行出资义务的，管理人应当要求该出资人缴纳所认缴的出资，而不受出资期限的限制。”《最高人民法院关于适用〈中华人民共和国企业破产法〉若干问题的规定（二）》第20条第1款规定：“管理人代表债务人提起诉讼，主张出资人向债务人依法缴付未履行的出资或者返还抽逃的出资本息，出资人以认缴出资尚未届至公司章程规定的缴纳期限或者违反出资义务已经超过诉讼时效为由抗辩的，人民法院不予支持。”由此可知，股东的出资义务不受诉讼时效的限制，人民法院受理破产申请后，只要债务人的出资人尚未完全履行出资，管理人即有权向相关出资人主张缴纳所认购的出资。

6. 就葛梅梅所领取的奖金，管理人应如何处理？为什么？

答案：根据《企业破产法》第36条规定，债务人的董事、监事、高级管理人员利用职权从企业获取的非正常收入，管理人负有追回义务；再根据《最高人民法院关于适用〈中华人民共和国企业破产法〉若干问题的规定（二）》第24条第1款规定，董事、监事、高级管理人员所获取的绩效奖金属于非正常收入的范围，故而管理人应向葛梅梅请求返还所获取的收入，且可以通过起诉的方式来予以追回。

难度：易

考点：撤销权与追回权（对企业管理层的特别追回权）

命题和解题思路：本题属于对《企业破产法》和《最高人民法院关于适用〈中华人民共和国企业破产法〉若干问题的规定（二）》相关规定的直接考查，难度一般，只要考生熟悉相关法条即可轻易地得出正确答案。但是，对于此类难度的题目，考生不仅仅需要理解并记忆相关的知识点，更重要的是认真研究司法部公布的参考答案，**学习标准答案的文字组织、解题切入点以及解题思路。**

本题正确的解题思路如下：首先，判断葛梅梅所领取奖金的法律性质。《最高人民法院关于适用〈中华人民共和国企业破产法〉若干问题的规定（二）》第24条第1款规定：“债务人有企业破产法第二条第一款规定的情形时，债务人的董事、监事和高级管理人员利用职权获取的以下收入，人民法院应当认定为企业破产法第三十六条规定的非正常收入：（一）绩效奖金；（二）普遍拖欠职工工资情况下获取的工资性收入；（三）其他非正常收入。”由此可知，葛梅梅所领取的奖金属于债务人的高级管理人员利用职权获取的非正常收入。其次，根据现有法律规定，明确管理人可以采取的处理方法。《企业破产法》第36条规定：“债务人的董事、监事和高级管理人员利用职权从企业获取的非正常收入和侵占的企业财产，管理人应当追回。”由此可知，对于葛梅梅领取的奖金，管理人负有追回义务。所以，管理人应向葛梅梅请求返还所获取的收入，且可以通过起诉的方式来予以追回。

2013年

一、试题（本题18分）

案情：

2012年5月，兴平家装有限公司（以下简称“兴平公司”）与甲、乙、丙、丁四个自然人共同出资设立大昌建材加工有限公司（以下简称“大昌公司”）。在大昌公司筹建阶段，兴平公司董事长马玮被指定为设立负责人，全面负责设立事务，马玮又委托甲协助处理公司设立事务。

2012年5月25日，甲以设立中公司的名义与戊签订房屋租赁合同，以戊的房屋作为大昌公司将来的登记住所。

2012年6月5日，大昌公司登记成立，马玮为公司董事长，甲任公司总经理。公司注册资本1000万元，其中，兴平公司以一栋厂房出资；甲的出资是一套设备（未经评估验资，甲申报其价值为150万元）与现金100万元。

2013年2月，在马玮知情的情况下，甲伪造丙、丁的签名，将丙、丁的全部股权转让至乙的名下，并办理了登记变更手续。乙随后于2013年5月，在马玮、甲均无异议的情况下，将登记在其名下的全部股权作价300万元，转让给不知情的吴耕，也办理了登记变更等手续。

现查明：第一，兴平公司所出资的厂房，其所有权原属于马玮父亲；2011年5月，马玮在其父去世后，以伪造遗嘱的方式取得所有权，并于同年8月，以该厂房投资设立兴平公司，马玮占股80%。而马父遗产的真正继承人，是马玮的弟弟马祎。第二，甲的100万元现金出资，系由其朋友满钺代垫，且在2012年6月10日，甲将该100万元自公司账户转到自己账户，随即按约还给满钺。第三，甲出资的设备，在2012年6月初，时值130万元；在2013年1月，时值80万元。

问题：

1. 甲以设立中公司的名义与戊签订的房屋租赁合同，其效力如何？为什么？

2. 在2013年1月，丙、丁能否主张甲设备出资的实际出资额仅为80万元，进而要求甲承担相应的补足出资责任？为什么？

3. 在甲不能补足其100万元现金出资时，满钺是否要承担相应的责任？为什么？

4. 马祎能否要求大昌公司返还厂房？为什么？

5. 乙能否取得丙、丁的股权？为什么？

6. 吴耕能否取得乙转让的全部股权？为什么？

二、答案精讲

1. 甲以设立中公司的名义与戊签订的房屋租赁合同，其效力如何？为什么？

答案： 有效，设立中的公司可以实施法律行为。

难度： 易

考点： 发起人（发起人责任与公司责任的区分）

命题和解题思路： 试题的指令句明确了本题的考点是以设立中公司的名义对外签订合同的效力，本题体现了当时司法考试“紧跟立法动态”的命题规律。该点是《最高人民法院关于适用〈中华人民共和国公司法〉若干问题的规定（三）》修订时的热点问题，看来司法考试命题人也会“紧跟潮流”。考生备考时重点关注每年的最新立法动态，不失为明智之举。《最高人民法院关于适用〈中华人民共和国公司法〉若干问题的规定（三）》第3条第1款规定：“发起人以设立中公司名义对外签订合同，公司成立后合同相对人请求公司承担合同责任的，人民法院应予支持。”由此可知，公司发起人可以以设立中公司的名义对外签订合同，所签订的合同如无其他效力瑕疵，原则上合法有效。

2. 在2013年1月，丙、丁能否主张甲设备出资的实际出资额仅为80万元，进而要求甲承担相应的补足出资责任？为什么？

答案： 不可以。确定甲是否已履行出资义务，应以设备交付并移转所有权至公司时为准，故应以2012年6月初的130万元作为确定甲承担相应的补足出资责任的标准，对此可以参照《最高人民法院关于适用〈中华人民共和国公司法〉若干问题的规定（三）》第9条、第15条规定。

难度： 中

考点： 非货币财产出资

命题和解题思路： 本题旨在考查《公司法》对非货币财产出资的法律规制。考生只要熟悉《公司法》和《最高人民法院关于适用〈中华人民共和国公司法〉若干问题的规定（三）》的相关内容即可轻松得分。本题考点单一，内容上无广度、无深度，考生将法条的规定直接适用到案例中即可得出正确的结论。具体而言，本题根据以下三个法条即可得出正确答案：

第一条，《公司法》第30条规定：“有限责任公司成立后，发现作为设立公司出资的非货币财产的实际价额显著低于公司章程所定价额的，应当由交付该出资的股东补足其差额；公司设立时的其他股东承担连带责任。”

第二条，《最高人民法院关于适用〈中华人民共和国公司法〉若干问题的规定（三）》第9条规定：“出资人以非货币财产出资，未依法评估作价，公司、其他股东或者公司债权人请求认定出资人未履行出资义务的，人民法院应当委托具有合法资格的评估机构对该财产评估作价。评估确定的价额显著低于公司章程所定价额的，人民法院应当认定出资人未依法全面履行出资义务。”

第三条，《最高人民法院关于适用〈中华人民共和国公司法〉若干问题的规定

(三)》第 15 条规定："出资人以符合法定条件的非货币财产出资后，因市场变化或者其他客观因素导致出资财产贬值，公司、其他股东或者公司债权人请求该出资人承担补足出资责任的，人民法院不予支持。但是，当事人另有约定的除外。"

根据第一条与第二条法条可以得知，甲应当承担补充出资的责任；根据第三条法条可以得知，甲承担补充出资责任是以其出资该设备时的 130 万元为标准，而非以 2013 年 1 月时因市场变化或者其他客观因素导致该设备贬值为 80 万元为标准，所以甲仅仅应该承担补足 20 万元差额的补充责任。

3. 在甲不能补足其 100 万元现金出资时，满钺是否要承担相应的责任？为什么？

答案：满钺不承担法律责任，相应的补足责任由发起人承担。

难度：中

考点：抽逃出资

命题和解题思路：本题体现了"逢新必考"的命题规律，尤其是以司法解释的形式修改的法律规定几乎是命题人眼中的"香饽饽"。考生在解答本题时务必需要注意《公司法》法条的变迁：出于维护公司、公司债权人以及公司其他股东利益的立法考量，2011 年《最高人民法院关于适用〈中华人民共和国公司法〉若干问题的规定(三)》第 15 条规定："第三人代垫资金协助发起人设立公司，双方明确约定在公司验资后或者在公司成立后将该发起人的出资抽回以偿还该第三人，发起人依照前述约定抽回出资偿还第三人后又不能补足出资，相关权利人请求第三人连带承担发起人因抽回出资而产生的相应责任的，人民法院应予支持。"但是，为了降低公司设立门槛，减少对公司自治事项的干预，2013 年《公司法》修订后，将实缴登记制改为认缴登记制，并相应地取消了注册资本的最低限制、分期认缴期限、首付出资比例以及出资财产形式的限制等规定。所以，2011 年《最高人民法院关于适用〈中华人民共和国公司法〉若干问题的规定（三）》第 15 条规定已经被现行《最高人民法院关于适用〈中华人民共和国公司法〉若干问题的规定（三）》所取消。这一立法变迁说明，垫付出资的行为已经不是违法行为，所以，垫付出资人满钺无须承担相应的责任。

4. 马祎能否要求大昌公司返还厂房？为什么？

答案：可以。首先，由于继承无效，马玮不能因继承而取得厂房的所有权，因而将厂房投资设立兴平公司属于无权处分。又因为马玮是兴平公司的董事长，其主观恶意视为其代表公司的恶意，所以不能使兴平公司取得厂房所有权。其次，兴平公司将该厂房再投资于大昌公司依然属于无权处分，由于马玮又是大昌公司的设立负责人与成立后的董事长，所以不能认定大昌公司受让该厂房时是善意的，同样不能使大昌公司取得所有权。因此，该厂房的所有权仍然归属于马祎，可以要求大昌公司返还厂房。

难度：难

考点：有限责任公司的设立条件（出资方式、非货币财产的出资）

命题和解题思路：本题旨在考查非货币财产出资的法律后果。命题人的命题思维不仅仅局限于《公司法》的相关规定，而且综合考查了《物权法》中不动产物权变动以及善意取得制度。此外，在设计案例时，为了迷惑考生、增加本题难度，命题人故意设计了“该厂房作为出资财产经历了连续两次的物权变动”的情节。因此，判断马祎能否要求大昌公司返还厂房的关键在于判断该厂房的所有权归属。由题目可知，兴平公司所出资的厂房，其所有权原属于马玮父亲。马父去世后该厂房作为遗产由马祎继承成为厂房的所有权人。马玮伪造遗嘱将该厂房投资设立兴平公司，后来兴平公司又将其投资设立大昌公司。所以，判断该厂房所有权的归属必须判断上述两次投资行为能否使兴平公司与大昌公司依次取得所有权。《最高人民法院关于适用〈中华人民共和国公司法〉若干问题的规定（三）》第7条第1款规定：“**出资人以不享有处分权的财产出资，当事人之间对于出资行为效力产生争议的，人民法院可以参照物权法第一百零六条的规定予以认定。**”由此可知，**出资人以不享有处分权的财产出资，原则上，原所有权人有权取回。但是，符合善意取得条件的，拟设立的公司（受让人）可以取得该物的所有权。**因此，本题的解答关键在于判断兴平公司与大昌公司在受让该厂房时是否为善意。首先，马玮伪造遗嘱将该厂房投资设立兴平公司，而马玮又是兴平公司的董事长，其行为后果由兴平公司直接承担。马玮明知自己无权处分该厂房仍然将其投资设立兴平公司，所以马玮的恶意即为兴平公司的恶意，兴平公司无权适用善意取得制度取得该厂房的所有权；其次，不享有该厂房所有权的兴平公司又将该厂房用于投资设立大昌公司同样属于以不享有所有权的财产出资。此时，马玮不仅是大昌公司的设立负责人，又是成立后的大昌公司的董事长，所以马玮的恶意同样是大昌公司的恶意，大昌公司同样无权适用善意取得制度取得该厂房的所有权。因此，该厂房的所有权仍然属于马祎，马祎有权要求大昌公司返还厂房。至于上述两公司的权利如何维护，法律赋予相关权利人以请求马玮补足出资并承担相应的赔偿责任。

难点解析：本题所考查的知识点（出资人以不享有处分权的财产出资）难度并不大，但是将上述知识点与题目中给出的关键信息（“马玮伪造遗嘱”“兴平公司董事长马玮”以及“马玮为大昌公司的设立负责人与董事长”等）结合起来得出正确答案并非易事。

首先，“出资人以不享有处分权的财产出资”所涉及的知识点如下：

原则	原所有权人有权要求返还
例外	符合善意取得条件，拟设立的公司可以取得该物的所有权： （1）公司受让该不动产或者动产时为善意； （2）公司以合理价格受让； （3）转让的不动产或者动产依照法律规定应当登记的已经登记，不需要登记的已经完成交付；（可现实交付、简易交付、指示交付等）
补充	占有脱离物（例如盗赃物、遗失物、漂流物、埋藏物等）不适用善意取得； 公司善意取得后，原所有权人有权向该出资人（即无权处分人）请求赔偿损失； 公司返还财产后，该出资人有义务补足出资并承担相应的赔偿责任

其次，若想把上述知识点准确地适用到本题中，考生还需要掌握一点：

一般而言，公司的法定代表人由董事长担任，法定代表人的行为的法律后果直接由其所代表的公司承担。只有掌握了这一点，考生才可以准确地判断出上述两公司受让该厂房时是否为善意。

5. 乙能否取得丙、丁的股权？为什么？

答案：不能。乙与丙、丁间根本就不存在股权转让行为，丙、丁的签字系由甲伪造，且乙在主观上不可能是善意，故不存在善意取得的构成。

难度：易

考点：股权转让

命题和解题思路：本题旨在考查善意取得制度在股权转让中的适用，所以考生直接判断本案情形是否满足善意取得制度的构成要件即可得出正确结论。因此，本题的解题关键在于乙能否依据善意取得制度取得该股权。具体而言，相关步骤分为三步：第一步，判断甲擅自转让丙、丁股权的行为的性质，即无权处分，乙与丙、丁之间不存在实际的股权转让行为；第二步，判断股权受让人乙主观上是否为善意，显然，乙对甲的无权处分行为不可能不知情，所以乙在主观上不可能是善意；第三步，**根据股权善意取得的构成要件（无权处分＋以合理价格受让＋受让人在受让股权时为善意＋完成股权变更登记手续）**，得出乙不能够取得丙、丁股权的结论。

6. 吴耕能否取得乙转让的全部股权？为什么？

答案：可以。乙自己原持有的股权为合法有效，故可以有效地转让给吴耕。至于乙所受让的丙、丁的股权，虽然无效，但乙已登记于公司登记之中，且吴耕为善意，并已登入公司登记中，因此参照《最高人民法院关于适用〈中华人民共和国公司法〉若干问题的规定（三）》第26条、第28条的规定，吴耕可以主张股权的善意取得。

难度：难

考点：股权的善意取得

命题和解题思路：本题旨在考查股权的善意取得制度。本题命题人设计的问题是"吴耕能否取得乙转让的全部股权"，该问题的重点不在于"能否取得"而在于"全部股权"，这是绝大部分考生都极易忽略的问题。因为乙转让的全部股权不仅包含自己原先持有的股权，而且包含乙所受让的丙、丁的股权。此外，本题的解答又与第5题的答案休戚相关，考生若无法准确地判断乙能否取得丙丁的股权，相应地也就无法对本题做出正确的解答，这正是命题人"用心险恶"之处。

本题的解题思路分两步走：第一步，明确乙转让给吴耕的全部股权包括两部分，一部分为乙原先自己持有的股权，另一部分是乙受让的丙、丁的股权。第二步，根据相关的司法解释，分别判断两部分股权转让行为的效力。《最高人民法院关于适用〈中华人民共和国公司法〉若干问题的规定（三）》第25条规定："名义股东将登记于其名下的股权转让、质押或者以其他方式处分，实际出资人以其对于股权享有实际权利为由，请求认定处分股权行为无效的，人民法院可以参照物权法第一百零六条的规定处理。名义股东处分股权造成实际出资人损失，实际出资人请求名义股东承担赔偿责任的，人民法院应予支持。”第 27 条第 1 款规定：“股权转让后尚未向公司登记机关办理变更登记，原股东将仍登记于其名下的股权转让、质押或者以其他方式处分，受让股东以其对于股权享有实际权利为由，请求认定处分股权行为无效的，人民法院可以参照物权法第一百零六条的规定处理。”由此可知，针对行为人无权处分的他人股权，第三人在符合善意取得制度的构成要件时可以依法取得该股权。

因此，基于上述分析和法条规定，本题的答案分析如下：其一，对于乙自己原有的股权而言，乙转让该部分股权经过了马玮与甲的同意，有权转让，并且已经办理了股权变更的手续，吴耕当然有权取得该部分股权；其二，对于乙受让的丙、丁的股权而言，虽然乙不能取得该部分股权，其转让行为构成无权处分，但是由于该部分股权登记在乙的名下，吴耕作为不知情的善意第三人，以合理的价格受让，并且完成了相关的股权变更手续，所以吴耕可以根据善意取得制度取得该部分股权。因此，吴耕可以取得乙转让的全部股权。

难点解析：本题的难点主要体现在两处：第一，本题设置的问题是“吴耕能否取得乙转让的全部股权”，关键词是“全部股权”，而非仅仅是乙原先持有的股权或者乙受让的丙丁的股权。对于这一点，考生往往很容易忽略。第二，乙转让自己的股权是否有效，这就涉及乙对外转让股权是否经过其他股东的过半数同意。此时，有的考生可能会心存疑问——其他股东是否包括丙和丁？如果包括，乙对外转让股权仅仅获得马玮和甲的同意，并未达到其他股东过半数同意，这是否会影响到其股权转让行为的效力？考生之所以会有此疑问，是因为忽略了股东身份的确认，对外以工商登记为准。对于吴耕而言，其受让股权时公司在工商登记处的股东仅仅只有马玮、甲以及乙三人。而马玮、甲对其转让股权均无异议，所以，吴耕根据该工商登记有理由相信乙对外转让股权已经获得了其他股东过半数同意。因此，对于不知情的善意第三人吴耕而言，其受让乙自己原有的股权应该得到法律的认可与保护。

2012 年

一、试题（本题 18 分）

案情：

2009 年 1 月，甲、乙、丙、丁、戊共同投资设立鑫荣新材料有限公司（以下简称鑫荣公司），从事保温隔热高新建材的研发与生产。该公司注册资本 2000 万元，各股东认缴的出资比例分别为 44%、32%、13%、6%、5%。其中，丙将其对大都房地产开发有限公司所持股权折价成 260 万元作为出资方式，经验资后办理了股权转让手续。

甲任鑫荣公司董事长与法定代表人，乙任公司总经理。

鑫荣公司成立后业绩不佳，股东之间的分歧日益加剧。当年12月18日，该公司召开股东会，在乙的策动下，乙、丙、丁、戊一致同意，限制甲对外签约合同金额在100万元以下，如超出100万元，甲须事先取得股东会同意。甲拒绝在决议上签字。此后公司再也没有召开股东会。

2010年12月，甲认为产品研发要想取得实质进展，必须引进隆泰公司的一项新技术。甲未与其他股东商量，即以鑫荣公司法定代表人的身份，与隆泰公司签订了金额为200万元的技术转让合同。

2011年5月，乙为资助其女赴美留学，向朋友张三借款50万元，以其对鑫荣公司的股权作为担保，并办理了股权质权登记手续。

2011年9月，大都房地产公司资金链断裂，难以继续支撑，不得不向法院提出破产申请。经审查，该公司尚有资产3000万元，但负债已高达3亿元，各股东包括丙的股权价值几乎为零。

2012年1月，鉴于鑫荣公司经营状况不佳及大股东与管理层间的矛盾，小股东丁与戊欲退出公司，以避免更大损失。

问题：

1. 2009年12月18日股东大会决议的效力如何？为什么？
2. 甲以鑫荣公司名义与隆泰公司签订的技术转让合同效力如何？为什么？
3. 乙为张三设定的股权质押效力如何？为什么？
4. 大都房地产公司陷入破产，丙是否仍然对鑫荣公司享有股权？为什么？
5. 丁与戊可以通过何种途径保护自己的权益？

二、答案精讲

1. 2009年12月18日股东会决议的效力如何？为什么？

答案：有效。股东会有权对法定代表人的职权作出限制，且表决权过半数的股东已在决议上签字。

难度：中

考点：股东会决议效力

命题和解题思路：本题考查公司权力机关对法定代表人代表权限制的法律效力。考生一般知道公司有权通过章程限制法定代表人的代表权，但股东会决议是否有权限制不易判断。根据企业自治原则，公司章程和股东会决议均可对其作出限制。

2. 甲以鑫荣公司名义与隆泰公司签订的技术转让合同效力如何？为什么？

答案：有效。为保护交易安全，法定代表人的内部权力限制并不影响外部合同效力。

难度：易

考点：表见代表

命题和解题思路：本题考查法定代表人的内部权力限制是否影响外部合同效力。《合同法》第50条规定，法人或者其他组织的法定代表人、负责人超越权限订立的合同，除相对人知道或者应当知道其超越权限的以外，该代表行为有效。《民法总则》第61条第3款规定，法人章程或者法人权力机构对法定代表人代表权的限制，不得对抗善意相对人。这两个条文也从反面认可法定代表人的代表权可以被限制，只不过仅有内部效力，不能约束善意相对人。

3. 乙为张三设定的股权质押效力如何？为什么？

答案：有效，张三取得股权质权。因为已办理股权质权登记手续。

难度：易

考点：股权质权的设立

命题和解题思路：本题考查股权质权设立的要件。《物权法》第226条规定，以普通股权出质的，质权自工商行政管理部门办理出质登记时设立。命题人有意考查担保权设立的登记要件主义和登记对抗主义两种模式，但本题其实并不难，因为无论采用哪种模式，办理登记对债权人而言都是最保险的方案。

4. 大都房地产公司陷入破产，丙是否仍然对鑫荣公司享有股权？为什么？

答案：享有。因为丙已经办理了股权转让手续，且丙以其对大都房地产公司的股权出资时，大都房地产公司并未陷入破产，也不存在虚假出资。

难度：中

考点：出资方式

命题和解题思路：本题考查股权出资的要件以及瑕疵出资的认定。股权是一种收益不确定的权利，大都房地产公司事后破产是正常的商业风险。股权出资的本质是股权转让，该风险应当由鑫荣公司承担，而不能追索到原股东。根据《公司法》第30条规定，有限责任公司成立后，发现作为设立公司出资的非货币财产的实际价额显著低于公司章程所定价额的，应当由交付该出资的股东补足其差额；公司设立时的其他股东承担连带责任。但补足差额也仅限于公司刚成立时存在差额，而本案鑫荣公司破产是在公司成立两年多之后，故丙不受影响。

5. 丁与戊可以通过何种途径保护自己的权益？

答案：丁、戊可以向其他股东或第三人转让股权退出公司，或联合提起诉讼，请求法院强制解散公司以保护自己的权益。

难度：中

考点：公司的司法解散、股权转让

命题和解题思路：本题考查有限责任公司小股东的退出途径，根据命题人给出的“此后公司再也没有召开股东会”“大股东与管理层间的矛盾”以及相关时间信息，考生不难想到公司的司法解散，但可能会遗漏“通过转让股权退出公司”这一常规途径。尽管后者也是一种退出途径，但在公司出现僵局的情况下仅具有理论意义，最有效的退出途径还是司法解散。

2011 年

一、试题（本题 26 分）

扫一扫　看微课视频

材料：

2007 年以来，金融危机给全球经济造成了深刻影响，面对法院执行中被执行人履行能力下降、信用降低、执行和解难度增大等新情况、新问题，最高法院在《关于应对国际金融危机做好当前执行工作的若干意见》中指出："在金融危机冲击下，为企业和市场提供司法服务，积极应对宏观经济环境变化引发的新情况、新问题，为保增长、保民生、保稳定'三保'方针的贯彻落实提供司法保障，是当前和今后一段时期人民法院工作的重中之重。"

例一：2007 年 8 月，同升市法院判决张某偿还同升市外经贸有限公司（以下简称"外贸公司"）2 亿元人民币。近 1 年时间，张某未按时履行义务，且下落不明。外贸公司遂向同升市法院申请执行。

同升市法院执行法官李某调查发现，被执行人张某除一些变现难度大且价值不高的财产外，尚持有上市股票 ZX 科技 3000 万股，遂进行了查封。当时股票的市值每股仅 3 元多，如抛售可得 9000 余万元。李法官综合分析市场大势，认为 ZX 科技不仅近期会有送股，而且还有上涨可能，主张股票升值后择机出售。李法官的这一想法得到了同升市法院及其上级法院的一致支持，也取得了外贸公司的同意。

此后 1 年多时间，ZX 科技先后 2 次送股，被查封的股票数量达到了 4000 多万股，股值上涨到 7 元多。李法官请示法院领导后，速与证券公司营业部交涉以当时市场价格强制卖出股票，所得钱款足以支付被执行人张某所欠本金及利息。

例二：2007 年 6 月，中都市法院陆续受理了湘妃科技发展有限公司（以下简称"湘妃公司"）等单位申请执行太平洋娱乐有限公司（以下简称"太平洋公司"）10 余起欠款纠纷案，标的约 2000 万元。执行法官张某查明，太平洋公司主业是水族馆，因经营不善已歇业，除剩有 4 年期的水族馆经营使用权外，已无其他可供执行的财产。

张法官经过对水族馆项目前景谨慎评估后，经请示法院领导，决定在经营使用权上想办法，敦促被执行人寻找新的投资合作人，盘活资产。张法官主动找到最大债权人湘妃公司，经细致工作，使其接受水族馆资产及其经营使用权，以抵偿该公司的 1500 余万元债权。同时，湘妃公司另行支付部分款项给法院，由法院分配给其他债权人。经张法官努力，还为太平洋公司找到一家私营企业注入资金，使太平洋公司重新焕发了生机。

此外，一些地方法院在执行中还采取了"债权入股"或"债转股"等灵活执行措施，社会上形象地将此表述为"放水养鱼让鱼活"。但对于执行法官涉入股市、推动企业运作等做法，网上时有质疑，法院内部也不无疑虑。

问题：

1. 从正确把握案件执行的法律效果与社会效果有效统一的角度，评价法院（法官）在案件执行中的上述做法。

2. 结合法理学和民法、商法、民事诉讼法的相关原则，对案件执行中的上述做法进行分析。

答题要求：

1. 运用法理学及部门法知识作答；

2. 观点明确，逻辑严谨，说理充分，层次清晰，文字通畅；

3. 无观点或论述，照搬材料原文的不得分；

4. 请按提问顺序分别作答，总字数不少于500字。

二、答案精讲

1. 从正确把握案件执行的法律效果与社会效果有效统一的角度，评价法院（法官）在案件执行中的上述做法。

答案要点：民事司法需要处理好三个关系：

一是要处理好公平与效率的关系：民法追求微观的公平（分蛋糕），商法追求宏观的效率（做蛋糕），前者关注个体利益，后者关注整体利益。例二中张法官为太平洋公司找到一家私营企业注入资金，使太平洋公司重新焕发了生机类似商法的破产重整，在蛋糕做大的基础上分蛋糕是更高的公平。

二是要处理好被动司法与能动司法的关系：民事司法的基本特征是被动性，即不告不理，但并不意味着民事司法的所有环节均保持消极被动。例如，民事执行工作就不同于传统的民事裁判，完全可以为了追求更多当事人利益能动司法，实现更好的社会效果。

三是要处理好司法强制与当事人自治的关系：执行工作的基本特征是强制性，对相关当事人利益具有重要影响，因此执行工作中的创新做法应当尊重当事人意愿，材料中两位执行法官在采取可能影响当事人利益的创新措施时均得到了当事人的事前同意，没有强行拉郎配。

综上所述，材料中两位执行法官的做法值得提倡。

难度：难

考点：法的多元价值目标的冲突和协调

命题和解题思路：命题人以国际金融危机为背景命制本题，意在考查法的多元价值目标的冲突和协调。民事案件执行并非机械地、僵化地适用法律，而是要兼顾实现公平正义和服务工作大局等价值目标。对于执行法官涉入股市、推动企业运作等尚有一定争议的创新做法，答题时应以肯定为主，同时注意把握尺度。

2. 结合法理学和民法、商法、民事诉讼法的相关原则，对案件执行中的上述做法进行分析。

略

2010 年

一、试题（本题 22 分）。

案情：

2007 年 2 月，甲、乙、丙、丁、戊五人共同出资设立北陵贸易有限责任公司（以下简称“北陵公司”）。公司章程规定：公司注册资本 500 万元；持股比例各 20%；甲、乙各以 100 万元现金出资，丙以私有房屋出资，丁以专利权出资，戊以设备出资，各折价 100 万元；甲任董事长兼总经理，负责公司经营管理；公司前五年若有利润，甲得 28%，其他四位股东各得 18%，从第六年开始平均分配利润。

至 2010 年 9 月，丙的房屋仍未过户登记到公司名下，但事实上一直由公司占有和使用。

公司成立后一个月，丁提出急需资金，向公司借款 100 万元，公司为此召开临时股东会议，作出决议如下：同意借给丁 100 万元，借期六个月，每月利息 1 万元。丁向公司出具了借条。虽至今丁一直未归还借款，但每月均付给公司利息 1 万元。

千山公司总经理王五系甲好友，千山公司向建设银行借款 1000 万元，借期一年，王五请求北陵公司提供担保。甲说：“公司章程规定我只有 300 万元的担保决定权，超过了要上股东会才行。”王五说：“你放心，我保证一年到期就归还银行，到时候与你公司无关，只是按银行要求做个手续。”甲碍于情面，自己决定以公司名义给千山公司的贷款银行出具了一份担保函。

戊不幸于 2008 年 5 月地震中遇难，其 13 岁的儿子幸存下来。

北陵公司欲向农业银行借款 200 万元，以设备作为担保，银行同意，双方签订了借款合同和抵押合同，但未办理抵押登记。

2010 年 5 月，乙提出欲将其股份全部转让给甲，甲愿意受让。

2010 年 7 月，当地发生洪水灾害，此时北陵公司的净资产为 120 万元，但尚欠万水公司债务 150 万元一直未还。北陵公司决定向当地的一家慈善机构捐款 100 万元，与其签订了捐赠合同，但尚未交付。

问题：

1. 北陵公司章程规定的关于公司前五年利润分配的内容是否有效？为什么？

2. 丙作为出资的房屋未过户到公司名下，对公司的设立产生怎样的后果？在房屋已经由公司占有和使用的情况下，丙是否需要承担违约责任？

3. 丁向公司借款 100 万元的行为是否构成抽逃注册资金？为什么？

4. 北陵公司于 2010 年 8 月请求丁归还借款，其请求权是否已经超过诉讼时效？为什么？

5. 北陵公司是否有权请求法院确认其向建设银行出具的担保函无效？为什么？

6. 戊 13 岁的儿子能否继承戊的股东资格而成为公司的股东？为什么？

7. 如北陵公司不能偿还农业银行的200万元借款，银行能否行使抵押权？为什么？

8. 乙向甲转让股份时，其他股东是否享有优先受让权？为什么？

9. 北陵公司与当地慈善机构的捐赠合同是否有效？为什么？万水公司可否请求法院撤销北陵公司的上述行为？为什么？

二、答案精讲

1. 北陵公司章程规定的关于公司前五年利润分配的内容是否有效？为什么？

答案：有效。《公司法》第35条允许有限责任公司全体股东约定不按出资比例分红。有限责任公司设立时要求股东共同制定公司章程，北陵公司初始章程规定公司前五年利润分配的内容是全体股东的约定，因此有效。

难度：中

考点：股东的权利/公司章程

命题和解题思路：本题考查公司章程对利润分配自主安排的效力，得出正确结论并不难，但在说明理由时容易把全体股东约定与公司章程当然地画等号。《公司法》第35条规定，股东按照实缴的出资比例分取红利；公司新增资本时，股东有权优先按照实缴的出资比例认缴出资。但是，全体股东约定不按照出资比例分取红利或者不按照出资比例优先认缴出资的除外。可见，公司法允许有限公司的全体股东对分红另作约定。《公司法》第23条规定，有限责任公司设立时要有股东共同制定的公司章程。本案前五年利润分配方案早在北陵公司设立时就规定在初始章程中，故有效。但如果是事后修改公司章程增加该规定则不一定有效，因为不一定是全体股东一致同意。

2. 丙作为出资的房屋未过户到公司名下，对公司的设立产生怎样的后果？在房屋已经由公司占有和使用的情况下，丙是否需要承担违约责任？

答案：不影响公司的有效设立。丙应当承担违约责任。

难度：中

考点：出资程序/瑕疵出资的法律责任

命题和解题思路：本题考查有限责任公司认缴资本制与出资程序以及瑕疵出资责任的关系。《公司法》第26条规定，有限责任公司的注册资本为在公司登记机关登记的全体股东认缴的出资额。《公司法》第28条规定，股东应当按期足额缴纳公司章程中规定的各自所认缴的出资额。股东以货币出资的，应当将货币出资足额存入有限责任公司在银行开设的账户；以非货币财产出资的，应当依法办理其财产权的转移手续。股东不按照前款规定缴纳出资的，除应当向公司足额缴纳外，还应当向已按期足额缴纳出资的股东承担违约责任。可见，出资不到位并不影响公司的成立，只是股东应当向公司足额缴纳出资，并向已按期足额缴纳出资的股东承担违约责任。

3. 丁向公司借款100万元的行为是否构成抽逃注册资金？为什么？

答案：不构成。因为经过股东会决议，签订了借款合同，形成丁对公司的债务。

难度：易

考点：抽逃出资的认定

命题和解题思路：本题考查抽逃出资的表现形式及本质特征，抽逃出资具有隐蔽性、欺诈性和违法性，存在多种表现形式，而本案丁向公司借款100万元已经过股东会决议，签订了借款合同，形成了丁对公司的合法债务，并不存在隐蔽性、欺诈性和违法性，不构成抽逃注册资金。

4. 北陵公司于2010年8月请求丁归还借款，其请求权是否已经超过诉讼时效？为什么？

答案：未超过。因为丁作为债务人每月均付给公司利息1万元，即一直在履行债务，诉讼时效中断。

难度：中

考点：诉讼时效中断

命题和解题思路：本题考查诉讼时效的中断，只要认真审题就不难做出正确答案。《民法通则》第140条规定，诉讼时效因提起诉讼、当事人一方提出要求或者同意履行义务而中断。从中断时起，诉讼时效期间重新计算。本题中，丁虽一直未归还借款，但每月均付给公司利息1万元的行为表明其认同借款合同的存在，其主观上愿意承担还款义务，即同意履行，故诉讼时效中断。

5. 北陵公司是否有权请求法院确认其向建设银行出具的担保函无效？为什么？

答案：无权。公司法定代表人越权行为原则上有效，但以相对人善意为限。本案中北陵公司法定代表人虽已明确告知债务人自己超越章程权限，但相对人债权人建设银行对此并不知情，故北陵公司无权请求法院确认其向建设银行出具的担保函无效。

难度：难

考点：表见代表

命题和解题思路：本题考查公司法定代表人超越章程权限对外提供担保的效力，为了增加难度，命题人有意混淆债务人知情和债权人知情，但其用意很明显，就是考查超越章程权限订立合同的效力，这种命题思维比较单纯：既然章程是有限责任公司内部文件不能约束善意相对人，故不能认定保函无效。但是近几年司法实践中该问题争议很大，不少学者和法官认为，《公司法》第16条对公司法定代表人的担保权作了法定限制，故超出章程授权的700万元表面上属于违章，本质上属于违法，可推定债权人知情，根据《合同法》第50条或者《最高人民法院关于适用〈中华人民共和国担保法〉若干问题的解释》第11条的规定，可请求法院认定该部分担保无效。

6. 戊13岁的儿子能否继承戊的股东资格而成为公司的股东？为什么？

答案：能够。因为公司法并未要求股东为完全行为能力人，且公司章程并未排除自然人股东继承股东资格。

难度：易

考点：股东资格的取得

命题和解题思路：本题考查有限责任公司自然人股东资格的继承取得、成为股东的能力条件以及公司法的默认性规范。《公司法》第76条规定，自然人股东死亡后，其合法继承人可以继承股东资格；但是，公司章程另有规定的除外。可见，《公司法》并未对股东资格的继承人作特殊限制性规定，公司法也并未要求股东必须是完全行为能力人，故戊13岁的儿子可以继承戊的股东资格而成为公司的股东。

7. 如北陵公司不能偿还农业银行的200万元借款，银行能否行使抵押权？为什么？

答案：能够。北陵公司以设备作为抵押，抵押权自抵押合同生效时设立；未经登记，只是不得对抗善意第三人，不影响抵押权的行使，银行可以行使抵押权。

难度：易

考点：动产抵押的设立

命题和解题思路：本题考查动产抵押成立要件和对抗要件的区分。《物权法》第189条规定，企业、个体工商户、农业生产经营者以本法第181条规定的动产抵押的，应当向抵押人住所地的工商行政管理部门办理登记。抵押权自抵押合同生效时设立；未经登记，不得对抗善意第三人。本案并未出现善意第三人，故银行可以行使抵押权。

8. 乙向甲转让股权时，其他股东是否享有优先受让权？为什么？

答案：不享有。因为不是对外转让，不会破坏公司的人合性。

难度：易

考点：有限责任公司的股权转让

命题和解题思路：本题考查有限责任公司股权对内转让和对外转让的区别，判断的原则是有限责任公司的人合性。《公司法》第72条规定，有限责任公司的股东之间可以相互转让其全部或者部分股权。对外转让时其他股东才享有优先受让权，以免破坏原股东之间的人身信赖。

9. 北陵公司与当地慈善机构的捐赠合同是否有效？为什么？万水公司可否请求法院撤销北陵公司的上述行为？为什么？

答案：有效。因为赠与合同是诺成合同，双方当事人意思表示一致时即可成立。由于受赠人是慈善机构，赠与人在交付赠与财产之前无权撤销赠与。但万水公司可以请求法院撤销北陵公司的捐赠行为，因其无偿转让财产导致不能清偿万水公司的债务，损害了万水公司的利益，符合合同法关于债的保全撤销权的条件。

难度：中

考点：赠与合同的撤销权；债权人撤销权

命题和解题思路：命题人在同一题中考查赠与人撤销权和债权人撤销权，有一定的迷惑性，但考生只要掌握**两方关系和三方关系的利益平衡原则**即可得出正确答案。《合同法》第186条规定，赠与人在赠与财产的权利转移之前可以撤销赠与。具有救灾、扶贫等社会公益、道德义务性质的赠与合同或者经过公证的赠与合同，不适用前款规定。《合同法》第74条规定，因债务人放弃其到期债权或者无偿转让财产，对债权人造成损害的，债权人可以请求人民法院撤销债务人的行为。故本案中，赠与人不交付赠与的财产的，受赠人可以要求交付，**赠与人的利益让位于社会公益**。但如果赠与行为损害了外部债权人的利益，则债权人可请求法院撤销赠与，此时**社会公益让位于债权人私益**。本案中，北陵公司在尚欠万水公司债务且无力归还的情况下决定向慈善机构捐款，损害了万水公司的利益，符合不履行债务而无偿转让财产的情况，故万水公司可以请求法院撤销北陵公司的捐赠行为。

行政法与行政诉讼法

闫尔宝 讲解

闫尔宝

前命题人。中国政法大学博士，南开大学法学院教授、博士生导师。授课逻辑严谨，条理清晰，知识含量高，擅长结合实务阐释深奥的法学原理。对法考命题特点、规律、重点有细致的考察，对考试风格和答题技巧有独到的心得。

2017年

一、试题（本题23分）

案情：

某省盐业公司从外省盐厂购进300吨工业盐运回本地，当地市盐务管理局认为购进工业盐的行为涉嫌违法，遂对该批工业盐予以先行登记保存，并将《先行登记保存通知书》送达该公司。其后，市盐务管理局经听证、集体讨论后，认定该公司未办理工业盐准运证从省外购进工业盐，违反了省政府制定的《盐业管理办法》第20条，决定没收该公司违法购进的工业盐，并处罚款15万元。公司不服处罚决定，向市政府申请行政复议。市政府维持市盐务管理局的处罚决定。公司不服向法院起诉。

材料一：1.《盐业管理条例》（国务院1990年3月2日第51号令发布，自发布之日起施行）

第24条 运输部门应当将盐列为重要运输物资，对食用盐和指令性计划的纯碱、烧碱用盐的运输应当重点保证。

2.《盐业管理办法》（2003年6月29日省人民政府发布，2009年3月20日修正）

第20条 盐的运销站发运盐产品实行准运证制度。在途及运输期间必须货、单、证同行。无单、无证的，运输部门不得承运，购盐单位不得入库。

材料二：2016年4月22日，国务院发布的《盐业体制改革方案》指出，要推进盐业体制改革，实现盐业资源有效配置，进一步释放市场活力，取消食盐产销区域限制。要改革食盐生产批发区域限制。取消食盐定点生产企业只能销售给指定批发企业的规定，允许生产企业进入流通和销售领域，自主确定生产销售数量并建立销售渠道，以自有品牌开展跨区域经营，实现产销一体，或者委托有食盐批发资质的企业代理销售。要改革工业盐运销管理。取消各地自行设立的两碱工业盐备案制和准运证制度，取消对小工业盐及盐产品进入市场的各类限制，放开小工业盐及盐产品市场和价格。

材料三：2017年6月13日，李克强总理在全国深化简政放权放管结合优化服务改革电视电话会议上的讲话强调，我们推动的“放管服”改革、转变政府职能是一个系统的整体，首先要在“放”上下更大功夫，进一步做好简政放权的“减法”，又要在创新政府管理上破难题，善于做加强监管的“加法”和优化服务的“乘法”。如果说做好简化行政审批、减税降费等“减法”是革自己的命，是壮士断腕，那么做好强监管“加法”和优服务“乘法”，也是啃政府职能转变的“硬骨头”。放宽市场准入，可以促进公平竞争、防止垄断，也能为更好的“管”和更优的“服”创造条件。

问题：

（一）请根据案情、材料一和相关法律规定，回答下列问题：

1. 请简答行政机关适用先行登记保存的条件和程序。

2.《行政处罚法》对市盐务管理局举行听证的主持人的要求是什么?

3. 市盐务管理局以某公司未办理工业盐准运证从省外购进工业盐构成违法的理由是否成立?为什么?

4. 如何确定本案的被告?为什么?

(二)请基于案情,结合材料二、材料三和相关法律作答(要求观点明确,说理充分,文字通畅,字数不少于400字):谈谈深化简政放权放管结合优质服务改革,对推进政府职能转变,建设法治政府的意义。

二、答案精讲

(一)请根据案情、材料一和相关法律规定,回答下列问题:

1. 请简答行政机关适用先行登记保存的条件和程序。

答案: 根据《行政处罚法》规定,行政机关在证据可能灭失或者以后难以取得的情况下,经行政机关负责人批准,可以先行登记保存,并应当在7日内及时作出处理决定。

难度: 易

考点: 行政处罚的程序、行政强制措施实施程序

命题和解题思路: 本题为问答题,要求学生根据交代的案情,对行政机关实施的先行登记保存行为的条件和程序进行简要说明。我们以为,虽然本案最终作出的行政行为是处罚行为,《行政处罚法》也对行政处罚实施过程中的先行登记保存适用条件作出了规定,但对其程序的规定相对简单。从先行登记保存的法律性质上来说,学界一般认为其属于行政强制措施。因此,如题目要求需具体而完整地解答本题,还有必要考虑将《行政强制法》有关行政强制措施的一般程序规定一并列出。

答案解析:

综合《行政处罚法》和《行政强制法》的规定,可以考虑做以下回答:第一,先行登记保存适用的条件。根据《行政处罚法》第37条第2款的规定,行政机关在证据可能灭失或者以后难以取得的情况下,经行政机关负责人批准,可以先行登记保存。第二,先行登记保存适用的程序。因先行登记保存针对的是相对人的财产权,其实施需要遵守《行政强制法》规定的行政强制措施的一般程序。具体要求如下:①实施前须向行政机关负责人报告并经批准;②由两名以上行政执法人员实施;③出示执法身份证件;④通知当事人到场;⑤当场告知当事人采取行政强制措施的理由、依据以及当事人依法享有的权利、救济途径;⑥听取当事人的陈述和申辩;⑦制作现场笔录;⑧现场笔录由当事人和行政执法人员签名或者盖章,当事人拒绝的,在笔录中予以注明;⑨当事人不到场的,邀请见证人到场,由见证人和行政执法人员在现场笔录上签名或者盖章;⑩7日内及时作出处理决定。

2.《行政处罚法》对市盐务管理局举行听证的主持人的要求是什么?

答案: 听证由市盐务管理局指定的非本案调查人员主持;当事人认为主持人与本

案有直接利害关系的，有权申请回避。

难度：易

考点：行政处罚的决定程序

命题和解题思路：本题考查《行政处罚法》对处罚听证主持人的相关规定，内容涉及担任主持人的条件以及当事人对听证主持人申请回避的权利。由于立法规定的内容相对简单，考生回答的内容也比较简单。由于《行政处罚法》有关听证程序的规定是考生重点复习的部分，因此，本题从某种意义上说，依然是一道送分题。

答案解析：

依照《行政处罚法》第42条第1款第（四）项规定，听证由行政机关指定的非本案调查人员主持；当事人认为主持人与本案有直接利害关系的，有权申请回避。

3. 市盐务管理局以某公司未办理工业盐准运证从省外购进工业盐构成违法的理由是否成立？为什么？

答案：不成立。根据《行政许可法》第15条、第16条规定，在已经制定法律、行政法规的情况下，地方政府规章只能在法律、行政法规设定的行政许可事项范围内对实施该行政许可作出具体规定，不能设定新的行政许可。法律及国务院《盐业管理条例》没有设定工业盐准运证这一行政许可，地方政府规章不能设定工业盐准运证制度。所以，市盐务管理局认定该盐业公司未办理工业盐准运证从省外购进工业盐构成违法的理由不成立。

难度：中

考点：行政许可的设定（设定权限和形式）

命题和解题思路：本题综合考查以下内容：第一，行政规章的行政许可设定权限；第二，上位法与下位法的关系以及上位法的溯及效力。本题中，行政机关认定当事人存在违法行为的依据是省政府的行政规章，该规章发布于《行政许可法》实施之前，由于当时并没有明确的许可设定权的规定，其设定的工业盐运输许可制度不好判断为违法。但在《行政许可法》实施之后，立法明确规定，尚未制定法律、行政法规和地方性法规的，因行政管理的需要，省政府可以制定规章设定临时行政许可。该法同时规定，该法实施前已经制定的有关行政许可的规定，需要由制定机关依据新法予以清理；不符合本法规定的，自本法施行之日起停止执行，由此明确了对此前已设定的行政许可制度具有溯及效力。因此，在新法实施之后，省政府需要及时评估规章的内容，在认定规章没有上位法根据，且国务院已明确取消工业盐运输许可制度的情况下，立即停止规章的执行。行政执法机关在执法过程中，发现规章存在违反法律规定的情况下，也应当通过法定程序报请批准停止执行规章的规定，不再将其作为行政执法的依据。

答案解析：

在本案中，市盐务管理局认定某公司未办理工业盐准运证从省外购进工业盐的行为违法，其依据的是省人民政府2003年制定的《盐业管理办法》第20条，该办法属于地方政府规章，并且设立了工业盐运输的许可制度，而作为其上位法的国务院的《盐业管理条例》并未规定工业盐运输实行许可制度。2004年7月1日起实施的《行政许可法》第15条规定，尚未制定法律、行政法规和地方性法规的，因行政管理的需要，确需立即实施行政许可的，省、自治区、直辖市人民政府规章可以设定临时性的行政许可。临时性的行政许可实施满1年需要继续实施的，应当提请本级人民代表大会及其常务委员会制定地方性法规。据此，省级人民政府规章今后只能设定临时行政许可。《行政许可法》第83条第2款同时规定，本法施行前有关行政许可的规定，制定机关应当依照本法规定予以清理；不符合本法规定的，自本法施行之日起停止执行。据此，省政府规章设定的工业盐准运许可需要根据新法进行重新评估。2016年4月22日，国务院发布的《盐业体制改革方案》明确取消工业盐准运证制度，据此，省政府2003年制定的《盐业管理办法》完全失去合法性基础，不能再作为执法依据适用，市盐务管理局认定某盐业公司未办理工业盐准运证从省外购进工业盐构成违法的理由不成立。

难点解析：解答本题涉及法律规范性质、效力层级、法律效力冲突的解决方式等多种知识的运用。考生首先需要判断，本案行政机关执法依据属于何种性质的规范性文件；其次，要确定先前发布的省政府规章与后来实施的法律规定之间是否存在不一致的情况，以及如何处理二者之间的关系。严格来讲，当法律实施之后，先前制定的下位法（法规、规章）的规定，如果与已经制定的新的法律规定不一致的，都应当停止执行，这是法律优先原则的要求。

4. 如何确定本案的被告？为什么？

答案：市盐务管理局和市人民政府为共同被告。理由：依照《行政诉讼法》第26条第2款规定，经复议的案件，复议机关决定维持原行政行为的，作出原行政行为的行政机关和复议机关是共同被告；复议机关改变原行政行为的，复议机关是被告。

难度：易

考点：行政诉讼的被告（行政复议案件）

命题和解题思路：本题考查的是行政诉讼被告制度，具体来讲，是复议维持情况下的行政诉讼被告的确定。在复议维持情况下，由原行政行为作出机关和复议机关作为共同被告是修订后的行政诉讼法的最新规定，考生在复习过程中当然要将其作为重点准备的内容。因此，此题并无任何难度，依然是一道送分题。

答案解析：

本题中，盐业公司不服处罚决定，向市政府申请行政复议。市政府作出了维持市盐务管理局的行政复议决定。盐业公司不服，向法院起诉。此案案情完全符合《行政诉讼法》第26条第2款有关复议维持情况下被告如何确定的规定，因此，应当确定市盐务管理局和市人民政府作为共同被告。

（二）请基于案情，结合材料二、材料三和相关法律作答（要求观点明确，说理充分，文字通畅，字数不少于400字）：谈谈深化简政放权放管结合优质服务改革，对推进政府职能转变，建设法治政府的意义。

答案：深化简政放权放管结合优质服务改革，对于转变政府职能、推进法治政府建设具有以下意义：

第一，深化简政放权改革旨在重新调整政府的职能，从正确处理政府与市场关系、释放市场活力角度出发，政府要放松对市场活动是事前干预，将职能定位在事中事后的监管和服务。国务院发布的《盐业体制改革方案》提出的取消各地自行设立的两碱工业盐备案制和准运证制度，取消对小工业盐及盐产品进入市场的各类限制，放开小工业盐及盐产品市场和价格等要求，即是政府从盐业领域事前监管撤出的表现，标志着政府职能的转移。有利于科学合理分配政府对盐业领域监管的职能，建立职能科学、权责进一步明确的法治政府。

第二，深化放管结合改革，是在强调政府虽然放开了市场的事前监管，但并非完全退出市场监管，而是要加强后续的市场监管，对在市场经济活动中违法经营、垄断经营等扰乱市场秩序的行为，政府要有力行使监管职能，净化市场竞争秩序，维持公平竞争的市场环境。为此，政府要不断创新监管机制和监管方式，通过实行综合监管和执法、推广随机监管、推行“智能”监管、加强社会监督等多种形式，提升政府市场监管水平，建设责任政府。

第三，深化提供优质服务改革，旨在强调政府为市场主体从事市场活动提供优质高效服务的职能。要通过加强政策支持，提供平台综合服务和便捷高效服务等措施，为公众创新创业提供便利；要更多增加公共产品和公共服务供给，提供充裕的公共服务，增强公共服务的公平性和可及性；要建立覆盖全民的社会保障制度，保障好困难群众的基本生活，解决市场主体参与市场竞争的后顾之忧，由此建立起公开公正、廉洁高效政府。

难度：中

考点：行政法原理与应用

命题和解题思路：本题为开放性问题，无统一答案。解答本题，首先需要考生明确法治政府建设包含的基本内容和要求，如职能科学、权责法定、执法严明、公开公正、廉洁高效、守法诚信等。其次需要考生分析材料二和材料三的内容。材料二是盐业监管领域简政放权的具体事例，材料三则是中央层面对深化简政放权放管结合优化服务改革三者关系的说明，即简政放权是在做“减法”，创新政府管理、加强监管是在做“加法”，优化服务是在做“乘法”。放权是政府职能转变的基础和条件，加强后续监管和优化政府服务是对政府职能提出的更高要求。

答案解析：

考生可以从以下思路对深化简政放权放管结合优质服务改革，对于转变政府职能、推进法治政府建设的意义作出概括：第一，深化简政放权改革是对政府职能的重新调整，强调减少政府对市场过多的事前干预，使政府职能配置趋于科学合理，有利于建设职能科学、权责法定政府；第二，深化放管结合改革，是在放开市场事前监管的基础上，强调提升政府对市场活动的后续监管职能。要通过创新监管机制和监管方式，提高监管效能等措施，实现权责法定、权责统一要求，建设责任政府；第三，深化提供优质服务改革，旨在强调政府要更多地承担对市场主体提供优质高效服务的职能。

政府要更多地履行扶持市场主体创业、增加公共产品和公共服务供给、保障市场主体基本生活等公共服务职能。既要努力提供充裕的公共服务，同时也需要增强公共服务的公平性和可及性，最终建立起公开公正、廉洁高效政府。

2016年

一、试题（本题24分）

案情：

材料一：孙某与村委会达成在该村采砂的协议，期限为5年。孙某向甲市乙县国土资源局申请采矿许可，该局向孙某发放采矿许可证，载明采矿的有效期为2年，至2015年10月20日止。

扫一扫 看微课视频

2015年10月15日，乙县国土资源局通知孙某，根据甲市国土资源局日前发布的《严禁在自然保护区采砂的规定》，采矿许可证到期后不再延续，被许可人应立即停止采砂行为，撤回采砂设施和设备。

孙某以与村委会协议未到期、投资未收回为由继续开采，并于2015年10月28日向乙县国土资源局申请延续采矿许可证的有效期。该局通知其许可证已失效，无法续期。

2015年11月20日，乙县国土资源局接到举报，得知孙某仍在采砂，以孙某未经批准非法采砂，违反《矿产资源法》为由，发出《责令停止违法行为通知书》，要求其停止违法行为。孙某向法院起诉请求撤销通知书，一并请求对《严禁在自然保护区采砂的规定》进行审查。

孙某为了解《严禁在自然保护区采砂的规定》内容，向甲市国土资源局提出政府信息公开申请。

材料二：涉及公民、法人或其他组织权利和义务的规范性文件，按照政府信息公开要求和程序予以公布。推行行政执法公示制度。推进政务公开信息化，加强互联网政务信息数据服务平台和便民服务平台建设。（摘自《中共中央关于全面推进依法治国若干重大问题的决定》）

问题：

（一）结合材料一回答以下问题：

1.《行政许可法》对被许可人申请延续行政许可有效期有何要求？行政许可机关接到申请后应如何处理？

2. 孙某一并审查的请求是否符合要求？根据有关规定，原告在行政诉讼中提出一并请求审查行政规范性文件的具体要求是什么？

3. 行政诉讼中，如法院经审查认为规范性文件不合法，应如何处理？

4. 对《责令停止违法行为通知书》的性质作出判断，并简要比较行政处罚与行政强制措施的不同点。

（二）结合材料一和材料二作答（要求观点明确，逻辑清晰、说理充分、文字通畅；总字数不得少于500字）：谈谈政府信息公开的意义和作用，以及处理公开与不公开关系的看法。

二、答案精讲

（一）结合材料一回答以下问题：

1.《行政许可法》对被许可人申请延续行政许可有效期有何要求？行政许可机关接到申请后应如何处理？

答案：依照《行政许可法》第50条的规定，被许可人需要延续依法取得的行政许可的有效期的，应当在该行政许可有效期届满30日前向作出行政许可决定的行政机关提出申请。但是，法律、法规、规章另有规定的，依照其规定。行政机关应当根据被许可人的申请，在该行政许可有效期届满前作出是否准予延续的决定；逾期未作决定的，视为准予延续。

难度：易

考点：行政许可的延续程序

命题和解题思路：本题重点在于考查考生对行政许可延续程序规定的掌握程度，难度不大。不过，如果考生不牢固地掌握行政许可法有关行政许可延续程序的规定就容易想当然地作出错误回答，在一些细节方面失分。

答案解析：

《行政许可法》第50条针对行政许可的延续程序作出了以下规定：一是被许可人需要延续行政许可有效期的，除法律、法规、规章另有规定外，需要在许可有效期届满30日前向行政许可机关提出申请。二是行政机关接到被许可人申请后，应当在许可有效期届满之前作出是否准许的决定，逾期未作出任何决定的，依法推定其准许延续。

2. 孙某一并审查的请求是否符合要求？根据有关规定，原告在行政诉讼中提出一并请求审查行政规范性文件的具体要求是什么？

答案：本案中，《严禁在自然保护区采砂的规定》并非被诉行政行为（责令停止违法行为通知）作出的依据，因此孙某的请求不成立。根据《行政诉讼法》第53条和司法解释的规定，原告在行政诉讼中一并请求审查规范性文件需要符合下列要求：一是该规范性文件为国务院部门和地方政府及其部门制定的规范性文件，但不含规章；二是该规范性文件是被诉行政行为作出的依据；三是应在第一审开庭审理前提出；有正当理由的，也可以在法庭调查中提出。

难度：中

考点：行政规范性文件的一并审查请求

命题和解题思路：本题考查修订后的《行政诉讼法》中有关一并审查行政规范性

文件的相关规定。《行政诉讼法》修订的一项重要内容是承认了部分抽象行政行为——法律表述为规范性文件可以有条件地纳入司法审查范围，但对规范性文件的范围、相对人提请司法审查的方式作出了限制性规定。为贯彻法律的规定，最高人民法院在《最高人民法院关于适用〈中华人民共和国行政诉讼法〉若干问题的解释》中又对相对人提请对规范性文件进行司法审查的时间作出了规定。考生如果对上述立法和司法解释的规定掌握不熟练，就可能作出错误回答。

答案解析：

《行政诉讼法》第53条规定："公民、法人或者其他组织认为行政行为所依据的国务院部门和地方人民政府及其部门制定的规范性文件不合法，在对行政行为提起诉讼时，可以一并请求对该规范性文件进行审查。前款规定的规范性文件不含规章。"该条确立了行政规范性文件的一并审查请求制度。《最高人民法院关于适用〈中华人民共和国行政诉讼法〉若干问题的解释》第20条规定："公民、法人或者其他组织请求人民法院一并审查行政诉讼法第五十三条规定的规范性文件，应当在第一审开庭审理前提出；有正当理由的，也可以在法庭调查中提出。"根据上述规定，能够提出一并审查请求的行政规范性文件首先有确定的范围，行政规章和国务院的行政规范性文件不能被提出审查请求；同时，规范性文件还需成为被诉行政诉讼的依据，未作为依据的行政规范性文件不能被提出一并审查请求；此外，在提出时间上，限于在一审开庭审理前提出，有正当理由的，可以在法庭调查中提出。本题中，作为县国土资源局执法依据的是《矿产资源法》，并非《严禁在自然保护区采砂的规定》，孙某的请求不符合前述第二个条件。

> **难点解析：**规范性文件的一并审查请求制度虽然是行政诉讼法修订后新建立的制度，但其适用有严格的条件限制。该限制不但包括规范性文件的范围，以及提出一并申请请求的时间，更重要的是**规范性文件须成为被诉行政行为的依据使用，相对人不能对没有作为被诉行政行为直接依据的规范性文件提出一并审查请求**。

3. 行政诉讼中，如法院经审查认为规范性文件不合法，应如何处理？

答案：法院不作为认定被诉行政行为合法的依据，并在裁判理由中予以阐明。作出生效裁判的法院应当向规范性文件的制定机关提出处理建议，并可以抄送制定机关的同级政府或上一级行政机关。

难度：易

考点：行政案件的裁判

命题和解题思路：本题表面是考查《行政诉讼法》对行政规范性文件一并审查之后如何处理的规定，实质是考查法条的具体规定。如果考生对立法规定较为熟悉，回答本题并不困难。在此意义上，本题同样属于送分题。

答案解析：

《行政诉讼法》第64条规定："人民法院在审理行政案件中，经审查认为本法第五十三条规定的规范性文件不合法的，不作为认定行政行为合法的依据，并向制定机关提出处理建议。”《最高人民法院关于适用〈中华人民共和国行政诉讼法〉若干问题的解释》第 21 条规定：“规范性文件不合法的，人民法院不作为认定行政行为合法的依据，并在裁判理由中予以阐明。作出生效裁判的人民法院应当向规范性文件的制定机关提出处理建议，并可以抄送制定机关的同级人民政府或者上一级行政机关。”依照上述规定，人民法院经审理认为行政规范性文件违法的，不作为认定被诉行政诉讼合法的依据，同时要在裁判理由部分予以阐明，此外，作出生效裁判的人民法院还应当向规范性文件的制定机关提出处理建议，并可以抄送法定监督机关，即该文件制定机关的同级人民政府或者上一级行政机关。

4. 对《责令停止违法行为通知书》的性质作出判断，并简要比较行政处罚与行政强制措施的不同点。

答案：本案中，《责令停止违法行为通知书》在于制止孙某的违法行为，不具有制裁性质，归于行政强制措施更为恰当。行政处罚和行政强制措施的不同主要体现在下列三方面：一是目的不同。行政处罚的目的是制裁性，给予违法者制裁是其本质特征；行政强制措施主要目的在于制止性和预防性，即在行政管理中制定违法行为、防止证据损毁、避免危害发生、控制危险扩大等。二是阶段性不同。行政处罚是对违法行为查处作出的处理决定，常发生在行政程序终了之时；行政强制措施是对人身自由、财物等实施的暂时性限制、控制措施，常发生在行政程序前端。三是表现形式不同。行政处罚主要有警告、罚款、没收违法所得、责令停产停业、暂扣或吊销许可证、执照、行政拘留等；行政强制措施主要有限制公民自由、查封、扣押、冻结等。

难度：难

考点：行政行为的性质；行政处罚与行政强制措施的区别

命题和解题思路：本题考查责令停止违法行为的性质。在我国的行政立法中，有很多责令相对人作出或者不作出某种行为的规定。对于该种行为的法律属性，理论界存在一定的争议。命题人也承认，本题设计具有一定的开放性，只要考生能够作出有理有据的回答，能够自圆其说，即可得分。不过，从倾向性而言，本题中的责令停止违法行为归入行政强制措施更加恰当。

答案解析：

根据《行政处罚法》和《行政强制法》的规定，行政处罚与行政强制措施存在以下区别：第一，**目的不同**。行政处罚的目的在于制裁，制裁违法行为人是其本质特征，通过制裁实现惩戒违法者的效果，杜绝以后类似违法行为的发生。根据《行政强制法》第 2 条对行政强制措施的定义可知，行政强制措施的目的在于制止违法行为、防止证据损毁、避免危害发生、控制危险扩大等。第二，**存在的阶段不同**。行政处罚是对违法行为人的终局处理，行政程序已经走到终点；行政强制措施多发生在行政程序进行过程中，比较明显的如查封、扣押、冻结以及对违法行为的制止，在采取上述强制措施之后，行政机关还要进行后续的处理。第三，**行为的种类不同**。

依照《行政处罚》第 8 条的规定，行政处罚的种类包括：①警告；②罚款；③没收违法所得、没收非法财物；④责令停产停业；⑤暂扣或者吊销许可证、暂扣或者吊销执照；⑥行政拘留；⑦法律、行政法规规定的其他行政处罚。

依照《行政强制法》第9条的规定，行政强制措施的种类包括：①限制公民人身自由；②查封场所、设施或者财物；③扣押财物；④冻结存款、汇款；⑤其他行政强制措施。

本案中，《责令停止违法行为通知书》的目的并非制裁孙某的违法行为，而在于制止其违法行为的继续进行，更加符合行政强制措施的特点，定性为行政强制措施较为妥当。

> **难点解析：**责令行为的法律属性问题，理论界存在颇多争议，至今尚无定论。从实质上分析，责令行为可能表现为以下几种不同性质的行为：①**行政强制措施**。具有明显的制止性、预防性，且持续时间不长，具有暂时性特点。如本案中的责令停止违法行为。②**行政处罚**。具有明显的制裁性。如《行政处罚法》规定的责令停产停业。③**行政命令**。作为一种终局的处理，但又不具有明显的制裁性，只是单纯为相对人设定了作为或不作为义务。如《水污染防治法》第88条规定，城镇污水集中处理设施的运营单位或者污泥处理处置单位，处理处置后的污泥不符合国家标准，或者对污泥去向等未进行记录的，由城镇排水主管部门责令限期采取治理措施，给予警告……该条中的"责令限期采取治理措施"，接近于行政命令。

（二）结合材料一和材料二作答（要求观点明确，逻辑清晰、说理充分、文字通畅；总字数不得少于500字）：谈谈政府信息公开的意义和作用，以及处理公开与不公开关系的看法。

答案：

（1）政府信息公开的意义和作用：

第一，**保障公民知情权的实现**。人民参与国家和社会治理的前提是要有知情的权利。要能够了解政府权力的结构、组成、职权及其运行规则，能够及时了解涉及公民利益的行政立法、行政规范性文件以及具体执法行为的内容。这些信息的获得，都需要通过政府信息公开制度的建立；第二，**有利于加强对行政权力的监督，预防和制止行政腐败**。阳光是最好的防腐剂。只有让社会公众了解政府权力的运作过程和运作结果，才能有效地监督政府权力的运行，避免行政权力运行中的暗箱操作，填补权力运行机制中的漏洞，减少腐败行为发生的机会；第三，**为公民个人、组织生产生活和科学研究工作等提供各种便利**。及时、完整、准确公开政府信息，将为公民个人和组织的日常生产、生活和从事科学研究提供诸多便利，提升其生活品质，推动科学研究发展。

（2）关于政府信息公开与不公开关系处理的看法：

为实现建立政府信息公开制度的目的，政府信息公开与否遵循的基本原则是**"公开是原则，不公开为例外"**。按照《政府信息公开条例》的规定，凡涉及公民、法人或者其他组织切身利益的政府信息、需要社会公众广泛知晓或者参与的政府信息，反映本行政机关机构设置、职能、办事程序等情况的政府信息，以及其他依照法律、法规和国家有关规定应当主动公开的政府信息，行政机关都要主动公开。此外，行政机关还应当依照公民个人和组织的申请，向其公开相关政府信息。同时，依照《政府信息公开条例》的规定，行政机关不能公开危及国家安全、公共安全、经济安全和社会稳定的政府信息，不得公开涉及国家秘密、商业秘密、个人隐私等特定类别的政府信息。

难度：中

考点：政府信息公开

命题和解题思路：本题属于主观题，包含两部分内容：第一，论述政府信息公开的意义和作用，具体可以考虑从以下三个方面展开：①保障相对人知情权。②更好地监督政府权力，预防行政腐败。③方便相对人生产、生活。第二，提出处理政府信息公开与不公开关系的看法。此部分内容可以从政府信息“公开是原则，不公开为例外”这一角度展开分析。

答案解析：

本题的论证逻辑是：

第一部分：**关于保障重点相对人知情权问题**，可以围绕着提升国民参政议政能力，行使民主权利角度展开分析。论证只有通过政府信息公开，才能将行政权力的运行状况展示给公众，行政相对人得以了解行政权力的运行过程，了解涉及切实利益的重要决策、措施、行为的具体内容，最终使其国家主人的地位得到充分体现；关于监督政府权力的问题，重点围绕着权力的运行过程公开透明，减少行政权力行使暗箱操作可能的角度展开分析。论证通过政府信息公开，让行政权力在阳光下运行对违法行使权力的监督作用；关于方便相对人生产、生活问题，可以围绕政府信息公开如何帮助相对人有效获得各种政府决策和执法信息，以及相关数据、图表，从而更好地处理日常事务，方便办理各种手续，从事科学研究活动等方面展开论述。

第二部分：**首先，论述政府信息公开是基本原则**，从《政府信息公开条例》的立法目的、具体规定等方面展开分析，论证公开是第一要义，是总的原则；其次，**结合《政府信息公开条例》中有关政府信息公开的禁止条款展开论述**，论证在信息公开总原则之下，出于保护国家利益、公共利益、企业商业利益、个人隐私等权益的需要，立法也明确规定了不得公开相关政府信息的情形。

2015年

一、试题（本题20分）

案情：

扫一扫　看微课视频

某公司系转制成立的有限责任公司，股东15人。全体股东通过的公司章程规定，董事长为法定代表人。对董事长产生及变更办法，章程未作规定。股东会议选举甲、乙、丙、丁四人担任公司董事并组成董事会，董事会选举甲为董事长。

后乙、丙、丁三人组织召开临时股东会议，会议通过罢免甲董事长职务并解除其董事，选举乙为董事长的决议。乙向区工商分局递交法定代表人变更登记申请，经多次补正后该局受理其申请。

其后，该局以乙递交的申请，缺少修改后明确董事长变更办法的公司章程和公司法定代表人签署的变更登记申请书等材料，不符合法律、法规规定为由，作出登记驳回通知书。

乙、丙、丁三人向市工商局提出复议申请，市工商局经复议后认定三人提出的变更登记申请不符合受理条件，分局作出的登记驳回通知错误，决定予以撤销。

三人遂向法院起诉，并向法院提交了公司的章程、经过公证的临时股东会决议。

问题：

1. 请分析公司的设立登记和变更登记的法律性质。

2. 如市工商局维持了区工商分局的行政行为，请确定本案中的原告和被告，并说明理由。

3. 如何确定本案的审理和裁判对象？如市工商局在行政复议中维持区工商分局的行为，有何不同？

4. 法院接到起诉状决定是否立案时通常面临哪些情况？如何处理？

5. 《行政诉讼法》对一审法院宣判有何要求？

二、答案精讲

1. 请分析公司的设立登记和变更登记的法律性质。

答案：公司的设立登记为行政许可。《行政许可法》规定，企业或者其他组织的设立等，需要确定主体资格的事项可以设定行政许可。《公司法》规定，设立公司应当依法向公司登记机关申请设立登记。符合《公司法》规定的设立条件的，由公司登记机关分别登记为有限责任公司或股份有限公司。不符合规定的设立条件的，不得登记为有限责任公司或股份有限公司。公司的设立登记的法律效力，是使公司取得法人资格，进而取得从事经营活动的合法身份，符合“行政机关根据公民、法人或者其他组织的申请，经依法审查，准予其从事特定活动”，为行政许可。

公司的变更登记指公司设立登记事项中的某一项或某几项改变，向公司登记机关申请变更的登记。业界对变更登记的性质认识不尽统一，有两种主流看法。一种意见认为是行政许可，理由是未经核准变更登记，公司不得擅自变更登记事项；公司登记事项发生变更时未依法办理变更登记的，需要承担相应的法律责任。另一种意见认为是行政确认，理由是变更登记并不决定公司的身份或资格，只是对民事权利的确认。从行为的整体实施过程角度来看，第一种观点似乎更加合理一些。因为公司设立登记是《行政许可法》调整的广义行政行为，在相关登记事项发生变更后，有关公司依然需要按照立法规定履行后续的变更登记手续，并经历与设立登记相似的行为过程，工商机关仍需履行必要的审查职责。未经变更登记，公司同样不能以市场主体资格从事相关法律行为。第二种观点未注意从许可行为的整体实施过程角度展开分析，合理性稍弱。

难度：易

考点：行政许可的设定原则

命题和解题思路：本题考查考生对公司设立登记和变更登记法律性质的理解。《行政许可法》明确规定设立登记属于行政许可行为，但对于变更登记的法律性质并未明确，可能考生会对变更登记的法律性质产生疑问，或许将其作为其他行政行为看待。解答本题的关键是将设立登记、变更登记作为行政许可的不同阶段看待，注意变更登记行为实施的程序特点，进而明确其存在阶段虽然不同，但法律性质应无差别。

答案解析：

关于公司设立登记的性质问题，《行政许可法》第 12 条规定："下列事项可以设定行政许可：（一）直接涉及国家安全、公共安全、经济宏观调控、生态环境保护以及直接关系人身健康、生命财产安全等特定活动，需要按照法定条件予以批准的事项；（二）有限自然资源开发利用、公共资源配置以及直接关系公共利益的特定行业的市场准入等，需要赋予特定权利的事项；（三）提供公众服务并且直接关系公共利益的职业、行业，需要确定具备特殊信誉、特殊条件或者特殊技能等资格、资质的事项；（四）直接关系公共安全、人身健康、生命财产安全的重要设备、设施、产品、物品，需要按照技术标准、技术规范，通过检验、检测、检疫等方式进行审定的事项；（五）企业或者其他组织的设立等，需要确定主体资格的事项；（六）法律、行政法规规定可以设定行政许可的其他事项。"根据上述规定，本题中，公司的设立属于行政许可范畴。

关于公司的变更登记，《行政许可法》第 49 条规定："被许可人要求变更行政许可事项的，应当向作出行政许可决定的行政机关提出申请；符合法定条件、标准的，行政机关应当依法办理变更手续。"据此，本题中，公司的变更登记仍需要提出申请，由行政机关进行审查，在此意义上，变更登记仍属于行政许可范畴。

2. 如市工商局维持了区工商分局的行政行为，请确定本案中的原告和被告，并说明理由。

答案：乙、丙、丁为原告，被告为市工商局和区工商分局。本案中，针对区工商分局的决定，乙、丙、丁申请复议。如市工商局作出维持决定，根据《行政诉讼法》第 26 条第 2 款规定，复议机关维持原行政行为的，作出原行政行为的行政机关和行政复议机关是共同被告，故市工商局和区工商分局为共同被告。《行政诉讼法》第 25 条第 1 款规定，行政行为的相对人以及其他与行政行为有利害关系的公民、法人或者其他组织，有权提起诉讼。故乙、丙、丁为原告。

难度：中

考点：行政诉讼原告、被告

命题和解题思路：本题考查考生对行政诉讼原告和被告相关规定的理解与适用。

《行政诉讼法》对原告和被告的确定作出了明确规定。其中原告资格判断的难点在于利害关系确定，需要考生根据个案情况作出具体分析。被告判断并无太多困难，考生只要根据法律对被告不同情况的规定对号入座即可得出结论。就本案而言，命题人主要考查的是复议维持情况下行政诉讼被告确定问题，难度不大。

答案解析：

关于行政诉讼的原告，《行政诉讼法》第25条第1款规定："行政行为的相对人以及其他与行政行为有利害关系的公民、法人或者其他组织，有权提起诉讼。"据此，原告包括行政行为的直接相对人以及与行政行为有利害关系的其他个人组织。本题中，**乙、丙、丁三人共同提出的法定代表人变更登记申请，是工商登记行为的直接相对人，**具有原告资格。

关于行政诉讼被告，《行政诉讼法》第26条规定："公民、法人或者其他组织直接向人民法院提起诉讼的，作出行政行为的行政机关是被告。经复议的案件，复议机关决定维持原行政行为的，作出原行政行为的行政机关和复议机关是共同被告；复议机关改变原行政行为的，复议机关是被告。复议机关在法定期限内未作出复议决定，公民、法人或者其他组织起诉原行政行为的，作出原行政行为的行政机关是被告；起诉复议机关不作为的，复议机关是被告……"本题设定市工商局作出了维持的复议决定，依照行政诉讼法的规定，被告应当为市工商局和区工商分局。

3. 如何确定本案的审理和裁判对象？如市工商局在行政复议中维持区工商分局的行为，有何不同？

答案：本案的审理裁判对象是市工商局撤销区工商分局通知的行为。如果市工商局维持了区工商分局的行为，那么原行政行为（登记驳回通知书）和复议决定（撤销决定）均为案件的审理对象，法院应一并作出裁判。

难度：易

考点：行政诉讼审理和裁判对象

命题和解题思路：本题考查复议维持和复议改变情况下，行政诉讼被告的确定以及与之关联的案件审理对象的确定。《行政诉讼法》修订后，对经过行政复议的案件如何确定被告作出了不同于旧法的规定，进而影响到行政诉讼案件审理对象发生变化。尤其是复议维持情况下出现了双被告的情况，且《最高人民法院关于适用〈中华人民共和国行政诉讼法〉若干问题的解释》也将复议维持情况下司法审查的对象设定为两个。对此，考生需要给予充分的注意。

答案解析：

本案中，市工商局作出的是撤销下级工商机关行为的行政复议决定，申请人不服，依照《行政诉讼法》第26条第2款的规定，复议机关改变原行政行为的，复议机关是被告。市工商局因此成为被告，其作出的撤销复议决定就是本案的审理和裁判对象，人民法院须依法对该复议决定是否合法作出相应裁判。

依照《行政诉讼法》第26条第2款的规定，复议机关维持原行政行为，作出原行政行为的行政机关和复议机关是共同被告。《行政诉讼法》第79条规定，复议机关与作出原行政行为的行政机关为共同被告的案件，人民法院应当对复议决定和原行政行为一并作出裁判。据此，人民法院审理和裁判的对象分别是区工商分局作出的驳回登记行为和市工商局作出的复议维持决定。

4. 法院接到起诉状决定是否立案时通常面临哪些情况？如何处理？

答案： 接到起诉状时，对符合法定起诉条件的，应当登记立案。当场不能判定的，应当接收起诉状，出具注明收到日期的书面凭证，并在 7 日内决定是否立案；不符合起诉条件的，作出不予立案的裁定；如起诉状内容欠缺或有其他错误的，应给予指导和释明，并一次性告知当事人需要补正的内容。不得未经指导和释明即以起诉不符合条件为由不接收起诉状。

难度： 易

考点： 行政诉讼的起诉与受理

命题和解题思路： 本题实质是考查修订后的《行政诉讼法》关于立案登记的相关规定，考生可以直接根据《行政诉讼法》第 51 条的规定作出回答。

答案解析：

答案参照《行政诉讼法》第 51 条规定，即人民法院在接到起诉状时对符合本法规定的起诉条件的，应当登记立案。对当场不能判定是否符合本法规定的起诉条件的，应当接收起诉状，出具注明收到日期的书面凭证，并在 7 日内决定是否立案。不符合起诉条件的，作出不予立案的裁定。裁定书应当载明不予立案的理由。原告对裁定不服的，可以提起上诉。起诉状内容欠缺或者有其他错误的，应当给予指导和释明，并一次性告知当事人需要补正的内容。不得未经指导和释明即以起诉不符合条件为由不接收起诉状。对于不接收起诉状、接收起诉状后不出具书面凭证，以及不一次性告知当事人需要补正的起诉状内容的，当事人可以向上级人民法院投诉，上级人民法院应当责令改正，并对直接负责的主管人员和其他直接责任人员依法给予处分。

5.《行政诉讼法》对一审法院宣判有何要求？

答案： 一律公开宣告判决。当庭宣判的，应当在 10 日内发送判决书；定期宣判的，宣判后立即发送判决书。宣判时，必须告知当事人上诉权利、上诉期限和上诉的法院。

难度： 中

考点： 行政诉讼第一审判决

命题和解题思路： 本题实质考查修订后的《行政诉讼法》对一审判决的规定，考生可以直接根据《行政诉讼法》第 80 条的规定作出回答。

答案解析：

依照《行政诉讼法》第 80 条规定，人民法院对公开审理和不公开审理的案件，一律公开宣告判决。当庭宣判的，应当在 10 日内发送判决书；定期宣判的，宣判后立即发给判决书。宣告判决时，必须告知当事人上诉权利、上诉期限和上诉的人民法院。

2014年

一、试题（本题26分）

案情：

材料一：2012年3月，建筑施工企业原野公司股东王某和张某向工商局提出增资扩股变更登记的申请，将注册资本由200万元变更为800万元。工商局根据王某、张某提交的验资报告等材料办理了变更登记。后市公安局向工商局发出10号公函称，王某与张某涉嫌虚报注册资本被采取强制措施，建议工商局吊销原野公司营业执照。工商局经调查发现验资报告有涂改变造嫌疑，向公司发出处罚告知书，拟吊销公司营业执照。王某、张某得知此事后迅速向公司补足了600万元现金，并向工商局提交了证明材料。工商局根据此情形作出责令改正、缴纳罚款的20号处罚决定。公安局向市政府报告，市政府召开协调会，形成3号会议纪要，认为原野公司虚报注册资本情节严重，而工商局处罚过轻，要求工商局撤销原处罚决定。后工商局作出吊销原野公司营业执照的25号处罚决定。原野公司不服，向法院提起诉讼。

材料二：2013年修改的《公司法》，对我国的公司资本制度作了重大修订，主要体现在：一是取消了公司最低注册资本的限额；二是取消公司注册资本实缴制，实行公司注册资本认缴制；三是取消货币出资比例限制；四是公司成立时不需要提交验资报告，公司的认缴出资额、实收资本不再作为公司登记事项。

2014年2月7日，国务院根据上述立法精神批准了《注册资本登记制度改革方案》，进一步明确了注册资本登记制度改革的指导思想、总体目标和基本原则，从放松市场主体准入管制，严格市场主体监督管理和保障措施等方面，提出了推进公司注册资本及其他登记事项改革和配套监管制度改革的具体措施。

问题：

1. 材料一中，王某、张某是否构成虚报注册资本骗取公司登记的行为？对在工商局作出20号处罚决定前补足注册资金的行为如何认定？
2. 材料一中，市政府能否以会议纪要的形式要求工商局撤销原处罚决定？
3. 材料一中，工商局做出25号处罚决定应当履行什么程序？
4. 结合材料一和材料二，运用行政法基本原理，阐述我国公司注册资本登记制度改革在法治政府建设方面的重要意义。

答题要求：

1. 无本人观点或论述、照搬材料原文不得分；
2. 观点明确，逻辑清晰，说理充分，文字通畅；
3. 请按提问顺序逐一作答，总字数不得少于600字。

二、答案精讲

1. 材料一中，王某、张某是否构成虚报注册资本骗取公司登记的行为？对在工商局作出20号处罚决定前补足注册资金的行为如何认定？

答案：王某、张某的行为构成虚报注册资本骗取公司登记的行为；对在工商局作出20号处罚决定前补足注册资金的行为属于对违法行为的纠正。

难度：易

考点：公司登记管理与当事人违法行为的纠正

命题和解题思路：本题涉及行政法基本理论在公司登记管理领域的具体应用问题，要求考生既要熟悉行政法基础理论，同时又要熟悉公司登记管理的相关规定。本题设计的案情发生在2012年3月，《公司法》最新修订于2013年12月28日，因此，本题分析仍应适用原《公司法》。

答案解析：

原《公司法》第199条规定："违反本法规定，虚报注册资本、提交虚假材料或者采取其他欺诈手段隐瞒重要事实取得公司登记的，由公司登记机关责令改正，对虚报注册资本的公司，处以虚报注册资本金额百分之五以上百分之十五以下的罚款；对提交虚假材料或者采取其他欺诈手段隐瞒重要事实的公司，处以五万元以上五十万元以下的罚款；情节严重的，撤销公司登记或者吊销营业执照。"本题中，市公安局向工商局发函称，王某与张某涉嫌虚报注册资本被采取强制措施，建议工商局吊销原野公司营业执照。工商局经过调查发现验资报告确有涂改变造嫌疑。根据以上事实，可以认定，王某、张某二人构成虚报注册资本骗取公司登记的行为。

在工商局向公司发出处罚告知书，拟吊销公司营业执照之后，王某、张某迅速向公司补足了600万元现金，并向工商局提交了证明材料，上述行为属于对违法行为的自行纠正，如查证属实，可以作为以后从轻处罚的情节加以考虑。对此，《行政处罚法》第27条规定："当事人有下列情形之一的，应当依法从轻或者减轻行政处罚：（一）主动消除或者减轻违法行为危害后果的；（二）受他人胁迫有违法行为的；（三）配合行政机关查处违法行为有立功表现的；（四）其他依法从轻或者减轻行政处罚的。违法行为轻微并及时纠正，没有造成危害后果的，不予行政处罚。"

2. 材料一中，市政府能否以会议纪要的形式要求工商局撤销原处罚决定？

答案：市政府不能以会议纪要的形式要求工商局撤销原处罚决定。

难度：中

考点：具体行政行为的效力

命题和解题思路：本题考查考生对行政行为实质确定力、内部行政行为与外部行政行为的关系以及《行政处罚法》有关上级撤销下级违法行政行为需要符合条件的理解和认识。实质确定力要求行政行为作出之后，行政机关无法定理由不得擅自加以变更或撤销，以维持行政法律关系的稳定。依照《行政处罚法》规定，上级撤销下级的行为需要符合法定条件。行政机关在作出涉及外部相对人合法权益的时候，一般要采用外部行政行为形式。

答案解析：

工商局作出责令改正、缴纳罚款的20号处罚决定后，市政府不能以会议纪要形式要求该局撤销原处罚决定，理由是：

第一，工商局对其职权管辖范围之内的相对人依法作出处罚决定之后，该行为即发生法律效力。无正当理由并经正当程序，该局及其上级市政府均不能轻易改变该处罚决定。这是具体行政行为实质确定力的表现。市政府以会议纪要形式否定下级已作出的行政决定，有违实质确定力原理。

第二，市政府以会议纪要这一内部行为形式作出影响外部相对人权益的行为，且未履行告知和听取相对人陈述、申辩的程序，在行为形式和程序上均存在违法之处。

第三，以会议纪要形式要求工商局撤销原处罚决定涉嫌侵犯工商局的职能。《行政处罚法》第55条规定："行政机关实施行政处罚，有下列情形之一的，由上级行政机关或者有关部门责令改正，可以对直接负责的主管人员和其他直接责任人员依法给予行政处分：（一）没有法定的行政处罚依据的；（二）擅自改变行政处罚种类、幅度的；（三）违反法定的行政处罚程序的；（四）违反本法第十八条关于委托处罚的规定的。"基于该条规定，上级行政机关纠正下级行政机关的违法行为必须符合法定情形，但本题中工商局的处罚行为不符合该条规定，因此，市政府的撤销行为违法。

难点解析：具体行政行为的确定力分为两个方面的内容：一是**形式确定力**，指具体行政行为作出后，超过法定申请救济期限，行为即不得再改变的效力；二是**实质确定力**，指具体行政行为作出后，非因法定特殊事由，即使作出该行为的行政机关也不得擅自改变或撤销该行为的效力。无论是实质确定力还是形式确定力，其目的都在于强调为具体行政行为确定的法律秩序的尽早稳定，以给特定相对人或者社会公众一个稳定的预期。

3. 材料一中，工商局做出25号处罚决定应当履行什么程序？

答案：工商局作出25号处罚决定应当履行听证程序。

难度：易

考点：行政处罚程序

命题和解题思路：本题考查考生对《行政处罚法》规定的听证程序适用条件的理解，熟练掌握该法的相关规定，即可很容易地作出正确回答。

答案解析：

工商局作出的25号处罚决定的内容是吊销原野公司的营业执照，对于该种行政处罚的实施程序，《行政处罚法》第42条规定："行政机关作出责令停产停业、吊销许可证或者执照、较大数额罚款等行政处罚决定之前，应当告知当事人有要求举行听证的权利；当事人要求听证的，行政机关应当组织听证。当事人不承担行政机关组织听证的费用。听证依照以下程序组织……”根据上述规定，工商局作出的25号处罚适用听证程序。

4. 结合材料一和材料二，运用行政法基本原理，阐述我国公司注册资本登记制度改革在法治政府建设方面的重要意义。

答案： 公司注册资本登记制度改革的目的是为了进一步简政放权，这既是我国市场经济和社会发展的必然要求，也是全面深化改革的重要举措，对进一步推进政府职能转变，建设法治政府具有重要意义。

第一，注册资本登记制度改革是简政放权的重要举措。通过取消公司最低注册资本限额，取消注册资本实缴制等措施，可以有效扩大企业经营自主权，进一步划清政府、市场和企业的界限，有利于推进有限政府建设。

第二，注册资本登记制度改革简化了公司登记办事流程，方便了公众和当事人，有利于建设服务型政府。

第三，注册资本登记制度改革之下，公司成立时不需要提交验资报告，公司的认缴出资额、实收资本不再作为公司登记事项，减少了政府管理内容，进一步弱化了事先监管的权力，减少了权力寻租空间和腐败发生的概率，有利于建设廉洁政府。

第四，注册资本登记制度改革大大减少了政府事前审查内容，能够有效提高行政机关的办事效率，体现了政府在办理公司登记事务时的服务理念和便民原则，有利于建设效能政府。

第五，国务院批准的《注册资本登记制度改革方案》，在放松市场主体准入管制的同时，又提出要严格市场主体监督管理，也就是说，在公司注册资本登记制度改革之后，政府的事先监管趋于和缓，但事中事后的监管责任则需要进一步加强。这对行政机关的市场监管职能履行提出了更高的要求，有利于督促其创新监管机制，提高管理水平，最终建立起责任政府。

难度： 中

考点： 行政法原理与应用

命题和解题思路： 本题为开放性问题，并无统一答案。不过，回答本题时，有两个基本问题需要注意：一是法治政府建设的主要内容，或者说法治政府的评价标准是什么；二是公司注册资本登记制度改革的各项内容对政府市场监管产生何种影响。在明确上述两个基本问题的前提下，考生需要在题中所给的各种改革措施与法治政府建设之间建立起必要的关联，进而概括出公司注册资本登记制改革对于法治政府建设所具有的重要意义。

答案解析：

根据十八届四中全会决定精神，法治政府建设的基本标准共有六个层面：建设职能科学、权责法定、执法严明、公开公正、廉洁高效、守法诚信的法治政府。

对照本题公司注册资本登记制度改革的各项措施，可以认为，本项改革在以下方面体现了建设法治政府的要求：第一，取消公司市场准入限制，科学划定政府与市场关系，减少政府事先干预，使政府职能配置趋于科学合理，有利于建设有限政府。第二，减少公司市场准入限制并不意味着彻底放弃政府的监管职责，而是将市场监管职责后移，明确政府后续的对市场主体活动的监督管理职责，监管不力，同样需要被追责。由此，公司注册登记制度改革既体现权责法定的要求，又有利于建设责任政府。第三，减少公司注册登记事项，简化办事流程，既体现了政府的市场服务职能，有利于建设服务型政府，同时弱化了政府的事先监管权力，减少了政府权力寻租空间，有利于建设廉洁高效政府。

2013年

一、试题（本题21分）

案情：

《政府采购法》规定，对属于地方预算的政府采购项目，其集中采购目录由省、自治区、直辖市政府或其授权的机构确定并公布。张某在浏览某省财政厅网站时未发现该省政府集中采购项目目录，在通过各种方法均未获得该目录后，于2013年2月25日向省财政厅提出公开申请。财政厅答复，政府集中采购项目目录与张某的生产、生活和科研等特殊需要没有直接关系，拒绝公开。张某向省政府申请行政复议，要求认定省财政厅未主动公开目录违法，并责令其公开。省政府于4月10日受理，但在法定期限内未作出复议决定。张某不服，于6月18日以省政府为被告向法院提起诉讼。

问题：

1. 法院是否应当受理此案？为什么？

2. 财政厅拒绝公开政府集中采购项目目录的理由是否成立？为什么？

3. 省政府在受理此行政复议案件后应当如何处理才符合《行政复议法》和《政府信息公开条例》的规定？

4. 对于行政机关应当主动公开的信息未予公开的，应当如何监督？

5. 如果张某未向财政厅提出过公开申请，而以财政厅未主动公开政府集中采购项目目录的行为违法直接向法院提起诉讼，法院应当如何处理？

二、答案精讲

1. 法院是否应当受理此案？为什么？

答案：法院应当受理此案。根据最高人民法院司法解释，复议机关在法定期限内不作复议决定，当事人对复议机关不作为不服向法院起诉的，属于行政诉讼受案范围，被告为复议机关，且张某具有原告资格，起诉未超过法定期限，不存在不受理的情形，故法院应当受理此案。

难度：易

考点：政府信息公开诉讼的受理

命题和解题思路：命题人在本题中考查的重点是行政复议机关不作为的起诉与受理问题。其特殊之处在于发生在政府信息公开领域，在行政机关不履行主动公开政府信息义务时，相对人先向负有公开职责的财政厅申请信息公开，在遭到拒绝的情况下，又申请了行政复议，但遭遇到复议机关的不作为。在此情况下，其向人民法院申请对复议机关不作为进行司法监督。

答案解析：

《政府信息公开条例》第33条第2款规定："公民、法人或者其他组织认为行政机关在政府信息公开工作中的具体行政行为侵犯其合法权益的，可以依法申请行政复议或者提起行政诉讼。"依照该规定，当张某申请省政府履行复议监督职责，监督财政厅拒绝履行公开政府信息职责，省政府逾期未作出复议决定，构成行政复议不作为的情况下，在张某与省政府之间形成了特定的行政法律关系，如果其认为省政府的不作为行为侵犯了其合法权益，有权依法提起行政诉讼。《行政诉讼法》第26条第3款规定："复议机关在法定期限内未作出复议决定，公民、法人或者其他组织起诉原行政行为的，作出原行政行为的行政机关是被告；起诉复议机关不作为的，复议机关是被告。"根据本案情况，张某具有原告资格，省政府是适格被告，复议不作为属于行政诉讼受案范围。此外，《行政诉讼法》第45条规定："公民、法人或者其他组织不服复议决定的，可以在收到复议决定书之日起十五日内向人民法院提起诉讼。复议机关逾期不作决定的，申请人可以在复议期满之日起十五日内向人民法院提起诉讼。法律另有规定的除外。"省政府4月10日受理张某的复议申请，张某6月18日提起行政诉讼，没有超出法定起诉期限。综上，人民法院应当受理张某针对省政府的行政复议不作为提起的行政诉讼。

2. 财政厅拒绝公开政府集中采购项目目录的理由是否成立？为什么？

答案：不成立。按照《政府信息公开条例》以及相关法律规定，政府集中采购项目的目录属于政府主动公开的信息，不是依申请公开的信息，故不应当要求该信息与申请人的生产、生活和科研等特殊需要有关。

难度：易

考点：政府信息主动公开

命题和解题思路：本题考查需要政府主动公开的信息是否适用依申请公开的条件，即申请人证明该信息与其生产、生活和科研等特殊需要有关。《政府信息公开条例》将政府信息公开分为主动公开和依申请公开两种情况，且分别作出了不同规定。这就需要考生在针对相关案件时作出正确区分，不能混淆。

答案解析：

政府信息公开分为两种情况：一是行政机关主动公开；二是依申请公开。对于依申请公开的信息，《政府信息公开条例》第13条规定，公民、法人或者其他组织可以根据自身生产、生活、科研等特殊需要，向国务院部门、地方各级人民政府及县级以上地方人民政府部门申请获取相关政府信息。综上，**对于政府主动公开的信息，相关行政机关未依法公开，相对人申请其公开的，不受《政府信息公开条例》第13条的限制，行政机关不能要求该信息与申请人的生产、生活和科研等需要有关。**《政府信息公开条例》第10条规定，县级以上各级人民政府及其部门应当依照本条例第九条的规定，在各自职责范围内确定主动公开的政府信息的具体内容，并重点公开下列政府信息：（六）政府集中采购项目的目录、标准及实施情况……依照该规定，申请人申请公开应当由财政厅公开的政府集中采购项目的目录，无须基于自身生产、生活、科研等特殊需要。财政厅以相关政府信息与申请人的特殊需要无关为理由拒绝公开政府集中采购目录，理由不能成立。

3. 省政府在受理此行政复议案件后应当如何处理才符合《行政复议法》和《政府信息公开条例》的规定?

答案：省政府应当审查省财政厅拒绝公开目录的行为是否合法，并在法定期限内作出复议决定。政府集中采购项目的目录属主动公开信息，如省政府已授权财政厅确定并公布，省政府应责令财政厅及时公布；如未授权相关机构确定并公布，省政府应主动公布。

难度：易

考点：行政复议决定与政府信息公开

命题和解题思路：政府信息公开领域出现行政争议时，相对人有权借助行政复议和行政诉讼程序获得救济。对此，《政府信息公开条例》有明确规定。该条例第33条第2款规定，公民、法人或者其他组织认为行政机关在政府信息公开工作中的具体行政行为侵犯其合法权益的，可以依法申请行政复议或者提起行政诉讼。据此，相对人申请公开政府信息遭到拒绝或者行政机关长期拖延时，有权依法申请行政复议，由行政复议机关履行复议监督职能。此外，**《政府信息公开条例》第33条只是原则性地规定了行政复议救济权，但对行政复议机关如何具体审查监督下级行政机关的行政行为，并未作出特殊规定。**因此，结合本题提问，省政府在受理张某的行政复议申请之后，应当按照《行政复议法》的有关规定，对财政厅拒绝公开政府集中采购项目目录的行为是否合法进行审查，并作出相应复议决定。

答案解析：

《行政复议法》第28条第1款第（二）项规定，行政复议机关负责法制工作的机构应当对被申请人作出的具体行政行为进行审查，提出意见，经行政复议机关的负责人同意或者集体讨论通过后，按照下列规定作出行政复议决定……（二）被申请人不履行法定职责的，决定其在一定期限内履行……根据上一题分析得出结论，财政厅以张某的申请与其生产、生活和科研等特殊需要无关为理由，拒绝向其公开政府集中采购项目目录，理由不能成立，属于不履行法定政府信息公开职责，作为复议机关的省政府，应当在受理复议案件之后，经过对该不履行法定职责的行为进行审查，在法定复议期限内，结合本案实际情况，作出相应复议决定。《政府采购法》规定，对属于地方预算的政府采购项目，其集中采购目录由省、自治区、直辖市政府或其授权的机构确定并公布。据此，本案中，如果省政府已授权财政厅确定并公布集中采购目录，则在其复议决定中，要责令财政厅及时公布；如果未授权相关机构确定和公布，则省政府应主动公布。

4. 对于行政机关应当主动公开的信息未予公开的，应当如何监督？

答案：对于行政机关应当主动公开的信息未予公开的，按照《政府信息公开条例》的规定，公民、法人或者其他组织可以向上级行政机关、监察机关或者政府信息公开工作主管部门举报。收到举报的机关应当予以调查处理。

难度：难

考点：政府信息公开制度的主要内容（政府信息公开的监督）

命题和解题思路：本题考查的是考生对《政府信息公开条例》第33条第1款规定内容的理解。即该款规定的内容是否只适用于主动公开的情形？这个问题在实践中存在争议，对考生回答本问题带来一定干扰。命题人今后命题时有必要注意避免提出此类问题。

答案解析：

《政府信息公开条例》第33条规定："公民、法人或者其他组织认为行政机关不依法履行政府信息公开义务的，可以向上级行政机关、监察机关或者政府信息公开工作主管部门举报。收到举报的机关应当予以调查处理。公民、法人或者其他组织认为行政机关在政府信息公开工作中的具体行政行为侵犯其合法权益的，可以依法申请行政复议或者提起行政诉讼。"**该条规定的意旨在于，对于主动公开和依申请公开设置了不同的监督方式**，对于依法需要主动公开的政府信息，行政机关未履行主动义务的，公民、法人或者其他组织有权向上级行政机关、监察机关或者政府信息公开工作主管部门举报，由收到举报的机关依法予以调查处理。对于依申请公开的信息，行政机关拒绝公开或者逾期不予答复的，申请人则有权申请行政复议或者提起行政诉讼。

难点解析：《政府信息公开条例》第33条有两款内容，第1款是对行政机关不履行主动公开政府信息义务的监督方式，第2款是对政府不履行依申请公开政府信息义务的监督方式。命题人对本题的设计即基于此种认识。对于《政府信息公开条例》第33条两款规定的内容是否还要作出如此进一步详细的区分，目前存在一些不同认识。有的认为，该条的两款规定对于主动公开和依申请公开都同样适用，不需作出上述详细区分。从《政府信息公开条例》制定机关的解读以及有关条例的释义之中，尚未找到对该条意旨非常明确的说明。考生可暂且按照命题人的命题意图来回答本题。

5. 如果张某未向财政厅提出过公开申请，而以财政厅未主动公开政府集中采购项目目录的行为违法直接向法院提起诉讼，法院应当如何处理？

答案：按照《最高人民法院关于审理政府信息公开行政案件若干问题的规定》，法院应当告知其先向行政机关申请获取相关政府信息。对行政机关的答复或者逾期不予答复不服的，张某可以向法院提起诉讼。

难度：中

考点：政府信息主动公开的行政诉讼

命题和解题思路：本题考查考生对行政机关未履行主动公开政府信息义务提起行政诉讼的程序问题。按照《政府信息公开条例》的规定，行政机关负有主动公开相关信息的义务。如果行政机关不履行上述公开职责，侵犯的是不特定多数人的知情权，如何对其进行监督，进而言之，公众能否对其提起行政诉讼，《政府信息公开条例》未作出明确规定。《最高人民法院关于审理政府信息公开行政案件若干问题的规定》对此作出了回应。因此，本题需要考生结合该司法解释的规定作出正确回答。

答案解析：

《最高人民法院关于审理政府信息公开行政案件若干问题的规定》第3条规定，公民、法人或者其他组织认为行政机关不依法履行主动公开政府信息义务，直接向人民法院提起诉讼的，应当告知其先向行政机关申请获取相关政府信息。对行政机关的答复或者逾期不予答复不服的，可以向人民法院提起诉讼。依照上述规定，张某未向财政厅提出信息公开申请，直接向人民法院提起行政诉讼的，人民法院不予受理，并告知其先向财政厅申请获取相关政府信息。只有在后者拒绝公开或者逾期未予答复的情况下，张某才可以向人民法院提起行政诉讼。

难点解析：按照《政府信息公开条例》的规定，行政机关负有主动公开相关政府信息的义务。如果行政机关不履行主动公开职责，侵犯的是社会公众的知情权。因受到侵害的权益具有高度分散性，是否赋予特定个人或组织直接对该类违法行为提起行政诉讼的资格，业界一直存在争议。如果认可任何人或组织都可以直接提起行政诉讼，此类诉讼将演变为全民诉讼，与我国行政诉讼法的现有制度设计不符。但是，对该类违法行为又不能置之不理，放任行政机关的违法行为侵害公众的知情权。**经过慎重考虑，《最高人民法院关于审理政府信息公开行政案件若干问题的规定》第3条确立了“申请前置”程序，**即公民、法人或者其他组织认为行政机关不依法履行主动公开政府信息义务，需要先向行政机关申请获取相关政府信息，在申请被拒绝或者行政机关逾期不予答复的情况下，可以向人民法院提起行政诉讼。经过此种转换，将政府不履行主动公开政府信息义务的行为纳入了行政诉讼受案范围。

2012 年

一、试题（本题22分）

案情：

1997年11月，某省政府所在地的市政府决定征收含有某村集体土地在内的地块作为旅游区用地，并划定征用土地的四至界线范围。2007年，市国土局将其中一地块与甲公司签订《国有土地使用权出让合同》。2008年12月16日，甲公司获得市政府发放的第1号《国有土地使用权证》。2009年3月28日，甲公司将此地块转让给乙公司，市政府向乙公司发放第2号《国有土地使用权证》。之后，乙公司申请在此地块上动工建设。2010年9月15日，市政府张贴公告，要求在该土地范围内使用土地的单位和个人，限期自行清理农作物和附着物设施，否则强制清理。2010年11月，某村得知市政府给乙公司颁发第2号《国有土地使用权证》后，认为此证涉及的部分土地仍属该村集体所有，向省政府申请复议要求撤销该土地使用权证。省政府维持后，某村向法院起诉。法院通知甲公司与乙公司作为第三人参加诉讼。

扫一扫　看微课视频

在诉讼过程中，市政府组织有关部门强制拆除了征地范围内的附着物设施。某村为收集证据材料，向市国土局申请公开1997年征收时划定的四至界线范围等相关资料，市国土局以涉及商业秘密为由拒绝提供。

问题：

1. 市政府共实施了多少个具体行政行为？哪些属于行政诉讼受案范围？
2. 如何确定本案的被告、级别管辖、起诉期限？请分别说明理由。
3. 甲公司能否提出诉讼主张？如乙公司经合法传唤无正当理由不到庭，法院如何处理？
4. 如法院经审理发现市政府发放第1号《国有土地使用权证》的行为明显缺乏事实根据，应如何处理？
5. 市政府强制拆除征地范围内的附着物设施应当遵循的主要法定程序和执行原则是什么？
6. 如某村对市国土局拒绝公开相关资料的决定不服，向法院起诉，法院应采用何种方式审理？如法院经审理认为市国土局应当公开相关资料，应如何判决？

二、答案精讲

1. 市政府共实施了多少个具体行政行为？哪些属于行政诉讼受案范围？

答案：市政府实施了4个具体行政行为：征收含有某村集体土地在内的地块的行为；向甲、乙两公司发放《国有土地使用权证》的行为；发布公告要求使用土地的单位和个人自行清理农作物和附着物设施的行为。上述行为均属于行政诉讼受案范围。

难度：中

考点：具体行政行为的认定、行政诉讼受案范围

命题和解题思路：本题考查考生对具体行政行为的理解以及是否属于行政诉讼受案范围相关知识。其中，具体行政行为的界定属于基础理论问题，考生如果没有对具体行政行为界定的理论认知，以及对属于行政诉讼受案范围的具体行政行为没有清晰认识，即可能作出错误的回答。

答案解析：

本题中，市政府实施了多个行为，包括：决定征收含有某村集体土地在内的地块作为旅游区用地，向甲公司发放第1号《国有土地使用权证》，向乙公司发放第2号《国有土地使用权证》，发出公告要求使用土地的单位和个人限期自行清理农作物和附着物设施，以及组织有关部门强制拆除了征地范围内的附着物设施。在这些行为中，决定征地行为和公告强制的行为因对象是一定范围内的居民，且具有使用一次性特征，属于具体行政行为；向甲公司、乙公司发放《国有土地使用权证》的行为属于典型具体行政行为；**组织强制拆除行为是行政强制执行行为，属于行政事实行为。**上述行为中，属于具体行政行为自然属于行政诉讼受案范围，均属可诉行政行为。

2. 如何确定本案的被告、级别管辖、起诉期限？请分别说明理由。

答案：本案中，市政府和省政府为共同被告。根据《行政诉讼法》的规定，经复议的案件，复议机关决定维持原行政行为的，作出原行政行为的行政机关和复议机关为共同被告。

本案中，省政府维持了市政府的决定，市政府和省政府应为共同被告。本案的管辖法院是中级人民法院。依照最高人民法院《关于适用〈中华人民共和国行政诉讼法〉的解释》的规定，**复议维持案件的级别管辖法院以作出原行政行为的行政机关级别确定。**本案的被告为县级以上人民政府，根据《行政诉讼法》第15条规定，应由中级人民法院管辖。

某村应当在收到省政府复议决定书之日起15日内向法院起诉。**依照本案是经过复议起诉的，应适用复议后起诉期限。**此外，《土地管理法》等法律未对此种情形下的起诉期限作出特别规定，故应适用《行政诉讼法》第45条规定的一般起诉期限。

难度：中

考点：行政诉讼被告、级别管辖、复议案件的起诉期限

命题和解题思路：本问考查复议维持情况下的相关法律程序问题，涉及行政诉讼被告、级别管辖与起诉期限等。其中，行政诉讼被告和级别管辖的确定较容易，起诉期限则有一定的难度，要求掌握经复议后起诉的一般期限与特别期限。考生如果对此问题没有较为细致的了解，即可能作出错误回答。

答案解析：

第一，行政诉讼被告的确定。依照《行政诉讼法》第26条第1款、第2款的规

定，公民、法人或者其他组织直接向人民法院提起诉讼的，作出行政行为的行政机关是被告。经复议的案件，复议机关决定维持原行政行为的，作出原行政行为的行政机关和复议机关是共同被告；复议机关改变原具体行政行为的，复议机关是被告。本题属于经复议维持之后，当事人提起行政诉讼的案件，适用前述规定。即应由市政府和省政府为共同被告。

第二，级别管辖问题。《最高人民法院关于适用〈中华人民共和国行政诉讼法〉的解释》第134条规定："复议机关决定维持原行政行为的，作出原行政行为的行政机关和复议机关是共同被告。原告只起诉作出原行政行为的行政机关或者复议机关的，人民法院应当告知原告追加被告。原告不同意追加的，人民法院应当将另一机关列为共同被告。行政复议决定既有维持原行政行为内容，又有改变原行政行为内容或者不予受理申请内容的，作出原行政行为的行政机关和复议机关为共同被告。复议机关作共同被告的案件，以作出原行政行为的行政机关确定案件的级别管辖。"据此，本题级别管辖法院由市政府确定。《行政诉讼法》第15条规定："中级人民法院管辖下列第一审行政案件：（一）对国务院部门或者县级以上地方人民政府所作的行政行为提起诉讼的案件；（二）海关处理的案件；（三）本辖区内重大、复杂的案件；（四）其他法律规定由中级人民法院管辖的案件。"据此，本案由中级人民法院管辖。

第三，起诉期限的确定。依照《行政诉讼法》第45条的规定，公民、法人或者其他组织不服复议决定的，可以在收到复议决定书之日起15日内向人民法院提起诉讼。复议机关逾期不作决定的，申请人可以在复议期满之日起15日内向人民法院提起诉讼。法律另有规定的除外。据此，**经复议后的起诉期限分为一般期限和特别期限，一般期限为收到复议决定书之日起15日内，特别期限取决于单行法律规定**。本题中，因《土地管理法》等法律未对此种情形下的起诉期限作出特别规定，所以应适用《行政诉讼法》规定的15日一般起诉期限。

3. 甲公司能否提出诉讼主张？如乙公司经合法传唤无正当理由不到庭，法院如何处理？

答案：甲公司作为本案的第三人，其有权提出与本案有关的诉讼主张。乙公司经合法传唤无正当理由不到庭，不影响法院对案件的审理。

难度：中

考点：行政诉讼第三人的诉讼地位与不出庭的处理

命题和解题思路：本题考查考生对行政诉讼第三人诉讼地位与不出庭处理的理解和认识。对此，行政诉讼法规定较为原则，考生一般不会注意，由此难免会作出错误回答。

答案解析：

本题中，甲公司作为第三人，由法院通知参加诉讼。依照《行政诉讼法》第29条的规定，公民、法人或者其他组织同被诉行政行为有利害关系但没有提起诉讼，或者同案件处理结果有利害关系的，可以作为第三人申请参加诉讼，或者由人民法院通知参加诉讼。**人民法院判决第三人承担义务或者减损第三人权益的，第三人有权依法提起上诉**。作为具有独立诉讼地位的第三人，甲公司有权提出与本案有关的诉讼主张，甚至有权提起上诉。

作为本案的第三人，乙公司如果经合法传唤无正当理由不到庭的，人民法院可以继续审理案件。《最高人民法院关于适用〈中华人民共和国行政诉讼法〉的解释》第79条第2款规定："**第三人经传票传唤无正当理由拒不到庭，或者未经法庭许可中途退庭的，不发生阻止案件审理的效果。**"据此，作为第三人的乙公司如不经合法传唤无正当理由不到庭，不影响法院对案件的审理。

4. 如法院经审理发现市政府发放第1号《国有土地使用权证》的行为明显缺乏事实根据，应如何处理?

答案：如法院经审理发现市政府发放第1号《国有土地使用权证》的行为明显缺乏事实根据，应不予认可。理由是：发放第1号《国有土地使用权证》的行为不属于本案的审理对象，但构成本案被诉行政行为的基础性、关联性行政行为，依照《关于审理行政许可案件若干问题的规定》第7条的规定，法院对此行为不予认可。

难度：易

考点：行政许可案件的审理

命题和解题思路：本题考查考生对行政许可案件的审理对象与相关联行政行为关系的处理。《最高人民法院关于审理行政许可案件若干问题的规定》对于审理对象相关联的行政行为如何处理作出了较为明确的规定，考生如果对上述规定没有很好理解，则很可能会作出错误的回答。

答案解析：

本题中，原告起诉的是市政府给乙公司颁发第2号《国有土地使用权证》的行为，该种行政行为属于行政许可行为。市政府向甲公司发放第1号《国有土地使用权证》的行为，并非本案的审理对象，也不能成为本案的裁判对象，即使该行为违法，法院也不能判决撤销或确认违法。当然，市政府向甲公司发放第1号《国有土地使用权证》的行为，构成该市政府向乙公司发放第2号《国有土地使用权证》的行为的关联性、基础性行政行为。对于上述关联性的基础性行政行为违法如何处理的问题，《最高人民法院关于审理行政许可案件若干问题的规定》第7条作出了规定，即"作为被诉行政许可行为基础的其他行政决定或者文书存在以下情形之一的，人民法院不予认可：（一）明显缺乏事实根据；（二）明显缺乏法律依据；（三）超越职权；（四）其他重大明显违法情形"。依照上述规定，如果第1号《国有土地使用权证》存在违法问题，受案法院应不予认可。

5. 市政府强制拆除征地范围内的附着物设施应当遵循的主要法定程序和执行原则是什么?

答案：依照《行政强制法》的相关规定，市政府采取强制执行措施应当遵循法定程序，履行事先催告义务，并充分听取当事人的陈述申辩意见，当认为其陈述申辩无理由，需要继续执行，而被执行对象拒绝履行相关义务时，即作出书面强制执行决定并送达当事人，进而强制执行。在执行期间，依法可以与当事人达成执行协议。此外，依照《行政强制法》的规定，市政府不得选择在夜间或法定节假日实施强制执行，不得对居民生活采取停水、停电、停热、停气等方式迫使当事人执行等。

难度： 中

考点： 行政机关强制执行程序

命题和解题思路：《行政强制法》对行政机关自行执行其行政决定的程序作出了明确规定，上述规定内容多，规定详细。考生不容易理解和记忆。本题即考查上述内容，考生如果复习得不全面，就会作出不完整的回答。

答案解析：

《行政强制法》对行政机关强制执行程序和原则作出了详细规定，**要求行政机关作出强制执行决定前，应当事先书面催告当事人履行义务**，催告内容包括：履行义务的期限、方式、当事人依法享有的陈述权和申辩权等；当事人收到催告书后有权进行陈述和申辩。行政机关应当充分听取当事人的意见，提出的事实、理由或者证据成立的，行政机关应当采纳。

经催告，当事人逾期仍不履行行政决定，且无正当理由的，行政机关可以作出书面强制执行决定并送达当事人。在实施行政强制执行时，行政机关可以在不损害公共利益和他人合法权益的情况下，与当事人达成执行协议。执行协议可以约定分阶段履行；当事人采取补救措施的，可以减免加处的罚款或者滞纳金。

此外，《行政强制法》专门规定：行政机关不得在夜间或者法定节假日实施行政强制执行。但是，情况紧急的除外。行政机关不得对居民生活采取停止供水、供电、供热、供燃气等方式迫使当事人履行相关行政决定。对违法的建筑物、构筑物、设施等需要强制拆除的，应当由行政机关予以公告，限期当事人自行拆除。当事人在法定期限内不申请行政复议或者提起行政诉讼又不拆除的，行政机关可以依法强制拆除。

6. 如某村对市国土局拒绝公开相关资料的决定不服，向法院起诉，法院应采用何种方式审理？如法院经审理认为市国土局应当公开相关资料，应如何判决？

答案： 如某村对市国土局拒绝公开相关资料的决定不服，向法院起诉，法院应视情况采取适当的审理方式，以避免泄露涉及商业秘密的政府信息。如法院经审理认为市国土局应当公开相关资料，法院应当撤销或部分撤销不予公开决定，并判决市国土局在一定期限公开。尚需市国土局调查、裁量的，判决其在一定的期限内重新答复。

难度： 中

考点： 政府信息公开行政案件的审理方式与判决方式

命题和解题思路： 本题考查考生对政府信息公开案件的审理方式与判决方式的掌握程度。政府信息公开案件的审理方式和判决方式与常规的行政诉讼案件稍有差异，其原因在于争议的特殊性——政府信息是否公开，而非行政处理决定的合法性。鉴于此，《最高人民法院关于审理政府信息公开行政案件若干问题的规定》对人民法院审理此类案件的方式和判决方式作出了详细规定，需要考生认真领会相关规定的意图。

答案解析：

依照《最高人民法院关于审理政府信息公开行政案件若干问题的规定》第6条的规定，**人民法院审理政府信息公开行政案件，应当视情采取适当的审理方式**，以避免泄露涉及国家秘密、商业秘密、个人隐私或者法律规定的其他应当保密的政府信息。据此，本题中，如某村对市国土局拒绝公开相关资料的决定不服，向法院起诉，法院应视情况采取适当的审理方式，以避免泄露涉及商业秘密的政府信息。

依照《最高人民法院关于审理政府信息公开行政案件若干问题的规定》第9条第1款的规定，被告对依法应当公开的政府信息拒绝或者部分拒绝公开的，人民法院应当撤销或者部分撤销被诉不予公开决定，并判决被告在一定期限内公开。尚需被告调查、裁量的，判决其在一定期限内重新答复。据此，本题中，如法院经审理认为市国土局应当公开相关资料，即应撤销或者部分撤销被诉不予公开决定，并判决被告在一定期限内公开。尚需被告调查、裁量的，判决其在一定期限内重新答复。

2011年

一、试题（本题22分）

案情：

经工商局核准，甲公司取得企业法人营业执照，经营范围为木材切片加工。甲公司与乙公司签订合同，由乙公司供应加工木材1万吨。不久，省林业局致函甲公司，告知按照本省地方性法规的规定，新建木材加工企业必须经省林业局办理木材加工许可证后，方能向工商行政管理部门申请企业登记，违者将受到处罚。1个月后，省林业局以甲公司无证加工木材为由没收其加工的全部木片，并处以30万元罚款。其间，省林业公安局曾传唤甲公司人员李某到公安局询问该公司木材加工情况。甲公司向法院起诉要求撤销省林业局的处罚决定。

因甲公司停产，无法履行与乙公司签订的合同，乙公司要求支付货款并赔偿损失，甲公司表示无力支付和赔偿，乙公司向当地公安局报案。2010年10月8日，公安局以涉嫌诈骗为由将甲公司法定代表人张某刑事拘留，1个月后，张某被批捕。2011年4月1日，检察院以证据不足为由作出不起诉决定，张某被释放。张某遂向乙公司所在地公安局提出国家赔偿请求，公安局以未经确认程序为由拒绝张某请求。张某又向检察院提出赔偿请求，检察院以本案应当适用修正前的《国家赔偿法》，此种情形不属于国家赔偿范围为由拒绝张某请求。

问题：

1. 甲公司向法院提起行政诉讼，如何确定本案的地域管辖？

2. 对省林业局的处罚决定，乙公司是否有原告资格？为什么？

3. 甲公司对省林业局的致函能否提起行政诉讼？为什么？

4. 省林业公安局对李某的传唤能否成为本案的审理对象？为什么？李某能否成为传唤对象？为什么？

5. 省林业局要求甲公司办理的木材加工许可证属于何种性质的许可？地方性法规

是否有权创设？

6. 对张某被羁押是否应当给予国家赔偿？为什么？

7. 公安局拒绝赔偿的理由是否成立？为什么？

8. 检察院拒绝赔偿的理由是否成立？为什么？

二、答案精讲

1. 甲公司向法院提起行政诉讼，如何确定本案的地域管辖？

答案：甲公司向法院提起行政诉讼，案件的地域管辖法院为省林业局所在地的基层法院。理由是本案并不属于特殊地域管辖的情况，管辖法院为最初作出行政行为的行政机关所在地法院。

难度：易

考点：地域管辖

命题和解题思路：本题考查行政诉讼法有关行政诉讼地域管辖的规定。行政诉讼法对一般地域管辖和特殊地域管辖分别作出规定，需要考生判断本题是否适用特殊地域管辖，如否，则适用一般地域管辖。

答案解析：

行政诉讼的地域管辖分为一般地域管辖和特殊地域管辖，《行政诉讼法》对这两种管辖分别作出了规定。该法第18条第1款规定："行政案件由最初作出行政行为的行政机关所在地人民法院管辖。经复议的案件，也可以由复议机关所在地人民法院管辖。"此规定确立了一般地域管辖的"原告就被告"规则。《行政诉讼法》第19条、第20条属于特殊地域管辖的规定。第19条规定："对限制人身自由的行政强制措施不服提起的诉讼，由被告所在地或者原告所在地人民法院管辖。"第20条规定："因不动产提起的行政诉讼，由不动产所在地人民法院管辖。"**本题既非因不动产引起的行政诉讼，也非对限制人身自由的行政强制措施提起诉讼的案件，不适用特殊地域管辖的规定，因此，应按照一般地域管辖规则确定本案的管辖法院**，即应由作出处罚行为的林业厅所在地的法院管辖。

2. 对省林业局的处罚决定，乙公司是否有原告资格？为什么？

答案：乙公司没有原告资格。因为该公司与省林业局的行政处罚行为不具有法律上的利害关系，对甲公司不履行合同及给乙公司带来的损失，乙公司可以通过对甲公司提起民事诉讼解决。

难度：易

考点：原告资格

命题和解题思路：本题考查债权人的原告资格问题。债权人对影响其债权实现的行政行为是否可以以原告身份提起行政诉讼，历来存在争议。最高人民法院最新司法解释对此问题作出了明确规定。其基本原则是否定一般债权人的行政诉讼原告资格，除非有特殊例外情况。考生对此规定如果没有认真领会，即可能作出错误回答。

答案解析：

关于行政诉讼原告资格问题，《行政诉讼法》第25条规定："行政行为的相对人以及其他与行政行为有利害关系的公民、法人或者其他组织，有权提起诉讼。"据此，确定行政诉讼原告资格的基本标准是利害关系。就民事法律关系中的债权人是否具有原告资格的问题，《最高人民法院关于适用〈中华人民共和国行政诉讼法〉的解释》第13条规定："债权人以行政机关对债务人所作的行政行为损害债权实现为由提起行政诉讼的，人民法院应当告知其就民事争议提起民事诉讼，但行政机关作出行政行为时依法应予保护或者应予考虑的除外。"根据上述规定，**债权人原则上对影响其债权实现的行政行为没有提起行政诉讼的原告资格，除非行政行为作出时立法明确要求行政机关予以保护**。本题中，乙公司作为普通债权人，其与被诉的行政处罚行为之间并无直接利害关系，因此不具有行政诉讼原告资格。

3. 甲公司对省林业局的致函能否提起行政诉讼？为什么？

答案：甲公司对省林业局的致函不能提起行政诉讼。理由是：致函行为只是一种告知行为，并没有处分甲公司的权利义务，是对甲公司的权利义务不产生实际影响的行为。根据《行政诉讼法》及最高人民法院的司法解释，此案甲提起的行政诉讼不属于行政诉讼受案范围。

难度：中

考点：行政诉讼受案范围

命题和解题思路：本题考查考生对于行政诉讼受案范围的理解，核心考点是对当事人的权利义务不产生实际影响的行为的理解。致函行为是否属于对当事人的合法权益不产生实际影响的行为，考生对此问题如果存在模糊认识，就会得出错误结论。

答案解析：

对于哪些情况不属于行政诉讼受案范围，除《行政诉讼法》第13条排除四种情形外，《最高人民法院关于适用〈中华人民共和国行政诉讼法〉的解释》第1条第2款又作出了进一步规定，即"下列行为不属于人民法院行政诉讼的受案范围：（一）公安、国家安全等机关依照刑事诉讼法的明确授权实施的行为；（二）调解行为以及法律规定的仲裁行为；（三）行政指导行为；（四）驳回当事人对行政行为提起申诉的重复处理行为；（五）行政机关作出的不产生外部法律效力的行为；（六）行政机关为作出行政行为而实施的准备、论证、研究、层报、咨询等过程性行为；（七）行政机关根据人民法院的生效裁判、协助执行通知书作出的执行行为，但行政机关扩大执行范围或者采取违法方式实施的除外；（八）上级行政机关基于内部层级监督关系对下级行政机关作出的听取报告、执法检查、督促履责等行为；（九）行政机关针对信访事项作出的登记、受理、交办、转送、复查、复核意见等行为；（十）对公民、法人或者其他组织权利义务不产生实际影响的行为"。本题中省林业局向甲公司致函的行为符合其中第（十）项规定的情况，即该致函的内容只是告知甲公司一种信息，**本质上并非具体行政行为**，未直接导致甲公司权益的丧失，因此，甲提起的行政诉讼不属于行政诉讼受案范围。

4. 省林业公安局对李某的传唤能否成为本案的审理对象？为什么？李某能否成为传唤对象？为什么？

答案：①省林业公安局对李某的传唤不能成为本案的审理对象。因为本案原告的诉讼请求是撤销省林业局的处罚行为，传唤行为由省林业公安局采取，与本案诉求无关，不能作为本案审理对象。②李某不能成为省林业公安局的传唤对象。因为根据《治安管理处罚法》的规定，治安传唤适用的对象是违反治安管理行为人，李某并未违反治安管理规定。

难度：中

考点：行政诉讼审理对象；治安管理处罚

命题和解题思路：本题考查考生对行政诉讼审理对象的理解，以及《治安管理处罚法》有关传唤行为适用对象的理解。第一问比较简单，第二问则因为涉及单行立法规定，考生可能作出错误的回答。

答案解析：

本案涉及案件是甲公司就省林业局的行政处罚决定提起的行政诉讼，因此，案件的被告为省林业局，被诉行为是行政处罚决定，法院的审理对象为行政处罚决定是否合法。而省林业局的传唤行为针对的是甲公司的人员李某，该行为与处罚决定是两个不同的行为，不能成为本案的审理对象。

《治安管理处罚法》第 82 条规定："需要传唤违反治安管理行为人接受调查的，经公安机关办案部门负责人批准，使用传唤证传唤。对现场发现的违反治安管理行为人，人民警察经出示工作证件，可以口头传唤，但应当在询问笔录中注明。公安机关应当将传唤的原因和依据告知被传唤人。对无正当理由不接受传唤或者逃避传唤的人，可以强制传唤。"第 85 条规定："人民警察询问被侵害人或者其他证人，可以到其所在单位或者住处进行；必要时，也可以通知其到公安机关提供证言。人民警察在公安机关以外询问被侵害人或者其他证人，应当出示工作证件。询问被侵害人或者其他证人，同时适用本法第八十四条的规定。"据此，**公安机关传唤的对象是违反治安管理的行为人，对于其他人员不是采用传唤方式，**因此，对李某不能采取传唤方式。

5. 省林业局要求甲公司办理的木材加工许可证属于何种性质的许可？地方性法规是否有权创设？

答案：省林业局要求甲公司办理的木材加工许可证属于企业设立的前置性行政许可。依照《行政许可法》的规定，地方性法规不得设定企业或其他组织的设立登记及其前置性行政许可。

难度：易

考点：行政许可的种类和设定

命题和解题思路：本题考查行政许可的类型划分和地方性法规的行政许可设定权。其内容涉及《行政许可法》的规定，总体难度不大。

答案解析：

省林业局致函甲公司，要求根据本省地方性法规的规定，凡办理新建木材加工的企业应先办理木材加工许可证，而后才能向工商行政管理部门申请企业登记。因此，木材加工许可证属于设立木材加工企业的**前置性行政许可**。

《行政许可法》第15条规定："本法第十二条所列事项，尚未制定法律、行政法规的，地方性法规可以设定行政许可；尚未制定法律、行政法规和地方性法规的，因行政管理的需要，确需立即实施行政许可的，省、自治区、直辖市人民政府规章可以设定临时性的行政许可。临时性的行政许可实施满一年需要继续实施的，应当提请本级人民代表大会及其常务委员会制定地方性法规。地方性法规和省、自治区、直辖市人民政府规章，不得设定应当由国家统一确定的公民、法人或者其他组织的资格、资质的行政许可；不得设定企业或者其他组织的设立登记及其前置性行政许可。其设定的行政许可，不得限制其他地区的个人或者企业到本地区从事生产经营和提供服务，不得限制其他地区的商品进入本地区市场。"依照此条规定，**地方性法规不得"设定企业或者其他组织的设立登记及其前置性行政许可"**。

6. 对张某被羁押是否应当给予国家赔偿？为什么？

答案：对张某被羁押应当给予国家赔偿。根据《国家赔偿法》的规定，对公民采取逮捕措施后，决定不起诉终止追究刑事责任的，受害人有取得国家赔偿的权利。

难度：中

考点：国家赔偿范围

命题和解题思路：本题考查公民被逮捕之后决定不起诉因而终止追究刑事责任的，国家是否承担赔偿责任的问题。题目同时涉及新旧《国家赔偿法》的衔接适用问题。即国家侵权行为发生在旧法实施期间，但持续至新法实施之后，此时应当如何选择适用法律。

答案解析：

张某在2010年10月8日被公安局刑事拘留，后被逮捕；2011年4月1日，检察院以证据不足为由作出不起诉决定，张某才被释放。对张某的侵权行为虽发生在修正后的《国家赔偿法》生效前，但持续至其生效后。《最高人民法院关于适用〈中华人民共和国国家赔偿法〉若干问题的解释（一）》第2条规定："国家机关及其工作人员行使职权侵犯公民、法人和其他组织合法权益的行为发生在2010年12月1日以前的，适用修正前的国家赔偿法，但有下列情形之一的，适用修正的国家赔偿法：（一）2010年12月1日以前已经受理赔偿请求人的赔偿请求但尚未作出生效赔偿决定的；（二）赔偿请求人在2010年12月1日以后提出赔偿请求的。"因此，对本题的判断依据应当是修正后的《国家赔偿法》。

修正后的《国家赔偿法》第17条规定："行使侦查、检察、审判职权的机关以及看守所、监狱管理机关及其工作人员在行使职权时有下列侵犯人身权情形之一的，受害人有取得赔偿的权利：（一）违反刑事诉讼法的规定对公民采取拘留措施的，或者依照刑事诉讼法规定的条件和程序对公民采取拘留措施，但是拘留时间超过刑事诉讼法规定的时限，其后决定撤销案件、不起诉或者判决宣告无罪终止追究刑事责任的；（二）对公民采取逮捕措施后，决定撤销案件、不起诉或者判决宣告无罪终止追究刑事责任的……”本题的情形符合第17条第（二）项的规定，故对张某的羁押应当给予国家赔偿。

7. 公安局拒绝赔偿的理由是否成立？为什么？

答案：公安局拒绝赔偿的理由不能成立。因为修正后的《国家赔偿法》已经取消了司法赔偿的确认程序，以此为由拒绝赔偿缺乏法律依据。

难度：易

考点：国家赔偿程序

命题和解题思路：本题考查的是新旧《国家赔偿法》有关申请刑事司法赔偿是否先经确认程序的问题。对此，新法明确取消了上述程序，考生对此修改如果没有很好的了解，即可能作出错误回答。

答案解析：

张某申请的国家赔偿属于司法赔偿，应适用司法赔偿程序。对于当事人申请国家赔偿是否经过确认程序，旧《国家赔偿法》第20条规定：“赔偿义务机关对依法确认有本法第十五条、第十六条规定的情形之一的，应当给予赔偿。”而新《国家赔偿法》第22条规定：“赔偿义务机关有本法第十七条、第十八条规定情形之一的，应当给予赔偿。”两相对比可以看出，**修正后的《国家赔偿法》明确取消了司法赔偿的确认程序**，本题中，公安局再以未经确认程序为由拒绝赔偿缺乏法律依据。

8. 检察院拒绝赔偿的理由是否成立？为什么？

答案：检察院拒绝赔偿的理由不成立。理由是：本案侵权行为持续到2010年12月1日以后，按照最高人民法院的司法解释，应当适用修正后的《国家赔偿法》。

难度：易

考点：国家赔偿的法律适用

命题和解题思路：本题考查新旧《国家赔偿法》的衔接问题，对此，最高人民法院司法解释作出了专门规定，考生需要对此有明确的了解，否则即可能作出错误回答。

答案解析：

如前所述，本案中的侵权行为持续到2010年12月1日以后，按照最高人民法院的司法解释，应当适用修正后的《国家赔偿法》。张某向检察院提出赔偿请求，检察院以本案应当适用修正前的《国家赔偿法》，此种情形不属于国家赔偿范围为由拒绝张某提出的赔偿请求缺少法律依据。

2010年

一、试题（本题25分）

材料：

近年来，为妥善化解行政争议，促进公民、法人或者其他组织与行政机关相互理解沟通，维护社会和谐稳定，全国各级法院积极探索运用协调、和解方式解决行政争议。2008年，最高人民法院发布《关于行政诉讼撤诉若干问题的规定》，从制度层面对行政诉讼的协调、和解工作机制作出规范，为促进行政争议双方和解，通过原告自愿撤诉实现“案结事了”提供了更大的空间。

最高人民法院《人民法院工作年度报告（2009）》披露，“在2009年审结的行政诉讼案件中，通过加大协调力度，行政相对人与行政机关和解后撤诉的案件达43280件，占一审行政案件的35.91%。”

总体上看，法院的上述做法取得了较好的社会效果，赢得了公众和社会的认可。但也有人担心，普遍运用协调、和解方式解决行政争议，与行政诉讼法规定的合法性审查原则不完全一致，也与行政诉讼的功能与作用不完全相符。

问题：

请对运用协调、和解方式解决行政争议的做法等问题谈谈你的意见。

答题要求：

1. 观点明确，逻辑严谨，说理充分，层次清晰，文字通畅。
2. 字数不少于500字。

二、答案精讲

请对运用协调、和解方式解决行政争议的做法等问题谈谈你的意见。

答案：鉴于修订前的《行政诉讼法》明确规定，人民法院审理行政案件，不适用调解，且并无例外规定，因此，在旧法实施期间，围绕着人民法院审理行政案件是否一律不得适用调解制度，学界和实务界一直存在争议。

从法律规定表面上看，行政案件的审理不得采用法院协调、促使双方当事人达成和解以解决行政纠纷的方式。但从实质性解决行政争议、行政案件的多样性和复杂性以及最高人民法院的司法解释所反映出来的政策倾向等方面，都说明了在部分案件审理期间，是可以考虑协调、和解等特殊的解决行政争议的方式的。

在实践中，行政争议的种类逐渐多样化，解决争议的方式也趋于多样化。比如，对于常规的税收征收、行政命令等行为引起的行政案件，由于被告依法行使的多为羁束性权力，且对于上述公权力的行使，行政机关没有裁量权力或处分权力，其只能严格按照法律法规的规定作出处理决定。在此背景下，对于由上述行为引发的行政诉讼案件，人民法院在审理时，只能依照《行政诉讼法》的规定，严格履行司法审查职责，不能采用协调、调解等方式处理相关争议。

但是，对于其他一些行政争议，比如**行政赔偿争议、行政补偿争议，**由于并不直接涉及行政权力的处分，而只涉及金钱赔偿或补偿问题，在能够达到解决行政争议目的的前提下，完全可以由法院做一些必要的协调工作，促使行政机关作出一定让步，更快地解决双方的纠纷；此外，**公权力不得随意处分原则并不是普遍遵循的原则，**当行政机关在个案中享有一定裁量权的情况下，比如行政处罚裁量权等，由于立法授予了行政机关随机处分的权力，行政机关对手中的处罚权确实具有一定的处分权力，在此情况下，也并不排除法院可以做一些协调性工作，以尽快解决双方的争议，并极大地节省司法资源。

基于上述分析，行政诉讼案件在审理过程中，并非完全不可以采用协调、和解的方式。

当然，鉴于行政争议的处理关系国家利益和社会公共利益，在案件审理过程中运用协调、和解和调解的方式也要受到一定限制。比如，**行政机关虽然可以处分其行政权力，但该种处分不得损害国家利益和社会公共利益，甚至不得影响第三方的合法权益**。行政机关即使调整其行政决定的内容，也不得违反法律、法规的禁止性规定，不得超越或者放弃职权，不得损害公共利益和他人合法权益。

难度： 中

考点： 行政争议的解决方式

命题和解题思路： 本题考查考生对行政诉讼解决行政争议的不同方式的认识。原《行政诉讼法》并未就人民法院审理行政案件究竟能否适用调解、协调、和解等方式作出明确规定，理论界对上述方式能否运用于行政争议解决存在争议。但在建设和谐社会大背景下，人民法院根据行政争议内容的不同，也在探索新的解决行政争议的方式，最高人民法院《关于行政诉讼撤诉若干问题的规定》即在此背景下制定出台。对于诸如协调、和解等方式是否能够运用于行政案件的处理，需要考生提出自己的观点。

答案解析：

本题实质考查《行政诉讼法》规定的合法性审查原则、审理行政案件不适用调解原则与协调、和解结案方式的关系问题。考生可以考虑遵循以下思路展开分析：首先，明确肯定《行政诉讼法》规定的人民法院**审理行政案件不适用调解是处理行政争议的基本准则**。即在合法性审查原则之下，涉及行政权力行使的单方行政行为多不能适用调解、协调、和解等方式处理。其主要根据是公权力不能由行政机关随意处置。这是行政案件审理与其他审理方式的重要区别；其次，需要**说明行政案件的多样性和争议的复杂性，决定了并非所有行政案件都不适用协调、调解方式处理**。诸如单纯的赔偿争议、补偿争议乃至涉及行政裁量权行使的争议，并非没有法院作出协调工作的空间，当协调、和解能够彻底有效解决行政争议的时候，也可以使用该种处理案件的方式，且实践证明，该种处理方式取得了良好的社会效果；最后，要设定协调、和解行为处理行政争议的界限。即**上述处理行政争议的方法只能作为合法性审查原则的例外或者补充**，其适用应受到一定的限制，比如不得损害国家利益、公共利益以及他人合法权益等。

2009 年

一、试题（本题 20 分）

案情：

高某系 A 省甲县个体工商户，其持有的工商营业执照载明经营范围是林产品加工，经营方式是加工、收购、销售。高某向甲县工商局缴纳了松香运销管理费后，将自己加工的松香运往A省乙县出售。当高某进入乙县时，被乙县林业局执法人员拦截。乙县林业局以高某未办理运输证为由，依据A省地方性法规《林业行政处罚条例》以及授权省林业厅制定的《林产品目录》（该目录规定松香为林产品，应当办理运输证）的规定，将高某无证运输的松香认定为“非法财物”，予以没收。高某提起行政诉讼要求撤销没收决定，法院予以受理。

有关规定：

《森林法》及行政法规《森林法实施条例》涉及运输证的规定如下：除国家统一调拨的木材外，从林区运出木材，必须持有运输证，否则由林业部门给予没收、罚款等处罚。

A省地方性法规《林业行政处罚条例》规定：“对规定林产品无运输证的，予以没收”。

问题：

1. 如何确定本案的管辖法院？如高某经过行政复议再提起诉讼，如何确定管辖法院？

2. 如高某在起诉时一并提出行政赔偿请求，法院应如何立案？对该请求可否进行单独审理？

3. 省林业厅制定的《林产品目录》的性质是什么？可否适用于本案？理由是什么？

4. 高某运输的松香是否属于“非法财物”？理由是什么？

5. （1）法院审理本案时应如何适用法律、法规？理由是什么？

（2）依《行政处罚法》，法律、行政法规对违法行为已经作出行政处罚规定，地方性法规需要作出具体规定的，应当符合什么要求？本案《林业行政处罚条例》关于没收的规定是否符合该要求？

二、答案精讲

1. 如何确定本案的管辖法院？如高某经过行政复议再提起诉讼，如何确定管辖法院？

答案：本案的管辖法院是乙县法院。如果高某经过复议之后，需要根据复议机关和复议结果的不同情况分别确定管辖法院：如高某向乙县林业局的上一级主管部门申请复议，复议结果无论是维持还是撤销，乙县法院和复议机关所在地的基层法院均有管辖权；如果高某向乙县人民政府申请复议，则在复议维持的情况下，应由乙县法院管辖；在复议改变的情况下，应由乙县法院的上级人民法院即中级人民法院管辖。

难度：中

考点：地域管辖；级别管辖

命题和解题思路：本题考查行政案件的管辖法院确定问题。第一问相对简单，第二问则因涉及行政复议与行政诉讼的关系，且新修订的《行政诉讼法》对经过复议之后的被告确定有新的规定，由此导致案件的管辖法院确定也变得较为复杂。尤其是复议维持的情况下，其级别管辖法院的确定，《最高人民法院关于适用〈中华人民共和国行政诉讼法〉的解释》作出特殊规定，需要引起考生的充分注意。

答案解析：

当高某不服乙县林业局作出的行政处罚决定提起行政诉讼时，依照《行政诉讼法》的规定，常规行政诉讼案件由被告所在地的人民法院管辖，因此，本案由乙县法院管辖。

如果高某经过行政复议再提起诉讼，管辖法院需要根据复议机关以及复议结果的不同分别确定。如复议机关为乙县林业局的上一级主管部门，如A省林业厅，则不论是复议维持还是复议撤销，案件既可以由乙县法院管辖，也可以由复议机关所在地的基层法院管辖；如果复议机关是乙县人民政府，则在复议维持的情况下，因存在双被告的情况，依照《最高人民法院关于适用〈中华人民共和国行政诉讼法〉的解释》134条第3款的规定，应以作出原行政行为的行政机关确定案件的级别管辖，即乙县法院享有管辖权；在复议改变的情况下，复议机关为本案被告。依照《行政诉讼法》第15条的规定，当被告为县级以上人民政府的时候，应由乙县法院的上级人民法院即中级人民法院管辖。

2. 如高某在起诉时一并提出行政赔偿请求，法院应如何立案？对该请求可否进行单独审理？

答案：如高某在起诉时一并提出行政赔偿请求，根据《最高人民法院关于审理行政赔偿案件若干问题的规定》，法院应当对撤销没收决定请求与赔偿请求分别立案，可以根据具体情况对行政赔偿的请求进行单独审理或者合并审理。

难度：中

考点：行政赔偿诉讼的受理与审理

命题和解题思路：本题考查行政赔偿案件的受理与审理。最高人民法院相关司法解释对此有专门规定。即行政诉讼案件和行政赔偿案件可以由人民法院一并受理和审理。考生如果对此解释没有明确认识，即可能作出错误解答。

答案解析：

《最高人民法院关于审理行政赔偿案件若干问题的规定》第4条规定："公民、法人或者其他组织在提起行政诉讼的同时一并提出行政赔偿请求的，人民法院应一并受理。"第28条规定：**"人民法院应当一并受理。人民法院应当分别立案，根据具体情况可以合并审理，也可以单独审理。"**据此，当高某在针对林业局行政处罚决定提起撤销诉讼时，一并提出行政赔偿请求的，人民法院应当一并受理，分别立案，并根据具体情况可以合并审理或者单独审理。

3. 省林业厅制定的《林产品目录》的性质是什么？可否适用于本案？理由是什么？

答案：省林业厅制定的《林产品目录》的性质是行政规范性文件。该规范性文件在行政诉讼中既非审判依据，也非参照依据，只能作为证明被诉行政行为合法的事实依据之一。

难度：中

考点：行政诉讼的法律适用

命题和解题思路：本题考查考生对规范性文件在行政诉讼中处于何种法律地位的认识。依照行政诉讼法和最高人民法院相关司法文件的规定，其不能作为审理依据，也不具有规章的参照适用地位，人民法院对其依法享有审查权力。对此问题，考生应当有明确的认识。

答案解析：

本题中，省林业厅根据A省地方性法规《林业行政处罚条例》授权制定了《林产品目录》。但是，该目录的制定主体并不具有行政立法权，因此，该目录只能属于普通的行政规范性文件。对于规范性文件在行政诉讼中的地位，《最高人民法院关于审理行政诉讼案件适用法律若干问题的座谈会纪要》规定，**规范性文件不是正式的法律渊源，对人民法院不具有法律规范意义上的约束力。**本题中，作为规范性文件的《林产品目录》，既非人民法院审理行政案件的法律依据，也非参照依据。但这并非意味着该规范性文件毫无意义，被告乙县林业局可以将其作为证明被诉行政行为合法的事实依据之一。

4. 高某运输的松香是否属于“非法财物”？理由是什么？

答案：高某运输的松香不属于“非法财物”。由于高某具有加工、收购、销售松香的主体资格，也向甲县工商局缴纳了松香运销管理费，其对该批松香享有合法所有权，因此乙县林业局不能将该批松香认定为“非法财物”予以没收。

难度：中

考点：行政诉讼中的法律适用

命题和解题思路：本题考查考生对法律规定的“非法财物”的理解。被告将高某无证运输的松香认定为“非法财物”并予以没收，其认定方法——即无证运输行为涉及的财物即属于非法财物——存在理解错误问题。

答案解析：

本题中，高某经过批准具有从事松香加工、收购、销售松香的资格，并向甲县工商局缴纳了松香运销管理费，乙县林业局仅以其未办理运输证为由而认定其运输的松香为非法财物的观点不能成立。非法财物一般理解为两种情况，**一是违禁物品，二是违法行为使用的工具。**本题中，一方面，高某是否需要办理运输证本身即值得讨论；另一方面，即使高某运输松香需要依法办理运输证，在高某未办理的情况下，只能说明高某存在违法运输行为，而不能认定运输的财物违法。据此，乙县林业局不能将该批松香认定为“非法财物”。

5.（1）法院审理本案时应如何适用法律、法规？理由是什么？

（2）依《行政处罚法》，法律、行政法规对违法行为已经作出行政处罚规定，地方性法规需要作出具体规定的，应当符合什么要求？本案《林业行政处罚条例》关于没收的规定是否符合该要求？

答案：（1）本题中，《森林法》及《森林法实施条例》与A省地方性法规的规定存在不一致的情况，在作为上位法的《森林法》及其实施条例均未将木材以外的林产品的无证运输行为纳入行政处罚范围，也未对无证运输其他林产品的行为规定没收处罚的情况下，A省地方性法规《林业行政处罚条例》扩大了上位法关于应受行政处罚行为以及没收行为的范围，存在与上位法相违背的情况，依照法律规范冲突的法律适用规则，法院应适用《森林法》及《森林法实施条例》。

（2）依照《行政处罚法》的规定，法律、行政法规对违法行为已经作出行政处罚规定，地方性法规需要作出具体规定的，必须在法律、行政法规规定的给予行政处罚的行为、种类和幅度的范围内规定。本题中，A省的地方性法规《林业行政处罚条例》关于没收的规定超出了《森林法》及《森林法实施条例》行政处罚行为、种类和幅度的范围，其规定内容违法，不能适用。

难度：中

考点：行政诉讼的法律适用

命题和解题思路：本题考查法律规范适用冲突情况下的规范选择问题。内容涉及地方性法规的规定与其上位法规定的内容之间存在不一致时，人民法院应当如何选择适用。考生首先需要根据提示对A省地方性法规规定的应受行政处罚的行为与上位法规定的应受行政处罚的行为是否属于同种行为作出判断，然后才能确定本案应当适用的法律规范依据。如果判断错误，即可能作出错误的回答。

答案解析：

（1）本题中，法院的法律适用涉及国家《森林法》、行政法规《森林法实施条例》和A省地方性法规《林业行政处罚条例》规定之间的关系。具体而言，A省地方性法规《林业行政处罚条例》，与《森林法》和《森林法实施条例》在办理运输证的规定上有所不同。两相对照可以看出，《森林法》及其实施条例规定办理运输证的对象仅限于“木材”，A省地方性法规《林业行政处罚条例》规定办理运输证的对象则为“林产品”。后者规定办理运输证的对象范围显然超出了前者规定的范围。如果按照《森林法》和《森林法实施条例》的规定，高某运输松香无须办理运输证，也不会构成无运输证而受到行政处罚。因此，A省地方性法规《林业行政处罚条例》的规定违反了上位法的规定。依照《立法法》和《最高人民法院关于审理行政案件适用法律规范问题的座谈会纪要》的相关规定，**下位法与上位法相抵触的，应当依据上位法认定被诉具体行政行为的合法性**。因此，本题中，法院应当适用《森林法》和《森林法实施条例》。

（2）根据《行政处罚法》第11条的规定，法律、行政法规对违法行为已经作出行政处罚规定，地方性法规需要作出具体规定的，必须在法律、行政法规规定的给予行政处罚的行为、种类和幅度的范围内规定。本题中，A省制定的地方性法规《林业行政处罚条例》关于没收的规定超出了《森林法》和《森林法实施条例》中行政处罚行为、种类和幅度的范围，不符合《行政处罚法》有关地方性法规具体规定权的要求。

2008年

一、试题（本题20分）

案情：

因某市某区花园小区进行旧城改造，区政府作出《关于做好花园小区旧城改造房屋拆迁补偿安置工作的通知》，王某等205户被拆迁户对该通知不服，向区政府申请行政复议，要求撤销该通知。区政府作出《行政复议告知书》，告知王某等被拆迁户向市政府申请复议。市政府作出《行政复议决定书》，认为《通知》是抽象行政行为，裁定不予受理复议申请。王某等205户被拆迁户不服市政府不予受理复议申请的决定，向法院提起诉讼。一审法院认为，在非复议前置前提下，当事人对复议机关不予受理决定不服而起诉，要求法院立案受理缺乏法律依据，裁定驳回原告起诉。

问题：

1. 本案是否需要确定诉讼代表人？如何确定？

2. 行政诉讼中以复议机关为被告的情形主要包括哪些？

3. 若本案原告不服一审裁定，提起上诉的主要理由是什么？

4. 如果二审法院认为复议机关不予受理行政复议申请的理由不成立，应当如何判决？

5. 本案一审、二审法院审理的对象是什么？为什么？

6. 若本案原告不服一审裁定提起上诉，在二审期间市政府会同区政府调整了补偿标准，上诉人申请撤回上诉，法院是否应予准许？理由是什么？

二、答案精讲

1. 本案是否需要确定诉讼代表人？如何确定？

答案：本案需要确定诉讼代表人。依照《最高人民法院关于适用〈中华人民共和国行政诉讼法〉的解释》的规定，当事人一方人数在10人以上的，由当事人推选代表人。当事人推选不出的，可以由人民法院在起诉的当事人中指定代表人。

难度：易

考点：诉讼代表人

命题和解题思路：本题考查《行政诉讼法》及其司法解释有关诉讼代表人的相关规定。题目本身难度不大。需要注意的是，**最高人民法院发布的前后司法解释之间对诉讼代表人适用条件的规定有所变化。**考生需要对此变化有明确认识。

答案解析：

《行政诉讼法》第28条规定："当事人一方人数众多的共同诉讼，可以由当事人推选代表人进行诉讼。代表人的诉讼行为对其所代表的当事人发生效力，但代表人变更、放弃诉讼请求或者承认对方当事人的诉讼请求，应当经被代表的当事人同意。"本条确立了诉讼代表人制度。《最高人民法院关于适用〈中华人民共和国行政诉讼法〉的解释》第29条进一步规定："行政诉讼法第二十八条规定的'人数众多'，一般指十人以上。根据行政诉讼法第二十八条的规定，当事人一方人数众多的，由当事人推选代表人。当事人推选不出的，可以由人民法院在起诉的当事人中指定代表人。行政诉讼法第二十八条规定的代表人为二至五人。代表人可以委托一至二人作为诉讼代理人。"本题中，原告人数众多，远在10人以上，故需要确定诉讼代表人。

2. 行政诉讼中以复议机关为被告的情形主要包括哪些？

答案：行政诉讼中以复议机关为被告的情形主要包括：①复议机关改变原行政行为，原告不服复议决定的；②复议机关在复议期限内未作出复议决定，原告不服的；③复议机关不受理复议申请，原告不服的。

难度：中

考点：行政诉讼被告

命题和解题思路：本题考查以复议机关为被告的主要情形，需要考生对《行政诉讼法》及其司法解释有关行政复议的相关规定有综合性的把握，在此基础上才能将本题回答全面。如果考生没有综合概括能力，就可能出现概括不全或列举不充分的情况。

答案解析：

有关复议机关为被告的规定，《行政诉讼法》第26条有以下规定：第一，经复议的案件，复议机关改变原行政行为的，复议机关是被告。第二，复议机关在法定期限内未作出复议决定，公民、法人或者其他组织起诉复议机关不作为的，复议机关是被告。

此外，《最高人民法院关于适用〈中华人民共和国行政诉讼法〉的解释》第56条第2款规定，复议机关不受理复议申请或者在法定期限内不作出复议决定，公民、法人或者其他组织不服，依法向人民法院提起诉讼的，人民法院应当依法立案。

3. 若本案原告不服一审裁定，提起上诉的主要理由是什么？

答案：本案原告不服一审裁定，提起上诉的理由是：在非复议前置的情况下，原告针对影响其合法权益的复议机关不受理复议申请的行为，有权提起行政诉讼。一审法院裁定缺少法律依据。

难度：中

考点：诉讼程序（上诉）

命题和解题思路：本题考查考生对上诉理由的归纳能力。当事人的上诉理由需要针对一审法院的裁判理由，如果忽略了裁判理由，其上诉即缺乏明确指向。考生如果忽视了此点，即可能作出错误回答。

答案解析：

本题中，一审法院以在非复议前置前提下，当事人对复议机关不予受理决定不服而起诉，要求法院立案受理缺乏法律依据，裁定驳回其起诉。原告提出上诉时，需要针对一审法院的理由提出异议。即其需要主张，在非复议前置前提下，当事人选择针对复议机关不予受理复议申请的决定提起诉讼，符合法律规定，一审法院裁定驳回缺少法律依据。

4. 如果二审法院认为复议机关不予受理行政复议申请的理由不成立，应当如何判决？

答案：二审法院如果认为复议机关不予受理行政复议申请的理由不成立，应当撤销一审裁定，指令一审法院依法立案或者继续审理。

难度：易

考点：二审裁判

命题和解题思路：本题考查二审裁定的适用。《行政诉讼法》对二审法院的二审裁判作出了专门规定，其规定内容较为详细。考生通常只注重一审裁判方式，往往忽略了二审裁判的适用。由此可能对本题作出错误的回答。

答案解析：

《行政诉讼法》第89条规定："人民法院审理上诉案件，按照下列情形，分别处理：（一）原判决、裁定认定事实清楚，适用法律、法规正确的，判决或者裁定驳回上诉，维持原判决、裁定；（二）原判决、裁定认定事实错误或者适用法律、法规错误的，依法改判、撤销或者变更；（三）原判决认定基本事实不清、证据不足的，发回原审人民法院重审，或者查清事实后改判；（四）原判决遗漏当事人或者违法缺席判决等严重违反法定程序的，裁定撤销原判决，发回原审人民法院重审。原审人民法院对发回重审的案件作出判决后，当事人提起上诉的，第二审人民法院不得再次发回重审。人民法院审理上诉案件，需要改变原审判决的，应当同时对被诉行政行为作出判决。"《最高人民法院关于适用〈中华人民共和国行政诉讼法〉的解释》第109条规定："第二审人民法院经审理认为原审人民法院不予立案或者驳回起诉的裁定确有错误且当事人的起诉符合起诉条件的，应当裁定撤销原审人民法院的裁定，指令原审人民法院依法立案或者继续审理。"根据上述规定，本题中，如果二审法院认为一审法院裁定适用法律错误，即可裁定撤销一审裁定，指令其立案或者继续审理。

5. 本案一审、二审法院审理的对象是什么？为什么？

答案：本案一审、二审法院审理的对象是市政府不予受理复议申请的决定。因为原告起诉要求撤销的就是该决定，法院应当以该决定作为合法性审查的对象。

难度：中

考点：行政诉讼的审理对象

命题和解题思路：本题考查考生对行政诉讼案件审理对象的认识。一审和二审程序的审理对象存在一定差别。即**一审法院以被诉行政行为为审理对象，二审法院既要审查一审裁判是否合法，又要针对行政行为合法性进行审查**，因此审理对象存在差异。

如果考生对此没有明确认识，即可能作出错误回答。

答案解析：

本案一审中，因原告起诉针对的是市政府作出的不受理复议申请决定，因此，一审法院应当围绕着市政府不予受理复议申请的决定是否合法展开审理。同时，《行政诉讼法》第 87 条规定：“人民法院审理上诉案件，应当对原审人民法院的判决、裁定和被诉行政行为进行全面审查。”据此，二审法院既要审查市政府不予受理复议申请的决定的合法性，也要审查一审裁定是否合法。

6. 若本案原告不服一审裁定提起上诉，在二审期间市政府会同区政府调整了补偿标准，上诉人申请撤回上诉，法院是否应予准许？理由是什么？

答案：原告上诉后如果因为市政府会同区政府调整了补偿标准而申请撤回上诉，法院经审查认为该市、区政府调整补偿标准的行为不违反法律法规的禁止性规定，不超越或放弃职权，不损害公共利益和他人合法权益，申请撤回上诉是上诉人的真实意思表示，第三人无异议的，则应予准许。

难度：中

考点：撤诉制度

命题和解题思路：由于最高人民法院《关于行政诉讼撤诉若干问题的规定》对被诉行政机关在行政诉讼期间改变被诉行政行为有所扩大，不再限定于一审，一些考生不了解最新规定，就容易作出错误回答。也有一些考生对新规定不甚了解，对因被诉行政机关改变被诉行政行为引起的撤诉条件掌握不全，从而导致回答问题不全面。

答案解析：

原告上诉后市政府会同区政府调整了补偿标准，事实上意味着市政府改变了被诉具体行政行为。《行政诉讼法》第 62 条规定：“人民法院对行政案件宣告判决或者裁定前，原告申请撤诉的，或者被告改变其所作的行政行为，原告同意并申请撤诉的，是否准许，由人民法院裁定。”最高人民法院《关于行政诉讼撤诉若干问题的规定》第 8 条第 1 款规定：“第二审或者再审期间行政机关改变被诉具体行政行为，当事人申请撤回上诉或者再审申请的，参照本规定。”据此，**撤诉规定将适用范围扩大到二审和再审撤回诉求。即在二审期间，上诉人可以撤回上诉。**该司法解释第 2 条规定：“被告改变被诉具体行政行为，原告申请撤诉，符合下列条件的，人民法院应当裁定准许：（一）申请撤诉是当事人真实意思表示；（二）被告改变被诉具体行政行为，不违反法律、法规的禁止性规定，不超越或者放弃职权，不损害公共利益和他人合法权益；（三）被告已经改变或者决定改变被诉具体行政行为，并书面告知人民法院；（四）第三人无异议。”参照此规定，上诉人申请撤回上诉，只要符合上述条件，法院即应准许。